KB264448

한국 巫의 세계

한국 巫의 세계

조흥윤 著

머리말

한국의 역사와 문화를 들여다보면 볼수록 참으로 묘하다는 생각과 느낌을 떨치지 못한다. 조그마한 반도의 땅덩어리에서 수천 년 동안 한민족이 나라를 지키며 살아오는 모습은 구불구불 휘어져 수만 리를 흐르는 역사의 긴 江을 연상시킨다. 그 굽이마다 질곡과 통곡에 절망과 회한이 시퍼렇건만 한시도 쉬임 없이 유유히 흐르는 그 물결은 장하다 못해 비장하기 그지없다.

그 강이 반세기 전부터 남북으로 나뉘어 흐른다. 동서나 남북으로 나뉘어 흐르게 된 역사의 강들이 어디 그런 강들은 80년대를 거치면서 모두들 다시 한줄기로 합쳐 흐르고 있다. 아직도 그 두 줄기를 합치지 못하고 있는 곳은 오직 한반도뿐. 어째서 우리의 강만 그렇게 갈라진 채 흐르는 것인가.

지구촌 사회·문화의 흐름을 놓고 보더라도 이해하지 못할 것이 우리에게 있다. 80년대 이래 세계는 종래의 기계론적 세계관을 버리고 새로운 가치관으로 전환해 간다. 온 우주와 사물을 하나님이 만든 완벽한 기계로 파악해 온 기계론적 세계관은 인간과 사회를 한낱 부품 내지 기계로 다루어 왔고 급기야 생태와 환경의 위기에 봉착하여서는 그러한 가치관의 한계와 오류를 깨닫게 된 것이다.

기계론적 세계관은 통제와 인내, 희생과 봉사를 요구하고 미상불 체제적이다. 세상이 바뀌면서 그런 체제적 사회와 문화는 몰락하고 자유와 민주의식과 인간존엄의 기운이 지구촌을 뒤덮는다. 그리하여 새로운 가치관은 개인의 행복과 자아의식과 존엄성을 내세운다. 아울러 지구촌 전체에 통용되어 온 일방적인 서양식 기계론적 가치관을 거부하고 각 민족·사회의 다양한 전통문화 및 가치관의 의미와 중요성을 강조한다.

그런데 한국사회는 여전히 체제적이다. 북쪽도 마찬가지이다. 소련이라는 공산주의 체제가 붕괴되고 중국은 개혁과 개방의 기치를 올렸건만 북한은 아예 종교적 성격의 체제를 견지 강화해 온다. 우리 사회의 체제는 중앙집권적 관료체제이다. 그것이 조선왕조 6백 년 동안 갈고 다듬어져 온 것이고 보면 그 체제 문화의 독소가 한국사회의 골수에 얼마나 깊이 뿌리박혀 있는 것인지 알 수 있다. 거기다 전통문화와 가치관은 겨우 잔명을 유지할 뿐이고 서양의 잡다한 문화와 저질 가치관이 우리 사회에 두루 범람하고 있다.

이러한 기묘한 한국역사의 강을 바라보면서 나는 그 의미가 과연 무엇인지 곰곰이 생각해 본다. 역사학과 민족학(인류학)을 공부하고 종교와 문화에 관심을 기울이면서 내 머리에서 그 물음은 내내 맴돈다. 그 강 곁을 배회하면서 언젠가부터 나는 풍물소리와 굿판의 장단을 듣는다. 거기서 때로는 억눌려 말문을 열지 못하다가 한번 터져 나왔다 하면 펄펄 살아 용솟음치는 神明을 나는 본다. 이리저리 휘어 흘러온 강줄기이건만 그렇게 생겨먹고 그렇게 흘러가는 調和의 기운을 나는 그 강 안에서 느낀다.

신명과 조화는 바로 한국巫의 원리요 생리이거니와, 巫라는 글자는 그 사실을 여실히 드러낸다. 『說文解字』에는 巫를 두고 '여자로서 형태 없는 것을 섬기고 춤을 추어 신을 내리게 하는 자'라 풀이하고 있는데, 그 풀이는 약간 미흡하다. 그것을 오히려 원리의 면에서 이렇게 풀어야 한다. '사람이 하늘과 땅을 잇는 神木 내지 宇宙木(cosmic tree) 둘레에서 신명의 춤을 춤으로써 天地人 三界의 조화를 이루는 것이다.'

고조선 이래 한민족의 전통종교이자 한국문학의 기층인 巫는 그러나 조선조 이래 천대와 억압을 받고 왜곡되고 미신이나 귀신신앙으로 치부되었다. 조선정부가 유교를 정치이념으로 내세워 이처럼 巫를 취급하더니 일제는 한민족의 신명과 조화 기운을 억누르기 위해 巫의 왜곡과 탄압에 나섰고, 해방 이후에는 서양의 기독교 내지 이른바 합리주의의 안목을 추종하여 巫를 타파의 대상으로 삼았다. 도무지 다른 나라의 저의나 그릇된 안목을 비판 없이 좇아 그렇게 해왔으니 참으로 얼빠진 사람들이다.

巫가 한 민족의 전통종교로서 오랜 역사 동안 신앙되어 오는 나라는 전 세계에서 오로지 이 땅 한국뿐이다. 그것도 현재 그 사제인 무당의 수를 대충 20-30만 명 헤아린다. 무당 한 명에 단골 신도를 최소한 20명으로 계산하여도 한국巫의 신도는 5백만 명 전후가 된다. 이런 巫를 우리는 종교로 여기지 않는다.

나는 그 동안 巫문화의 규명과 한국巫의 역사적 전개 및 한국사회·문화에 대한 기여 등에 관심을 두고 글을 써왔다. 그것이 어쩌다 상당한 양에 이르렀기에 한 권의 책으로 엮어낸 적도 있으나 이제 그 가운데 다시 추려서 두 권의 책으로 묶었다. 책의 출판을 고심하던 중 민족사와 인연이 닿아 이렇게 다시 빛을 보게 됨을 민족사 윤 사장님과 편집부 여러분께 깊이 감사드린다.

나의 글이 巫를 공부하는 분들과 거기에 관심을 가진 분들께 조금이라도 도움이 되고 巫에 대해 편견과 선입견을 가진 분들에게 그것을 조금이나마 풀어줄 수 있었으면, 삼가 기도한다.

정월 대보름날
조흥윤 절하며

차 례

III. 외국의 巫문화

찾아보기 / 371

I. 한국의 巫문화

한민족과 종교문화

1

종교 공부를 한답시고 만신(萬神)들 기도터며 절을 찾아다니던 때, 나는 두 영상(映像)을 얻어 서른 해가 다 된 시방도 그것을 생생히 간직하고 있다. 가을날 정갈히 차려입은 아주머니네들이 머리에 무언가 이고 치성(致誠)드리러 산길을 가는 모습과, 한밤 탑(塔)의 갑석(甲石)에 수십 개의 촛불이 밝혀져 있는 장면이다. 기도와 관련된 한국종교의 평범한 일면이다.

종교와 종교문화는 뜻을 달리하는 용어로 이해되기 쉬우나 기실 같은 것을 가리키는 말로서 다만 다른 안목에서 유래하였을 따름이다. 후자는 종교를 문화의 하나로 보는 입장을 취한다. 문화인류학의 관점이 그것이다. 이 학문븐야에서 종교는 정치·경제·법·예술·언어 등과 마찬가지로 문화의 한 갈래를 이루는 것으로 본다. 한 사회의 전체 문화 가운데 종고는 하나의 하위문화(下位文化)라는 구조적인 이해가 거기에 있다. 다른 하위문화들과의 관계를 고려함이 없이 종교만을 거론하는 것과는 안목이 사뭇 다르다.

종래 우리나라에는 그 구조적 접근이 결여되어 있어 한국종교가 제대로 이해되지 못한 감이 크다. 한국사학(韓國史學)의 경우 종교가 주로 사상사(思想史)에서 다루어져 왔는데, 그 대상이 되는 교리(敎理)란 종교의 한 부분에 지나지 않는다. 문화면에서도 사정은 마찬가지이다. 국가에서 지정·관리하는 문화재(文化財)의 대부분이 종교와 직결되어 있음에도 불구하고 그 연구와 가치평가가 미술사에 치중되어 그들의 성격과 의미를 온전히 드러내지 못하고 있다. 그뿐만 아니라 지정된 사찰이 관광지로 되어 사람들이 흔히 구경거리로 그런 곳을 찾으니, 그 종교성의 훼손도 자못 심각한 형편이다.

한 사회의 문화요소란 굉장히 다양하여 그 얼개를 총체적으로 파악하기가 쉽지 않다. 어느 원주민 사회나 소수민족(少數民族)의 문화를 서술해 온 민족지학자(民族誌學者)들은 그 면면을 항목으로 잡아 전체의 파악에 안간힘을 써오는 터이나, 주요 하위문화 및 그들 사이의 관계 등에 관한 이론적 고찰은 거의 없었다. 그들은 상식의 선에서 그 틀을 잡아 오거니와, 이래서야 각 문화 분야의 성격 내지 기능이 막연할 뿐이다. 쉬로코고로프(Shirokogoroff) 선생은 퉁구스 족의 문화를 심리정신복합체·사회조직·물질문화의 세 큰 갈래로 나누어 다루었다. 사람들의 삶 가운데 심리·정신의 면에서 이해하고 깨우친 것이 복합체를 이루고, 그것이 사람관계에서 사회조직을 형성하며 나아가 물질적 형태로 표현된 것이 물질문화라 하였다. 문화의 분류나 얼개의 역동적 파악에 묘를 얻었다 하겠다.

종교문화에 관하여는 요아힘 바하(Joachim Wach) 선생의 이해가 뛰어나다. 종교는 종교체험을 바탕으로 표현된다. 교리·재의(祭儀)·교단·기도 등이 모두 그러하다. 그러한 표현은 다시 체험으로 환원된다. 종교는 요컨대 체험과 표현의 순환관계에서 보아져야 한다. 교리·사상 따위의 사상적 표현은 표현의 한 부분이고 그밖에 예술적, 제의적, 사회적 표현이 있음을 간과해서는 아니 된다. 또한 표현만큼이나 체험을 중요하게 여기는 종교문화의 안목이 갖추어져야 한다. 한민족의 종교문화를 바라봄에 있어 바하의 틀 위에, 역사 및 개인의 삶 가운데 종교의 기능과 의미가 함께 눈여겨져야 할 것이다.

오늘날 우리의 종교문화는 그것을 바라보는 안목의 문제뿐 아니라 그 자체가 극심한 혼란상태에 빠져 있다. 무엇보다 종교의 숫자가 그 사실을 보여 준다. 이른바 세계종교라는 것들이 거의 모두 이 땅에 자리하여 있는가 하면 국내외산 신흥종교의 수가 4백을 넘게 헤아린다. 원시종교로 불리기도 하고 세상에서 사라져 버린 것으로 여겨지는 샤마니즘, 곧 무(巫)가 아직도 많은 신봉자를 가지고 있는 곳도 한국이다. 그래서 흔히 종교의 박물관이라 비유되거니와, 오히려 종교의 만물상(萬物商)이라 하는 편이 더 적합하리라.

신흥종교의 많음에는 종교의 분파가 큰 몫을 담당한다. 불교·유교·개신교 등의 기성종단에서 수많은 신흥교단이 생겨나기도 하였지만, 신흥종교조차 걸핏하면 갈라져 새로운 종단을 세우는 것이 최근 종교사의 풍토였다. 거기다 교회의 대형화·재벌화가 유행이고 심지어 교회를 부동산쯤으로 알아 사고파는 종교 상품화가 성행하는 판이니 실로 가관이다. 종교사회학의 관점을 굳이 빌지 않더라도 이는 한국사의의 가치관의 부재 내지 혼란을 넉넉히 반영한다. 종교가 그 모양이면 고통 받는 이는 민중이다. 이 땅의 종교인이나 지성인 및 사회지도자들의 죄가 그만큼 무겁고 크다.

2

많은 종교들이 함께 한 사회 안에 존재하는 다종교 공존(多宗敎共存)은 비단 오늘의 상황만이 아니다. 한국종교사를 훑어보면 그것이 하나의 특징을 이루고 있는 것으로 드러난다. 한국종교사의 연구는 대개 개별종교의 흐름을 다루고 있을 뿐이고, 한국종교 전체를 서술한 두어 가지 저서에서도 각 종교의 시대별 전개를 주로 다루고 있어 이 특징이 여실히 드러나지 않는다. 삼국시대 중국으로부터 유교·불교·도교가 수입된 이래 이들이 전통의 무(巫)와 더불어 공존을 연출하였다. 성리학(性理學) 전횡의 조선조만 하더라도 불교·도교·무는 억압과 천대 속에서도 존재하여 신앙되었다.

조선왕조 이전의 시대에 비하면 오늘날 다종교 공존의 상황은 종교의 숫자에서 뿐 아니라 그 양상이 심히 혼란스럽다. 숫제 다종교 혼재(混在)요, 난립(亂立)이다. 그러나 이 같은 현상이 문득 생겨났을

턱이 없고 한국종교사의 맥락에서 그 특징적인 성격과 연결지어 들여다 볼 일이다.

고조선 사회에서 삼국시대 초기에 이르기까지는 고대신교(古代神敎)로서의 무(巫)가 신봉되었다. 그 기반 위에 유·불·도가 이 땅에 들어와 정착하였다. 이들 종교는 일정한 토착화의 과정을 거친 후 사회에 두루 신앙되면서 정치·경제·사회·예술 등 전반에 걸쳐 우리문화의 형성에 크게 이바지하였다. 조선조 중엽 이후에는 서학(西學)의 도입과 함께 천주교회가 들어 왔고 곧이어 개신교도 들어와 자리 잡게 되었다.

종교는 궁극적 관심이자 절대 신념체계이기에 일반적으로 통합적 가치기준을 부과한다. 그래서 다른 종교나 가치관을 용납하지 못함이 보통이다. 종교 사이의 갈등으로 인하여 이내 엄청난 피를 부른 사실을 우리는 역사의 장 곳곳에서 확인한다. 그러나 한국은 예외이다. 한 방울의 피 흘림이 없었을까마는 우리의 역사는 종교 간에 그토록 격렬한 갈등을 보이지 않는다. 서로들 공존하는 모습이 오히려 두드러진다. 고려조가 그 전형적인 시대에 해당한다.

고려조를 일러 흔히 불교시대라 하는 것은 잘못이다. 유교·도교·무가 불교와 함께 사회에 신앙되었고 그 시대의 문화를 감당하고 있었다. 고려 불교의 성행은 주지의 일이거니와, 유학의 소양을 가진 이들이 관료층을 형성하였고, 무와 도교는 왕실과 민간에 두루 신앙되었다. 이 다종교 공존은 단순한 평면적 관계가 아니었다. 거국적으로 행하여진 팔관회(八關會)·연등회(燃燈會)는 겉으로 불교행사였으나 내용은 고대 이래의 제천의례(祭天儀禮)를 그대로 답습하고 있었다. 유학자가 절을 찾고 집안에 굿을 벌이는 일이 예사였다. 고승(高僧)들이 유교나 도교의 교양을 갖추는 것도 드문 일이 아니었다. 고려조의 다종교 공존의 면모는 그 시대 어느 단면을 잘라도 역연히 드러난다. 그뿐 아니라 어느 종교를 들여다보아도 그 안에 다종교의 요소가 들어 있다. 이는 마치 대우주(大宇宙)가 소우주(小宇

宙)를 품듯 중층적(重層的)구조를 이루고 있으니 현묘한 느낌을 밀칠 수 없다.

조선왕조에 들어오면 그 사정이 급전하고 만다. 유교의 성리학이 정치이념으로 대두하면서 무·불교·도교는 갖은 억압을 감내한다. 다종교 공존의 조화성(調和性)이 여기서 일그러져 버린 것이다. 그렇다 하여 조선조를 유교시대라 이르는 것도 심히 도식적이다. 비록 일그러진 모양이나마 다종교가 공존하였고, 후기에는 기독교와 민족종교(民族宗敎)의 정착 내지 성립도 보게 되었다. 조선조의 이러한 문제 상황이 돌연히 생겨난 것은 물론 아니다. 고려 말 종래의 조화롭던 다종교 공존은 왕실·정권과 결탁하여 사회·경제를 장악한 불교에 의하여 이미 그 힘을 잃고 있었다. 조선조의 성립은 조화의 회복이 아니라 그러한 불교에 대한 유교적 신진사대부층의 반동의 성격을 갖는다.

일그러진 다종교 공존의 전통은 비유컨대 비타민 결핍증과 같다. 하나의 종교적 가치만 편식하는 사회가 걸리기 마련인 병이다. 관념적 이론과 허례허식에다 극렬한 당색분파로 백성의 삶이 도탄에 빠졌을 때 이른바 실학의 아름다운 고민과 노력이 있었으나 그 고질적 병폐의 치유에는 이르지 못하였다. 서세(西勢)가 동진하는 세계사의 도도한 흐름을 타고 기독교가 이 땅에 전파되었다. 다종교 공존의 특징과 전통에 힘입어 정착한 기독교는 전혀 이질적인 생소한 가치관으로서 오히려 병약한 한국사회에 엄청난 문화충격을 가져다주었다. 사회가치의 극심한 혼란과 민족·국가 존망의 위기에 처하여 동학을 비롯한 여러 민족종교들이 감연히 민중으로부터 떨쳐 일어섰으나 조선왕조는 더 이상 병상에서 일어나지 못한 채 나라를 일제에 넘기고 말았다.

3

조선조 성리학의 대두로 말미암은 다종교 공존의 일그러짐은 그 내용에 있어 실로 경악할만한 사태를 전개시켰다. 한민족 기운의 쇠락과 주체적 안목의 상실이 그것이다.

다른 종교, 특히 무의 탄압과 관련하여 양반관료층은 왕조 초기로부터 실로 교묘한 전략을 구사하였다. 사제·예언·치병 등 무의 기능 때문에 왕실조차 나라무당(國巫)을 두고 이 전통종교를 신봉하였던 것인데, 양반관료들은 이를 혹세무민이요, 음사(淫祀)라 하여 극구 반대하였다. 이들은 무를 한꺼번에 없애고자 하지 않고 금무(禁巫)의 여러 방책을 부단히 질기게 왕에게 조르고 설득하였다. 그리하여 금무의 법들이 내려지곤 했지만 제대로 지켜지는 일은 없었다. 무당을 고작 성 밖으로 내쫓는 축출령이 역대로 끊임없이 공포되는 형편이었다.

이처럼 일견 실효 없는 조치의 저의는 왕권의 제약과 그를 통한 양반관료층의 상대적인 권익옹호에 있었다. 양반관료층은 무에 대한 직접적인 공격 대신에 왕권과의 권력투쟁을 통하여 왕권도 누르고 무도 약화시키는 전략을 취한 것이다. 그 결과 조선조에 절대왕권이 형성되지 못하고, 무는 사회에서 천대·격리된 채 신앙되는 지경에 이르렀다.

이 과정에서 양반관료들이 얻어 낸 성과가 주목을 요한다. 전통적인 산천제(山川祭)·조상제(祖上祭)의 성격을 갖는 마을굿(城隍祭)의 유례화(儒禮化)가 그 하나이고, 왕에 의한 제천(祭天)의례 행사의 금지가 다른 하나이다. 성황제는 초기부터 각 고을의 수령에게 맡겨져 관제(官祭)로 지내지게 되었다. 마을굿은 고대 이래 마을 사람들이 봄·가을로 크게 모여 하늘과 땅과 조상에 감사하고 한데 어울려 음주가무(飮酒歌舞)하는 멋과 신명의 한마당이었는데, 이 유례화로 인하여 그 전통이 몹시 약화되고 민족의 기운이 심히 꺾이고 만 것이다.

마을굿이 마을 단위로 개최되는 데 비하여 왕에 의한 제천의례는 고대의 하늘굿(天祭)을 계승한 국가의 종교적 행사였다. 역대 왕조의 전통을 이어받아 하늘굿을 올리려 한 조선조 왕들의 의지에 대하여 양반관료들은 유교의 예(禮)를 근거하여 그 부당함을 끈질기게 물고 늘어졌다. 유례에 따라 중국의 천자만이 하늘에 제사할 수 있고 제후국인 조선의 왕은 다만 종묘사직에 제사드릴 뿐이라는 그들의 명분론(名分論)에 왕들은 그만 굴복하고 말았다. 조선조를 통틀어 세조(世祖)만이 매년 하늘굿을 직접 올린 사실, 그리고 세즈 때의 사육신·생육신의 평가는 이런 면에서 한번 뒤집어 볼 만하다.

정착된 토론문화라면 적어도 이견에 귀 기울일 줄 알고 도출된 결론에 승복할 수 있어야 한다. 조선조의 당쟁은 그러지 못하여 당색 내지 견해가 다르면 집안이 결딴나고 그런 집안은 몇 대가 지나도록 절치부심하면서 재기할 기회만 노렸다. 이 고질적인 악순환과 병폐는 왕조가 몰락할 때까지 지속되었다. 나는 이것이 성리학 주도에 의한 다종교 공존의 일그러짐에서 비롯하였다고 보는 터이다.

고려조의 불교가 한국불교로 정착하였고 다종교 공존의 상황 속에서 제 가치만 내세울 수 없었던 데 비하면, 조선조의 성리학은 중국의 것을 기준하여 그 이론을 여기에 강제하는 동안 다른 종교에 의한 견제와 균형의 덕을 전혀 입지 못하였다. 외국의 종교·이론이 정치이념으로 자리를 장악하여 있으니 전통종교와 문화에 터한 주체적 안목은 도무지 설 땅을 얻지 못하였다. 그것도 제대로 소화되지 않은 것이어서 그 옹호하는 패들의 해석이 서로 다르고 그것이 권력과 직결되어 있으니 제 목소리만 높이고 제 눈알만 옳다 하였다. 무엇이 똥이고 된장인지 분간 안 되는 판이었다. 이래서 남의 의견에 결코 승복하지 않는 비뚤어진 태도가 이 사회에 만연하게 되었다.

이어 일제의 식민통치 동안 식민주의적 가치관에 부화뇌동한 인사들만이 행세하였다. 해방 후 돌연히 서양식 정부가 들어서고 그 쪽의 법과 교육이 사회의 가치를 관장하며 기독교 내지 서양식 합리주의가 판치는 세상이 전개되었다. 그 판에 민주·공산주의의 이념이 나라와 민족을 두고 한판 대결을 벌여, 온 강산이 피로 물든 바 있다. 그리고 는 너도 나도 서양학문의 이론의 현지수입에 나서서 이론 박람회장을 열어 놓은 듯하다. 먹고 지내기가 조금 나아지자 그 경향이 더욱 거세 진다. 외국의 모모한 이론에 따른 것이라며 눈에 피살을 세운다. 다들 저만 옳으니 다른 사람의 이야기는 들을 필요가 없다는 세상이다. 수 많은 종교들이 그렇게 저 잘난 듯 설쳐댄다. 이게 도대체 무슨 꼴들인 가. 6백년 이래 일그러진 다종교 공존의 뜻을 공안(公案)에 올린다.

4

남의 문화를 중심으로 사물을 바라보는 태도를 일러 타문화중심주 의(他文化中心主義) 또는 문화사대주의라 한다. 이것이나 제 문화가 제일이라 하는 자문화(自文化)중심주의나 한 치 다를 바 없거니와, 타문화중심주의적 안목에서는 제 것을 부끄럽게 여기는 심리적 열등 감이 팽배하기 마련이다. 한민족의 경우 무(巫)가 바로 그 대표되는 보기에 해당한다.

무나 무당이라 하면 흔히 천하게 여기고 귀신을 연상한다. 근래 젊은이들이 주도한 문화의 뿌리 찾기 움직임 덕에 무를 보는 안목이 조금 나아져 다행스럽다. 이것을 전통문화의 뿌리나 민속의 기반으 로 중시하는 태도는 한결 좋아졌으나 여전히 종교로 파악하지 않고 들 있다. 기껏 원시종교 또는 민간신앙쯤으로 표현한다. 이러한 안목 과 태도의 근원·배경은 다종교 공존의 일그러짐에 있다.

조선조 때 무당은 위로 왕실과 양반네로부터 아래로 서민에 이르 기까지 그들의 종교적 욕구를 충족시키면서도 천민으로 취급되고 사 회적으로 소외되는 모순스러우면서도 묘한 대접을 받았다. 양반관료 층을 위시한 유가는 이것을 속된 풍속이라는 뜻으로 무속(巫俗)이라 부르고 그 종교의례인 굿을 음사(淫祀)라 하였으며, 그 모시는 신령을 곧잘 귀신 정도로 취급하였다. 일제는 무가 한민족 문화의 뿌리됨을 알아 그 말살을 획책하였으나 여의치 않자 무를 부정적인 신앙형태로 왜곡하는 한편 저들 신도(神道)의 신령을 상단에 받들고서야 무업을 하도록 통제하였다. 해방 후 기독교와 서양식 안목에 의하여 무는 다시 미신 내지 비합리적 귀신신앙으로서 근대화를 위하여 극복되어야 할 대상으로 지목·성토되었다. 새마을운동의 일환으로 미신타파를 내세워 신당(神堂)을 파괴하고 무당을 탄압하는 일이 70년대에 자행되기도 하였다.

무에 대한 이 모든 안목이 외국의 종교나 가치관에 근거하고 있다. 남의 안목에 의하여 제 것을 없이 여기니 얼이 빠져도 한참 빠졌다. 무는 다름 아닌 종교이다. 조상의 성격을 갖는 신령을 모시고 무당이 사제노릇을 담당하고 신도 되는 단골이 있으며 굿·치성 등의 종교의례가 행하여진다. 거기에 신령을 만나는 체험이 있고 깨달음과 화해가 여실하다. 그것도 고대 이래의 유구한 역사를 지닌 민족의 전통신앙이다. 얼빠진 꼭두각시의 안목으로 인하여 그동안 무당과 수많은 단골, 특히 한국의 어머니네들이 얼마나 오해에 짓눌리고 숨어서 그 종교를 신앙해야 하는 고통을 감내하였는지 아는가.

한국종교사의 특징이 되는 다종교 공존도 어느 날 문득 그렇게 생겨난 것이 아니다. 그 배경이 바로 무에 있다. 중국에서 수입된 종교들이 정착한 그 종교적 터전을 생각하면 그 점 어렵지 않게 이해된다. 한국화한 그 외래 종교들이 연출해 낸 다종교 공존의 성격이 고루 어우러짐에 있을진대, 이 조화성(調和性)은 곧 무의 본질이다. 그 대표적 종교의례인 굿만 보더라도, 제가(祭家)집을 위시하여 그 외가·처가와 심지어 출가한 딸네가 오고 이웃과 동료신도들이 즐겨 초대에 응하며 악사와 무당이 의례를 주관한다. 관련된 모든 사회조직이 고루 참여한다. 마을굿의 경우 온 마을이 모두 함께 물질과 정성으로써 조화롭게 참여함은 두루 알려져 있다.

특히 굿거리의 짜임새는 완벽한 조화를 이룬다. 굿의 목적이 워낙 단골이 무당의 도움으로써 신령을 만나 일그러진 집안의 조화를 회복하는 데 있고 보면 그 짜임새가 당연히 그러하겠다. 준비과장에서 굿판의 시간·공간이 정화되고 조상과 신령이 모셔진다. 굿의 마지막인 뒷전에서는 시작 때에 물려 놓았던 잡귀잡신(雜鬼雜神)들도 대접받고 놀려진다. 본과장의 각 거리는 해당 신령을 위한 것인데, 거리를 또한 굿이라고도 부르거니와 그것이 다시 전체굿과 같은 구조로 짜여 있다. 고려조 다종교 공존의 면모에서 보았던 중층적(重層的) 우주구조가 여기서 확연히 드러난다. 거리의 한가운데 정점에서 신령이 무당의 몸에 씌여 말을 전하는 공수(空唱)가 베풀어지는 바, 이것이 인간과 신령과 무당이 만나 하나 되는, 그래서 조화를 되찾는 굿의 핵(核)이다.

굿의 분위기도 매한가지다. 많은 종교들은 대개 인간의 각 통과의례(通過儀禮)에다 의미를 부여하고 그에 어울리는 감정 내지 분위기를 조성하고 있다. 무는 그런 사건에서 한 감정에의 치우침을 모른다. 망자를 위한 진오기(씻김굿)만 보더라도 슬픔과 웃음이 교차하고 처연한가 하면 먹고 마시고 춤추고 즐김이 뒤따른다.

무는 예사스러운 종교가 아니다. 한민족에게 다종교 공존의 조화의 원리를 제공하였다. 그뿐만 아니라 음주가무와 신들림의 종교문화를 그 체질로 가꾸어 주었다. 신들림은 신령과 만나는 종교체험의 경지를 말하고 음주가무는 신들림에 이르는 과정이자 신들림을 즐기는 의례로서 조화의 체용(體用)을 이룬다. 한민족의 음주가무의 특징은 고대에 이미 두드러져 중국의 역사가들이 그것을 주목하여 기록한 터이다. 음주가무는 각종 종교의례의 멋으로서 베풀어지고 그 전통이 굿에서 오늘날까지 면면히 전해 온다. 한편 민족의 삶의 리듬을 이루어 온다. 세시풍속이 이것을 그 기본 정신으로 하고 있음과 민중의 일과 놀이가 이것을 생리로 삼고 있음을 간과해서는 아니 된다. 조선조 근엄한 성리학의 득세로 이 전통이 많이 저상되고 일제의 식민통치가 한민족의 이 리듬을 죽이려 하였으며, 해방 후 산업화 과정에서 부정적인 것으로 간주되는 통에 음주가무의 정신이 몹시 약화되어 있다. 그래도 모였다 하면, 산과 들로 나갔다 하면, 여전히 그렇게들 논다. 해외교포들의 노는 모습을 보고 외국인들이 그 특징적인 면모에 놀란다. **KBS** 전국노래자랑도 그런 면에서 자못 흥미롭다.

신 내림은 종교체험의 한국 문화적 표현이고 깨달음의 한 경지이다. 한국종교는 각기 깨달음의 방법을 두고 그 경지에 이르도록 노력한다. 그런 경지에서 한국 사람은 사물을 분석하여 논리적으로 따지지 않고 한 순간의 총체적·직관적 이해로써 파악하고 표현한다. 종교의 세계에서만 아니라 그것이 표현된 종교예술이나 한민족의 민속·물질문화·사회조직 등에서도 이것이 두루 확인된다. 무당은 여전히 신 내림의 명수이거니와, 한국의 기독교·불교 등에서는 다른 나라에서와 달리 그러한 종교체험이 왕성하다.

오늘날의 무는 퇴화된 모습이다. 신들림과 음주가무 어느 것이나 신명이 떨어지고 세속화·물질화되어 있다. 조선조 이래 오해와 핍박을, 그것도 제 민족의 얼빠진 안목에 의하여 당해왔으니 피치 못할 일이었다. 다종교 공존이 난립으로 바뀌어 가치의 혼란이 극심한 상황에서, 무가 다종교 공존의 바탕이었고 그 조화정신의 근원이었음을 바로 깨달아 조화를 회복하는 노력이 있어야 한다. 비록 퇴화되어 있으나 무를 아끼고 이해해주는 마음이 생겨나야 한다. 한국 종교문화의 심오한 뜻과 멋을 우리의 눈으로 보고 가꿀 줄 알아야 한다.

巫신앙과 한국인의 삶

1

학술용어는 학문을 위한 도구이자 수단이다. 이들 도구의 성질이
나 의미를 분명히 알아야 학문이 원활히 연구될 것임은 말할 나위도
없다. 그런데 최근의 사정은 그렇지 못하다. 개념이 분명치 않은 용
어가 범람하고, 연원이 사뭇 애매한 용어들이 적당히 통용되는가 하
면, 같은 용어를 두고 학문마다 다른 뜻으로 사용하는 등 그 혼란이
자못 심각하다. 그런 상황 아래 학문에 있어서의 결실 있는 토론은
물론, 일반의 원활한 의사소통을 기대하기는 어렵다. 그것은 오늘날
한국의 일반적인 사정이고 학문 전반에 걸치는 기본적이고도 중대한
문제이다. 그 지경에 이르게 된 원인이나 배경이 물론 엄연히 있을
것이다. 그것을 따지는 작업은 이 글의 범위를 크게 벗어난다. 나는
다만 그러한 문제의식을 巫에 국한하여 따지면서 이 글을 풀어나가
려 한다.

먼저 巫俗이란 용어를 살펴보자. 이 관계 연구의 초기부터 오늘에
이르기까지 가장 흔히 쓰이고 있는 이 낱말은 무당의 풍속 또는 무
당의 세계에서 관용되는 풍속을 뜻한다. 이 용어는 원래 조선조의
유학자들이 무당을 천시하여 그렇게 불렀던 것인데, 일제시대에 들
어와 이 방면 연구에 관심을 둔 학자들이 비판 없이 그것을 받아 써
오늘에 이르게 되었다.1) 조선조가 무당을 천민의 하나로 규정하고
그들의 풍속을 무속이라 하였으니 이 용어에는 이미 천하고 부정적
인 의미가 들어 있다. 그럼에도 불구하고 그것이 이후 학술용어로서

---

1) 이능화, 1927 「조선무속고」, 『계명』 제19호.

계속 통용되어 온다는 것은 그 전체 현상을 객관적으로 다루지 못했다는 이야기가 된다.

巫가 조선조 때 천시된 것 외에도 일제시대 때 민중의 종교로서 박해의 대상이 되었던 점, 그리고 해방 이후 서구식 내지 기독교적 가치관에 의하여 비합리적인 미신으로 낙인찍혀 온 사실은 巫신앙의 바른 이해를 끊임없이 저해하였다.2) 그러나 巫는 고대에 神敎로 불리웠거니와,3) 이래 혹독한 탄압과 핍박에도 불구하고 민중에서 두루 신앙되는 바이다. 이러한 신앙의 흐름을 중요하게 여기고 거기다 신령·무당·단골 사이의 신앙구조를 강조하여 이것을 巫敎로 부르는 이들도 있다.4) 말하자면 새로운 용어를 만들어낸 것이다. 종교의 성격과 면모를 두드러지게 드러내려는 의도만은 거기에 충분히 엿보인다.

미상불 巫는 종교이다.5) 그것을 두고 종교라고 하면 저항을 느끼는 사람들이 많다. 일반인들이야 뚜렷한 기준 없이 기독교나 불교 등 큰 종교들을 염두에 두고 그런 느낌을 가질 것이다. 한편 그들의 그러한 막연한 인식 이면에는 巫에 대한 종래의 선입관, 즉 무언가 귀신스럽고 저질스러운 미신이라는 고질적인 오해가 자리하고 있다. 그런가 하면 학문에 종사하는 이들은 종교의 기준으로 몇 가지 항목을 으레 들먹인다. 敎祖나 敎理 또는 經典이 없고 敎團이라 부를 만한 조직이 없다는 것이 그런 것들이다. 이들의 머리에는 종교의 기준과 관련하여 예수·성경·교회 등이 대뜸 연상될 것이다. 그러나 이것은 기독교를 중심으로 한 낡은 서구식 종교개념일 뿐 오늘날 더 이상 유효하지 못하다. 그 같은 종교개념으로서는 세계 각 문화·민족의 다양한 종교현상을 온전히 설명할 도리가 없기 때문이다.6)

---

2) 조흥윤, 1983 『한국의 巫』 pp.26-27.
3) 이능화, 1927 앞의 글 p.1과 C.A.Clark, 1929 『Religions of Old Korea』 Seoul, p.174.
4) 유동식, 1975 『한국무교의 역사와 구조』 연세대학교 출판부.
5) 조흥윤, 1986 「巫는 종교현상」, 『문학사상』 No. 170, 12월호, pp.156-157.
6) 한상복·이문웅·김광억, 1985 『문화인류학개론』 서울대학교 출판부,

여기서 종교의 정의를 내리기는 진부하다. 그에 관한 수많은 시도가 있어 왔지만 이 복합적이고 광범위한 현상을 다 만족시키기란 매우 어렵고도 곤란한 일이다.7) 오늘날 대부분의 종교학자들은 그래서 종교를 초월적 존재에 대한 인간의 궁극적 반응 내지 상징적 체계로 넓게 파악한다. 巫는 이러한 의미에서 당연히 종교에 든다. 그리고 초월적 존재로서 신령을 믿으며, 단골을 신도로 두고, 그 둘 사이에 사제로서 무당이 있어 갖가지 종교의례를 통하여 중재한다. 따라서 巫는 종교학의 관점에서 종교로서 연구·이해되어야지 한낱 풍속을 지칭하는 무속이나 민속학적 관점에서 취급되어서는 아니 된다. 무속이라는 용어가 그래도 타당하다고 주장한다면 佛俗·儒俗·基督敎俗도 타당한 용어이어야 하고, 또 이러한 차원에서 이들도 연구되어져야 할 것이다.

나는 이것을 巫라 불러온다.8) 『說文解字』에 의하면 巫라는 글자는 여자로서 형태 없는 것을 섬기고 춤을 추어 신을 내리게 하는 자라 풀이된다.9) 이것은 覡이 男巫를 지칭하는데 비하여 女巫를 가리킨다. 한편 이 글자는 하늘과 땅을 잇는 기둥 양옆에 사람들이 춤추는 꼴을 취한다. 여기서 기둥이란 이른바 神木 또는 宇宙木(Cosmic tree)이 되는 것이고10) 그 춤추는 이가 바로 무당이다. 그럴진대 巫는 무당의 굿하는 장면이기도 하고 그 전체 종교현상을 설명해 주는 적절한 용어가 된다. 그밖에 무당이나 신도들은 그들의 종교현상을 포괄적으로 巫라 부른다. "우리 巫에서는 어떠어떠하다"는 것이 그

---

pp.271-274.

7) W. 리처드 콤스톡(윤원철 譯), 1985 『종교학―방법론의 제 문제와 원시종교』 pp.42-49.

8) 조흥윤, 1983 앞의 책; 조흥윤, 1984 「巫(샤마니즘)연구에 대하여」, 『동방학지』 제43집, 연세대학교 국학연구원, pp.231-232.

9) 許愼, 1963 『說文解字』 p.100.

10) M.Eliade, 1970 『Shamanism-Archaic Techniques of Ecstasy』 N.Y.: Pantheon Books, pp.70-71.

러한 용례인데 이것은 巫 전체를 나타내는 집단개념이다.11) 이처럼
가치중립적 용어인 巫가 앞으로 두루 쓰여야 하겠다.

그 다음 巫와 샤머니즘이란 영어 개념과의 상관을 분명히 할 필요
가 크다. 이것은 우리네 巫와 중국의 巫, 그리고 만주·시베리아 지
역의 샤머니즘 사이의 관계 및 그 성격 차이를 밝혀줄 중요한 실마
리가 된다. 그럼에도 불구하고 그 해명의 노력은 별로 없었으며 혼
란만 중첩되어 온다. 그 둘 사이를 구분해 보는 시도가 전혀 없었던
것은 아니다. 한국의 무속과 시베리아 샤머니즘은 각기 다른 신앙체
계이고 무당은 샤만이 아니라는 견해가 제시되었는가 하면,12) 무병
(巫病)현상을 기준으로 하여 한국 중부지방을 시베리아 샤머니즘의
남방한계선으로 잡고 남부지방을 토착적인 단골신앙의 지역으로 보
는 주장13)도 있었다. 이 두 견해는 모두 이 종교의 외형적이고 현상
적인 면에만 제한하여 성급한 결론에 이르고 있다. 그러나 이것은
오히려 무엇보다 용어와 개념의 문제이다.

샤머니즘(Shamanism)이란 용어는 1704년 폴란드의 상인 이데스
(Eueret Yssbrants Ides)에 의해 처음으로 유럽의 학문계에 등장한
다.14) 그는 1692-95년 사이 러시아 페터大帝의 사신 자격으로 모스
크바에서 북경까지 여행하였다. 그 길에 바이칼 호수의 서북부에서
퉁구스족의 박수무당을 만나 그의 굿을 관찰하였다. 그 희한한 행사
의 이름을 묻는 이데스의 물음에 퉁구스인들은 샤만이라 일러주었던
것인데, 그는 1704년 그것을 포함한 그의 여행기를 폴란드 어로 출
판하였다. 그리하여 이 용어가 급기야 학술용어로 굳혀지고, 이래 평

---

11) 조흥윤, 1984 앞의 글 p.231.
12) 임석재, 1971 「한국무속연구서설(2)」, 『아세아여성연구』 제10호, 숙명
    여자대학교 아세아여성문제연구소, pp.212-217.
13) 최길성, 1969 「한국무속의 엑스타시 변천고」(아세아연구) V.22, N.2
    아세아연구소, pp.52-55; 최길성, 1977 「한국의 샤머니즘은 어디에서
    왔는가」, 『문학사상』 제60호, pp.311-315.
14) 조흥윤, 1984 앞의 글 p.225.

생을 다 바쳐도 읽어내지 못할 만큼 엄청난 양의 논저가 발표되어
온다. 그리고 이 관계의 수많은 보고와 이론이 제기되어 오늘날 우
리의 샤마니즘 개념을 이루어주고 있다.

서양에서의 샤마니즘 용어의 출발이 그러하였지만 그것은 결코 최
초의 보고가 아니다. 그보다 대략 5백년이나 앞서 샤만에 관해 기록
한 것이 중국에 있다. 南宋의 徐夢莘(1126-1207)이 기술한 『三朝北盟
會編』의 권3은 여진족을 다루고 있는 바, 거기에 여진어로 巫嫗를
珊蠻 또는 薩滿이라 한다고 밝혀 있다.15) 薩滿의 중국 음은 사만으로
서 영어의 샤만(Shaman)과 비슷하며, 꼭 같이 巫의 사제를 가리킨다.

중국에 있어서 巫는 국가의 출현과 함께 이미 존재하였다. 商朝에
는 巫咸 등이 商巫의 대 두목으로서 정치와 종교의 대권을 장악하고
있었다. 周代에 오면 政敎의 분립이 일어나서 종교의 직무는 巫·
祝·史 등에 분관되고, 그에 따라 巫의 권력은 축소되기 시작한다.
그러나 漢代 이후 巫는 끝내 권력구조에서 배척되어 버리고 儒·
佛·道가 그 대신 권력에 밀착하게 된다. 巫는 그 후 민간의 종교로
서 명맥을 이어갔다. 扶乩와 四大門 따위가 그런 유이다.16) 특히 사
대문은 중국 성립 이전 중국 북방에 널리 퍼져 있던 巫인데, 북경
郊區에서는 그 무당을 薩滿太太라고도 불렀다. 이들의 神堂차림이나
행하는 종교의례는 우리네 巫의 것과 조금도 다를 바 없다.17)

그리고 보면 중국이나 한국에 있어서의 巫나 만주·시베리아의 샤
마니즘이 결코 별개의 것이 아니라 같은 종교를 두고 달리 불러 온
것이고 용어가 각기 다른 언어로 표현된 것에 지나지 않음을 알 수
있다. 그 둘이 외양에서 다르게 보일 것은 당연하다. 그 문화적 배
경과 환경이 다르기 때문이다. 중국과 한국은 일찍이 문명을 일으키

---

15) 秋浦, 1985 『薩滿敎研究』 p.2.
16) 秋浦, 1985 앞의 책 pp.116-142.
17) 조흥윤, 1986 「中國의 薩滿敎研究」, 『박물관기요』 제2호, 단국대학교
　　 중앙박물관, p.9.

고 국가를 이루었으며 여러 종교를 받아들이거나 스스로 세운, 이른 바 고등문화권에 속한다. 그러한 역사적 배경 속에서 巫는 그에 걸맞게 겉모습을 다듬어 갔던 것이니 신령의 표현, 신당의 구성, 무당의 복식, 巫歌, 종교의례 등이 오늘날에 보는 그 같은 생김새를 취하게 되었다. 반면 만주나 시베리아의 샤마니즘은 그 자연 환경도 그러하거니와 국가의 형성을 보지 못한 채 옛 모습을 거의 그대로 간직하며 20세기에 이른 것이다. 양자 사이의 겉모습 차이는 그러니 자연스러운 일이라 하겠다. 그러나 그 본질이나 구조는 서로 조금도 다를 바 없다.18)

한편 서양학문의 일방적 수용이 巫와 샤마니즘을 별개의 것으로 인식하는데 일정하게 작용하고 있다. 서양의 샤마니즘 연구가들은 그들의 종교, 즉 기독교식의 종교 이해에 바탕을 두고 샤마니즘을 연구하여 온다.19) 그들의 샤마니즘 이해란 요컨대 그들의 안목에서 일정하게 걸러진 그러한 것들이다. 그것이 실상과 어느만큼 거리를 가질 것은 자명하다. 그런데 저들의 샤마니즘 이해를 마치 경전인 양 받아들이는 이쪽 연구가들의 태도가 문제다. 저들의 이론을 가지고 우리네 巫마저 마구 저울질하는 사례도 적지 않다. 이러한 사정에서 巫와 샤마니즘의 연구는 더욱 많은 혼란을 자초하여 온다. 우리는 문제를 전체의 유기적인 관계와 상황 속에서 살펴야 한다. 그리고 이 땅에 그토록 오랜 역사 동안 살아 신앙되는 巫를 충실히 이해하고 그로써 주변의 巫를 비교하여 그 차이점과 우리 巫의 특성을 밝히는 작업을 수행하여야 한다.

---

18) C.A.Clark, 1929 앞의 책 p.173; Cho, Hung-youn, 1984 「Problems in the Study of Korean Shamanism」, 『Shamanism in Eurasia』 Göttingen: edition-herodot, p.462.

19) 조흥윤, 1984 앞의 글 pp.224-229.

2

巫와 관련하여 민간신앙이라는 용어도 큰 문제이다. 한국민속학관계의 개설서나 그 밖의 참고문헌에는 무속신앙을 민간신앙의 한 갈래로 잡아 다루고 있다.[20] 학자에 따라 약간의 차이를 보이기는 하지만 민간신앙이라 하면 대개 家神신앙, 部落(또는 洞祭)신앙 및 무속을 그 범주로 잡는다.[21] 그 세 가지 신앙에다 계절제, 讀經신앙, 자연물신앙, 영웅신앙, 邪鬼신앙, 風水신앙, 占卜과 豫兆, 禁忌, 呪符, 呪術, 민간의료를 더하여 이것들을 민간신앙의 여러 형태로 파악하는 이도 있다.[22] 어떤 경우에는 풍수와 점복·주술과 민간의료를 기타신앙이라 하여 민간신앙과 구별하여 다룬다.[23] 여기서도 용어의 혼란이 드러난다.

많은 학술용어들이 그러하듯이 민간신앙도 일본에서 만들어져 한국에 수용되어졌다. 중국에는 민간신앙이라는 용어를 쓰지 않는다.[24] 민간신앙이라는 말은 영어 **folk-religion** 또는 **folk-belief**(독일어는 **Volksreligion** 또는 **Volksglaube**)의 譯語이다. 그것이 일본어로 옮겨져 통용되고 우리나라에 유입된 배경과 과정을 아직 정확히 조사해 있지는 못하나, 이 용어가 한국에서 처음으로 공식적이고도 대규모로 사용된 것은 조선총독부가 실시한 조선민간신앙조사와 관련해서였다. 저들은 한국인의 문화와 사상을 온전히 이해하기 위하여 민간신앙의 조사에 착수하였던 것인데 그 조사결과는 『朝鮮の 鬼神)(1929), 『朝鮮の 風水』(1931), 그 이듬해에 『朝鮮の 巫覡』, 그리고 이어 『朝鮮

---

20) 김태곤, 1982「무속신앙」,『한국민속대관』제3권, 민간신앙·종교편, 고려대학교 민족문화연구소, **pp.205-264**; 이두현·장주근·이광규, 1983『한국민속학개설』**pp.155-185**; 박계홍, 1983『한국민속학개론』**pp.122-144**.
21) 이두현·장주근·이광규, 1983 앞의 책『韓國民俗大觀』제3권의 분류.
22) 김태곤, 1983『한국민간신앙연구』경희대학교 민속학연구소, **p.17**.
23)『한국민속대관』제3권의 분류, **pp.265-463**.
24) 任繼愈, 1981『宗敎詞典』과 烏丙安, 1985『中國民俗學』참조.

の 占卜と豫言』(1933), 『朝鮮の類似宗教』(1933), 『部落祭』(1937), 『釋奠·祈雨·安宅』(1938) 등 일련의 민간신앙자료총서로서 출판되었다. 이래 한국민속학에서의 민간신앙이라는 개념은 저들의 개념 및 범주 이해에서 크게 벗어나지 않은 채 사용되어 온 것이다.

민간신앙을 다루는 한국민속학자들은 편의상 그 개념의 정의를 어느 정도 내려둔다. 예컨대 金泰坤은 「민간층에서 전승되는 자연적 신앙, 곧 민간인이 신앙하는 자연적종교」로 이해하고 덧붙여 「교조에 의한 교리가 문서화된 경전이나 체계화된 조직이 없는 자연적 상황 그대로의 것을 자연적 종교_라고 설명한다.25) 그 설명도 사뭇 애매하거니와 그가 열거하는 민간신앙의 대상들 가운데는 그에 부합하지 않는 것도 있다. 張籌根의 민간신앙에 대한 설명도 이에서 크게 벗어나지 않는다: 「민간신앙은 원초부터 인간 본연의 종교 욕구에서 자연발생한 자연 종교성을 가지며 계시·교조·교리 등이 없고 교단도 조직적은 아니다. 그것은 기성종교들의 입장에서 보면 윤리성이 없고 俗信들과도 밀접해서 사회적인 폐해를 빚어 온 일면도 있다. 그러나 민간신앙의 중요성은 그 유구한 역사성과 대다수 민중의 생활과의 밀착성에 있는 것이며 이 현실은 도외시킬 수 없는 것이다.」26)

한편 일본에서는 민간신앙을 민속종교 또는 토착종교라고도 부른다. 그리고 創敎者나 체계적인 교의나 교단조직이 없고 때로 특정사회의 내부에서 일반인들 사이에 널리 퍼져 있는 전통적인 종교를 가리키는 것으로 되어 있다. 또한 민간신앙은 고대의 주술적 요소를 지녀 있기에 創敎종단에 의하여 구축되는 대상이면서 거꾸로 그 요소를 취하여 복합적인 종교로 된 것이라 이해한다.27)

한국과 일본의 민간신앙 개념의 이해에는 표현과 강조의 면에서 약간의 차이가 있을 뿐 내용에 있어서는 별다름이 없다. 전자가 후자의

---

25) 김태곤, 1983 앞의 책 p.11.
26) 이두현·장주근·이광규, 1983 앞의 책 p.151.
27) 祖父江孝男·米山俊直·野口武德, 1977 『文化人類學事典』 p.250.

것을 받아들였기에 그것은 오히려 당연한 일일는지 모른다. 그리고 일본은 이 용어를 서양으로부터 수입하였으므로 서양의 **folk-religion**개념의 대강을 어렵지 않게 짐작케 해준다. 저쪽에서는 고전적 고대의 여러 종교의 잔존 계승 현상으로서 혼용 복합적·주술종교적 영향에 머물러 있는 일상적 서민신앙으로 이해된다.[28]

그러나 여기 한 가지 지나쳐 볼 수 없는 것은 유럽과 일본 사이의 사회·종교적 배경의 차이다. 유럽에서는 기독교가 중세를 지나면서 유일한 가치관을 형성해 왔고 그 이후 오늘에 이르기까지 그 막강한 위력을 직접·간접으로 과시하고 있다. 그러한 역사 속에서 유럽 각 지역의 토착종교나 고전적 고대의 종교적 잔존물, 또는 분파된 종단, 그밖에 유럽 밖에서 들어온 종교나 신앙은 이단시되고 탄압되었으며 일부 민간에서 겨우 은밀히 믿어지는 정도였다. 그에 반하여 일본의 종교사는 그 틀을 달리한다.[29] 원초적인 巫신앙은 일방 神道로 승화되고 그와 함께 또는 이후 불교·유교·도교·기독교 등이 사회에서 기성종교로 공인되고 신앙된다. 한편 분화되어 민간에 잔존한 巫신앙은 금기·점복·예언·주술·정령신앙 등의 俗信과 더불어 민중의 종교적·정신적 욕구를 충족시켜 준다.[30]

이렇게 다른 배경을 가진 양자에 있어서 민강신앙의 양상과 내용과 범주는 어느만큼 차이지게 마련이다. 이쪽에서는 민간신앙과 기성종교 사이의 갈등이란 거의 찾아볼 수 없다. 오히려 기성종교는 민간신앙의 요소를 섭취 이용하여 민중에 접근하며, 민간신앙은 또 기성종교의 것을 포용하고 흉내 내기도 한다. 그러나 저쪽 사정은 기성종교가 민간신앙을 억누르거나 통제하는 관계이고 양자 사이의 상호의존성은 매우 미약하다. 요컨대 일본의 민간신앙이란 서양의

---

28) 박계홍, 1983 앞의 책 p.112.
29) K.Goldhammer, 1976 『Wörterbuch der Religionen』 S. 629.
30) I. Hori, 1968 『Folk Religion in Japan』 Chicago: The University of Chicago Press, pp.44-47.

folk-religion 이라는 용어와 개념을 그대로 옮기고 저쪽 기준에다 일본의 것을 맞추면서 약간의 차이점을 밝힌 데 불과하다. 서양의 이 관계 연구자에게는 일본의 민간신앙을 이해하는 데 여간 편하지 않을 것이다. 그러나 그런 방법으로는 이쪽 민간신앙의 참된 면모가 충분히 드러날 수 없고 오해의 소지 또한 여간 크지 않다. 그런데 일본의 그 같은 민간신앙 용어가 한국에 이식되어 오늘에까지 그대로 쓰이고 있으니 결코 작은 문제가 아니다.

한국과 일본의 종교 전통은 다종교 공존의 상황이라는 점에서는 같지만 그 흐름에서는 다른 양상을 보인다. 한국의 巫는 초기 제정일치의 시대 때 전권을 장악하였으나 중국으로부터 고등종교가 수입되자 분화를 일으켜 일부는 왕권에 복속하고 다른 쪽은 민중의 종교적 욕구를 채워주며 존속해 왔다.31) 그러다 조선조에 이르러서는 천대되고 이어 일제의 탄압과 해방 이후 서구식 합리주의에 의한 핍박을 받아 오늘에 이른다. 그러면서도 무당은 巫業을 위해 배워야 할 학습과정, 신당, 일정한 단골판, 종교의례의 짜임새 등을 정연하게 갖추어왔다.

우리의 巫신앙은 일본의 것과는 달리 어떤 승화나 틀바꿈의 양상을 보이지 않고 그 초기부터 오늘에 이르기까지 줄곧 민중의 종교로서 그 모습을 다듬어 온 것이다. 종교 혼합의 면에서도 그 점은 두드러진다. 巫는 불교나 도교 등의 종교로부터 적잖은 요소를 받아들였지만 그 본질적인 것은 그대로 지켜온 채 그것을 巫의 것으로 잘 소화해 있다.32) 한국의 巫는 그렇게 그 나름의 체계화를 이루어 온 것이다. 그것은 고대로부터의 종교적 잔존물도 아니고 속신과 밀착해 있지도 않다. 따라서 종래 일본을 거쳐 한국에 들어와 적용된 그 민간신앙이라는 애매한 용어와 개념은 우리의 종교전통에는 어울리

---

31) 조흥윤, 1983 앞의 책 p.17.
32) 유동식, 1975 앞의 책 pp.258-272와 조흥윤, 1983 앞의 책 pp.20-21.

지 않는다. 특히 한국巫를 그 범주에 포함하는 것은 잘못이다. 중국
의 경우처럼 巫가 도교에 흡수되었거나 일본에서처럼 神道라는 국가
종교의 체계로 전개된 예와는 달리 한국의 巫는 고대로부터 줄곧 민
중에 신앙되어 온 종교로서 이제는 당연히 종교학의 영역에서 다루
어져야 한다. 그래야 민간신앙이라는 용어와 개념이 보다 분명히 틀
잡혀질 것이다. 그런 뜻에서 민간신앙은 문자 그대로 민간의 일상에
신앙되는, 체계화되지 않은 종교적 관행이다. 그것은 어느 특정종교
에 직접 관련되어 있지 않고 여러 종교들의 종교적 관행으로부터 영
향을 받았거나 떨어져 나와 민간에 통용되는 잔존물이다. 풍수나 점
복・예언・금기・주술・자연물숭배・민간의료의 어떤 부분 등이 바
로 그런 것들이다.

③

종래 한국민속학에서 무속과 家神신앙과 부락신앙 또는 洞祭를 갈
라놓고 무속을 나머지 둘과는 별개의 것으로 취급하여 온 것33)도
한국의 巫신앙을 잘못 이해한 소치이다. 어쩌다 그렇게 되었는지 그
원인과 배경을 제대로 알아내기가 쉽지 않다. 민간신앙이라는 막연
한 개념을 잡아놓고 그 안에 이것저것 집어넣다 보니 그렇게 된 것
이 아닌가 하는 인상이 우선 짙다. 왜냐하면 한국민속학의 민간신앙
부분에만 거의 모두들 그런 분류를 취하고34), 같은 저자라도 다른
곳에서는 그렇게 분류하고 있지 않기 때문이다. 애를 들어 김태곤은
『韓國民俗大觀』 제3권 민간신앙・종교편의 개관에서 家神신앙과 洞
神신앙과 무속신앙을 나누어 놓고는, 무속관계의 저서에서는 巫神

---

33) 이두현・장주근・이광규, 1983 앞의 책과 박계홍, 1983 앞의 책.
34) 김태곤, 1982 앞의 글 pp.21-27.

祭·家祭·洞祭를 무속의 祭儀 아래 분류해 두고 있다.35)

　그밖에 조선총독부에서 펴낸 저 일련의 민간신앙자료총서가 거기에 영향을 주었음직하다. 그 총서 가운데 『朝鮮の 巫覡』은 오로지 무당에만 국한하여 그 분포·칭호·成巫動機·神事·巫貝 등을 다루고 있고, 또 洞祭는 『部落祭』에서 별권을 이룬다. 이와는 다르게 가신신앙과 부락신앙을 巫에 학께 포함하여 이해하는 전통이 그 이전에 있었다. 李能和의 『朝鮮巫俗考』는 그 본보기가 된다.36) 그리고 赤松智城과 秋葉隆은 『朝鮮巫俗の 研究』 하권에서 마찬가지로 무속 안에 그런 것들을 모두 포괄하여 있다.37)

　그리고 보면 巫의 범주 이해에 두 전통이 있는 셈인데 하나는 巫를 복합적인 종교현상으로 브아 넓게 다루는 것이며, 다른 쪽에서는 무당을 중심으로 하여 巫俗을 좁은 의미로 이해한다. 한국민속학이 후자의 관점을 취하고 있음이 분명하다. 그것도 민간신앙의 범주에서다. 이것이 문제다. 巫를 딘속의 일환으로 잡아 민간신앙에 집어놓고 다루다 보니 민간신앙의 다른 양상과 마찬가지로 무당의 풍속에 안목이 집중될 밖에 없는 것이다. 그리고 巫신앙의 다른 양상은 거기서 억지로 무리하게 분리되고 만다.

　다시 반복하거니와 한국의 巫신앙은 고대로부터 오늘에 이르기까지 면면히 내려오면서 그 나름의 고유한 체계를 가진 종교이다. 그래서 무당만이 巫를 독점하고 있는 것이 아니라 무당 이외에도 초월적 존재로서의 엄연한 신령체계가 있고 단골이 신도를 구성하며 갖가지 종교의례가 치밀하게 짜여 있다. 심하게 얘기해서 신도가 없는 무당이란 생각할 수도 없다. 그리고 가정과 단골조직 및 사회, 나아가 왕조시대에는 궁중과 관련하여 복합적인 종교 관념과 의례를 형성하고 행사하여 온다. 따라서 巫를 종교학 또는 인류학의 관점에서

---

35) 김태곤, 1981 『한국무속연구』 경희대학교 민속학연구소, p.354.

36) 이능화, 1927 앞의 글 pp.51-79.

37) 赤松智城·秋葉隆, 1938 『朝鮮巫俗の 研究』 下卷, pp.69-219.

연구하는 경우 巫의 전체 현상이 유기적으로 이해되어진다. 그러한 보기를 우리는 秋葉隆, 柳東植, 崔吉城 등에서 보게 된다.38)

그러나 이들의 논저를 따져보면 무당의 형성과정이나 제의, 그리고 제의와 관련하여 부락제가 꽤나 소상히 다루어지고 있는 반면, 이른바 가신신앙부분에 대하여는 명확한 서술이 없고, 다만 그 신도들이 섬기는 신령의 성격과 그 종교의례를 언급하고 있을 뿐이다.39) 이것은 한국巫 연구가 여태껏 단골의 종교의식이나 의례를 눈여겨 다루지 않는 데서 기인하는 것으로 보인다.40) 그런데 최근 미국의 인류학자인 켄달(Laurel Kendall)은 바로 이 점에 착안하여 한국 여인들이 단골로서 집안에 개인적으로나 또는 굿에서 모시는 신령들을 해명하고, 그러한 종교행위가 한국의 사회 및 종교적 생활에서 차지하는 역할을 풀어보는 연구를 발표하였다.41) 실로 고마운 인류학도의 관심이다.

그러나 나는 그녀의 저서에 대한 서평에서 그 같은 값진 노력과 얼마간의 성과를 높이 평가하면서도 준엄한 비판을 아끼지 않았다.42) 여기에 약간 오해의 소지가 있기에 그것을 밝힌다: 외국학자로서 한국의 사회나 문화를 연구하는 사람이 점차 늘어가는 경향을 보인다. 그들 가운데 많은 사람은 짧은 기간 동안 한국에 머물며 현지조사를 하고 쉽사리 재치 있고 재미스러운 논문을 발표하였다. 그

---

38) 秋葉隆, 1950 『韓國巫俗の 現地研究』; 유동식, 1975 앞의 책: 최길성, 1978 『한국무속의 연구』.
39) 赤松智城, 秋葉隆, 1938 앞의 책 pp.82-84, 148-165와 이두현·장주근·이광규, 1983 앞의 책 pp.185-193.
40) 조흥윤, 1984 앞의 글 p.249.
41) L.Kendall, 1985 『Shamans, Housewives, and Other Restless Spirits-Women in Korean Ritual Life』 Honolulu: University of Hawaii Press.
42) Cho. Hung-youn, 1985 「Bookreview: Shamans, Housewives, and Other Restless Spirits」, 『Korea Joumal』 V. 25, No. 10, Seoul. pp.54-57; Cho, Hung-youn, 1986 「Bookreview: Shamans. Housewives, and other Restless Spirits」, 『Asian Folklore Studies』 V. XLV-2, Nagoya, pp.314-316.

들에게 있어서 그런 작업은 별로 어려운 일이 아니다. 학문의 방법론에 익숙해 있고 또 다른 문화를 총체적으로 비교하여 다루어 온 경험의 분량이 넉넉하기 때문이다. 한국 문화나 사회의 연구란 그런 이들의 눈에 빈틈투성이로 보일 것이다. 그 같은 재치를 나는 켄달의 글 도처에서 확인하였다. 그러나 한 가지, 그들은 한국 문화의 배경이 깊고도 넓어 그 양이 엄청난 사실을 간과하였던 것이다. 그들은 그런 채 한국 문화를 여느 제3세계의 것처럼 여기고 능숙하게 이리저리 재어보았다. 한국 문화는 그러나 이웃 나라의 것과 비교하여도 독특한, 그러면서도 다양하고 깊은 역사적 배경과 자연환경 속에서 형성되어 왔다. 따라서 그에 대한 최소한의 기본 인식과 그 개개의 용어나 개념에 대한 어지간한 이해 없이는 아무리 감탄할 만한 재치라도 어색하기 그지없는 물건이 되고 만다. 근 20년래 그러한 경향이 두드러지게 나타났고 켄달의 저서에 그 같은 문제가 곳곳에 보이기에 나는 그것에 대한 반성을 촉구하고 아울러 경종을 울려보았던 것이다.

다시 우리의 巫범주로 돌아가 그 전체 짜임새를 살펴보자. 巫는 하나의 신앙체계이다. 하늘신·땅신·산신 등의 자연신과 시조신, 그리고 조상들이 각기 종횡으로 기능을 담당하는 神界가 짜여 있다.43) 여기에는 외래 종교로부터 끼어 들어온 신령도 있다. 여하튼 이들의 종합적 성격은 넓은 의미에서의 祖上神이다.44) 그 해당 사회를 수호해 주고 구성원에게 덕을 끼쳐 주는 조상들이 이런저런 신령으로서 숭배 받는 것이다. 무당은 그 사회와 신도들의 태평안과와 복덕을 위해 그 둘 사이의 중재적인 역할을 감당한다. 그 역할은 사제·점복자·재판관·치명자 등의 기능이다. 그리고 그 사회나 신도 개인은 정기적으로 이들 신령에게 제를 지내고 또 문제가 발생하였을 때

---

43) 조흥윤, 1983 앞의 책 pp.94-102.
44) 조흥윤, 1986 앞의 글 pp.158-159.

무당을 통하여 신령과 만나 그 문제를 예방하거나 해결한다.

　이 같은 巫의 신앙체계는 시베리아 샤마니즘의 것과 조금도 다를 바 없다. 위에서 정기적인 祭儀란 사회의 안녕을 위해 또는 감사의 뜻에서 베풀어진다. 그러한 행사를 우리는 『三國志』「魏志東夷傳」에 기록된 고대 한국인의 祭禮기사를 통하여 확인한다. 그것은 한국사의 흐름 속에서 山川祭・祈雨祭・祖靈祭 등으로 전승되어 오다가 오늘에는 동제 또는 부락제라는 이름으로 계속 지켜지고 있다.45)

　한편 무당은 巫의 분화와 더불어 한쪽에서는 왕권에 복속되어 무엇보다 국가를 위한 종래의 제의를 담당하였다. 그러나 민중의 사제가 된 쪽은 그 신도들의 종교적 욕구를 충족시키면서 이제 마을 단위로 마찬가지의 기능을 수행한다. 규모가 작아진 셈이다. 물론 동제 가운데는 儒禮風의 것이 있는데 그것은 조선왕조를 거치면서 그리된 것이다. 그렇지만 무당이 주관하는 마을제는 오늘날도 계속되어지고 그것이 예부터 전승된 巫의 종교의례임을 알아야 하겠다.

　그리고 신도인 단골은 그 신앙대상인 신령들을 섬긴다. 단골의 종교적 행사로는 집안을 위해 그 단골무당에게서 행하는 정기적인 것이 있고, 그밖에 문제가 있을 때 무당을 찾아보고 상의하여 부적・치성・굿의 처방을 결정한다. 단골은 또한 巫의 신도로서 집안에다 신령을 모시고 개인적 종교의례를 가진다.46) 이들 신령은 무당이 그의 신당에 모시는 신령과는 그 성격이 다르다. 무당은 그의 수호신인 몸주신과 굿에서 등장하는 신령들, 그리고 신부모에게서 물려받은 신령 등을 모신다. 반면 단골은 巫의 신령들 가운데 집안과 관련된 신, 즉 祖靈・성주・竈王・터주・업・門神 등을 집안의 곳곳에 배정하여 모셔두고 때와 경우에 따라 의례를 행한다.47) 이들 신령도 巫의 신령체계에 상당한 위치를 차지하는 이들이다. 그리고 단골무

---

45) 유동식, 1975 앞의 책 pp.238-239.
46) 조흥윤, 1983 앞의 책 pp.116-119.
47) 이두현・장주근・이광규, 1983 앞의 책 pp.186-193.

당이 그 집에 와서 그들을 일일이 쳐들어 즐겁게 해주고 공수를 내리는 경우가 있는가 하면, 무당의 처방에 의하여 단골이 집에서 홀로 치성을 드리는 수도 있다. 후자를 巫와 별개로 얘기하기 쉬운데, 이것을 기독교식으로 말하여 가정예배로 보면 과히 틀림이 없다. 기독교 가정의 가정예배가 기독교와 상관없는 것이라 말할 사람은 단연코 없을 것이다.

위에서 살펴본 바, 한국巫의 신앙체계는 고래로 단골과 사회와 무당과 신령이 각기 구조적으로 얽혀 짜여있음을 알 수 있다. 그것들은 서로 유기적인 관계를 맺고 있어 결코 개별로 나누어 보아서는 안 된다. 따라서 종래 무속신앙·부락신앙·가신신앙을 구분하여 보는 것은 잘못된 것이다. 하나의 종교체계로서의 巫 안에서 이들은 다른 기능을 가진 종교의례일 뿐임을 분명히 하여야 한다.

4

巫신앙이 고대로부터 한국의 전통종교로서 위로는 왕권과 밀착하여 있고 아래로는 민중의 종교로서 신봉을 받아왔을진대, 한국인의 삶 속에 끼쳐 온 그 광범위하고도 뿌리 깊은 영향은 일단 어렵지 않게 짐작된다. 그것은 또한 외래종교를 받아들이는 바탕으로서 그들로부터 적잖은 요소를 수용하였지만, 반면 그들에게 이 땅에 정착할 가능성을 제공하기도 하였다. 그들은 한국에 뿌리를 내리기 위하여 이 곳 민중의 신앙형태와 의식을 그들의 것에 절충하지 않을 수 없었던 것이다. 이제 오늘의 한국인 삶 속에 널려 있는 巫신앙의 양상을 살펴보려 한다. 그것을 통하여 우리는 巫신앙의 뿌리와 가지가 얼마나 깊고 넓은 것인지 이해할 수 있을 것이다.

이 문제는 크게 세 면으로 나누어 볼 수 있다. 첫째로 무를 신앙하는 신도들의 종교생활이고, 둘째로 신도가 아닌 일반인들의 생활

속에 들어 있는 巫신앙의 요소이며, 다른 종교들 속의 것이 그 마지막이다. 이 가운데 첫째의 것은 여기서 그리 큰 관심이 안 된다. 앞에서 이미 어느 정도 이해되었을 터이고, 또 한국巫에 관한 논저에 두루 소개가 되어 있다. 다만 한 가지, 해방 이후 사회가 급격히 변동하고 巫 자체도 신당이나 단골관계 등에서 시대의 변천에 적응해 온 만큼, 단골의 신앙태도도 크게 현대화하였음을 언급한다. 단골무당과 전화로 문제를 상담한다든가, 단골이 집안에 신령을 약식으로 모신다든가 하는 것이 그런 면모들이다.48)

둘째, 일반에 퍼져있는 巫신앙의 요소로 점복·부적·세시풍속·통과의례·고사 등을 손꼽을 수 있다. 점복은 무당의 한 기능으로 들먹여진다. 무당은 무꾸리나 굿에서 그가 모시는 신령에 씌여 神占을 보아주는 명수다. 그러나 신령이 늘 무당에 붙어있는 것이 아니기에 무당은 그밖에 여러 무꾸리 방법을 개발해 있다. 무당 아니고도 이른바 점쟁이들이 冊曆이나 周易의 卦로 六爻占·四柱占·算占·作名 등을 보고 또 생활의 경험이나 口傳 등에 의거하여 앞으로 다가올 일을 예견해 보는 豫兆가 민간에 성행하지만, 이는 민간신앙의 범주에 속한다. 하여간 무당의 점복은 정평이 있어 예부터 궁중에서는 물론 민중들이 두루 무당을 찾았고, 이것은 오늘에도 마찬가지다. 사흘 전에 신청해 두어야 겨우 무꾸리 차례가 돌아온다는 용한 무당이 장안의 화제가 되고 있고, 기독교인들도 심심찮게 무당을 찾아 점을 본다는 사실이 잘 알려져 있을 정도이다.

부적은 巫가 불교와 도교에서 받아들여 단골에 사용하여 온 처방법이다. 그것은 무당의 처방 가운데 가장 가벼운 것으로서 말하자면 임시방편에 불과하다. 그래서 무당이나 단골은 원래 부적처방과 사용을 즐기지 않았다. 그러나 사회의 현대화에 따라 단골의 신앙도 신식이 되면서 오히려 이 간편한 처방의 수요가 크게 늘었다. 뿐 아

---

48) 조흥윤, 1983 앞의 책 pp.112-113.

니라 일반에서도 그것을 많이 따랐다. 그리하여 오늘날 각계각층의 한국 사람이 부적을 많이 애용한다.49) 부적에는 여러 가지가 있는데 남편의 첩을 뗀다거나 아들을 얻기 위한 등의 개인적인 은밀한 부적은 확인하기 어렵지만 安宅符나 財符 같은 것은 이즈음도 가정집이나 식당에서 어렵지 않게 구경한다.

세시풍속은 해마다 일정한 시기에 민간에 행하여지는 의례적인 행위이다. 대개 농업과 관련하여 옛날부터 전해 내려온 것이기에 그것이 전통적인 巫신앙과 깊은 연관을 맺고 있을 것임은 능히 미루어 알 수 있다. 정월만 해도 歲畵와 立春符, 짐승의 피를 문이나 벽에 바르는 辟邪, 三災막는 법, 제웅 버리기, 지신밟기 등이 있고 조상숭배로 따지면 설날·한식·단오·추석에 節祀를 지낸다. 그밖에 봄·가을의 고사, 동짓날의 팥죽뿌리기 등 숱하다. 한동안 산업화와 농촌의 근대화, 그리고 새마을운동으로 인하여 이들 세시풍속이 시들하였으나 최근 여유를 갖게 되면서 이러한 풍속이 되살아나고 있다. 특히 이즈음 민속의 날과 추석의 엄청난 성묘인파가 그런 사정을 잘 말해준다.

통과의례란 개인이 일생을 통하여 반드시 겪게 되는 출생, 성년식, 결혼, 상례의 의례를 가리키는 사회인류학의 용어이다. 우리네 관혼상제와 서로 겹치는 부분이 있다. 여기에도 여러 가지 祈子致誠, 출산과 관계되는 三神신앙과 인줄풍속, 상례에서의 路奠祭와 산신제 따위가 모두 巫신앙에서 직접 간접으로 연유된 것들이다. 여기서 세시풍속 및 통과의례와 관련하여 한 가지 짚고 넘어갈 것이 있다. 한국종교의 여러 면모를 논할 때 그 용어나 외형적 특성만 보고 그것이 어느 특정종교의 것이라고 함부로 단정해서는 안 된다는 사실이다. 이 땅의 종교는 그것이 전통종교인 巫의 기질 내지 생리 때문인

---

49) 문상희, 1975 「한국의 샤마니즘」, 『종교란 무엇인가』 p.188과 한정섭, 1986. 「현대사회에 있어서 부적에 대한 인식」, 『한국의 부적』 국립민속박물관, pp.26-38.

것으로 여겨지거니와, 늘 서로 공존하여 심한 갈등을 일으키지 않고 오늘에 이른다.50) 신흥종교를 포함하여 수백의 종교가 신앙되는 오늘의 현상이 그것을 잘 입증해 준다. 그러한 종교 전통 속에서 각 종교는 다른 종교의 요소와 용어를 서로 무리 없이 수용하여 적당히 제 것으로 소화하여 왔다. 예컨대 巫의 삼신帝釋은 이름으로 보면 불교의 신령이지만 神格은 인간의 생명을 담당하는, 巫에서 가장 높은 하늘신이다.51) 종교의 개념도 그러하다. 효라 하면 흔히들 유교의 덕목으로만 치는데 그것은 사실 불교·도교·巫·기독교에서도 모두 매우 중요하게 여기는 부분인 것이다.

민간에 널리 행하여지는 巫신앙의 일환으로 또한 고사가 있다. 고사라 하면 현대화한 한국의 모습을 소개하는 영화에 아직도 지켜지는 전통신앙의 면모로서 곧 잘 묘사되는 대목이다. 그리고 새 건물이나 사무실에 입주할 때 장사가 잘 안될 때 베풀어지는 고사를 우리는 주위에서 흔히 구경한다. 고사는 본디 巫에서 치성의 한 종류로서 봄·가을에 가정집에서 安宅고사로 지내고52) 또 특별한 경우 따로 올리기도 한다. 그런데 요사이 시중에서 지내는 고사에 무슨 원칙인 양 돼지머리를 올리는데 이것은 제 법에 어긋난다. 성주에게 올리는 상에는 원래 원 시루와 돼지고기를 올려야 한다.

끝으로 다른 종교들 속에 들어 있는 巫신앙의 면모나 양상을 볼 터인데 그 배경은 이미 앞에서 대충 언급하였다. 그 구체적인 것으로 먼저 불교사찰에 자리하여 있는 山神閣이나 三聖閣을 들 수 있다. 한국불교의 井神신앙이나 竈王신앙이나 神衆신앙도 巫에서 흘러 들어 간 요소들이다.53) 상례나 조상숭배는 으레 유교의 것으로 치부

---

50) Yun, Yi-hŭm, 1986 「Religions Today」, 『Religions in Korea』 Korean Overseas Information Service, Seoul, p.9.
51) 조흥윤, 1983 앞의 책 p.96.
52) 이두현·장주근·이광규, 1983 앞의 책 p.263.
53) 문상희, 1975 앞의 글 p.138.

하지만 거기에는 巫에서의 조상과 기타 여러 관념이 함께 포함되어 있다.54) 민족신흥종교의 한 특징으로 巫사상을 드는 것도 당연하다.55) 이들 신흥종교는 기존의 종교전통 위에 일어서기 때문에 전통신앙인 巫의 요소를 다량 수용해 있기 마련이다. 그리고 얼마 전 한동안 기독교의 무속화에 대한 논란이 많았는데, 기독교 안의 巫 요소는 이미 어느만큼 짐작키운다. 성령체험현상이 그런 것이다.56) 그러나 나는 그것을 巫에 직결시키는 데에는 주저한다. 종교체험이야 어느 종교에든 나타나고 또 성령체험의 내용이 巫의 것과 꼭 같지 않기 때문이다. 반면 그 빈도와 강도가 어떤 관련을 시사해 준다. 巫는 신들림의 종교라고도 달할 수 있는데 그것이 한국인의 특징적 성향으로 되었고, 그에 따라 한국기독교에 성령체험이 그렇게 강렬하고 잦게 일어난 것이리라.

한국인의 삶 속에 이처럼 신앙되고 또 두루 깊이 스겨들어 있는 巫신앙을 두고 그것이 귀신신앙, 운명신앙, 요행주의, 윤리의식의 결여, 역사의식의 결여, 주술신앙 등을 민중의 의식구조에 심어주었다는 견해가 제기되었었다.57) 그리고 그 때문에 샤마니즘은 이 땅에서 극복되어야 할 정신구조이고, 그것을 기독교인이 하늘의 사명이요 지상의 과제로 삼아야 한다는 주장이 뒤따랐다.58) 그에 따라 巫를 다소간 부정적인 것으로 취급하는 경향이 이후 강하다. 여기서 우선 그 견해가 기독교를 기준으로 한 것임을 분명히 알아야 한다. 그 윤리의식이라든가, 역사의식이 기독교 내지 서양의 것을 염두에 두고 있는 것이다. 그래도 괜찮은 것인가. 한 종교를 기준으로 다른 종교를 이해하는 일이 도대체 가능한 것인가. 이것은 도무지 말이 되지 않는

---

54) 최길성, 1986 『한국의 조상숭배』 pp.65-66, 85-89.
55) 문상희, 1973 「한국신흥종교의 계보와 기본교리」, 『월간 대화』 제39호, pp.45-46.
56) 김태곤, 1981 앞의 책 pp.234-241.
57) 문상희, 1975 앞의 글 p.182.
58) 문상희, 1975 앞의 글 p.189.

다. 숫제 선동이다. 선교를 목적으로 다른 종교를 비방하는 것이야 어쩔 수 없는 노릇이지만 학문의 영역에서는 있을 수 없는 일이다.

한국의 巫는 오랜 역사를 거치면서 오늘에 이르기까지 민중 신앙의 대상이 되어온다. 우리는 이 역사와 현상을 소중하게 여기고 그것을 바르게 이해하기 위하여 애써야 한다. 그런 만큼 그 속에는 그 나름의 윤리와 역사의식이 있게 마련이다. 巫에서는 귀신을 믿는 것이 아니고 넓은 의미에서 온갖 조상을 섬긴다. 그렇다 하여 신령을 절대적인 존재로 두려워하지도 않는다. 巫는 저들 조상과 인간과의 무한한 조화를 추구하고 그 조화 가운데서 삶의 창조적인 힘을 되찾고 있는 것이다.59) 그래서 결코 요행이나 운명에 기대지 않는다. 늘 지금 여기에서 모든 것과의 조화 속에서 삶을 충실히 해온 한국인의 모습을 巫에서 보게 된다. 그런 것을 바르게 아는 일이야말로 오늘의 우리를 더욱 제대로 아는 길이다.

---

59) 조홍윤, 1986 앞의 글 pp.157-159.

참고문헌

김태곤, 1981 『한국무속연구』 경희대학교 민속학연구소, 서울.
김태곤, 1982 「무속신앙」, 『한국민속대관』 제3권 민간신앙·종교편, 고려대
　　　학교 민족문화연구소, pp.205-264, 서울.
김태곤, 1983 『한국민간신앙연구』 경희대학교 민속학연구소, 서울.
문상희, 1973 「한국신흥종교의 계보와 기본교리」, 「월간 대화」 제39호, pp.29-55,
　　　서울.
문상희, 1975 「한국의 샤마니즘」, 『종교란 무엇인가』 서울.
박계홍, 1983 『한국민속학개론』 서울.
유동식, 1975 『한국무교의 역사와 구조』 연세대학교 출판부, 서울.
이능화, 1927 「조선무속고」, 『계명』 제19호, 서울.
이두현·장주근·이광규, 1983 『한국민속학개설』 서울.
임석재, 1971 「한국무속연구서설(2)」, 『아세아여성연구』 제10호, 숙명여자
　　　대학교 아세아여성문제연구소, pp.161-224, 서울.
조흥윤, 1983 『한국의 巫』 서울.
조흥윤, 1984 「巫(샤마니즘) 연구에 대하여」, 『동방학지』 제43집, 연세대학
　　　교국학연구원, pp.223-256, 서울.
조흥윤, 1986 「中國의 薩滿敎연구」, 『박물관기요』 제2호, 단국대학교 중앙
　　　박물관, pp.5-14, 서 울.
조흥윤, 1986 「巫는 종교현상」, 『문학사상』 No. 170, 12월호, pp.151-159,
　　　서울.
최길성, 1969 「한국무속의 엑스터시변천고」, 『아세아연구』 Vol. 22, No. 2,
　　　아세아연구소, pp.49-63, 서울.
최길성, 1977 「한국의 샤마니즘은 어디에서 왔는가」, 『문학사상』 제60호,
　　　pp.306-315, 서울.
최길성, 1978 『한국무속의 연구』 서울.
최길성, 1986 『한국의 조상숭배』 서울.
콤스톡(윤원철 역), 1985 『종교학-방법론의 제 문제와 원시종고』 서울.
한상복·이문웅·김광억, 1985 『문화인류학개론) 서울대학교 출판부, 서울.
한정섭, 1986 「현대사회에 있어서 부적에 대한 인식」, 『한국의 부적』 국립
　　　민속박물관, pp.24-44, 서울.
Cho, Hung-youn, 1984 「Problems in the Study of Korean Shamanism」, 『Shamanism
　　　in Eurasia』 pp.459-475, Göttingen: edition-hero-dot.

Cho, Hung-youn, 1985 「Bookreview: Shamans, Housewives, and Other Rest-less Spirtis」, 『Korea Joumal』 Vol. 25, No. 10, pp.54-57, Seoul.

Cho, Hung-youn, 1986 「Bookreview: Shamans, Housewives, and Other Rest-less Spirits」, 『Asian Folklore Studies』 Vol. XLV-2, pp.314-316, Nagoya.

C.A.Clark, 1929 『Religions of Old Korea』 Seoul.

M. Eliade, 1970 『Shamanism-Archaic Techniques of Ecstasy』 New-York: Pantheon Books.

K.Goldhammer, 1976 『Wörterbuch der Religionen』 Stuttgart.

L.Kendall, 1985 『Shamans, Housewives, and Other Restless Spirits- Women in Korean Ritual Life』 Honolulu: University of Hawaii Press.

Yun, Yi-hǔm, 1986 「Religions Today」, 『Religions in Korea』 Korean Overseas Information Service, pp.9-15, seoul.

許愼, 1963 『說文解字』 北京.

任繼愈(主編), 1981 『宗敎詞典』 上海.

烏丙安, 1985 『中國民俗學』 沈陽.

秋浦(主編), 1985 『薩滿敎硏究』 上海.

赤松智城・秋葉隆, 1938 『朝鮮巫俗の 硏究) 下卷, 東京, 京城.

秋葉隆, 1950 『朝鮮巫俗の 現地硏究』 天里.

祖父江孝男・米山俊直・野口武德, 1977 『文化人類學事典』 東京.

한국巫의 세계와 성격

1

　무당과 굿으로 대표되는 종교 현상을 두고 우리는 여러 가지 용어를 쓴다. 무속(巫俗), 무당(巫堂), 무교(巫敎) 등이 그런 것들이다. 먼저 이들 용어의 성격을 분명히 해야 우리가 그 종교 현상을 다룰 때 불편하지 않을 것이고 이 글을 펼쳐 나갈 때 편할 것이다.

　사람들은 정확히 알고 있지 않으면서도 무당이라면 어떤 사람을 가리키는 줄 대충 짐작한다. 이 용어는 또 무당에 관련된 것을 뭉뚱그려 막연히 표현하는 데 쓰이기도 한다. 요상하고 부정적인 것을 정확히 알려 하지 않고, 어떤 대표되는 것을 사용함으로써 적당히 얼버무리는 투이다. 무당은 오로지 그 종교 현상의 사제를 지칭하는 말일 뿐이다.

　가장 널리 흔히 쓰이는 말은 무속이다. 이 말을 풀어보면 무당의 습속, 풍속이라는 뜻이다. 조선왕조 때 선비들이 민간의 무당에 얽힌 신앙을 그렇게 비하하여 불렀다. 속(俗)이란 속된 것이라는 뜻을 내포하고 있거니와, 불교를 불속(佛俗)이라 쓴 것도 그런 예에 해당한다. 그런데 이 용어는 이후 일제시대를 거치면서 일본인 학자뿐 아니라 한국 학자들에 의하여 그대로 받아들여져 사용되었고, 오늘날에도 두루 통용되고 있는 실정이다. 말하자면 하나의 학술용어로 굳어진 셈이랄까. 한국무(巫) 연구의 주류는 국문학 출신의 민속학자들에 의해 주도되어 왔으니 그들의 안목에 그것이 민속의 하나로 비칠 것은 어쩌면 당연한 일인지도 모른다. 그러나 그것은 앞으로 언급이 되겠지만 하나의 종교이고, 또 무속이란 용어의 속된 의미를 알았으니 이런 용어는 앞으로 쓰지 말아야 할 것이다.

한국무는 한국사의 오랜 흐름을 함께 겪어왔다 하여 과언이 아니니 그 안에 한국전통문화의 많은 양을 지니고 있다. 민속의 많은 분야를 포함하고 있다는 말이다. 그렇다고 하여 그것을 무속이라 부를 수는 없다. 기독교나 유교에도 마찬가지로 엄청난 전통문화의 요소가 있는데, 그것을 기속(基俗)이나 유속(儒俗)이라 부르지 않는 것과 같은 이치이다. 이들 이른바 고등종교에서는 그것을 예배니 의식이니 예(禮)니 하고 표현한다. 그리고 이들은 무(巫)를 어찌 감히 우리와 나란히 견주느냐고 화를 낼 것이다. 그것은 종교를 자기 종교중심으로 편협하게 이해하는 데서 생기는 것이고, 이즈음의 발달된 비교종교학이나 종교인류학의 눈으로 보면 모든 종교는 그 나름의 특성을 가지고 있고 또 모든 종교에 공통되는 보편성이 있는 것이다. 무당의 굿이나 치성, 심지어 무꾸리(占卜)도 종교 의례인 것을 알아야 한다.

이밖에 70년대에 몇몇 학자들에 의하여 제시된 무교(巫敎)란 용어가 있다. 이들은 무(巫)가 종교임을 강조하여 마땅히 무교라 해야 한다는 주장을 편다. 그 분노가 충분히 느껴진다. 새로운 용어여서 그럴싸하다. 그러나 무(巫)가 종교이기에 다른 종교들에 붙어있는 '교(敎)'자를 마찬가지로 써야 한다는 것은 어색한 점을 피하지 못한다. 일본의 신도(神道)는 '교'자를 달고 있지 않아도 세계에서 인정하여 연구대상으로 삼는 종교이다.

나는 이미 우리네 이 종교를 무(巫)라고 써오고 있지만, 이것이 가장 가치중립적인 용어라고 본다. 무당이나 박수나 그들의 종교를 일러 그냥 무라 한다. 이 말에는 비단 무당만이 아니라 그들의 종교 행위와 단골들까지 모두 포함되어지니 매우 포괄적인 용어라 하겠다. 그래서 나는 무를 이 종교를 가리키는 용어로 쓴다.

2

　벌써 용어에서부터 한국의 무가 어떤 편견에 의해 많이 곡해된 것을 짐작할 수 있지만 한국무는 그동안 실로 엄청나게 많은 오해를 받아왔다. 이것은 한국무의 올바른 이해 또는 그 접근에 큰 장애가 된다. 한국의 기층문화로서의 한국무가 가지는 성격과 구조를 제대로 알기 위해서 그러한 오해의 배경을 먼저 따지지 않을 수 없다. 그것은 크게 두 면으로 나누어볼 수 있는데, 하나는 무가 받아온 천대와 핍박이고, 다른 하나는 한국무 연구에서의 문제점이다. 무당은 조선조 내내 천민으로서 천대와 핍박을 받았거니와, 일제시대에는 그것이 말살될 지경에까지 탄압을 받더니 해방 이후에는 서양 및 기독교적 안목에서 미신으로 취급되어 사회에서 도무지 기를 못 펴고 지내는 형편이다. 한편 한국무의 연구에서는 아직도 한국종교사의 맥락에서 그것이 차지하는 위치가 제대로 밝혀지지 않은 실정이며 무를 종교로서 종합적으로 연구하는 태도가 결여되어 있다. 우리는 한국무의 올바른 이해에 장어물이 되어 온 이것들을 좀 자세히 살펴보아야 하겠다.

　한국고대사에 있어서 무(巫)의 정확한 실체는 아직 제대로 파악되어 있지 않지만, 그 초기는 대개 제정일치(祭政一致)의 시기로서 무당이 부족 내지 부족연맹의 우두머리 노릇을 했었다는 것은 학계 일반에서 받아들여지고 있다. 그러한 사정은 만몽(滿蒙) 및 시베리아지역의 샤만들에게서도 두루 확인되었다. 그토록 막강한 권위와 임무를 가지고 있던 무당은 그러나 삼국시대에 그 세 나라가 국가의 틀을 잡아가는 과정에서 그들의 정치적 권력을 상실하였다. 그것은 정치적 권력과 사제적 기능의 분립을 말하는 것인데, 무당은 이제 나라무당(國巫 또는 師巫)과 토통 무당으로 분화되고 만다. 나라 무당은 그리하여 절대적인 왕권에 부속하여 다만 국가관리로 되어버리고, 보통의 무당은 민중의 종교적 욕구를 충족시키며 존속해 간다.

이 분화의 양상은 그때부터 조선왕조 말까지 그대로 견지되었다.

무당은 그런 상태로 고려 말까지는 그래도 성업을 누릴 수 있었다. 그러나 조선왕조에 들어와서는 사정이 급변한다. 유교를 정치이념으로 잡은 이 왕조는 무당을 이제 천민의 하나로 확정지었던 것이다. 왕가와 관에는 물론 소속 무당이 배속되어 있었다. 이리하여 조선왕조의 전 기간을 통하여 무당의 박해가 전개된다. 그 박해는 그런데 전국적 규모의 것도 아니었고, 어떤 법적 근거를 가진 것도 아니었다. 무당을 수도로부터 내쫓는 것이 고작 정부의 일반적 조치였고, 무당이 나오는 집안을 천민으로 몰아치는 것이 그 전부였다. 이 시대의 무당 박해란 말하자면 무당을 사회로부터 격리시키는 일종의 정신적 박해였던 것이다.

그리하여 수도에서 쫓겨난 무당은 변두리에 무당집단을 이루고 천민으로서 계속 무업을 영위해 나갔다. 한편 한 집안의 어느 식구가 무당이 될 조짐을 보이면, 그 집안은 그것을 집안 몰락의 문제로 삼았다. 그럴 경우 집안은 은밀히 그러나 강경하게 그 장래 무당과 그 편에 서는 몇몇 식구들, 대개 그 어머니와 여형제들을 집안에서 내치는 것이 예사였다. 그리고 심할 때는 그 무당 후보자를 죽여 버리는 수도 없지 않았다. 쫓겨난 이는 그러면 집안과의 관계가 일체 끊어진 채 사회의 천대를 받으며 살아가지 않으면 아니되었다. 그런데도 무당은 한양 성내에서 계속 태어났다. 당시 관리들의 상소를 보면, 무당을 축출했건만 시간이 지나면서 이들이 다시 성안에 들어와 그 '음사(淫祠)' 내지 '혹세무민'을 자행한다는 보고들이 많다. 궁에서 또는 성안의 민중 편에서 무당이 계속 필요하였기에 무당들이 기회를 포착하여 다시 성안에 들어와 살았을 가능성도 물론 없지 않다. 그러나 기실 무당은 남녀노소 귀천을 불문하고 줄곧 태어나는 것임을 그들은 몰랐던 것이다.

우리는 오늘날 조선왕조 때와 같은 계급사회에서의 천민대접을 제대로 이해하기 힘들다. 그런 사회에서 천민살이가 어떠했는지 막연히 짐작할 뿐이다. 그것을 구체적으로 이해하는 데 다음의 실화가 도움이 될 것이다.

1979년에 타계한 서울의 명무 한보덕(별호 부득이)은 양반집안 태생이었다. 어릴 때 신 내릴 조짐을 보이자 집안이 온통 들고일어나 가산을 정리하여 황해도로 이사해버리고 부득이는 어머니와 언니들과 함께 집안에서 내쳐졌다. 부득이는 그렇게 되고서 내림굿을 하여 애기무당이 되었다. 그녀의 신점(神占)이 유명하여 단골이 많았는데, 그중 하나는 궁에 다니던 집의 마나님이었다. 당시는 일제 초기였지만, 무당이 성안에 들어가면 잡혀죽는다 하여 부득이가 그 단골네에 연락할 일이 있는데도 어머니가 그 일을 맡지 않을 수 없었다. 어머니는 진즉 그 집 마나님을 알고 있던 터였다. 그래서 어머니가 그 집에 찾아 갔더니 그 집 며느리가 부득이 어머니를 보고 대뜸 "너, 왔니─"하고 반말을 하였다. 전과는 달리 이제 그녀는 무당의 에미였고 천한 것들이었기 때문이다. 집에서 내쫓기는 아픔을 겪어야 했던 그 어머니는 다시 천민으로서의 무당에 대한 사회적 천대를 실감한 것이다. 그녀는 그때 죽고 싶었다. 그 충격이 어찌나 컸던지 그녀는 죽는 날까지 그 사건을 되새기면서 고통스러워했다고 한다.

무당에 대한 조선왕조의 이 같은 교묘한 조처는 주효하여 일제시대와 해방을 겪으면서 오늘날에 이르기까지 무당을 천시하는 일반의 인식이 단단하게 이루어져 온다. 그리고 무(巫)는 귀신을 섬기는 음험하고 부정적인 것으로 낙인찍혀온 것이다.

조선왕조를 종결시킨 일제의 한국무에 대한 핍박은 그 전시대의 것과 성질을 달리한다. 그것은 강압적인 수단에 의한 말살정책이 주를 이루었고 다음은 조직을 통한 통제가 그 특징이 된다. 한국을 영원한 식민지로 만들려고 했을 때 일본은 그들의 신도(神道)를 앞세워 그것을 강요했으며 한국의 전통적 민중종교인 무(巫)를 말살시켜야 했다. 그래서 일본 경찰은 굿이 베풀어지는 현장을 덮치고 신령을 위한 굿상을 군화로 짓밟는가 하면 무당을 체포해가는 일이 예사였다. 이에 따라 무당은 굿을 약식으로 마치지 않을 수 없게 되어 무(巫)는 큰 변화를 겪게 되었다.

삼일독립운동이 있자 일제는 한국의 식민지통치가 무단으로 성공될 수 없음을 알아차리고 교활한 문치정책을 취한다. 남산에 높이 자리하여 있던 국사당(國師堂)은 그리하여 그 아래에 터를 잡을 신궁(神宮)때문에 현재의 인왕산으로 억지 이사를 당해야 했다. 그리고 무당은 이제 조합에 가입해서 그 증명서를 장구에 걸어놓고서야 굿을 벌일 수 있었다. 일제 때 일본 순사들에게 어찌나 심하게 곤욕을 당했던지 오늘날에조차 순경 소리만 들어도 깜짝 놀라는 늙은 무당이 많다.

일제는 한편 조선총독부를 위시하여 한국무에 관한 전국적인 대규모 조사를 실시하였고 많은 일본인들이 그 종교를 연구하였다. 무(巫)가 매우 뿌리 깊은 한국인의 종교인 것을 그들이 눈치챘기 때문이다. 그 조사와 연구는 따라서 효과적인 식민지정책의 수립을 위하여 그들에게 꼭 필요했던 것이다. 그러한 결과로 나온 조사 및 연구 보고서는 오늘날에도 한국무 연구의 기본 참고문헌으로 사용되는 실정이니 한심하고 묘한 느낌이 든다.

한국무의 핍박과 오해는 일제의 패망과 더불어 끝나지 않는다. 새로운 그러나 엄청난 시련의 시대가 그를 기다리고 있었다. 해방이 되면서 한국사는 이제 그 오랜 왕조들의 전통사회와 완전히 결별하고 전혀 이질적인 서양식 사회형태로 돌입해 들어간다. 해방은 말하자면 한국사의 허리를 꺾는 대격변의 시작인 것이다. 그리고 보면 일제는 그 과도기였다고 할 수 있을 것이다. 그들이 가져왔던 근대화는 하나의 강제였었고 우리의 자의와는 상관이 적었다. 한국무를 두고 말할라치면 일제의 강압과 핍박은 무(巫)를 흔들어 놓기에 충분한 것이었으나 결코 그 뿌리를 건드리지는 못하였었다. 그것은 오히려 무에게 저항의 힘을 불러 일으켰고 그것은 다시 전통을 고수하려는 힘으로 나타났다.

그러나 해방이 가져 온 사회변화의 양상은 본질적으로 다른 것이 었다. 구미에서 서양식 교육으로 무장된 인사들이 서양식 정치체제를 갖추고는 서양식 법률을 사회에 적용하게 되었다. 그리고 한국전쟁을 치르고서 한국사회는 서구식 근대화와 산업화의 길을 내달린다. 한국은 이제 전통적 가치관은 내버려두고 근본적인 문화변동을 겪는다. 이러한 상황 아래 한국무도 급격한 변화를 받으리라는 것은 이미 기정의 사실이다. 전날 전통을 고수하려던 한국무의 저항의 힘은 그만 고삐가 풀려버리고 만 것이다.

그런데 무(巫) 자체의 변화는 그렇다고 하더라도 무를 바라보는 사회의 시선은 이때까지의 오해와는 별다른 것이다. 무는 서양의 합리주의적 안목에 의하여 비합리적이고 부정적인 현상으로 간주된다. 그것도 서구식 교육방식 일색인 교육기관을 통하여 어린아이 때부터 교육되어진다. 그리하여 어린 초등학생들이 멋도 모르고 무당을 미신업자로, 단골을 미신숭배자로 부르는 실정이다. 아버지가 박수인 사실을 숨기다가 끝내 친구들에게 발각당한 초등학생이 학교를 그만 둔 이야기는 우리 주위에 드물지 않다. 이 같은 서양의 합리주의의 바탕에 기독교의 가치관이 큰 몫을 차지하고 있음은 상식에 속하는 일이다. 그런 형편에 기독교인의 무에 대한 안목은 심히 공격적이다. 그들은 무를 마귀의 종교로 본다. 그리고 그런 악마의 것이 이 땅에 숭배되고 있는 것을 극히 창피스럽게 여긴다. 그래서 무는 마땅히 사멸되어야 한다는 것이다. 구미의 가치체계 속에서 성장한 세대, 특히 기독교인의 그러한 안목에 의하여 굿 당은 곳곳에서 폐기되었고 미신축출운동이 대대적으로 전개되기도 하였다. 이러한 사정에서 무당의 자식들은 그들의 부모에게 제발 창피하니 그 무업 짓거리를 그만두어 달라고 설득하고 협박까지 한다. 무당은 이제 사회로부터의 핍박과 오해에다 그들의 자식으로부터의 핍박과 오해를 하나 더 짊어져야 할 지경에 있다.

$$\boxed{3}$$

한국무가 얼마나 핍박과 오해를 받아왔는가를 대충 살펴보았거니와, 그것은 다른 가치 내지 종교에 의한 맹목적이고도 배타적인 성격의 것임이 두드러진다. 그 핍박과 오해의 역사는 오래된 것이어서 무에 대한 선입견의 층은 몹시 두텁다. 그것이 한국무의 올바른 이해를 매우 어렵게 만들고 있다. 한국무가 본래 어떤 것인가는 뒤에 차차 설명될 것이지만, 무가 어처구니없이 당해온 그 핍박과 오해의 성격을 알아두는 것은 중요하다.

한국무의 올바른 이해에 장애가 되는 다른 면은 연구의 문제이다. 그것은 무를 바라보는 관점의 문제가 되는데, 종래 무는 대개 무속으로서, 즉 그것이 가진 독특한 풍속에 주로 관심이 두어진 채 연구되어왔다. 그래서 무가(巫歌)라든가 무의 여러 전통문화요소들이 많이 다루어졌다. 종교적인 측면에 착안한 연구라 하더라도 무당이 되는 과정에 나타나는 신병(神病, 巫病)과 굿 도중에 벌어지는 무당의 신 내림(憑依)에 집중되어 있다. 그리고 아직도 무를 민간신앙이니 민속신앙이니 또는 원시신앙이니 하는 애매한 용어로 부르고 있는 이들이 많은 실정이다. 요컨대 무를 종교로서 명확하게 이해하지 못하고 있는 것이다.

종교는 오늘날 더 이상 어떤 특정된 종교의 기준이나 편견에 의해 정의되지 않는다. 교리와 경전의 유무까지 그 기준으로 잡아 종교를 정의하던 때는 옛날이다. 그런 정의는 이른바 고등종교에는 맞을지 몰라도 각 사회와 문화마다 있는 그 나름의 독특한 종교(현상)를 설명해주지 못한다. 그래서 어느 종교학자는 종교를 "성(聖)스러움의 체험"으로 간단명료하게 정의한 바 있다. 우리는 여기서 종교의 정의에 시간을 쓸 필요가 없다. 종교의 구성요소를 살펴보는 것이 오히려 중요하다. 하나의 종교가 성립하기 위해서는 먼저 모름지기 '신도'가 있어야 하고, 그 다음 믿음의 대상으로서 '초월적 존재'가 있어야 하며, 끝으로 그 둘 사이를 중재해 줄 '사제'가 필요하다. 종교의 이 기본 틀을 무는 충분히 만족시키고 있으니, 신도로서 단골이, 초월적 존재로서 신령님들이, 그리고 사제로서는 무당이 엄연히 존재한다. 무(巫)는 따라서 마땅히 종교로 보아져야 한다. 무의 그 같은 종교의 면모는 옛날에단 그러했던 것이 아니다. 오늘날 그것도 서울 같은 국제도시에 많은 사제와 신도를 둔 채 무가 신봉되고 있는 사실을 밝혀 알아야 할 것이다.

그럴진대 무가 한국종교사의 맥락에서 차지하는 위치가 분명히 밝혀져야 한다. 다시 말해서 무가 한국종교사에 떳떳한 자리를 잡아야 하고, 다른 종교들과의 관계에서 그것이 한국인과 한국 문화에 기여한 점이 정확히 파악되어야 한다는 것이다. 이에 관하여 종래 두 가지 극단적인 견해가 있어 왔다. 즉, 한국무를 한국인의 전통적인 종교 또는 기층문화로 보아 그것이 마치 전부인 양 과대평가하는 이들이 있는가 하면, 무를 경멸하여 한국종교사에 끼우려 하지 않는 결벽주의자들도 있다. 고조선의 단군이 무당이었다 할지라도 하나의 종교가 꼭 오래되었다 하여 반드시 대단한 것은 아니다. 흔히들 오래된 것이면 무조건 다 좋은 것으로 여기는 풍조가 있는데, 한국인들은 이점에서 너무 시간에 얽매여 있지 않나 하는 생각이 든다. 역사가 비록 짧은 종교라도 그것이 한 사회와 문화에 큰 기여를 하는 수가 얼마든지 있다. 그리고 어느 종교나(비단 종교에만 해당되는 것은 아니지만) 다 고맙고 귀한 면이 있는 법이고 그 나름의 독특한 역할을 감당하는 것을 이해해야 할 것이다. 제 것만 옳고 잘난 줄 아는 인식은 무릇 모든 오해의 근원이며, 우물 안의 개구리에 불과하다. 한국무 중심적인 사고방식은 다분히 그 핍박과 오해의 콤플렉스에서 벗어나지 못한 면도 있다. 그래서 그 사정을 냉정하게 객관적으로 이해하는 것이 중요하다고 강조하였던 것이다.

한편 무를 한국종교사의 영역에 들여놓지 않으려는 입장도 앞의 것과 크게 다르지 않다. 이 경우 다만 그 방향만 실체의 다른 쪽으로 치달렸을 뿐이다. 무를 큰 종교들과 함께 거론하는 것을 수치스럽게 여기는 학자들이 많다. 믿음과 학문을 혼동하는 전형적인 소치이다. 그런 태도는 그들이 속한 종교에도 저해요소가 된다. 또 그것이 바로 오래된 한국무의 오해가 답습되고 있는 모습이기도 하다.

그밖에 무의 종합적 연구가 결여된 점이 지적된다. 앞서 종교로서의 무가 바르게 이해되어야 함을 강조하였다. 그러나 무라는 종교는 다른 종교와 구분되는 독특한 면이 있다. 그것은 무 안에 한국전통문화의 여러 분야의 것이 엄청나게 많이 들어 있다는 사실이다. 무의 전통이 오래되었다는 것, 그리고 오랜 역사 동안 다른 종교들과의 부단한 접촉 속에서 꾸준히 살아온 종교라는 점이 그렇게 만든 것이다. 여하튼 춤, 음악, 악기, 복식, 신화, 설화, 무가, 연극, 상차림(음식), 판소리 및 탈춤과의 관련 등등이 그런 것들로서 열거된다. 그런 요소쯤은 다른 종교들도 갖고 있다고 반박할지도 모른다. 그러나 한국의 다른 종교들과 비교하여 무는 습합의 도가 훨씬 높다. 다른 종교와의 충돌을 천성적으로 싫어하고 다른 종교들로부터 부지런히 무엇인가 받아들이기로야 무(巫)가 아마 으뜸이 아닌가 한다. 그래서 한국무는 한국여성의 치마폭에 비유되기도 하는 것이다.

무의 종합적 연구가 용이하지 않은 것은 바로 이러한 성격 탓이 클 것이다. 그리하여 한국무의 전문가들은 대개 어느 한 분야에 집중한다. 그것을 달리 무의 덩어리가 원체 크고 한국학의 거의 모든 학문분야에 걸려 있기에 각기 제 관심과 안목으로 무에 접근하였다고 말할 수도 있다. 그래서 어떤 이는 굿의 연극적 요소를 중시하고, 어떤 이는 춤만 연구하는가 하면 무가의 수집과 연구에 전심하는 이도 있다. 물론 그런 연구의 당위성과 중요함을 우리는 충분히 인식한다. 그렇지만 그런 연구의 성과가 확대 해석되어 한국무가 온통 이런저런 양으로 잘못 이해되어서는 곤란하다. 한국무 전체의 이해는 역시 복합적 종교로서 총체적으로 접근되어야 하는 것이다. 그리고 이 종교는 그 나름의 구조와 원리를 가지고 있다. 어떤 그 한 분

야의 연구도 사실은 상기한 전체적 이해가 없이는 일그러진 결과를
얻기 일쑤다. 경우에 따라서는 어느 한 분야의 주제라는 것이 말이
안 되는 수도 있다. 예컨대 연극적 요소란 테마는 종교로서의 무의
연구에는 걸맞지 않는다. 기독교의 연극적 요소, 아니면 더 좁혀서
예배의 연극적 요소라는 주지가 극히 어색한 것과 같다.

4

무를 이처럼 분야별로 쪼개어 연구하여 그 종합적 총체적 이해가
제대로 안 된 것은 한국무 연구사 및 그 연구조사방법의 문제와 깊은
관련을 갖고 있다. 한국무 연구사는 편의상 네 시기로 나누어볼 수 있
다. 제1기(1900-1920)는 선교사들이 관심을 두고 연구한 시기이고,
제2기(1920-1930)에는 한국사학자들이, 그리고 제3기(1930-1945)에
는 일본인학자들이 주로 연구하였다. 해방과 더불어 시작되는 제4기
에는 한국무가 한국 학자들에 의하여 본격적으로 연구되어진다.

여기서 먼저 그 연구의 역사가 몹시 짧은 것이 두드러진다. 그것
도 제2기를 빼고 나면 거의 그 반이 외국인에 의한 연구가 된다. 외
국인의 연구는 그러나 각기 선교와 효율적인 식민화라는 의도를 가
진, 덜 순수한 학문적 입장의 것이었다. 최남선, 이능화, 손진태로
대표되는 제2기의 학자들은 방대한 문헌연구, 비교적 시각 및 현지
조사를 고루 갖춘 무의 종합적 연구를 시도하였으나 민족주의적인
관심이 그 연구의 근간이 도고 있었다. 한편 그들에게도 무를 뚜렷
한 종교로 보는 안목은 결여되어 있었다. 무에 대한 이들의 종합적
연구방법은 그러나 불행히도 이후에 계승되지 못하였다. 네 번째의
시기에 한국무의 연구는 이제 한국학자들의 손에 떨어진다. 이들은
대부분이 국문학 전공으로서 민속학에 관심을 두면서 무에 접근해갔
던 것이다. 이리하여 한국두의 민속학적 연구경향이 오늘날에까지

주류를 이루게 된다. 70년대에 들어오면서 종교학, 정신의학, 문화인류학 등의 학문분야에서 서구의 이론을 가지고 한국무를 다루는 새로운 경향이 일어났다. 그러나 그것은 단편적인 연구 성과를 남겼을 뿐 집중적이고도 본격적인 연구로 전개되지 못하였다. 그리고 80년대에 와서는 무연구가 시들어버린 듯하다.

이것은 다시 그 연구조사방법과 무관하지 않다. 민속학적 접근방법이 주류를 이루고 있는 마당에 조사방법은 대개 민속학의 자료수집에 머물렀고, 그래서 무를 다루기 의한 독특한 조사방법론의 개발은 애당초 기대하기 어려웠다. 그러니 현지조사의 기간이 길어야 할 필요가 없었다. 굿판이 있으면 가서 녹음하고 사진 찍는 일이 다반사인 것이다. 간혹 무당을 방문하여 조사하는 경우 알고 싶은 것을 캐묻거나 어떤 자료를 확인하는 것이 고작이고 사제로서의 무당의 생활사라든지 종교적 활동에 관심을 쏟는 일은 드물다. 그들의 종교의례나 생활을 장기간—인류학에서는 1-2년에 걸친 현지조사를 요구한다—느긋이 참여 관찰하는 현지조사의 기본방법이 사용된 예는 들어보기 힘들다. 거기다 조사자의 태도가 매우 고압적이다. 학자가 조사하니 자료를 내어놓으라는, 숫제 관(官)의 수탈 태도이다. 무당을 천민으로 보는 인식이 여태 강하게 살아남아 있는 것이다. 한마디로 한국무의 현지조사는 거의 부재라 하여 과언이 아니다.

이 모든 것은 한국무에 대한 오래된 오해에 걸려 있고, 무를 종교로 보지 않는 데서 기인한다. 그 오해의 성질이 어떠한 것인지를 분명히 인식하고 무를 종교로서 종합적으로 연구할 때라야 한국무의 올바른 이해가 이루어질 수 있을 것이다.

5

한국무를 흔히 기층문화니 심층문화, 또는 그 중의 하나라고 부른다. 무를 그렇게 보는 것은 한국 문화에 있어서 무의 중요성을 높게 평가하는 사람들의 견해이다. 무가 그러면 실제 그렇게 불리어 좋은 것인지 그렇게 보는 안목의 배경은 어떤 것인지, 그것과 관련하여 무를 어떻게 보아야 할는지를 우리는 이 장에서 살펴본다.

먼저, 무가 부족 또는 부족연맹의 종교인 이래 오늘날에 이르기까지 민중의 종교라는 점을 들어 그것을 기층문화로 보고들 있다. 이것은 몇몇 한국종교사의 경우, 그리고 무의 역사를 다룰 때 취해지는 입장이다. 그러나 역사학계, 특히 한국고대사를 전공하는 사람들은 초기의 종교를 무로 보는 문제에 극히 조심스럽다. 그 과학적 접근의 결여라든지 여러 학문분야의 종합적 연구 성과가 있어야 한다는 것이지만 무를 천한 것으로 보는 선입관도 거기에 일정하게 작용하고 있다.

학문은 크게 보아 가설의 성격을 벗어나지 못한다. 특히 인문·사회과학의 경우가 그러하다. 단군이 무당이었다 또는 무당의 성격을 가졌다는 애기는 하나의 가설이다. 한국 종교사 또는 한국무의 역사의 흐름을 서술하기 위한 가설인 것이다. 그 가설을 세우기 위한 몇 가지 근거는 물론 제시되어진다. 그것은 대개 단군에 관한 역사책의 기술에 의존한다. 고조선의 개국신화에 나타나는 천신강림(天神降臨) 신앙, 그 하느님의 아들 단군이 나라를 세우고 다스리다 은퇴하고서는 산신이 되었다는 것, 곰이 북방민족의 토템인 점, 천부인(天符印) 세 개가 동북아시아 제 민족에게 공통되는 (무당의) 신기(神器) 또는 무구(巫具)라는 것 등이 거론된다. 그밖에도 우리말에 신령이나 높은 어른을 지칭하는 '검' 또는 '감'과 곰과의 관련, 단군과 알타이어 '텡그리', 그리고 단골 내지 단굴과의 연관 등 어원학적인 접근도 보여 진다.

그 다음 우리 고대국가들의 제례(祭禮)풍속에 관하여 (삼국지 三國志) 「위지동이전 魏志東夷傳」은 그 옛 면모를 잘 서술해놓고 있다. 농사가 끝나면 하느님(天神)에게 제사를 지내고 온 나라가 더불어 모여 며칠을 계속하여 술 마시고 노래 부르고 춤추며 놀았다는 것이 그 주요내용을 이룬다. 이러한 종교의식은 그 후 겉모습과 이름을 달리하여 살아 이어져 내려왔으며 오늘날에도 곳곳의 마을굿(洞祭 또는 部落祭)의 형태로 성대히 베풀어지고 있다. 옛날의 그 제천의식을 구체적으로 정확하게 알 수는 없지만 그것은 이즈음의 마을굿과 그리 크게 다르지 않을 것으로 여겨진다. 이밖에 우리 고대민족이 옛날 농경민족으로 정착한 다음 모시게 된 지신(地神)에 대한 신앙도 또 하나의 맥을 이루어 오늘에까지 전해 내려온다. 이런 의식들은 오늘날 민속의 형태로 전승되기도 하고 더러는 다른 종교와 함께 베풀어지기도 하지만 거개는 무당이 그 전체를 담당하고 있다. 전체적으로 그 성격은 한국무의 것이다.

이런 것이 한국무가 부족연맹의 종교 이래 오늘날까지 한국 민중의 종교였다는 주장의 가설이다. 나 개인으로서도 이 같은 가설에 동의하며 한국무 전체의 흐름을 그같이 잡고 있다. 그러나 이 가설이 통설로 굳어지기까지는 아직도 해결되어야 할 문제들이 많다. 어원의 문제는 언어학과 비교언어학에서 아직도 확정짓지 못하고 있는 형편이며 사료(史料)도 특히 일제의 고대사료 말살로 인하여 겨우 몇 안 되는 것에 의존하고 있는 실정이다. 더 많은 사료를 발굴하는 작업도 시급하다. 그리고 이 문제는 문헌과 민속학적 접근 정도로 풀어질 간단한 성질의 것이 아니다. 고고학, 종교학, 인류학, 언어학, 거기다 인접지역 또는 문화와의 비교 연구를 통하여 종합적으로 연구함으로써만이 구체적으로 밝혀질 수 있는 것이다.

그러므로 우리는 그것을 하나의 가설로 잡아놓고, 그것에 너무 지나치게 빠져버리는 태도를 버려야 한다. 무가 고대로부터 우리의 민중종교라고 지나치게 확신하는 이들에게 경계해야 할 것은 그 민족주의적 인식태도이다. 민족주의가 얼마나 무모하고 민족간의 상쟁으로 발전하였는가는 비단 독일의 나치뿐 아니라 역사의 도처에서 보아오는 터이다. 민족주의적인 입장을 다소라도 갖게 될 때 그것이 점차 한쪽으로만 기울어지는 성향을 피하지 못한다.

한국무가 고래로 민중의 종교라는 주장 또한 큰 문제거리다. 이같은 주장은 두 가지 약간 상이한 입장에서 고집된다. 그 하나는 무가 원래 고유의 종교인데 다른 종교들이 들어와 권력과 결합하여 상류층의 종교로서 부침하는 동안 무는 힘을 잃고 핍박을 받으면서도 그들과의 공존 속에서 명맥을 유지해온다는 것이고, 다른 하나는 무가 워낙 본래부터 민중의 종교라는 막연한 이해를 가진다. 이 둘은 모두 최근에 유행하고 위세를 떨친 민중 중심의 사고방식과 연관된다. 전자에서는 무의 주인의식과 무의 핍박이 강력하게 염두에 두어져 있는 반면, 후자에서는 우리의 민중종교가 바로 무라는 등식을 내세운다. 이런 견해는 이른바 사회경제사의 관점을 빌어 모든 현상을 하나의 틀에 맞추어 억지로 해석하는 무리를 보인다. 그리고 지배 수탈당하고 핍박받아온 민중이라는 인식을 핍박받아온 무에 투사시켜 무를 동병상련의 대상으로 삼고 있다. 그것이 일방적이고 배타적인 주장이거니와, 정치적이고 과격한 점을 간과할 수 없다.

앞서도 누누이 설명하였지만 한국무는 제정일치시대의 우두머리 때로부터 이후 점차 분화하여온 종교이다. 물론 조선왕조 이래 모진 핍박과 오해를 감당해온다. 무가 내내 핍박만 받아 왔다는 얘기는 틀린다. 그것은 무당이 한때 왕이었다는 사실만 염두에 두고 무당의 높은 지위만 강조하는 것과 조금도 다를 바 없다. 그리고 다른 종교의 핍박을 받았다고만 보아서도 아니 된다. 고려시대 때 전체적으로 불교가 그 위세를 떨쳤다고 하지만 그것은 많이 무화(巫化)한 면을 갖고 있었고 무는 그것과 공존하였던 것이다.

민중의 종교라는 개념도 마찬가지다. 무가 민중의 종교인 것은 사실이다. 그러나 무만 아니라 불교도 유교도 기독교도 민중의 종교라

하여 틀리지 않는다. 역사에서나 현상에서 그들은 각기 그런 면을
보여 왔고 또 보여주고 있다. 이 같은 문제는 따라서 마땅히 문화상
대론의 입장에서 보아지고 다루어져야 한다. 즉, 어떤 사회의 문화라
도 그것은 그 사회가 처한 특수한 환경과 상황에 적응해오는 과정에
서 만들어진 결과이다. 따라서 모든 것은 그 나름대로의 가치와 의
미를 가지고 있는 것이다.

무가 민중의 종교라고 하였는데 그것은 무의 한 면을 가리킨 것에
불과하다. 무는 분화를 겪으면서 일반민중의 종교적 욕구를 충족시
켜주는 종교로 떨어지기는 했으나, 한편에서는 나라무당의 지위를
고수하여 최근세에 이르기까지 권력 최상층의 종교의식의 한 부분을
담당해 온다. 이러한 분화의 전개는 한국무 역사의 흐름을 서술하기
위한 편의상의 것으로서 큰 줄기를 얘기한 것이다. 무는 그밖에 사
회의 상류 및 중류층이 필요할 때 그들에 의하여 신봉되었음을 우리
는 옛 역사책에서 어렵지 않게 찾아볼 수 있다. 요컨대 한국무는 민
중만의 종교는 아니고 사회의 온 계층이 그들의 종교적 요청에 의하
여 믿어온 종교인 것이다. 이것은 다음 장에서 무의 기능을 살펴보
면서 보다 분명히 이해되어진다.

한편 무를 기층문화로 보는 데는 한국무 역사의 도식적 이해가 일
정한 책임을 진다. 종래 그와 같은 도식적 이해에서는 무의 분화 이
래 나라무당의 전통이 무시되고 있고, 수입된 종교들이 권력과 결합
하여 정치의 지도이념 내지 집권층의 종교로 되는 것을 도식의 윗부
분에 표시하면서, 그렇지 못한 무는 그 도식의 맨 밑을 기어가는 것
으로 표현하였다. 그리하여 무는 한국종교사의 층위(層位)인식에서
사회의 아래층을 기는, 문자 그대로 기층(基層)을 이루는 것으로서
이해되었다. 그런 이해는 쉽게 받아들여지고 한번 받아들여지면 단
단히 굳어버리는 속성을 가진다. 도식적 이해의 위험이 그런 것이다.
종교사의 이해는 설사 편의상의 것이라 해도 결코 도식적으로 되어
서는 아니 된다.

한국 신흥종교 가운데 대표적인 어느 민족종교는 단군에서 화랑으로, 그 다음 민중의 신앙으로 타락 내지 저변화된 무당으로, 그리고 끝내는 바로 그 종단으로 맥이 이어진다고 주장한다. 이 같은 주장은 종래의 그 도식적 이해와 꼭 마찬가지로 나라무당의 전통을 모르고 있고 저변으로만 무가 흘러온 것으로 알고 있으니 그것이 어디서 온 것인지 대충 짐작케 한다.

6

위에서 살펴본 바 무를 한국의 기층문화로 간주하는 것은 곤란하다. 최근 민중바람이 거세게 불었고 사회전반에 민족주의의 기운이 서서히 일더니 또 우리의 뿌리를 찾자는 움직임이 도처에서 대단하다. 그래서 무가 거론되고 그것의 어떤 면이 강조되어, 그것이 전부인 양 열을 올린다. 그렇게 하여 얻어진 인식이란 모두 기형아에 지나지 않는다. 그렇게 확인된 뿌리란 살아 있는, 뿌리다운 제 모습이 될 리 만무하고 기껏해야 금이나 은으로 된 인조뿌리에 지나지 않는 것이다. 무는 물론 다른 종교와는 구별되는 독특한 성격과 원리를 갖고 있다. 그것을 제대로 알기 위하여 우리는 무의 종교성을 인식하고 한국종교사의 맥락에서 그 바른 위치를 찾아야 한다. 그것도 문화상대론의 관점에서 이루어져야 한다.

이제 한국무가 어떤 것인지 알아보자. 먼저 그 구조를 도표를 통하여 쉽게 설명하고자 한다. 무란 요컨대 인간과 신령과 무당이 함께 굿이라고 부르는 제의에서 만나 인간의 문제를 풀어버리는 것이다. 인간(단골)에게 문제가 생겼을 때, 그는 무당과 상의하여 굿을 벌이고, 거기서 무당이 중재하여 신령과 만남으로써 문제가 풀어진다.

이 도표에서 점선은 인간이 신령과 직접 교제할 수 없음을 가리킨다. 신화가 우리에게 들려주듯이 먼 옛적 인간들은 신령과 교제하였는데 시간이 흐르면서 이 자격은 상실되고 이제 신령과의 대화의 전문가인 무당에게 그것을 전적으로 의존하지 않을 수 없게 된 것이다. 신령과의 만남은 그렇게 되었으나 인간은 치성을 드림으로써 신령에게 간구할 수 있다. 치성에는 일정한 종류가 있고 또 의식의 규칙이 잡혀 있다. 대개 굿보다는 덜 심각한 문제와 관련하여 무당의 처방에 의하여 거행된다. 단골이 무당의 도움을 받아 치성 드리는 것이 보통이고, 절기에 따라 옛 법대로 집안에서 그냥 집행되는 수도 있다. 그러나 인간의 문제가 심각한 경우 무당은 굿의 처방을 내고 그것을 벌인다. 의식이 진행되는 동안 무당은 무의 온갖 신령을 법에 따라 순서대로 모셔 받들고 그들을 춤·노래 및 제물로 기쁘게 해드리며, 그 단골에게 신령의 말(공수)을 전해준 다음 신령을 돌려보낸다. 굿은 바로 이들의 만남인 것이다. 굿을 놀 수 없으면 무당이 될 수 없고 굿은 무의 가장 기본 되는 종교의례가 된다.

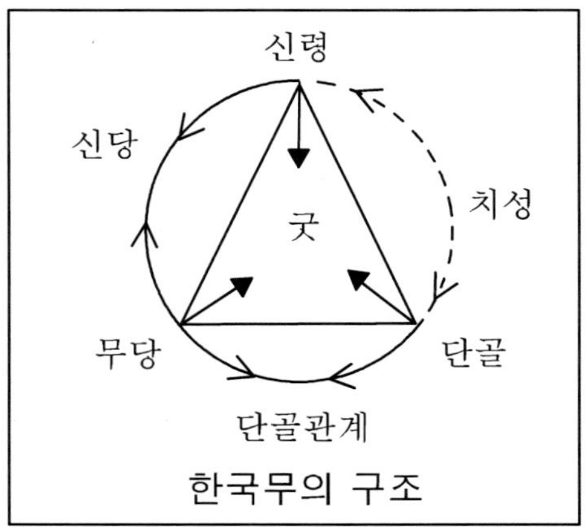

한국무의 구조

그러면 이처럼 신령과 교제할 수 있는 무당의 자격은 어디서 나오는 것일까? 장래의 무당은 돌연히 신병을 포함한 일련의 복합적 징후를 보인다. 이것은 정신의학에서 다루는 병과는 달리 일종의 종교체험이며 일종의 종교적 소명에 해당한다. 이런 체험이 신령과 관계있는 것으로 확인되면 본인이나 가족이 한 무당을 구하고, 그 무당은 그를 위해 내림굿(또는 강신굿)을 주관한다. 그 무당은 그 후 이제 갓 태어난 애기무당의 신(神)아버지 또는 신(神)어머니가 되며, 애기무당은 그에게서 무의 제 관습을 포함하여 굿하는 법을 배우게 된다. 한 편 내림굿 도중에 몇몇 신령이 그 후보자의 입을 통하여 확인되는데 이들은 그 애기무(巫)의 몸주로서 모셔진다. 애기무당은 내림굿 다음에 제집의 방 한 칸이나 어느 한 모퉁이에다 그의 몸주를 위해 신당(神堂)을 꾸민다. 그리고 내림굿에서의 인연, 또는 애기무당의 유명한 신점(神占), 기타 다른 기회를 통하여 이 무당의 단골이 형성된다.

애기무가 몸주를 모시고 그 후 신부모(神父母)에게서 굿하는 법을 배우면서 그는 이제 신들리는 전문가가 된다. 굿에서 신들리고 무꾸리(占卜)에서 신들리며 그래서 단골의 문제를 소상히 알아 이것을 풀어주는 강신의 전문가가 되는 것이다.

이렇게 하여 신령과 전문적으로 교제할 수 있게 된 무당은 일반적으로 사제, 치병자 및 예언자의 기능을 감당하는 것으로 얘기된다. 시베리아 샤만의 경우—이미 수십 년 전 러시아화의 과정을 겪으면서 집단농장의 일원으로 몰락되고 말았지만—재판관의 기능까지 거론되었으나 우리네 무당에게는 그 기능이 매우 약하다. 나는 그밖에 전통문화계승자로서의 기능을 하나 더 추가하고자 한다.

무당은 굿이라는 무의 종교의식을 집전하는 사제이다. 또한 다른 종교의 사제와 한가지로 그의 신당을 관리하고 그 신당에서 일정한 법도를 지킨다. 아침에 일어나면 목욕재계하고 신당에 들어가 신령 화본(巫神圖) 앞에 놓인 옥수그릇의 물을 갈고 신령께 향을 올린다. 신령의 탄생일, 제삿날, 기타 강신기념일이 되면 무당은 그 신당의 모든 신령에게 마지를 올린다. 단골은 신당에서 맞아지며 무꾸리를 하는 곳도 신당이다. 이런 일이 사제로서의 무당의 행위에 든다. 그러나 다른 종교의 사제와는 달리 무당은 특히 굿에서 신 내림의 체험을 전문으로 하는 특수한 사제이다. 단골들은 그들의 사제를 찾아와 모든 큰 일을 상의하여 처리한다.

굿 가운데에는 병굿이 있고 그것이 약식으로 치성의 규모로 거행되면 푸닥거리라 불린다. 병굿은 이즈음 굿당에서 꽤 빈번히 거행되는 굿 종류의 하나일 정도로 무당의 치병의 기능은 분명하다. 무에는 갖은 병에 대한 처방이 있었는데 그것이 제대로 전승되지 못한 형편이며 몇몇 전통 무에게서 그 편린이 확인될 뿐이다. 조선조에 무당이 오늘날의 보건소에 해당하는 활인서(活人署)에 소속되어 주로 전염병의 치료를 담당한 것은 무당의 이 기능을 잘 대변해준다. 치병, 특히 병굿의 그것은 그러나 서양의학의 물리·화학적 치료와는 달리 종교적인 것이다. 그리고 아무 병이나 다 받아들이지 않는다. 약을 써야 할 병이면 약방이나 의사에게 환자를 보낼 줄을 무당은 최소한 알고 있다. 단골도 병이 났다 하여 바로 무당에게 직행하지 않는다. 모든 방법을 다 쓰고 그래도 효과가 없을 때 무당의 그 종교적 치병에 의지하는 수가 흔하다. 그러면 무당은 신령의 힘을 빌어 그 병의 원인으로 여겨지는 잡귀를 몰아내고 환자의 조화를 회복시켜준다.

세 번째 기능인 예언(占卜)은 무의 특수한 면을 보여준다. 즉 무당은 신 내림의 명수이기에, 늘 신과 교제하기에 신으로부터, 아니면 신에 씌여 인간의 일을 소상히 알아내고 그 앞일을 가르쳐준다. 예언은 무당의 숙명적인 기능이라 할 만하다. 사회적 천대 때문에 무업을 그만두고 머리를 깎은 무당이 바로 이 본성 때문에 절에 온 사람들에게 점을 보아주고 하다가 그 전직이 탄로 나서 절을 떠나야 했던 예를 나는 알고 있다.

끝으로 하나 추가했던 전통문화계승자로서의 기능은 앞서 언급한 바 있다. 무(巫) 안에 많은 전통문화의 요소가 있기에 무당은 그것을 일일이 학습해야 한다. 또 그 배움은 신령의 가르침에 의한 것도 있어서 별다르다. 제대로 공부한 무당의 경우, 전통문화예술을 연구하는 사람들이 그들을 찾아가 묻고 배우는 사례를 우리는 주위에서 드물지 않게 본다.

무당의 이 같은 기능은 한국무 역사의 어느 때나 확인된다. 삼국시대 때 무당이 왕의 고문 내지 점복자로서 일하였고, 고려시대에 왕명에 의하여 무당이 기우제를 주관한 기록은 빈번하다. 무당이 왕이나 왕족의 병을 고쳤다는 기사도 도처에 보인다. 무당의 가무가 뛰어나 부름을 받는 예도 여기저기에 기록되어 있다. 한국무가 분화를 겪으면서 흔히 민중의 종교로서만 저변화 또는 저속화한다는 견해는 무당의 저같은 기능을 알지 못한 소치이다. 바로 그 기능 때문에 무당은 나라무당으로서 왕가에 봉사하여야 했던 것이고 나아가 온 사회계층이 필요로 했던 것이다. 이 점 오늘날에도 그리 다르지 않다. 그럼에도 불구하고 무는 순전히 다른 가치기준에 의하여 부정적인 것으로 취급된다. 현대의 우리 사회가 겉으로는 그것을 부끄러워하면서 숨어서는 그 가치를 인정하고 무당을 찾을 진대 그 모순과 갈등을 어찌 할 것인가.

7

우리는 위에서 한국무의 구조와 기능을 대충 살펴보았다. 그 구조 가운데 단골과 무당과 신령이 굿에서 만나 문제를 푸는 모습이 두드러졌다. 이것은 벌써 초월자와 인간과 사제가 그 신 내림의 체험을 통하여 하나로 되는 '조화(調和)'의 면모를 보여주고 있다. 무의 한 요소로서 인간 또는 단골이라 하였지만 그것은 단순한 인간이나 단골이 아니다. 굿에는 단골의 집안이, 그것도 외가와 친가를 위시하여 출가한 딸들도 참여하고, 또 그 단골의 이웃과 동료단골도 즐겨 자리를 함께 한다. 단골이 소속하여 있는 여러 사회가 동시에 굿에 참여하는 셈이다. 따라서 굿에서의 신령과 무당과 단골의 만남은 사회의 참여와 확인 내지 보증을 통하여 뒷받침된다. 뿐만 아니라 여기서 중요한 것은 그 조화가 사회까지 포함하여 이루어지고 있는 점이다.

굿의 이 같은 구조에서 확인되는 조화는 실로 무의 원리이다. 결코 어느 한 면, 어느 한 부분에 치우침이 없이 온 구석, 모든 부분을 망라하여 '고루 어우러지게' 해주는 것이다. 인간의 문제란 사람, 생활과 만물, 그리고 신령계를 포함하는 세상에서 늘상 다소간 상실되게 마련인 그 조화의 깨어짐에 있다. 깨어진 조화는 그러면 무에서 굿을 통하여 다시 회복되는 것이다. 그것은 비단 굿의 구조에서만 아니라 굿의 짜임새, 신령의 성격, 무당의 기능 등에서도 뚜렷이 보인다.

굿은 크게 보아서 세 부분으로 짜여 있다. 첫 부분이 준비과장이고 끝부분은 종결과장이며 그 사이에 본과장으로서의 거리과장이 자리한다. 준비과장의 제차는 주당물림, 부정, 청배, 진적 등으로 짜여 있는데, 부정한 것, 잡귀잡신을 물리치고 제의장소를 정화하고 모든 신령과 조상을 청하여 모시는 것을 내용으로 한다. 본과장은 여러 성격이 다른 무의 신령들을 각기 그들의 거리에 모시는, 굿의 중심 부분에 해당된다. 이들 신령은 한국무의 대표적인 이른바 정신(正神) 이다. 이들 신령의 성격은 신령계의 조화면을 다룰 때 좀 구체적으로 이야기될 것이다. 그리고 종결과장은 보통 뒷전으로 불린다. 뒷전은 잡귀잡신을 놀려드리는 제차로서 이것도 여러 다른 잡귀잡신의 무리를 각기 모시는 거리들로 구성되어 있다. 굿의 앞과 중간부분은 실제조상과 신령들을 위한 거리이다. 그래서 잡귀잡신은 거기에 끼어들 틈이 없었다. 그러나 이 뒷전에서는 이들마저도 성격에 따라 모셔지고 춤과 노래, 재담과 음악, 그리고 술과 음식으로 대접받아 되돌려 보내지게 된다.

굿은 이렇듯 제의장소의 정화, 조상과 신령을 차례로 모셔 노는 것, 그리고 잡귀잡신마저 배불리 먹여 탈 없게 하는 삼부의 멋진 짜임새를 갖고 있다. 이런 면은 한 거리에서도 마찬가지로 확인된다. 이른바 청신(請神, 신 모심), 오신(娛神, 신 놀림), 송신(送神, 신 보냄)의 구조가 그것이다. 그것을 좀더 세밀하게 들여다보면, 먼저 제상, 음악, 춤으로 무당이 신령을 청한다. 신령이 무당에게 내리면 무당은 단골에게 공수를 주어 신의 뜻을 전달하고, 그것이 끝나면 다시 감사의 정으로 신령을 환대하여 돌려보낸다. 이것이 굿이란 종교의례가 가지는 빈틈없는 조화의 짜임새인 것이다.

굿은 한편 그 내용에 있어서 인간의 희로애락을 모두 담아낸다. 진오기굿을 보기로 살펴보면 그 분위기는 처음부터 무겁고 어둡다. 제가 집의 가족들은 슬픔과 아픔에 짓눌려 있는 것이 보통이다. 망자가 무당을 통해 가족들을 걱정하고, 작별하는 거리들에서 가족들은 터지는 오열을 어찌지 못한다. 그러나 저승사자를 위하여 베풀어지는 사재삼성거리에서는 사재(使者)가 망자의 혼을 잡아가려 하고 가족들은 한 줄로 늘어서서 그것을 막으면서 한바탕 웃음 속에서 논다. 즐겁고 재미있을 재수굿에서도 눈물은 터진다. 조상거리에서 제가 집의 조상들이 굿판에 들어오면 살아생전의 말투와 모습을 지으며 살아 있는 자손들을 걱정해 주기에 굿판이 울음판으로 바뀌고 만다. 요컨대 굿은 인간의 희로애락을 한 곳으로만 몰아가지 않고 그것들이 서로 어우러져서 조화를 이루게끔 해주는 것이다.

이제 무당이 모시는 신령들의 성격을 살펴보자. 우선 조상신을 들수 있다. 이들은 굿의 준비과장에서 청배(請拜)된다. 조상은 다시 조상거리에 등장하며 그 범위는 제가 집 양주(兩主)의 4대 조상까지다. 그리고 무당에게 신내려 모셔지는 신령(몸주)과 굿의 거리과장에서 놀려지는 신령은 그 수가 엄청나게 많다. 중부지방에서는 이들 신령의 계급이 잡혀져 있다. 즉, 하늘, 땅, 바다의 여러 신령들이 제일 높다. 옥황천존, 일월성신, 칠원성군(또는 칠성), 산신, 사해용왕, 삼신제석, 부처님, 신중 등이 여기에 든다. 그 다음의 계급에는 중국에서 유래된 신령들, 예컨대 관성제군(또는 관운장), 소열황제, 장비, 와룡선생, 오호대장, 오방신장 등이 속해 있다. 한국의 토착신들이 그 밑에 자리한다. 초영 장군, 별상, 군웅, 창부씨, 태조대왕 등이 대표적이다. 여기까지는 일단 올바르고 선한 신령이기에 정신(正神)이라 불려진다.

그 아래로 뒷전무당과 넋 대신 계급의 신령이 있다. 전자는 뒷전에서 모셔지는 걸립·말명·맹인신장·성황·사신 등의 신령을 들 수 있고, 후자는 주로 초상에 관련된 신령으로서 십대왕(또는 시왕)·사재·넋 대신 등이 손꼽힌다. 뒷전계급의 신령은 특히 잡귀잡신의 범주에 속한다. 이밖에도 굿의 뒷전에 모셔지는 잡귀잡신의 수가 또 엄청나거니와 위에서 언급된 것 외에 잡귀·수비·영산·객귀·하탈·터주·상문 등의 종류가 있다.

무당신령은 그러니까 조상신·정신·잡귀잡신의 세 범주로 되어있는 셈이다. 조상신은 친가만 아니라 외가의 조상까지 넓게 잡아 모시는 것이 두드러진다. 정신에는 우리나라의 하늘·땅·산·바다·물의 신령을 비롯하여 영웅신과 시조신이 들어 있고 거기다 중국의 도교 및 불교신령들까지 끼어든다. 밖에서 들어 온 신령들이라도 우리나라에 자리 잡아 우리를 돌보아주고 덕을 끼친 신령이면 모두 무의 신령으로 받들어진 것이다. 산신의 경우를 보면 우리나라 명산의 산신령뿐 아니라 구체적으로 제가집 양주의 본향의 산신들도 모셔진다. 그리고 잡귀잡신은 억울하고 원통하게 죽은 넋이나 사회에서 천대를 받던 계층의 넋, 그밖에 집안과 마을에 흩어져 있는 잡다한 수호령, 기운 등을 망라한다.

한국무의 신령은 이렇듯 한국에 관련된 모든 자연과 인물을 포괄한다. 따라서 이들은 모두 우리 사회와 나라를 오늘에까지 이만큼 이루어준 넓은 의미의 조상의 성격을 가진다. 유교적 조상개념에 비하여 그 사고방식이나 신앙체계가 사뭇 넓고 깊다. 한국무가 지향하는 조화의 원리는 신령의 성격면에서도 이처럼 확연하다. 우리를 지금 여기에 있게 해주는 모든 자연, 나라를 지켜준 영웅, 우리에게 덕을 끼친 외국의 신령, 조상을 모두 받들고 거기다 잡귀잡신마저 결코 소홀히 여기지 않는 정신이 거기에 있는 것이다.

　이러한 조화의 종고의례가 인간에게 필요한 이유는 인간에게 문제가 있기 때문이다. 인간의 문제는 집안의 조화가 깨어질 때 생긴다. 사소한 문제는 물론 개인의 정성이나 집안 내 몇 사람의 노력에 의하여 해결될 수 있다. 그러나 그것이 심각할 때 그것은 무당을 통해 굿판에 가져와진다. 구당은 그러면 그 멋드러지게 짜여진 굿판을 벌이고 온갖 신령의 도움을 빌어 그 깨어진 조화를 완벽하게 다시 회복시킨다. 이때 그 해결방법의 독특함은 무당이 단골과 신령과의 사이에 다리를 놓아줌으로써 그 셋이 하나로 되는 체험을 갖는 데 있다. 단골의 문제는 그 조화도는 체험을 통하여 풀어지지 않을 도리가 없는 것이다.

　그러나 이러한 조화가 늘 유지되지 못하는 것이 현실이다. 스스로를 조화스럽게 다듬어나가기가 여간 어렵지 않고 집안과 이웃사람들과의 관계에서 갈등과 충돌이 빈번하기 때문이다. 그뿐 아니다. 조상과 신령과 귀신계를 정성껏 경건히 모시고 마음쓰기는 커녕 그들에게 함부로 하기 일쑤다. 그래서 우리 조상네들은, 단골들은 귀신이라도 경건히 대하는 티도를 가졌었고 그것을 가르쳐 온다. 사람들은 그것을 두고 귀신까지 받들어 복 받으려 한다고 그릇되게 해석한다. 그것은 오히려 귀신에게까지도 마음을 쓰려는 조화정신에서 나온 것임을 알아야 한다.

　모든 것과 조화를 이루려는 무의 원리, 굿의 원리는 이즈음 크게 상실되어 있다. 서양식의 논리와 사고방식이 지배적이고 무를 마귀의 종교로 보는 기독교의 안목이 팽배해 있는 판이다. 그에 따라서 무와 굿은 온통 오해를 받고 있고 그 조화의 원리는 제대로 인식되지 못하고 있다. 서양을 본보기로 하는 산업화가 급속도로 진행되고 있는 오늘날, 서양의 것마저 우리의 이 조화정신 안에 받아들여 우리 것과 고루 어우러지게 하는 바로 그 정신, 슬기가 모름지기 있어야 하겠다.

참고문헌

손진태, 1948 『조선민족문화의 연구』 을유문화사.
유동식, 1975 『한국무교의 역사와 구조』 연세대학교 출판부.
장주근, 1975 『한국의 향토신앙』 을유문고.
최길성, 1978 『한국무속의 연구』 아세아문화사.
김태곤, 1981 『한국무속연구』 집문당.
조흥윤, 1983 『한국의 巫』 정음사.

巫신앙과 윤리

1. 巫신앙의 개념과 범주

　巫신앙이란 한 사회에 토착되어 있는 특유한 習俗으로서의 신앙을 가리킨다. 그것이 민속적인 신앙이기에 민속신앙 또는 민간신앙이라고도 불린다. 불교나 유교나 기독교처럼 교단이 사회적으로 체계화되어 있는 이른바 기성종교와 대비되는 개념이다. 무신앙이나 민간신앙이나 그 용어와 개념에 문제가 있으므로 먼저 그것들을 따져보는 것이 좋겠다.

　민간신앙으로서 흔히 巫俗·讀經信仰·자연물신앙·귀신신앙·풍수·점복·禁忌·呪術·민간의료 따위가 손꼽힌다. 민간에 전승되면서 문서화된 경전이나 체계화된 조직이 없는 자연적 신앙이라고 이야기된다. 이들은 대개 체계화되어 있지 않으므로 거기에 무슨 윤리를 찾아보기 힘들다는 것이 이 방면 연구자들의 견해이다. 물론 이들 대부분이 경우에 따라 풍속의 하나로 지켜지는 일회적인 것이지만, 무속만큼은 그렇지 않다.

　무속은 예로부터 오늘에 이르기까지 주로 민간에서 줄곧 신봉되어오는 전통적인 신앙이다. 敎祖와 經典은 없으나 신령이라고 하는 초월적 존재를 신앙대상으로 하고 무당을 司祭로 두고 신도로서는 단골을 갖추어 있는 종교이다. 그리고 단골가정에서 지키는 일정한 家神信仰이 있고, 마을 사람들이 집단으로 행하는 마을굿의 신앙의례가 있다. 이 모든 것이 무당을 중심으로 거행되는 이른바 무속과 함께 하나의 커다란 신앙체계를 이룬다.

　종래 무속은 무당을 중심으로 하여 베풀어지는 의례에만 제한하여 좁은 의미로 사용되어 왔으나, 위에서 살펴본 바와 같이 넓은 체계로 구성되어 있는 것이다. 이런 점을 고려하지 않은 채 이 관계 학자들이 무속을 체계화되어 있지 않은 그 밖의 민간신앙들과 한 범주에 집어넣은 것이 잘못이었다. 거기다 그것을 종교로 보지 않고 단지 민속의 하나로 취급함으로써 그 체계의 성격이 제대로 파악되지 못하였다.

정확히 이야기하자면 토속신앙의 주류는 무속이 된다. 고조선이래의 그 오랜 역사성으로도 그러하고, 신앙으로서의 체계를 헤아리더라도 그 점이 분명하다. 민간신앙의 나머지 것들은 한국종교의 역사 속에서 여러 종교들의 습속이 체계를 이룸 없이 민간에 잔존해 있는 그러한 것들이다. 그리고 무속이란 용어에는 민속의 일환이라는 뜻이 강하게 포함되어 있어 그 종교성이 결코 온전히 드러나지 않는다. 종교의 체계성이 바로 이해되지 않으면 그 실체를 바르게 알 수 없을 뿐만 아니라 그 윤리에 관하여도 이야기하지 못한다. 그런 의미에서도 무속이란 용어는 적합하지 않다. 나는 그래서 무속 대신 巫라는 용어를 쓰는데, 이 글에서도 그렇게 한다.

2. 巫를 부정적인 것으로 보아온 배경

토속신앙으로서의 巫를 놓고 윤리성이 없다거나 비윤리적이라는 평가가 내려져 왔다. 일정한 배경이 거기에 있다. 巫가 천한 것으로 괄시받고 또한 기성종교, 특히 서양식 종교개념의 기준에 의하여 부정적인 것으로 여겨져 온다. 巫에 대한 천대와 억압은 조선왕조 때로부터 시작된다. 중국의 性理學을 왕조의 정치이념으로 내세운 양반관료층은 巫와 불교를 왕조 초기부터 탄압하면서 무당을 천민의 하나로 규정하여 버렸다. 유학자의 안목으로, 굿은 남녀가 한데 어울려 벌이는 음탕한 의례, 곧 淫祀가 되는 것이고, 무당은 세상을 미혹하고 민중을 속이는 요사스러운 무리이며, 巫는 귀신을 섬기는 저속한 무속에 지나지 않았다.

조선왕조가 몰락한 다음 우리 사회를 지배한 日帝도 巫를 탄압하기는 마찬가지였다. 조선왕조에 비하여 그 이유가 달랐을 뿐이다. 일제는 한국에 대한 식민정책을 효율적으로 수행하기 위하여 한국의 전통문화를 조사하였던바, 무가 전통신앙으로서 한국 문화의 기반을 이루어 옴을 알게 되었다. 그래서 처음에는 巫를 말살하려 하였다. 그러나 그것이 여의치 않자 무당으로 하여금 일본 神道의 신령을 윗자리에 모시고서야 巫業을 하도록 허락하였고, 한편 巫를 미신에 불과한 것으로 왜곡시켰다.

해방이 되고 나서 이 땅에는 돌연히 서양식 사회가 전개된다. 남쪽에는 민주주의사회가, 북쪽에는 사회주의정권이 들어선 것이다. 다른 사회주의국가에서와 마찬가지로 북한에서 巫는 옛 봉건체제와 결탁하여 인민을 착취한 종교로서 낙인찍혀 철저히 소멸되었다. 남쪽의 대한민국은 歐美式社會로 지향해 가면서 그쪽의 가치관을 받아들여 巫를 비합리적이고 부정적인 것으로 바라보게 되었다. 그것도 학교교육 및 대중매체를 통해 그러한 안목이 사회에 팽배하게 되었으니, 무는 70년대까지만 해도 미신타파의 대상일 정도였다.

巫에 대한 이러한 천대와 억압과 왜곡은 특별한 성격을 띤다. 그 주체가 모두 외래이념의 수용자들이라는 사실이다. 전통신앙으로서의 巫가 외래의 가치관에 의해 부정적인 것으로 천대받아 온다는 것은 큰 문제이다. 특히 서양화 및 산업화가 급속히 진행되어 오면서 저쪽의 기독교적인 안목을 좇아 巫를 비윤리적인 귀신신앙쯤으로 알고 근대화를 위하여 극복해야 할 대상으로 삼았다. 이로 인하여 우리 사회는 전통적 巫신앙에 대하여 심리적 열등감을 갖게 되고, 전통신앙이나 전통문화에 바탕을 둔 가치관을 상실하게 되었다.

윤리관도 마찬가지이다. 오늘날 서양식 가치관의 난립과 혼란 및 윤리의 타락은 바로 이 주체적 가치관의 상실에서 기인한다.

3. 韓國巫의 종교성과 그 맥락

敎祖와 교단과 경전이 있어야 종교가 될 수 있다는 생각이 오랫동안 통용되어 왔다. 종교에 대한 이 같은 정의는 서양에서 나온 것으로, 서양문화의 배경이 되어온 기독교와 그에 견줄 만한 이른바 세계종교를 기준으로 한 것이다. 그러니 그러한 생각은 세계 각 민족과 사회에 관한 연구가 많이 진행되면서 점차 고쳐지지 않으면 안 되었다.

세상에는 민족에 따라 다양한 양상의 종교들이 있다. 그들은 기독교와 여러 면에서 다르다. 그런 것들을 기독교의 기준으로 바라보아서는 곤란하다는 각성이 일어났다. 그리하여 이제는 사람과 초월자와의 어떤 관계가 형성되어 있는 한 그것을 종교로 넓게 이해하고 있다. 巫도 당연히 종교로 보아야 한다.

倫理에 관하여도 비슷한 이야기를 할 수 있다. 종래 윤리라 하면 어떤 경전에 의거한 엄중한 것인 양 이해해 온 경향이 크다. 윤리는 사람이 사회적 관계 속에서 살면서 지켜야 할 도리인 것이다. 그러한 도리는 어느 사회·민족에게나 있게 마련이다. 그것이 문자로 되어 있건 아니건, 그러한 도리에 대한 일정한 기준이 없고서야 사회가 제대로 기능하지 못한다. 그러므로 巫는 비윤리적인 종교가 아니라, 거기에는 반드시 어떤 윤리관이 갖추어져 있는 것이다.

巫가 한국전통신앙의 대표격인만큼 그 역사는 다른 한국종교들에 비하여 훨씬 오래다. 고조선의 이른바 古神敎가 巫와 다른 것이 아님은 이미 두루 알려져 있다. 옛날 고대사회에서 왕권과 종교적 사제의 권한이 분리되어 있지 않았을 때 그 우두머리는 무당이었다. 신라의 제2대 남해왕도 그런 인물이었다. 고대국가가 점차 정립되어 가면서 두 권한은 분리되고, 왕권이 강화되자 사제는 왕권에 복속하고 만다. 이러한 배경으로 보아 巫에도 사회기능과 유지를 위한 윤리규범이 당연히 갖추어져 있었을 것임을 잘 알 수 있다.

왕권에 복속한 巫는 이래 조 한 차례의 거센 도전을 받는다. 왕권 강화를 위해 삼국은 각기 중국으로부터·유교·불교·도교를 도입하였는데, 이들 종교가 국가의 정치이념으로 또는 국교로 부상하는 과정에서 巫는 그 권위를 크게 잃어버리고 주로 민중의 종교적 욕구를 충족시키면서 왕실의 의례에 참여하는 수준으로 머문다.

그러다 조선왕조어 들어와 巫가 천대됨은 앞서 언급하였거니와, 조선조 말에 이르면 巫신앙의 정신을 계승한 새로운 움직임이 일어난다. 민족신흥종교의 등장이 그것이다. 1860년 崔水雲의 동학운동을 시발로 불붙은 이 일련의 움직임은 가치관의 혼란 속에 스러져가는 조선왕조 사회에 새로운 민족의 길을 제시하고 있었다. 그것은 더 이상 기능하지 못하는 유교의 것이 아니고 한민족의 고유한 가치관에 바탕을 둔 인간회복의 길이었다.

민족신흥종교 교단을 하나의 독립된 종교로서 취급하는 경향이 있으나, 한국종교사의 전체 흐름에서 보면 그것은 巫신앙과 깊이 연관된다. 이 땅에 자생된 종교일뿐더러 하나같이 한민족의 앞날을 심히 걱정한다. 조선조 말 이래 오늘에 이르기까지 그 민족적 성격으로 인하여 오해와 핍박을 받아오는 것도 巫와 마찬가지이다. 巫신앙의 윤리관을 다룰 때 민족신흥종교를 함께 포함하는 것은 당연하고도 자연스럽다.

4. 내림굿의 윤리

巫는 경전과 교조를 갖지 않는 토속종교이다. 경전이 없기에 문자로 규정된 윤리규범이 巫에는 없다. 그러나 그 종교적 내용 가운데는 그 나름의 특유한 윤리관이 두루 드러난다. 그것을 여러 면으로 나누어 살펴보려 한다. 먼저 내림굿부터 본다. '내림굿'이란 무당후보자가 무당이 되기 위하여 치르는 入巫式이다. 이 굿은 그 무당후보자와 인연을 맺어 앞으로 그의 神父母가 될 무당의 주재로 개최된다. 이 굿에서 새로 태어난 애기무당의 몸주신령이 처음으로 공공연히 확인되고, 그 신령을 통한 애기무당의 神占이 신통하기로 많은 사람들이 인근에서 몰려든다.

내림굿에서 후보자가 말문을 여는 것이 결정적으로 중요하다. 여기서 말문이란 단순한 인간의 말이 아니다. 후보자의 入巫를 가로막고 있는 虛主를 헤쳐내고서야 그 몸에 내린 몸주신령이 그 후보자의 입을 빌려 말을 전할 수 있다. 이 말문이 터지면 굿을 주관하는 무당들이 미리 준비해둔, 來歷봉지라 불리는 일곱 개의 봉지 가운데 하나를 애기무당이 집어 들어 무당으로서의 앞날이 점쳐진다. 그러고서 애기무당이 신이 나서 한판 춤을 추고 나면 신부모가 애기무당에게 무당으로서 지켜야 할 사항을 엄중히 일러준다.

서울 출신의 한 박수는 내림굿에서 이때 신어머니로부터 가난한 사람을 많이 도와줄 것, 부자에게 축원해 주고 많이 받아서 가난한 사람에게 나누어줄 것 등을 들었다고 한다. 황해도지역의 내림굿에서는 이것을 '머리 풀고 다시 올리기'라는 절차에서 행하여진다. 예를 들어보면, '잡념을 버리고 번민을 하지 말아라. 재물에 욕심을 두지 말아라. 헛된 말을 하지 말아라. 눈을 크게 떠라. 어떠한 家中에 든지 가서 남의 일을 내 일처럼 돌보아라.'와 같은 警句가 노래조로 애기무당에게 가르쳐진다.

이것은 한국의 巫에만 있는 특수한 것이 아니다. 다른 지역의 巫에도 그것이 대동소이하니, 부리아트(Buriat) 샤머니즘의 내림굿을 보기로 들어본다.

무당은 흰 자작나무 가지로 만든 빗자루를 물에 적신 다음 그것으로써 무당후보자의 벗은 등허리를 치면서 이렇게 노래한다.

> 가난한 사람이 너를 부르거든 보수를 많이 받지 말아라. 주는 대로 받고 만족해야 한다. 항상 가난한 사람을 도와주고, 그들이 악령에 시달리지 않도록 신령에게 빌어주어라. 부자가 너를 부르거든 황소를 타고 가거라. 그러나 너무 많은 사례를 받지 말아라. 부자와 가난한 사람이 동시에 너를 부른다면 먼저 가난한 사람에게 가고,

그 다음에 부자에게 가거라.

어느 지역의 巫에 있어서나 가난한 자를 위하고 도와주어야 함이 무당에게 강조된다. 아울러 재물을 탐하지 않고 떳떳한 가운데 다른 사람을 도울 것이 요구된다. 이것만 보아도 종교적 사제로서의 무당의 자세가 확연히 드러난다. 이것은 孝나 忠과 같은 거창한 덕목이 결코 못 된다. 그러나 인간의 사회적 삶에서 가장 기본 되는 도리임에 틀림없다. 이와 관련하여 한 가지 지나쳐 보아서 안 될 것은 巫의 영적 세계이다. 부리아트 무당들도 가난한 이가 악령에 시달리지 않도록 신령에게 기도해야 할 것을 이야기하고 있다. 가난한 이를 도와주되, 그들을 위해 평소 기도하는 자세는 아름답기 그지없다.

5. 巫의 원리는 조화

내림굿의 경우로 무당의 윤리에 관하여 살펴보았듯이, 巫는 딱 부러지게 규정된 윤리를 제시하지는 않는다. 巫가 워낙 신석기시대 내지 청동기시대 이래의 오래 된 종교라서 그 사상이 分化되어 있지 않기 때문이다. 巫는 여느 종교와는 달리 신화적 성격이 강하고 통합적 종교내용을 오늘날까지도 견지해 온다. 따라서 巫의 윤리를 그 특성 내지 원리의 면에서 이해하는 일이 요긴하다.

巫의 중심 되는 의례는 굿이다. 중국 역사가가 서술한 『三國志』의 「魏志東夷傳」에는 한국 고대사회 巫의 모습이 전해진다. 당시 여러 고대사회의 매우 특징적인 문화로서 巫가 묘사되어 있는 점이 주목된다. 그것도 하늘에 제사 드리는 天祭가 주종을 이룬다. 우리말로 '하늘굿'이 된다. 굿은 이렇듯 고래로 巫의 특징적이고도 대표적인 의례인 것이다. 그런 만큼 굿을 통해 그 원리가 확인될 수 있다.

굿은 개인이건 마을사회이건 무당을 사제로 하여 그 단골들과 함께 베풀어진다. 굿에서는 조상과 신령이 무당에게 내려[降神] 인간의 문제를 풀어주고 덕담이 전해진다. 이것을 다른 말로 표현하면 무당의 중재로 인간과 신령이 만나 인간의 문제가 풀어지는 것이다. 한편 신령을 모시기 위하여 술과 음식이 차려지고 노래와 춤으로써 신령을 청하고는 덕담을 들은 후 신령을 다시 그렇게 환대하고 돌려보낸다. 그리고 사람들은 환희 속에 飮酒歌舞를 즐기며 한판 논다.

여기서 사람들이 굿판으로 가져온다는 문제로 집안의 재수, 우환, 죽음, 질병, 사업실패, 혼례, 애정문제 등 별의별 것이 다 있다. 그런 것을 통틀어 부조화라 하겠다.

어딘지 모르게 집안에 걱정과 근심이 끼고 화평한 기운이 돌지 않는 분위기를 말한다. 그 같은 분위기는 현실이 늘 그러하듯 가셨는가 하면 문득 또 안개처럼 인다. 봄·가을로 거행하는 '마을굿'은 구체적인 문제가 없음에도 불구하고 농사와 관련하여 행여 일어날는지 모를 부조화를 염두에 둔다.

이들 문제는 굿판에서 사람들이 신령과 만남으로써 조화롭게 해결된다. 굿의 거리마다 해당 신령이 모셔지고, 무당의 몸에 내린 신령이 단골에게 공수(무당이 조상이나 신령이 말하는 것이라고 전하는 말)를 내려주는 바로 그 대목에서 단골과 신령과 무당은 함께 만난다. 신령과 만난다는 것은 종교체험의 세계이다. 이 체험 속에서 인간은 일상적인 부조리와 부조화의 영역을 넘어서 神話 또는 原型의 세계에 들어가고, 거기서 모든 문제는 초월되어 調和로 회복되는 것이다. 그러면 단골은 그 회복된 조화의 힘을 가지고 일상적인 삶의 세계로 되돌아간다.

굿의 원리는 이렇듯 조화 내지 조화의 회복에 있다. 이것은 그 만남의 대목뿐만 아니라 굿의 전체구조·배경에서도 그렇게 짜여있다.

우선 굿판에 참여하는 사회조직을 보자. 당연히 단골집안의 식구들이 모일 터인데, 본가를 비롯하여 외가·처가가 참석하고, 출가한 딸네도 빠지지 않는다. 이웃들이 즐겨 자리를 같이하고 일손을 돕는가 하면, 같은 신도인 단골네들이 또한 참여한다. 그러고는 무당과 악사가 굿을 이끌어간다. 단골집안과 관련된 모든 사회조직이 고루 참여하는 셈이다.

그 다음 신령세계를 보면, 그것은 크게 正神과 祖上과 雜鬼雜神으로 구분된다.

正神이란 하늘신을 위시하여 땅·물·산·별 등의 자연신, 역사적 인물이 신격화된 이른바 영웅신, 외국의 신령으로 우리나라에 들어와 숭배되는 외래신 등을 이른다. 굿의 각 거리에서 모셔지는 신령들이다. 반면 굿판에 범접하지 못하게 물려졌다가 굿의 마지막 거리인 뒷전에서 놀려지는 잡귀잡신류가 다수 있다. 이들은 사람들로부터 제사를 받아먹지 못하는 존재들이다.

끝으로 조상이라 하여 친가와 외가의 4대 조상이 모셔진다. 유교의 제사 대상 범주에 비하여 보다 포괄적이다. 굿판의 신령은 이처럼 집안 및 한국사회와 관련된 모든 영적 세계를 망라하여 있다. 그들은 넓은 의미에서 모두 조상의 성격을 띤다.

그리고 굿은, 일찍이 중국 사람들이 주목하였듯이 음주가무의 축제로 벌어진다. 이것이 한국 문화의 특성을 이루어 오늘날까지도 그 전통이 다른 민족들에 비하여 두드러진다. 다만 오늘날의 것은 조화성을 크게 잃어 추태와 방종에 이르는 경향이 농후하니 큰일이다. 제대로 된 음주가무의 축제에서는 神明이 도도하고 사람과 사람이 모두 한데 고루 어우러져 원만한 조화가 체험된다.

巫의 원리는 하늘과 땅과 사람[天地人]이 조화를 회복하는 것이다. 여기서 하늘은 영적 세계를, 땅은 자연환경을 뜻한다. 巫에서는 이들이 따로 떨어져 존재하는 것이 아니라 서로 유기적인 관계 속에 있는 것으로 깨달아 안다. 이들이 서로 조화되지 않고서는 인간의 조화는 기대하지 못한다. 이것은 최근 구미에서 일고 있는 생태적 인간관을 훨씬 넘어선다.

그런 만큼 인간의 윤리는 사람들의 사회적 관계를 넘어서서 자연환경과 영적 세계를 포괄한다. 사람이 살아가는 자연환경에 고마움을 느끼고 조상들에게 삶을 감사드리며, 신령에게 떳떳하고 겸허한 자세를 巫에서는 취한다. 인간사회를 포함하여 이 모든 것과 고루 어우러지는 조화를 회복하려는 태도, 그것이 巫의 원리이자 윤리가 된다. 앞에서 내림굿과 관련하여 살펴본 무당의 자세도 인간사회의 富와 가난 사이의 조화를 위한 노력으로 볼 수 있다.

6. 단골의 윤리

巫의 신도인 단골이 巫의 조화원리를 일상생활에서 늘 지켜나가려 함은 물론이다. 단골의 종교적 행위는 두 가지 면으로 나눌 수 있다. 단골무당과의 관계 속에서 이루어지는 종교의례가 그 한 면이고, 다른 한 면으로는 단골이 집안에서 여러 종교적 내용의 것을 행한다. 단골은 무당집에 찾아가 정기적이거나 비정기적인 致誠에 참석한다. 문제가 있을 때 무당에게 問卜을 하고, 그것이 정히 심각하면 굿을 치른다.

단골이 집안에서 단독으로 지키는 여러 의례는 비유컨대 가정예배와 같다. 집안에다 제석·터줏대감·몸주대감 등을 모셔두고는 때와 경우에 따라 일정한 의례를 행한다. 모셔지는 집안신령의 神體 앞에다 약간의 음식이나 정화수를 바쳐놓고 손을 비비는 비손을 하면서 기도하는 것이 보통이다. 이와 관련하여 흔히 祈福信仰이라 하고 복만 얻으려 한다는 비난이 있는데, 심히 잘못된 선입견에 지나지 않는다. 巫가 구원과 같은 고상한 이상을 추구하지 않고 복을 비는 저속한 신앙이라는 선입견이다. 대개 기독교로부터 나온 비난이다.

신앙마다 배경과 성격이 다른 법이다. 福이란 매우 넓은 개념이어서 기독교의 은혜와도 상통한다. 복을 빈다는 것은 그런 의미에서 소박하고도 건강하다.

단골이 비는 복은 흔히들 생각하는 개인의 이기적인 것이 아니다. 단골집안의 어머니, 아니 한국의 어머니들은 한 번도 스스로를 위하여 복을 비는 법이 없다. 오히려 집안 식구들, 특히 자식들이 잘되도록 부단히 간구한다. 자식들이 잘된다는 것도 터무니없이 횡재하여 부자 되고 출세하고 남들보다 잘사는 것을 뜻하지 않는다. 자식들이 추구하는 바가 떳떳하고 조화롭게 이루어지기를 기도할 따름이다. 단골은 나아가 집안과 사회와 국가의 평안 및 번영을 위하여 기도하기를 잊지 않는다.

祈禱는 단순한 기원에서 그치지 않는다. 기도도 백일기도처럼 마음가짐과 자세를 가다듬어 은갖 정성을 다하거니와, 그것이 일상생활에서도 한결같이 디어진다. 집안 대소사에 일정한 禁忌가 있어 그것을 지키는 태도에서 그런 점을 보게 된다.

예를 들어 뱃속에 아기를 가졌을 때 아무 음식이나 함부로 먹지 않고 부정한 음식을 꺼린다. 이것은 태교로서 과학적 근거를 갖추어 있음이 이제는 두루 잘 알려져 있다. 마을굿에서 祭官으로 뽑힌 사람이 누리고 비린 음식을 피하고 부정한 것을 보지 않으며 매일 목욕재계하는 등 정성을 다하고 있는 것도 마찬가지이다.

단골이 부모에 대한 효성이나 가난한 이웃을 돕는 일, 또는 형제간에 우애를 지키기 등의 윤리를 모르지 않는다. 그러나 단골의 윤리에 대한 태도로서 보다 중요한 것은 결국 조화와 정성이다. 단골은 매사에 영적 세계를 포함하여 조화를 추구하고 정성을 다한다. 그것도 윤리에 얽매어 얼굴에 수심이 가득 찬 어두운 모습이 아니고 축제만큼이나 밝고 즐거운 마음가짐으로써 그렇게 한다.

7. 바리공주와 孝

무당이 굿판에서 부르는 노래를 巫歌 또는 神歌라 한다. 무가는 신령의 내력과 성격 긪 신화적인 내용으로 구성되어 있는 것이 보통이다. 巫歌 가운데 윤리와 관련하여 주목할 만한 것이 있다. 巫祖신화로 불리는 바리공주가 그것이다. 지역에 따라서는 '비리데기', '베리데기', '바리데기'로도 불린다. 亡者를 위한 진오기 또는 오구굿에서 무당은 이 무가를 서너 시간 부른다. 그 줄거리를 적는다.

옛날 어느 임금이 결혼하여 딸 여섯을 두었다. 종묘사직을 전할 아들을 기대하고 일곱째 아이를 보았는데 그 역시 딸이었다. 화가 난 임금이 그 아기를 옥함에 넣어 강물에 버리고는 이름을 '바리공주'라 하였다. 바리공덕 할아비와 바리공덕 할머니가 그것을 건져내고 그 아이를 키웠다. 세월이 지나 아가씨 나이 열다섯이 되었을 때, 대왕마마 내외가 꼭 같이 병이 들었다. 삼신산의 불사약과 봉내 방장 무장승의 藥水를 마셔야 나으리라는 점복의 결과를 놓고 여섯 공주는 그것을 구하러 나서지 않으려 하였다. 그래서 버린 바리공주를 찾아내고 그에게 물었더니, 열 달 동안 부모님 뱃속에 있었던 은혜를 감사하여 승낙하였다.

바리공주는 男裝을 하고서 날짐승도 못 들어가는 天宮을 향하였다. 석가세존의 도움을 받아 열두 지옥과 칠성과 삼천리 바다를 지나 거인 무장승이 있는 데에 당도하였다. 길 값으로 나무하기 삼 년, 參값으로 불 때기 삼 년, 물 값으로 물 긷기 삼 년을 보내고, 또 그와 혼인하여 아들 일곱을 낳아주었다. 그러고야 약수와 開眼草와 숨·뼈·살을 되살려낸다는 삼색 꽃을 얻어 나서는데, 무장승과 일곱 아들이 뒤 따라나섰다.

그들이 세상에 나오자니 兩殿마마가 한날한시에 승하하여 북망산천으로 가는 상여를 만났다. 바리공주는 가져온 것들로써 양전마마를 살려내었다. 나라의 반을 떼어주겠다는 대왕마마의 청을 거절하자 대왕은 모두들 먹고 살게 하여 주었다. 무장승은 山神祭·平土祭를, 비리공덕 할아비는 路祭를, 비리공덕 할머니는 진오기굿의 가시문·쇠문·시왕문의 문간에서 나오는 別費를 받아먹고 살게 하고, 바리공주의 일곱 아들은 저승 십대왕이 되게 하고, 바리공주는 무당이 되어 죽은 이의 영혼을 저승으로 천도하도록 마련되었다.

이 무가에는 불가적 요소가 적잖게 들어 있다. 석가세존이 등장하는가 하면 지옥개념 또한 그러하다. 그렇더라도 바리공주라는 巫祖의 내력에 관한 古型의 신학임에 틀림없다. 바리공주가 부모의 병을 고칠 약을 구하러 저승에 간다는 것은 시베리아 무당의 治病굿을 연상케 한다. 이들은 환자의 넋이나 병의 원인을 찾아내기 위하여 忘

我境의 상태에서 天界나 지하세계로 여행한다. 어쨌거나 부모, 그것도 자기를 버린 부모를 위한 바리공주의 孝行이 여기서 돋보인다.

다른 공주들은 무슨 변명을 해대며 아니 가겠다는 것을, 바리공주는 낳아준 부모의 은혜를 그리도 고마워하여 목숨을 건 저승길로 나선다. 그리고 약을 구하겠다는 일념으로 갖은 고난을 겪고 자식을 일곱이나 낳아준다. 내 한 몸이야 어찌 되었든 부모의 병을 위해 쓸 약을 반드시 구하고야 말겠다는 효성이 실로 지극하다. 그 지극한 효성이 끝내 죽은 부모를 살려내고 무장승을 감화시키고 바리공주로 하여금 무당의 조상이 되게끔 하였다. 부모의 은혜에 대한 무당의 인식과 巫의 관념이 여기서 잘 드러난다.

8. 화랑도의 윤리

崔致遠의 「鸞郞碑」서문에는 "우리나라에 현묘한 道가 있다. 이를 風流라 한다. 이 敎를 설치한 근원이 仙史에 자세히 실려 있거니와, 이는 실로 三敎를 포함하였으며 모든 민중과 접촉하여 이를 교화하였다. 그들은 집에 들어가서는 부모에 효도하고, 나와서는 나라에 충성을 다하니 이는 魯나라 司寇의 취지이다. 모든 일을 거리낌 없이 처리하고 말없이 실행하는 것은 周나라의 柱史의 宗旨이다. 악한 일을 아니하고 모든 착한 행실만 신봉하여 행하는 것은 竺乾太子의 교화이다."라 적혀 있다.

외래의 유교·불교·도교의 세 가르침을 포괄하는 고유 토속종교의 존재가 여기에 드러나고, 그것이 화랑도의 근원이 되었음을 알 수 있다. 巫가 바로 그것임이 그 동안 꽤 밝혀져 왔다. 토속종교로서의 巫가 당시 풍류라 불렸음도 알게 된다. 巫의 음주가무성을 생각하면 그 일맥상통함이 쉽게 이해된다. 이 화랑도에서 어진 재상과 충성된 신하가 나오고 뛰어난 장수와 용감한 군사가 생겨난 사실을 金大問은 그의 「花郞世紀」에 밝혀 놓았다.

화랑이 삼국통일의 원동력이 되었고 화랑에 대한 이야기가 삼국을 통일한 신라의 기록에만 나와 있으나, 화랑의 정신과 풍격은 당시 고구려와 백제에도 없지 않았다. 다만 신라가 그것을 시대에 걸맞게 잘 개편하여 활성화시켰던 것이다. 이들 화랑의 풍격은 최치원의 글에 나와 있듯이 부모에 대한 효도와 나라에 대한 충성, 떳떳한 일처리와 말없는 행동, 선행의 실천 등에 두드러지게 보인다.

『삼국사기』와 『삼국유사』가 전하는 화랑의 삶은, 그것이 비록 단편적인 것이기는 하나 오늘날의 젊은이들에게 많은 것을 가르쳐 준다. 그들은 평소 산천경개를 다니며 몸과 마음을 단련하고, 의리를 중히 여기며 천지신명에 한 점 부끄럼 없도록 애썼다. 의리와 불의에 대하여 목숨을 초개같이 여겼고, 사람과 사회와 나라의 위급한 것을 당하여 목숨을 던져 그것을 구하는 데 한 치 주저함이 없었다. 10대의 젊은 나이에 전장에 나가서 불리한 전세 앞에 그 꽃다운 목숨을 버려 싸움을 승리로 이끈 젊은 화랑들의 삶의 태도는 현대를 살아가는 이기적이고 물질적인 인간들에게 가르쳐 주는 바 실로 크고 깊다.

9. 최수운과 인간회복

巫의 정신이 삼국시대 때 신라에서 꽃피웠던 화랑도로 나타났다가 그냥 스러질 리는 없다. 고려시대와 조선시대에도 그 정신을 이은 인물들이 이웃과 사회와 국가의 어려움 앞에 당당히 모습을 드러내었다. 그런 인물 가운데는 역사에 기록된 이도 많지만 전혀 이름을 남기지 않은 채 말 없는 선행을 실천한 이 또한 적잖다. 조선조 말이래 일제를 거치면서 민족신흥종교를 일으키고 그 운동에서 음양으로 신명을 다한 숱한 민족종교인들도 민족혼의 그러한 맥을 착실하게 계승하고 있었다. 동학의 최수운, 甑山敎의 姜一淳, 단군교의 羅喆, 覺世道의 李仙坪, 원불교의 朴重彬, 뒷날 更定儒道로 알려지는 一心敎의 姜大成 등이 그런 분들이다.

최수운은 민족신흥종교의 시발이라 할 동학을 창도한 분으로, 그 행적과 사상이 민족신흥종교의 본보기를 이룬다. 그것을 먼저 살펴본다. 그는 1824년 경주에서 한 몰락 유생의 서자로 태어났다. 당시 조선조 말의 사회·정치적 상황은 바람 앞에 등불처럼 위급하였고, 西學이 번성하면서 사회의 가치관은 혼란스럽기 그지없었다. 그는 이에 민족의 주체성과 도덕의식을 바로잡을 大道를 얻고자 갖은 노력을 다하였다.

10여 년의 학문수련과 20년에 걸친 구도행각 끝에 그는 1860년 道覺을 이룬다. 어느 토굴에서 40일 기도를 마치자 온몸이 떨리는 가운데 靈符와 呪文을 가지고 동학을 펴서 널리 창생을 구하라는 한울님[上帝]의 계시를 받은 것이다. 그로부터 그는 영부와 주문을 방편으로 치병을 주고 체험을 일으키면서 포교를 시작하니 짧은 기간에 경상·충청·전라지방에 교세가 크게 확장되었다. 그에 놀란 정부는 그것을 혹세무민의 邪道로 탄압하고 최수운을 잡아 1864년 대구에서 처형하였다.

동학의 근본교리는 한울님을 제 몸에 모신다는 侍天主사상이다. 이것은 뒤에 사람이 곧 하느님이라는 人乃天사상으로 발전한다. 남녀노소·빈부귀천의 차별이 없는 인간평등주의를 수운은 가르쳤다. 이 가르침을, 조선조 말의 엄격한 신분제도, 사회에 만연한 부정부패, 지배적인 가치관의 부재로 고통 받는 민중의 참상 등 사회적 배경을 고려하여 헤아리면 실로 인간회복을 위한 지극한 선언으로 이해된다.

동학은 사람이 곧 하느님임을 깨닫고 하느님을 지성으로 섬김으로써 지상에 천국을 건설할 것을 목표로 한다.

수운과 동학의 윤리나 가르침을 흔히 교리를 통하여 따지는데, 오히려 그의 행적에서 우리는 보다 구체적이고도 직접적인 것을 배울 수 있다. 수운은 나라와 민족에게 바른 길을 제시하지 않으면 안 되겠다는 뜻을 세우고는 전국을 돌아다니며 20년 동안 구도에 매진하였다. 민중의 참담한 생활과 사회를 직접 목격하고 느끼면서 배우고 기도하는 자세를 수운은 잃지 않았다.

그런 다음 고향에 돌아와 토굴에서 기도하면서 큰 깨달음에 이른다. 나라와 민족을 위해 무엇을 해야 할지 고민하고 기도하는 그 마음가짐이 끝내 동학을 일으키고 있는 것이다.

그리고 수운은 집안의 여종 두 명 가운데 한 명은 며느리로, 또 한 명은 양녀로 맞아들였다. 조선왕조를 통틀어 양반집안에 그런 일이 있었다는 이야기를 아무리 눈을 씻고 보아도 찾아볼 수 없다. 오늘날에 식모를 며느리나 양녀로 삼았다는 사례도 들어보지 못한 판이거니와, 당시의 사회정황으로 보자면 그것은 가히 혁명적 대사건이라 하겠다. 사람을 하느님처럼 모셔야 한다는 그의 깨달음이 말에 그치지 않고 실제 제 주변의 집안에서 행동으로 이루어짐을 가슴 뜨겁게 본다.

10. 민족종교의 의의와 사회적 천대상황

증산교의 교주로 추앙되는 강증산도 수운과 같은 길을 걸었다. 그는 1871년 전북 고부에서 태어나 동학운동의 실패를 목격하였다. 그리하여 국가와 민족, 세계와 인류를 구제할 대도를 이룰 뜻을 세우고는 동학·서학·正易은 물론 유교·불교·仙道의 교의를 섭렵하면서 각처의 도인들을 두루 찾아다녔다. 7년간의 求道遊歷 끝에 1901년 증산은 전주 모악산의 대원사에서 기도수련을 하다가 대각을 얻었다. 神明界와 인간계를 통솔하고 天地運度를 뜯어고쳐 後天仙界를 개벽할 上帝의 권능을 부여받았다는 것이다.

증산의 윤리는 크게 조상숭배와 가정윤리와 사회윤리로 나누어볼 수 있다. 조상숭배에서는 國祖 단군을 위시하여 우리나라의 聖賢과 烈士, 그리고 집안의 조상이 모두 포괄된다. 巫의 조상개념과 별반 다름없다. 조상숭배를 강조한 것은 뿌리를 바로 알아야 한다는 뜻으로 풀이된다. 외국의 사상에 물든 오늘날 한국사회에 경고하는 바 크다.

가정윤리에서는 부모에 대한 효도가 으뜸으로 여겨지고 남녀평등이 가르쳐진다. 아울러 부부가 화합해야 가정이 화평함을 증산은 제자들에게 몸소 보인 바 있다. 사회윤리와 관련하여서는 평등사상과 사회봉사를 중히 여겼다.

'賤人을 우대해야 좋은 시대가 속히 이른다'는 가르침을 내렸고, 미천한 사람에게도 증산은 반드시 존경을 나타내었다. 奴僕에게 敬語를 사용한 점, 따르는 무리에게 담배를 손수 접대한 일 등은 그의 평등사상을 여실히 보여준다. 산업을 부지런히 하여 사회에 봉사할 것을 그는 제자들에게 가르쳤다.

앞서 언급한 민족신흥종교의 다른 개창자들도 그 뜻과 행적과 가르침이 여기서 크게 벗어나지 않는다. 그 집안배경과 가르침의 방법이 서로 약간씩 다를 뿐이었다. 이들은 모두 나라와 민족의 구제에 뜻을 두어 구도에 나서고 전국을 다니면서 오랜 수련과 기도를 거친 다음 깨달음에 이르고 있다. 그리고 그것으로써 고통 받는 민중들에게 가르침을 주고 새로운 길을 제시하였다. 증산의 제2부인 高判禮는 땅을 마구 파헤치는 자에게 땅도 아파한다는 것을 가르친바, 온 세상을 生靈으로 보는 폭넓은 자애가 나타나기도 하였다.

이들 민족의 선각자들은 그 과정에서 많은 사람들로부터 심한 오해와 핍박을 받았다. 수련이나 기도나 깨달음의 장면에서 심지어 집안사람으로부터 미친 사람으로 취급되기까지 하였다. 특히 민족적 기운을 말살시키려는 일제에 의하여 혹독한 압박을 당하였다. 수없이 많은 민족종교인들이 그 통에 목숨을 잃고 나라를 등져야 했다. 대부분의 민족신흥종교들이 이때 강제로 해산되는 치욕과 아픔도 겪었다. 민족을 아끼고 사랑하는 기본적 민족혼과 윤리의식이 없고서야 도저히 감당할 수 없는 일들이었다.

그런데 해방 이후 오늘에 이르기까지 이들 민족신흥종고는 소수의 교인에 의해 신봉될 뿐 사회적으로 대접받지 못하는 형편이다. 巫의 사회적 천대와 같은 지경이다. 그들이 제대로 이해·평가되기는커녕 사이비종교나 비합리적인 신앙으로 비난받는 경우가 흔하였다. 구미화·산업화를 치달려온 우리 사회가 저쪽의 가치관에 그만 얼을 빼앗겨버린 소치이다.

제 자신의 고유한 신앙의 진정한 가치를 모를지언정 어찌 남의 가치관으로 제 것을 능멸할 수 있을 것인가. 이것은 저를 낳아준 부모에게 남의 부모를 기준으로 욕하는 것과 조금도 다를 바 없다. 우리의 현재 모습을 되돌아보고 뿌리를 알려는 노력이 있어야 한다. 巫와 민족신흥종교의 맥을 이해해야 한다. 예로부터 우리조상들이 가꾸어오고 삶으로 보여준 사람으로서의 도리를 우리가 오늘날 되살릴 때 한국 사람으로서의 주체성이 회복될 것이다.

한국 민중문화의 성격

1

　일찍이 中國의 新史學을 논하는 자리에서 梁啓超는 중국의 史學을 통렬히 비판하였다. 史學이라는 것이 국민의 거울과 같은 것이고 애국심의 원천이요, 歐洲의 민주주의가 발달하고 열국이 날로 문명을 펼쳐가는 소이에 있어서 史學이 그 공의 반을 차지하는데, 중국의 이 방면 학문은 도대체 무엇을 했는가고 분노해마지 않았다. 그리고 그 病源으로 네 가지 폐단을 지적하였다: 첫째, 朝廷이 있음만 알았지 國家 있음은 몰랐고, 둘째, 個人이 있음만 알고 集團은 무시하였고, 셋째, 과거사실의 陳迹만 알고 오늘의 일은 염두에 두지 않았으며, 끝으로 事實 있음만 알고 精神 있음은 몰랐다는 것이다.1) 세기의 전환기에 저 몰려드는 서양세력 앞에 몰락해 가는 수천 년 역사의 중국을 목전에 두고 서양의 근대사학으로써 처방을 제시하는 한 지성인의 忠情을 여기서 본다.

　鑑戒主義와 尙古主義는 중국 사람의 특징적 역사의식으로 들먹여진다.2) 역사 속에서 규범을 찾고 그것을 거울삼아 인간의 행동을 비추어보려고 하는 도덕주의적 경향이 감계주의이다. 이 역사의식에서는 국가의 성쇠, 백성의 안위에 관한 일, 본받아야 할 선한 일, 경계하여야 할 악한 일 등으로써 帝王의 정치에 도움을 주는 것이 그 주관심이었다. 그래서 선악에서 두드러진 인물만이 그 역사에 등장한다. 그리고 가치의 기준을 후대보다 前代에 두는, 이른바 옛 교훈을

---

1) 梁啓超, 1974: 605-609.
2) 全海宗, 1975: 8-15.

바로 본받는다는 정신이 상고주의이다. 進步의식이 전혀 없었던 것은 아니다. 이 복고적 역사의식은 儒家의 경전에 기반을 두고 주류를 이루어 왔었다.

이러한 역사인식은 같은 漢字文化圈에 들어 있고 또 그곳으로부터 유교를 받아들인 한국에게, 특히 조선왕조를 거치면서 우리의 역사관을 틀 잡아 주었다. 그에 따라 우리의 전통적 역사는 통치계급 위주로 서술되었고 민중의 생활을 거의 무시하였다. 그러다 일제의 강점과 더불어 植民史學이 이 땅에 강요되었고, 이에 맞서 우리의 民族主義史學이 일어섰다.3) 당시 일제는 그 군국주의적 정체의 성격으로 인하여 그 역사의식이 정치사 내지 군부사에서 벗어나지 못하고 있었다. 그것은 다시 植民史學에 적응되어 정치사 위주의 한국사 이해라는 방향을 결정지었다. 그러한 배경에서 그에 저항하여 일어선 민족주의사학자들이 정치를 중심으로한 영웅사관에 기울어질 것은 당연한 귀결일 것이다. 이후 유물사관이나 新民族主義史學, 실증사학 등이 대두되었으나, 한국사학의 역사인식은 최근세까지 저 양자를 끝내 극복하지 못한 채 거기에 머물러 온다.

우리네 역사인식의 배경과 성격을 이토록 장황하게 늘어놓은 것은 요컨대 한국역사인식에서의 그 고질적인 정치사 중심과 그로 인한 지배층 및 영웅 위주의 안목, 그리고 관념적 이해의 전통을 바르게 알고자 함이다. 그러한 것이 오랫동안 역사관을 이루어왔고 오늘에도 하나의 관점으로 유효하다. 그러나 사회의 다수를 이루는 민중들의 삶의 전개는 그런 안목에서 도무지 이해되지 못한다. 그것은 사회의 전모를 포괄하지 못하고 특수층과 그렇지 않은 다수를 금그어놓는 매우 불편한 역사이해이다. 이러한 데서 탈피하여 민중들의 삶의 전개가 역사의 주된 흐름으로 파악되어야 한다는 것이 나의 관점이다.

여기서 우리는 필연이 민중의 개념 문제에 봉착한다. 이 문제는

---

3) 高麗大學校 文科大學 史學科 敎授室編, 1981: 70.

70년대 이후 커다란 쟁점이 되어 많은 논란이 있었으나 그 개념정의가 일반화되지 못한 채 오늘에 내려온다.4) 각 학문분야에서는 각기 그에 어울리는 시각으로 그에 접근하였다. 민중이 문제의 전면에 대두해야 하는 일정한 사회적 배경이 있고, 또 그 관심자들의 시대정신에 의한 문제의식은 실로 귀하고 고마운 것이다. 그러나 실천적 관심이 앞서고 이론화의 작업이 뒤따랐기 때문에 개념상의 혼란은 피할 수 없는 노릇이었다.5) 민중에 대한 논쟁이 오늘날에 크게 식어버린 사실은 그러한 사정을 잘 설명해준다.

전날의 민중개념 속에서 나는 분노를 넉넉히 읽는다. 거기에는 역사와 현실에서 오랫동안 소외되어 왔고 지배·착취당하였던 민중들의 서러움과 아픔이 들어 있다. 이러한 감정은 필시 지배층에 대한 반감을 유발하고, 전체를 대립의 국면으로 파악하며, 나아가 투쟁으로 치달릴 경향을 갖는다. 이것은 불편한 대립관계의 연속이다.

나는 그 같은 민중인식에서 벗어나 민중을 넓은 의미로 이해한다. 한국역사에서 피지배층, 생산층, 또는 서민을 구성하면서 사회구성원의 대다수를 이루어 온 사람들을 민중으로 파악하는 것이다. 이 관점에서 민중은 역사의 주된 흐름이 되며, 지배층은 그것에 일정한 제약을 행사하였으나 민중과 어떤 연관을 맺고 있기에 이 민중개념에 종속되어진다. 종래의 실천적 민중개념에게는 이것이 일종의 타협으로 비칠는지 모른다. 그런 저의는 이 넓은 민중개념에 전혀 없다. 하나의 사회는 여러 계층과 요소가 서로 유기적인 연관을 맺고 각기의 기능을 수행하는 것이기에, 그 전체 구조 속에서 다수의 민중이 영위하는 삶의 흐름이 제반 관계 속에서 역동적일 수밖에 없는 것이고 그것이 바르게 파악되어져야 한다.

민중 삶의 그러한 흐름을 다루는 일은 民衆史의 임무이다. 민중이

---

4) 각 학문분야의 대표적인 정의에 관하여 劉載天, 1984 참조 바람.
5) 앞의 책: 12.

슬기와 힘으로써 사회의 여러 제약적인 여건과 자연환경을 어떻게 역
동적으로 대처하여 왔는가를 밝히는 일이 그것이다. 이 글의 주제는
민중의 문화에 집중하여 그 성격을 밝히는 것이다. 따라서 그 역동적
인 전개과정은 이 논고 밖의 연구과제이고, 여기서는 그 전체 흐름 속
에서 일관하여 두드러지게 나타나는 문화의 성격을 해명하려 한다.

　이때 민중문화의 개념에 오해의 소지가 있고, 문화의 정의 또한
까다로운 일이다. 민중을 실천적인 개념으로 파악하는 이들에게는
민중문화(people's culture)가 민속문화(folk-culture)와 비슷한 것으로
이해될 가능성이 높다. 민속문화는 민속학의 연구대상으로서 그 학
문성립에 따라 크게 두 갈래로 나뉘어 이해된다: 영국의 민속학
(folklore)이 미개민족의 傳承이나 문명민족의 서민들 사이에 殘存하
는 고대적 遺習(ancient practices)의 연구에 주력하는 반면, 독일의
민속학(Volkskunde)은 독일민족의 기반문화 전체를 연구하는 경향이
강하다.6) 포괄적인 개념으로서의 민중의 문화는 그러면 독일민속학
의 연구대상과 비슷한 것이 된다. 민속이라면 저질스럽고 복고적인
것으로 바라보는 우리의 안목도 또한 문제이다. 그리고 여기서 문화
의 개념은 문화인류학의 총체론적 관점에서 한 인간집단의 생활양식
의 總體(totality)를 가리키는 것으로 파악된다.7) 따라서 민중문화는
민중 삶의 가장 기본 되는 리듬, 즉 일과 놀이 속에서의 문화인 것
이며, 그 특징적인 성격을 규명하는 것이 우리의 관심이다.

　한국의 민중문화를 논할 때 또 한 가지 고려해야 할 점은 전통사
회 내지 전통문화의 단절의 문제이다. 한국사회는 서양과의 만남 이
래 급격한 사회변동을 겪어 온다. 수천 년의 왕조국가 체제 아래 형
성하여 온 사회조직, 전통적 문화양식, 생활리듬 등은 이제 전혀 이
질적인 서구식 헌법의 규범 아래 서구식 산업화와 합리주의 및 교육

---

6) 李杜鉉·張籌根·李光奎, 1983: 14-18.
7) 韓相福·李文雄·金光億, 1985: 65.

의 영향을 받으며 변화해간다. 이것은 유럽의 산업혁명 이래 세계사의 도도한 흐름이다. 그에 따라 이른바 원시민족은 세상에 더 이상 존재하지 않게 되었고, 세계가 저쪽의 기준에 맞추어 서구화 내지 산업화에 일로 매진하고 있는 상황이다. 이러한 상황 아래 한국의 전통적 민중문화가 어떻게 변모해가는가 하는 점은 오늘의 민중문화의 성격 이해에 여간 중요하지 않다. 민중문화의 개별 요소는 그 과정에서 변화하거나 사라져버릴 수 있다. 그러나 수천 년 동안 다듬어 지녀온 민중문화의 본질은 바뀌어질 성질의 것이 아니다. 그것은 서양의 것을 받아들이는 기반이 되어 그 바탕 위에서 그것을 소화해간다. 오늘날의 사회계층도 옛 왕조시대 때와 비해 그리 달라지지 않은 듯하다. 요컨대 민중의 삶의 일과 놀이는 그러한 사회변동에도 불구하고 여전히 존속해 온다. 그러나 우리는 그 달라져 있을 양상에 대하여 깊이 주목해야 한다.

2

한국 민중문화의 성격 규명을 위하여 우선 수행되어야 할 작업은 고래로 오늘에 이르기까지 우리 사회에 면면히 이어져 내려오는 가장 특징적이고도 보편적인 문화양상을 추려내는 일이다. 그 기준으로 당연히 민중의 자의적 참여와 민중에서의 성행이라는 두 조건이 충족되어야 한다. 『三國志』「魏志東夷傳」에 실려 있는 고대 한국인의 祭禮風俗에 관한 기사들이 그런 것으로서 먼저 우리의 시선을 끈다: 扶餘의 것을 두고 「以殷正月 祭天 國中大會 連日飲食歌舞 名曰迎鼓」라 하여 있다. 그 뜻은 殷曆 정월에 하늘굿(祭天)을 드리는데 나라 사람들이 모두 크게 모여 며칠을 계속해서 술 마시고 밥 먹고 노래 부르고 춤추었다는 것이다.8)

일 년의 일정한 때에 「나라 사람들이 모두 크게 모여」하늘굿을 거행하기로는 고구려의 東盟이나 濊의 舞天도 마찬가지였다. 예나라에서 사람들이 '밤낮으로 술을 마시고 노래하고 춤추었다'든가, 馬韓에서 파종이 끝난 다음 '사람들이 무리를 지어 모여 노래를 부르고 춤을 추어 술 마시는 것이 밤낮으로 쉬지 않고 계속되었다'는 기사는 모두 당시 한국 사람들의 보편적이고 특징적인 모습을 묘사하고 있다. 이들은 물론 고대 한국巫의 종교적인 행사이지만9), 당시 민중 모두가 얼마나 즐겨 놀았는가 하는 점을 여실히 보여준다.

이렇게 즐겨 마시고 노래 부르며 노는 전통은 三國시대의 花郎道 내지 風流道, 고려시대의 燃燈會·八關會, 조선조의 山川祭·城隍祭를 거쳐 마을굿[洞祭·部落祭]으로서 오늘에 이르기까지 이어져 내려온다.10) 이들 巫의 종교적 양상 외에 일 년의 각 절기에 행하여지는 歲時風俗은 고래로 한국 민중이 또한 철따라 멋과 맛을 고루 갖춘 놀이전통이다. 한편 모였다하면 푸짐하게 한 상 차려놓고 돌아가며 노래 부르다 춤추어대는 한국인의 독특한 놀이모습은 국내외에서 외국인들이 비상한 주목을 아끼지 않아 온 터이다. 여기서도 저 고래의 連日飮酒歌舞의 전통이 그대로 이어져 내려옴을 역연히 보게 된다. 그밖에도 70년대 이래 시골이나 도시를 따질 것 없이 세 사람만 모였다하면 어느 곳에서나 벌어지는 고스톱판은 놀이 없이는 못 사는 한국 민중의 생리를 잘 보여준다. 이처럼 놀이는 한국 민중문화의 한 특성으로 손꼽아지기 족하다.

한국 민중문화의 다른 한 특성을 나는 신들림에서 본다. 오늘날 주위를 둘러보면 기독교계 종단의 각 교회와 기도원에 성령체험현상이 실로 불붙어 있는 듯하다.11) 또 수백을 헤아리는 신흥종교 종단에서

---

8) 祭天과 國中大會 連日飮食歌舞의 해설은 金容沃, 1986: 218-220 참조.
9) 柳東植, 1975: 46-48.
10) 앞의 책: 92-97, 130-140, 171-185, 238-257.
11) 한국교회의 성령체험현상을 특히 순복음중앙교회를 중심으로 하여 여

의 각종 종교체험은 다양할 뿐만 아니라 엄청나게 빈번한 것이기에 여기서 그 정황을 다 언급할 길이 없다. 그리고 서울 시내 곳곳의 神堂에서 거의 매일 열리는 무당의 굿판에서는 오늘도 여전히 신 내림이 생생히 관찰된다. 그뿐 아니다. 道通이니 得道했다는 이런 저런 류의 도사들이 수두룩하다. 이 모두가 신들림의 여러 양상들이다.

이것을 역사로 거슬러 올라가면 우리는 다시 한국고대 때 하늘과 땅을 제사하는 굿판에 이르게 된다. 그곳에서는 민중들이 모두 크게 모여 며칠씩 밤낮으로 먹고 마셔가며 춤추고 노래하였다 한다. 이와 비슷한 경우를 아메리카 인디안들의 이른바 유령춤(ghost dance)에서도 보게 되거니와, 이들은 환각제와 격렬한 춤의 결과 집단실신 내지 신들림의 경지를 체험하였다.12) 따라서 連日飮酒歌舞의 끝에 집단 신들림의 체험이 있었을 것임은 어렵지 않게 미루어 알 수 있다. 이 祭天儀禮는 본디 한국巫의 전형적인 종교의례였다.13) 巫에서는 무당이 사제로서 신들림의 명수이거니와, 그 신도인 단골은 굿에서 무당의 중재에 의하여 신령과 만나는 체험을 갖는 것이 보통이다. 그리고 巫(샤마니즘)는 고대 이래 한국 사람의 전통종교로서 민중의 종교적 욕구를 충족시키며 민중 속에 줄기차게 신앙되어 오는 만큼 민중문화 속의 신들림 전통은 넉넉히 이해된다.

이리하여 한국 민중문화의 두 가지 특성으로 놀이와 신들림이 두드러진다. 이 둘이 모두 고대 굿판으로부터의 그 연원에서 서로 깊이 연관을 맺고 있음을 알 수 있다. 양자는 실로 같은 뿌리에서 나온 두 가지 양상인 것이다. 그러다 사회가 점차 분화하여 전개되면서 그들은 민중문화의 커다란 줄기로서 각기 독특한 전통을 형성하여 온 것이다. 한국 민중문화의 이 두 특성을 두고 그것들이 인류의 보편적인

러 학문분야에서 다룬 것으로 徐洸善外, 1982 참조 바람.

12) 유령춤에 대하여 W.L.Barre, 1972: 227-252와 韓相福·李文雄·金光億, 1985: 297-299 참조.

13) 柳東植, 1975: 57-60; 조흥윤, 1983: 17-19.

현상인 양 오해하기 쉽다. 호이징하(Johan Huizinga)는 호모루덴스 (Homo Ludens)라는 이름 아래 '인간은 놀이하는 존재'라는 명제를 내세운 바 있다.14) 그리고 엘리아데(Mircea Eliade)는 샤마니즘(巫)을 인류의 전체 문화에 보편적인 '엑스타시(忘我境; 신들림)의 원초적 기술'로 풀이한다.15) 물론 그런 면은 확실히 존재한다. 그것은, 위 두 사람의 관점에서처럼 인간의 보편적 성격으로서의 놀이라든가 신화학적인 해석 위에서의 신들림으로 볼 때 능히 그럴 수 있다. 그러나 우리는 인간의 그러한 본질면을 다루고 있는 것이 아니고 한국 민중문화로서의 그것들이 한국역사 속에서 줄기차게 지켜지고 표현된 그 특징적 양상을 중시한다. 그런 점에서 우리 민중은 다른 나라와 비교하여 훨씬 다양하고도 독특한 놀이문화를 가꾸어 온 것이다. 샤마니즘은 시베리아와 동북아시아 지역에서 한국을 제외하고는 이미 사멸하여 버렸다. 그리고 이 땅의 신들림의 강도와 다양함은 세계가 모두 공인하는 바이다. 이처럼 신들림과 놀이는 한국 민중문화에 독특한 두 특성으로서 뚜렷이 파악된다. 이제 그 둘의 성격을 좀더 구체적으로 살펴본다.

3

민중문화로서의 놀이의 성격을 분명히 하기 위하여 먼저 그 양상을 살펴보는 일이 필요하다. 종래 놀이라 하면 으레 민속놀이로 생각하여 그것을 歲時風俗에 포함하여 다루거나, 아이놀이・어른놀이・競技・曲藝로 나누어 보았다.16) 그런가 하면 민속놀이에서 발견

---

14) 호이징하, 1981.
15) M.Eliade, 1970.
16) 高麗大學校 民族文化研究所編, 1982 참조. 이 책에서는 傳承놀이라는 용어를 쓰고 있다.

되는 건강성을 오늘에 창조적으로 계승해야 한다는 주장도 있다.17) 전자는 놀이를 전통문화의 殘存物로 보는 평면적인 민속학의 관점이며, 후자는 그런 놀이에 의미를 부여하여 민속의 현대적 의의를 찾는다. 그 어느 경우든 놀이를 일단 민속의 범주에 묶어놓고 다루는 한계를 보인다.

놀이는 그러한 범주의 구속에서 벗어나 민중 삶의 전체 틀 안에서 보아져야 한다. 민중은 그 주된 생활수단으로서 일을 하며 산다. 그리고 일 년 사계절을 週期로 하는 삶의 리듬 속에서 여가를 갖는다. 또 그러한 삶의 이면에는 삶의 의미를 회의하고 그 해답을 구하는 신앙이 있다. 이것이 그 전체 틀이다. 민중은 그 삶의 여러 양상 속에서 놀이를 가꾸면서 놀아온다. 민중의 놀이는 그러므로 일 속의 놀이와 여가 속의 놀이, 그리고 신앙 속의 놀이라는 세 가지 양상으로 나누어 고찰함이 적절하다.

일과 놀이라는, 일견 상반되는 듯한 두 개념을 얽어 쓰기 전에 한두 가지 짚고 넘어갈 것이 있다. 일을 오늘날의 산업노동자의 것과 같은 개념으로 사용해서는 안 된다는 것이 그 하나이다. 그러한 개념으로는 옛 민중들의 일하는 투가 제대로 이해되지 않는다. 그리고 중세의 통치자들이 놀이와 휴식을 비생산적이고 부도덕한 것으로 몰아세우는 봉건적 도덕율을 내세워 이를 통치이념으로 삼았다는 견해18)는 한마디로 語不成說이다. 그러한 견해는 놀이를 오늘날의 노동의 상대개념으로 잡고 민중의 피착취상황을 지나치게 도식화하고 있다. 그렇게 보는 관점이야 어쩔 수 없다. 그러나 옛 지배층이 놀이의 생산성을 모를 만큼 미련하지도 않았거니와, 민중의 놀이는 그런 이해와는 류를 달리하였다. 옛 사회에 대한 최소한의 역사적 이해가 아쉽다.

---

17) 林在海, 1986: 113-145.
18) 앞의 책: 114; 李相日, 1981: 161.

일 속의 놀이를 가장 잘 보여주는 것은 民謠이다. 민요는 민중이 일터에서 율동과 함께 부르는 노래인데, 그들은 그것으로써 힘을 덜 들이고 율동적으로 노동을 지속할 수 있었던 것이다.19) 두레에 풍물을 치며 노는 것도 이와 마찬가지이다. 이러한 생업현장에서 뿐 아니라 삶의 다른 일거리에서도 일 속의 놀이라는 면이 곳곳에 드러난다. 喪家에 상두꾼이 모여 밤늦도록 술과 안주를 즐겨가며 대돋움이나 상여놀이를 해쌓는 것은 그 한 보기에 해당한다.

두 번째로, 여가 속의 놀이는 일을 떠난 상황에서의 놀이를 가리킨다. 그 상황은 물론 오늘날의 여가처럼 일과 확연히 구분되는 것도 아니고, 민중들이 넉넉한 여가를 허락받아 그것을 즐길 여유를 가졌던 것도 아니다. 왕조시대 때는 농사가 온 국민경제의 大本을 이루고 있었기 때문에 생활의 리듬은 한 해를 주기로 펼쳐졌었다. 그러한 리듬 속에서 농사와 직접·간접으로 관련하여 일에서 손을 떼고 하루 또는 어느 기간을 놀 수 있는 시간이 주어져 있었다. 그것이 이른바 歲時風俗 가운데의 놀이이다. 여기서 놀이는, 일 속의 놀이가 대개 그러하듯, 무리를 이루어 진행되는 것이 보통이었다. 그런 놀이로 上元만 해도 쥐불놀이·줄다리기·고싸움·車戰놀이·地神밟기·연날리기·윷놀이·팽이치기 등이 있고, 달로 쳐서 오월 단오에 그네뛰기와 씨름, 유월의 淸遊, 팔월의 소몰이·거북놀이·강강수월래 등등 굉장히 다양하고 많다. 이렇게 세시풍속의 놀이를 훑어보면 마치 당시의 민중이 놀이를 지나치게 즐긴 것이 아닌가 하는 착각이 들 정도이다. 그들은 신분제사회의 제반 구속과 그로 인한 궁핍에도 불구하고 이렇듯 삶 속에서 여가의 리듬을 두고 멋을 부리며 놀 줄 알았던 것이다.

일과 여가가 삶의 현실적 모습이라면 신앙은 삶의 이상추구의 면

---

19) 李杜鉉·張籌根·李光奎, 1983: 338. 여기서는 민요의 노동적 기능이라
하여 있다.

이다. 신앙이라면 우리는 흔히 성스럽고 초월적인 것을 연상하게 되는데, 우리 민중의 신앙은 그런 것과는 사뭇 달랐다. 그 대표적인 것이 巫신앙이며, 굿은 그 종교의례이다. 굿을 굿놀이라고도 부르고 또 굿은 「논다」고 표현된다. 굿에서는 祭家집과 동료단골과 이웃이 한데 어우러져 한바탕 놀아댄다. 신앙 속의 놀이 양상을 여기서 보게 된다. 巫의 종교행사의 한가지인 마을굿에서도 갖가지 놀이가 벌어지는가 하면 마을 사람들은 축제의 분위기에 빠진다. 이 종교의 연유가 오래되고 그 전통이 부단하였음은 앞에서 이미 언급되었다. 고려 때 극히 성행한 八關會도 그 중의 하나이다. 명칭으로 보아 그것은 불교의례이다. 그러나 그 내용에 있어서는 고대의 巫의례를 계승한 민족적 제전으로서 온갖 놀이가 펼쳐지고 음주가무가 공공연히 베풀어졌었다.

한국 민중의 놀이는 이렇듯 일과 대비되거나 구분되는 개념으로서의 놀이가 아니다. 그것은 일과 여가와 신앙 속에서 그것들과 함께 얽히고 어우러져 즐겨지던 삶의 표현이다. 한국 민중은 놀이를 그렇게 삶의 율동으로서 익히고 생리로 가다듬어 왔다. 그것을 일러 민중의 호흡이라 하여 좋을 것이다.

놀이의 전체적 성격이 그러하거니와, 실제 현장에서 놀아지는 과정에서 놀이는 또 여러 가지 기능을 갖는다. 나는 그것을 심신단련·공동체 결속·사회인식 강화·신명내림, 그리고 調和의 회복으로 나누어 본다. 놀이가 청소년의 몸과 마음을 단련시켜주고 움츠렸던 어른들의 심신을 활짝 펴게 해줄 것은 당연하다. 그것은 체육과 같은 구실을 한다. 그리고 놀이는 집단으로 편을 갈라 놀게 되는데, 그럼으로써 공동체의식이 익혀지고 결속이 강화되어진다. 놀이에는 또한 사회의 부조리와 모순을 고발하는 것이 있어서, 그런 놀이를 통하여 민중들의 사회의식은 더욱 다듬어진다. 탈춤이 그런 놀이에 해당한다. 일정한 율등의 반복으로 이루어진 놀이가 많고, 많은 경우 홍이 점차 고조되어 沒我의 지경에 이르기도 한다. 그에 따라 신명이 내리는 수가 흔하다. 놀이란 말하자면 신명나는 일이다.

그리고 놀이는 끝장에 가서 調和로 마무리된다. 이것은 그 놀이참가자가 단지 고루 어우러지는 靜的인 조화가 아니다. 민중의 현실이란 늘 부조화된 문제 있는 상황의 연속이다. 그 부조화가 놀이마당의 여러 기능을 통하여 하나씩 정리되고 드디어 조화가 회복되는 그런 역동적인 조화인 것이다. 놀이의 여러 기능은 이 최종적인 조화의 회복을 위한 단계로 보아질 수 있다. 따라서 전체적으로 보아 놀이는 조화를 추구하는 것으로 이해되어진다.

그러나 서구식 근대화와 급속한 산업화가 진행되면서 민중의 놀이는 갖은 수난을 겪게 된다. 먼저 일제는 민중집회를 두려워하여 규모가 큰 놀이를 중단시켜 버렸다.[20] 그리고 해방 이후 한국사회는 점차 급속도로 산업화의 길을 치달린다. 서구식 산업화는 온 사회를 기계의 부품처럼 조립하였고, 그것은 교육을 통하여 강화되었다. 그 결과 놀이는 이제 일에 대비되는 개념으로 구분되었고, 삶 속의 자유로운 놀이의 공간이 사라져 가는가 하면, 놀이가 상품으로 팔리는 세상이 되었다. 이러한 상황에서 70년대 이후 대학의 탈춤운동은 자연스러운 움직임이라 할 수 있다. 젊음을 위한 전통적 놀이·축제가 되살아나야 한다는 집단무의식의 발로인 것이다. 그러나 '춤 한번 제대로 출 수 없는 현실"[21]에서 그 움직임은 제대로 꽃피우기 어려웠다.

민중의 전통적인 놀이문화 내지 놀이근성은 그래도 하루아침에 쉽사리 사라질 성질의 것이 아니다. 수천 년 다듬어온 문화의 양상일진대, 민중은 그러한 상황에도 불구하고 다른 놀이를 찾아내기 마련이다. 나는 그것을 만화와 고스톱에서 발견한다. 만화는 청소년이 탐닉하거니와, 고스톱은 어른들에 의해 언제 어디서나 즐겨 놀아지고 있다. 이들 놀이는 물론 전통적 놀이의 성격과는 약간의 거리를 가

---

20) 林在海, 1986: 115-116. 그는 이때를 놀이탄압의 시대라고도 표현한다.
21) 채희완, 1985: 3.

진다. 이렇게 달라진 사회 환경 속에서 그럴 수밖에 없음을 이해하여야 한다. 그렇다고 고스톱을 민중놀이의 계승으로서 아끼고 키우자는 이야기는 아니다. 놀이공간이 마땅치 않고 일에 우선적인 가치를 두는 사회에서 민중들이 그렇게 놀고 있는 그 놀이에 주목하지 않으면 안 된다는 말이다. 예외가 있을 수 있으나, 이것은 결코 노름이 아니다. 몇 푼 안 되는 돈으로 친구들이 어울려 놀고. 그 돈으로 술 마실 수 있는 민중들의 놀이이다. 흔히 그러하듯이, 고스톱을 우선 부정적인 현상으로 전제하고 여러 학문의 이론을 억지로 갖다 대어서 비판하는 행위는 민중문화의 한 특성인 놀이의 성격을 이해하지 못한 소치에 불과하다.

4

신들림은 신령이 내린 상태를 가리키는 말이다. 신 내림[降神]은 비슷한 낱말이고 接神이 그에 걸맞는 漢字이다. 이 용어는 두 가지 범위로 쓰인다: 하나는 굿에서 신이 내려 憑依(possession)된 것을 나타내는 巫의 전문용어인 반면, 일반에서는 그와 비슷한 상태까지 포함하여 폭넓게 사용한다. 한국 민중문화의 성격을 논하는 이 글에서 신들림은 보편성을 가지는 일반적인 개념으로서 넓게 이해되어진다.

민중문화의 신들림 성격을 이해하기 위하여는 전통신앙의 바탕인 巫에 대한 올바른 인식이 필수적이다.22) 먼저 아시아에 있어서 한국 巫의 좌표를 분명히 해두자. 시베리아와 중앙아시아 및 동북아시아를 포괄하는 넓은 지역에는 옛날부터 샤마니즘을 믿어왔다. 그것이 精靈을 숭배하는 원시종교의 형태라는 宗敎進化論의 해석은 오늘날의 종교연구에서 무시된다. 종교의 현상 자체가 고귀한 것이고 어떤

---

22) 柳東植, 1975; 조흥윤, 1983 참조 바람.

가치관에 의한 전제는 위험한 것이기 때문이다. 여하튼 샤마니즘은 고대국가의 출현과 함께 지역에 따라 변모를 일으켰다: 중국과 한국과 일본에서는 그것이 巫로 전개되고 또 역사의 흐름에 따라 다시 중국에서는 巫가 道敎에 흡수되는가 하면 일본의 경우 神道로 정립되기도 하였다. 한국에서는 巫가 道敎·佛敎 등 다른 종교의 요소를 수용하면서 그대로 오늘에 이르고 있다. 이 지역 밖에서는 샤마니즘이 큰 변화 없이 내려오다가 금세기 초 러시아화의 과정에서 강제에 의해 거의 소멸되고 말았다. 따라서 선사 이래 巫의 옛 면모를 그런 데로 간직한 채 신앙되는 곳은 한국뿐이다.23)

巫의 사제는 무당(샤만)이다. 무당은 祭政이 분리되지 않았던 시대에는 원래 그 집단의 제사장이자 군장으로서 사제·재판관·치병자·예언자 등의 기능을 수행하였었다. 그러다 국가의 성립을 보게 된 지역에서는 王權의 강화와 더불어 巫의 분화가 일어나 한 쪽은 왕권에 복속하게 되고 다른 쪽은 마을에 남아 민중의 전통종교적 욕구를 충족시켜주는 역할을 감당하여 온다. 전자는 나라무당(國巫)으로서 조선왕조 말까지 존속하였고, 후자는 오늘날 우리가 주위에서 보는 그런 무당의 전통이다. 이들 무당은 나라의 여러 祭禮와 마을의 마을굿을 맡아 행하고, 평시에는 단골을 중심으로 그들을 위해 점복·예언·부적처방·치성·굿 등을 해준다. 한편 巫에는 초기 이래 여러 신령이 신앙되고 또 새로운 신령이 등장하여 독특한 신령체계를 구성해 오는데, 이 가운데 한 집안과 관련되는 몇 신령들이 단골집에 모셔진다. 기독교식으로 말해서 이것은 가정예배와 같은 것이다. 종래 민속학에서는 巫의 이러한 신앙체계를 바로 파악하지 못하고 巫俗과 부락신앙과 家神신앙으로 구분하는 오류를 범하였다.24) 巫를 종교로 보지 않고 민속의 일환으로 취급한 데서 야기된 개념의

---

23) 趙興胤, 1984.
24) 예컨대 李杜鉉·張籌根·李光奎, 1983: 155-209와 金泰坤, 1983: 50-284.

혼란이다.

이렇게 보면 巫의 구조는 초월적 존재로서의 신령과 그를 모시는 단골, 그리고 그 둘 사이를 중재하는 무당으로 짜여있음을 알 수 있다. 무당후보자는 신령의 召命을 받아 神病을 앓는다. 그 소명을 받아들이고 내림굿을 행하여야 비로소 애기무당이 태어난다. 내림굿에서는 그 내린 신이 공공연하게 확인되는데, 그 신령은 이제 애기무당의 몸주(신)가 되고 수시로 그에게 내려 영험을 준다. 그는 그렇게 신들림의 명수가 된 것이다. 그리고 굿판에서 각 거리의 신령에 씌여 단골에게 공수(空唱)를 내린다. 단골은 신령과 만나는 체험을 무당의 중재로써 여기서 갖는다. 巫는 이렇듯 신들림을 주로 자로하여 있다.

한국巫의 이러한 성격과 그 역사적 배경을 함께 고려하면 그것이 한국 민중문화의 성격형성과 문화에 얼마나 큰 영향을 끼쳐왔는지 이해하기 어렵지 않다. 그리하여 펼쳐진 신들림의 양상은 앞에서 여러 관련 아래 이미 개별로 소개되었거니와, 그것을 정리하면 다음과 같다: 첫째, 巫안에 옛날부터 현재까지 신 내림이 지속되고 있고, 둘째로 신흥종교와 이른바 각종 道士들이 여러 종류의 신들림 체험을 자랑한다. 그 다음 일과 놀이 속에서 민중은 神明25)에 이르는 수가 많다. 또한 오늘날 기독교에 왕성한 저 성령체험현상도 신들림의 일종인 것이다. 그밖에 한국의 종교들은 道通·깨달음·得道 등을 그 종교理想으로 내세운다. 이들은 다름 아닌 종교체험이다. 종교체험이란 궁극적 실재나 그 상징과 만나는 원초적이고도 강렬한 체험을 가리키는 종교학의 용어인데26), 위에 언급된 그런 것들이 모두 이 범주에 든다.

---

25) 신명은 원래 신령의 다른 표현이다. 그런데 '신명나는 일'등의 용례에서 그것을 마치 神氣 비슷한 것으로 오해하는 경향이 보인다. 예컨대 金烈圭, 1982: 235.

26) 나는 일련의 종교체험연구를 수행하고 있는 바, 그 첫 부분은 조흥윤, 1986 참조 바람.

신들림을 단지 어떤 종교체험의 상태로만 이해해서는 그 성격을 온전히 알 수 없다. 그것이 우연히 그렇게 신들려 있는 것이 결코 아니다. 그러한 체험의 배후에는 민중의 부단한 간구가 있는 것이다. 신흥종교인은 어떤 사명의식을 가지고 방방곡곡을 헤매며 道를 갈구하다가, 또는 쉬임없는 치성과 수련을 닦다가 신들림에 이른다. 巫에서의 굿도 어느 날 홀연히 이루어지지 않는다. 집안에 문제가 생겼을 때 단골은 먼저 스스로 그것을 해결하려고 애쓴다. 그것이 여의치 않으면 무당을 만나 무꾸리(問卜)를 하고서 그 문제의 가볍고 무거움에 따라 처방을 얻는다. 그 가운데 가장 무거운 것이 굿이다. 말하자면 한 판의 굿은 문제해결을 위한 단골의 온갖 노력 끝에 벌어지게 되는 것이다. 이른바 고등종교에서 깨달음에 이르는 길이 얼마나 고된 것인지, 그리고 기독교인들이 어떠한 기도 끝에 종교체험을 얻는지는 굳이 묘사할 필요도 없다. 민중들이 신들림을 맛보는 그 길은 이렇듯 오랜 기도에서 얻어진다.

민중의 이러한 기도를 두고 祈福신앙으로 몰아붙이는 안목은 문제이다.27) 이것은 특히 巫를 겨냥하고, 또 교회 안에서의 성령체험현상을 기독교의 巫俗化로 보는 사람들에 의하여 자행되었다.28) 그 안목에서는 기복신앙이 큰 종교들에서처럼 체계화된 교리로 승화되지 못하고 저질스러운 단계에 머물러 있는 그러한 것으로 간주된다. 교리의 유무 여부는 오늘날 종교의 기준으로 더 이상 통용되지 못한다. 고등종교라는 구분도 아직은 쓰이는 경우를 보지만 기실 박물관에 진열될 품목에 지나지 않는다. 종교치고 福을 추구하고 빌지 않는 것이 어디 있는가. 한 종교나 어느 기준에 의하여 다른 종교를 자(尺)로 재고 비방하는 일은 유치하기 그지없다. 그리고 신들림은 그 과정에서 보았거니와 단순한 기복을 추구하지 않는다. 신들림의

---

27) 예컨대 文相熙, 1975: 183-184.
28) 文相熙, 1973: 118.

본질을 살펴보면 그 점이 분명해진다.

　신들림 가운데 가장 전통적이고 보편적인 것을 우리는 巫에서 보게 된다. 굿이 특히 그 대표적인 것이다. 앞에서 굿이란 단골의 문제를 해결하기 위한 것이라 하였다. 여기서 문제란 어떤 구체적인 것만을 가리키지 않고 매우 넓은 개념으로 이해되어야 한다. 민중이 살고 있는 현실이란 늘 不調和스럽기 마련이다. 현실 속에서 그 부조화의 면이 좀더 두드러질 때도 문제의식이 생겨나지만, 그렇지 않을 때도 그런 현실에 대한 문제의식이 있다. 고대의 하늘굿이나 이즈음의 薦新굿(재수굿)이 거기에 해당된다. 그것은 깨어질런지 모를 조화, 아니면 더 심화되어질 부조화를 막기 위한 조치인 것이다.

　그러므로 굿은 조화의 회복을 그 理想으로 하며, 그 자체가 미상 불조화이다.29) 그 점이 먼저 굿의 짜임새에서 확인된다. 굿은 준비과장과 거리과장, 그리고 종결과장으로 짜여 있는데, 그 첫 부분에서는 굿판이 淨化되고 雜鬼雜神과 부정스러운 것이 물려지며 祖上과 正神이 모셔진다. 그 다음 각 거리에서는 그 해당 신령이 모셔지고 그들로부터 공수를 받는다.30) 끝으로 뒷전은 온갖 잡귀잡신을 차례로 놀리고 먹여 보내는 거리이다. 짜임새가 여간 멋있는 것이 아니다. 각 거리의 구조를 보아드 그러하다. 먼저 請神을 하고 모셔진 신령을 음식과 음악과 춤으로써 즐겁게 해드린 다음 공수를 받고는 그에 감사한 뜻으로 다시 대접하고, 그리고는 送神한다. 굿은 그러니까 공수, 즉 단골과 신령과 무당이 한데 만나 어우러져 문제를 풀어 버리는 신들림의 대목을 핵으로 하여 종횡으로 빈틈없이 짜여 있다.

---

29) 趙興胤, 1986 참조 바람.

30) 柳東植과 이정용은 거리과장의 순서마저도 거리의 성격에 따라 완벽한 구조를 취하고 열두거리라고 하는 것도 일 년 열두 달을 상징할지 모른다고 보지만(柳東植, 1975: 296과 318; Lee Chong-yong, 1981: 153-160), 굿은 실제 더 많은 거리를 가지고 있고 그 순서도 꼭 일정하지 않다(張籌根·崔吉城, 1967: 139-151; Cho Hung-youn, 1980). 거리의 진행순서에는 물론 신령과 관련하여 일정한 의미가 있다.

굿의 조화성은 신령들의 성격 면에서도 나타난다. 巫의 초월적 존재는 크게 보아 正神, 祖上 및 雜鬼雜神의 세 부류로 나뉘어 진다. 잡귀잡신은 下位神을 지칭하는 집합명사인데, 그 성격에 따라 다시 여러 항목으로 구분된다.31) 巫에서는 한 집안의 대주와 기주 양쪽으로 4대 조상이 모셔진다. 일반신령인 正神에도 또한 巫祖·始祖神·영웅신·外來神·자연신 등 여럿이 있다. 이들은 한국을 지켜주고 우리에게 덕을 끼쳐온 祖上神의 성격을 띤다. 불교나 도교의 神靈으로서 巫에 수용된 신령도 마찬가지로 여겨진다. 이들은 넓은 의미에서 우리의 조상이다. 잡귀잡신은 한국 사람으로서 죽어 위의 두 범주에 들지 못한 것들이므로 그 또한 조상이다. 따라서 한국巫의 신령들이란 모두 조상이 된다. 신령의 개념은 이렇듯 포괄적이고 조화스럽다. 위에 살펴본 바와 같이 신들림은 결코 祈福과는 무관하며 조화를 본질로 하여 민중의 삶을 그렇게 고루 어우러지게 해주는 역동적인 원리이다.

5

한국 민중문화의 두 가지 특징적 양상으로서 놀이와 신들림의 성격을 살펴보았다. 그것은 놀이 속의 신들림과 신들림 가운데의 놀이라는 상호보완적인 관계로 나타난다. 후자는 굿, 특히 진오기굿에서 잘 드러난다. 죽은 사람의 혼을 천도시키기 위하여 행하는 진오기굿을 두고 미리 어떤 상념에 빠져 그것을 슬프거나 장엄한 것으로 바라보아서는 곤란하다. 그 굿에서는 물론 죽은 이와의 영원한 이별이기에 서러움과 눈물이 샘솟는다. 그러나 내내 그러는 것은 아니고 어떤 거리에서는 그 제가 집이 저승사자를 노는 무당과 어울려 희희

---

31) 조흥윤, 1985.

낙낙 놀아댄다. 진오기굿은 이렇듯 민중의 희비애락이 함께 고루 어우러지는 신들림 속의 놀이인 것이다.

이러한 놀이와 신들림의 총체적인 성격은 조화에 있다. 따라서 우리의 민중문화는 깨달음을 이상으로 삼는 문화인 것으로 드러난다. 놀이와 신들림은 깨달음에 이르는 두 길이자 동전의 양면을 이루는 것이다. 이것은 한국 사람들이 고래로 사고의 원리로 삼아온 陰陽論과도 일치한다. 陰과 陽이 조화를 이룬 모양을 大極이라 하거니와, 그것은 깨달음의 圓融한 세계와 같다. 이같이 원융한 깨달음에 이르고자 놀이와 신들림에 매진하는 한국 사람의 얼이 역사를 통하여 風流精神32)으로 부단히 이어내려 왔다.

그러나 일제와 해방을 거치면서 이러한 조화와 깨달음의 이상은 변화를 겪고 심히 미약해지고 만다. 우리 사회가 지향해 온 서구화와 산업화가 문제 상황을 연출해낸 장본인이다. 서구화와 산업화는 分化와 전문화를 이상으로 삼는다. 이것이 사회의 주된 가치관으로 통용되면서 민중문화의 두 전통적인 특성인 놀이와 신들림은 왜곡되고 푸대접을 받았다. 신들림은 이제 巫나 그와 유사한 종교현상에서의 빙의된 상태 또는 그것을 둘러싼 면모들에 제한되어 이해되고 민중의 삶 속에서의 신들림은 무시된다. 놀이도 일과 대비되는 개념으로서 기계적이고도 상품화된 것에 만족하는 형편이다. 조화라 해야 기껏 전통과 현대문화를 적절히 어울리게 하는 좁고도 정적인 개념으로 이해하게 되었다.

한국 민중문화의 이상은 어디에도 걸림이 없는 깨달음과 그것을 통한 '프로'의 세계였다. 한국전통문화 속에서 보면 그러한 경지에 이른 전문가가 수두룩하다. 이들은 어디에도 걸림이 없었기에 '프로'에조차 매이지 않았었다. 굳이 설명하자면 프로와 아마추어의 세계를 무시로 넘나드는 '프로 아닌 프로들'이었던 것이다. 한국 민중 가

---

32) 金凡父, 1986 참조 바람.

운데 그러한 삶과 일을 후세에 남긴 수많은 프로를 우리는 깊이 이해하고 고마워해야 한다. 저쪽의 분화·전문화된 가치관의 고집과 통용도 큰 문제이지만, 그런 안목으로 한국 민중문화를 이리저리 쪼개어보는 연구풍토도 심각하다.

한국 민중문화의 특성은, 그것이 비록 역사적 배경 속에서 변모·위축되었다 하더라도 결코 사라져버릴 성질의 것이 아니다. 현대의 제반 혼란상 가운데서도 그것이 문득문득 살아 기능하고 있음을 눈여겨야 한다. 그 특성의 바른 이해를 촉구하는 일이 어쩌면 어리석은 짓인지도 모르겠다. 때가 되어 그 조화의 기운이 이미 서서히 발동하고 있음을 본다.

참고문헌

梁啓超, 1974 『飮氷室文集』 香港.

全海宗, 1975 「中國人의 歷史意識과 歷史叙述」, 『歷史의 理論과 叙述』 西江大學校 人文科學研究所, pp.1-37.

高麗大學校 文科大學 史學科 教授研究室編, 1981 『歷史란 무엇인가』 고려대학교 출판부.

劉載天, 1984 『民衆』 文學과 知性社.

李杜鉉·張籌根·李光奎, 1983 『韓國民俗學概論』 서울.

韓相福·李文雄·金光億, 1985 『文化人類學概論』 서울대학교 출판부.

金容沃, 1986 『여자란 무엇인가』 양평.

柳東植, 1975 『韓國巫教의 歷史와 構造』 연세대학교 출판부.

徐洸善外 4인, 1982 『한국교회 성령운동의 현상과 구조』 크리스챤 아카데미.

Barre, W.L., 1972 『The Ghost Dance-The Origins of Religion』 New York.

조흥윤, 1983 『한국의 巫』 서울.

호이징하(권영빈 옮김), 1981 『놀이하는 인간』 서울.

Eliade, M., 1970 『Shamanism-Archaic Techniques of Ecstasy』 New York.

高麗大學校 民族文化研究所編, 1982 『韓國民俗大觀』 제 4 권 歲時風俗·傳承놀이編, 서울.

林在海, 1986 『민속문화론』 文學과 知性社.

李相日, 1981 『韓國의 굿과 놀이』 서울.

채희완, 1985 『공동체의 춤 신명의 춤』 서울.

趙興胤, 1984 「巫(샤마니즘)연구에 대하여」, 『東方學志』 연세대학교 국학연구원, 제 43 집, pp.223-256.

金泰坤, 1983 『韓國民間信仰研究』 서울.

金烈圭, 1982 「三國遺事의 神秘體驗」, 『韓國哲學思想研究』 한국정신문화연구원 연구논총 Vol. 82-2, pp.225-272.

조흥윤, 1986 「종교체험연구 Ⅰ」, 『東方學志』 연세대학교 국학연구원, 제53집, pp.265 -299.

文相熙, 1975 「韓國의 샤마니즘」, 『宗教란 무엇인가』 pp.123-189, 서울.

文相熙, 1973 「샤마니즘이 現代韓國宗教에 미치는 影響」, 『샤마니즘의 現代的 意味』 원광대학교 민속학연구소, pp.113-119.

趙興胤, 1986「巫는 宗敎現象」,『文學思想』No. 170, pp.151-159.

Lee Chong-yong, 1981『Korean Shamanistic Rituals』The Haegue.

張籌根·崔吉城, 1967『京畿道地域巫俗』文化財管理局.

Cho Hung-youn, 1980「Zum Problem der sogenannten yŏltugŏri des Ch'ŏnsin-gut im Koreanischen Schamanismus」,『Mitteilungen aus dem Museum fur Völkerkunde』Bd. 10, S. 77-107, Hamburg.

趙興胤, 1985「한국의 잡귀잡신을 총정리한다」,『문화예술』Vol. 12, No. 102, pp.37-43, 서울.

金凡父, 1986『풍류정신』서울.

Ⅱ. 한국巫의 세계

巫의 구원관 - 개인적 차원

1

기독교는 스스로를 구원의 종교로 내세운다. 기독론을 중심으로 한 기독교의 구원론은 미상불 웅장하고 심원하다. 구원론에 대한 종교학의 관심은 종래 거기서 출발하여 불교·이슬람 등 이른바 세계종교에 제한된 경향이 강하였다. 巫를 비롯한 세계 각 지역의 원주민의 종교에서의 구원관이 소외된 것이다. 어느 인간·사회나 종교든지 간에 구원은 그 궁극적 관심일 수밖에 없다. 그것이 그 문화적 배경에 따라 여러 다른 양상과 방법으로 표현되어 올 따름이다. 구원의 개념을 넓은 의미로 파악하고 문화상대론(cultural relativism)의 관점으로 바라보아야 할 중대한 이유가 거기에 있다.

한국巫의 구원관을 체계적으로 다루는 작업은 심히 어렵다. 巫가 워낙 기성종교와는 본질적으로 다른 독특한 종교문화를 전개시켜 온 데다 한국巫의 역사적 변천이 매우 심하였고 현재 그것이 매우 세속화된 상황에 처하여 있기 때문이다. 따라서 이 주제와 관련하여 우선 다음의 몇 가지 사항에 대한 고려가 요구된다.

한국巫의 분화·변천이 그 첫째 고려 사항이다. 한국의 고대巫와 중세巫, 그리고 현대의 巫가 각기 다르다는 이야기이다. 고대사회에서 무당은 종교적 사제였을 뿐만 아니라 정치적 지도자이기도 하였다. 삼국시대 초기까지만 하더라도 왕이 무당인 사실은 두루 공인되고 있다.

그러다 삼국이 중국으로부터 유교·불교·도교를 수용하여 정치이념으로 삼고 고대국가로 성장해 가면서 제정은 분화된다. 그 과정에서 무당은 사제로서 왕권에 복속하는 존재로 떨어지고, 巫는 중국으로부터 수용된 종교들에 의해 공격을 받거나 그들과의 경쟁관계에 들어선다.

고려시대 때 巫는 타종교들과 비교적 원만한 공존상태에 있었던 것으로 여겨진다. 조선시대에 들어오면 그 사정이 급변하여 巫는 불교와 함께 배척·탄압되고 무당과 승려는 심지어 천민계급에 속하게 되고 만다. 성리학을 정치이념으로 앞세운 양반관료층을 위시한 지배층에 의해 그것이 극복되지 못한 채 오늘에 이른다. 일제는 巫를 한국종교·문화의 기층으로 확인하고는 그 박멸과 왜곡에 나섰고, 해방 이후에는 서양의 기독교적 가치관과 이른바 합리주의에 의해 다시 미신으로 교육되고 타파의 대상으로 몰려온다.

이러한 과정에서 巫는 무엇보다 사회적으로 극심한 오해와 왜곡을 받았다. 그 폭과 깊이가 워낙 넓고 깊어 巫의 본질과 종교성이 제대로 인식되지 못하고 있는 실정이다. 이것이 종교로서의 巫의 구원관을 살피는 데 먼저 넘어서야 할 인식의 거대한 장벽이 되고 있다. 한편 巫는 천대·억압의 과정에서 세속화의 길을 걷지 않을 수 없었다. 오늘날의 巫는 그리하여 대부분 전통적 종교성을 상실한 채 민속의 일종으로 인식되거나 저질·퇴폐화되어 있다.

그런 처지에 놓여 있는 巫를 대상으로 무의 구원관을 논하는 것은 곤란하다. 巫의 현 상황은 어쨌거나 그 자체 의미 있는 현상이기는 하다. 그러나 한국巫의 구원관에 올바르게 접근하기 위하여는 巫의 본질과 구조 및 종교성에 주목해야 하고, 오늘날의 상황에 대한 이해는 그 구원관의 변화를 살피는 데 필요할 뿐이다.

다음은 巫·佛 습합의 문제를 염두에 두어야 한다. 두 종교 사이의 습합의 역사는 삼국시대로까지 소급된다. 巫·佛 습합의 역사가 그만큼 장구할 뿐 아니라 그 내용의 광범위함은 한국종교문화에서 대표적인 예로 손꼽힐 정도이다. 특히 조선조에서는 두 종교가 함께 정부의 혹독한 탄압을 받으면서 주로 민중의 종교로 명맥을 유지하였던바, 동병상련의 관계로서 상호협조하면서 종교적 내용 전반에 걸쳐 서로 많은 영향을 주고받고 있었다.

오늘날 한국巫의 신령·의례 등에 많은 불교적 요소가 들어 있음은 대부분 거기서 연유하는 것이다. 巫·佛 습합에 관한 연구가 많지 않기에 그 정확한 내용은 밝혀져 있지 않으나, 구원관과 관련된 巫의 의례, 예컨대 진오기에는 여러 거리에 걸쳐 불교적 요소가 매우 짙게 담겨 있음을 쉽게 확인하게 된다.

문화의 속성상, 그렇게 수용된 불교적 요소는 당연히 한국巫의 종교적 내용을 구성하고 한국巫의 것으로서 논의될 수 있을 것이다. 그러나 巫 본래의 구원관을 밝히는 작업에서는 그것은 엄연히 구분되어야 하고 경우에 따라 참고자료로서 원용될 수 있겠다. 근년 한국巫의 내세관이니 구원의 문제 등을 다룬 논문들이 巫佛 습합을 고려하지 않아 巫를 이상한 꼴로 만든 어리석음을 저지른 바 있다.

끝으로 한국巫에 巫祖설화나 창세신화가 별반 전하여지 않는 사실이 지적된다. 무조설화로는 바리공주가 유일한 편이고 나머지는 지역적 편차에 불과하다. 창세신화의 경우도 함흥의 창세가가 중요한 신화소를 갖추었을 뿐 제석 본풀이나 제주도의 천지왕본풀이는 여러 신화소를 빠뜨리고 있다. 이들 무조설화와 창세신화가 여러 불교적 요소를 담고 있는 점도 마음에 걸린다.

이러한 무조설화나 창세신화는 흔히 인간과 세계의 원래 상태와 궁극적 상태를 들려주기에 구원관의 가장 직접적인 대상이 된다. 이런 것이 한국巫에서는 왜 발달하지 않은가 하는 문제는 별도의 주제가 될 것이다. 어쨌든 한국巫는 동북아시아 내지 시베리아 샤머니즘과 직결되어 있으므로, 무조나 창세신화와 관련된 구원관은 그쪽 지역의 것을 참고·원용함으로써 이해하는 도리밖에 없을 것이다.

2

종교의례는 여러 가지 상징으로써 그 종교의 사상을 표현한다. 구원관이 거기서 여러모로 표현될 것임은 물론이다. 종교에 따라서는 의례 그 자체가 구원의 수단이나 방법으로 되기도 하는데 세계 도처 원주민들의 조상숭배가 그 적절한 예에 해당된다. 巫는 의례 종교라 하여도 과언이 아닐 정도로 다양하고 화려한 의례를 개발하여 온다. 그 의례를 통하여 구원관의 대강을 살펴보는 것이 순서이겠다.

한국巫의 의례를 민속학에서는 종래 마을굿과 무당을 중심으로 한 의례, 그리고 단골의 가정집에서의 개인적인 의례의 셋으로 막연히 구분하고 이들이 각기 성격을 달리하는 것인 양 이해하고 있다. 이 것은 정녕 巫를 종교적 체계로 바라보았더라면 이들은 모두 巫의 같은 원리 아래 같은 신령을 모셔서 놀거나 섬기는, 동일한 체계 속의 의례라는 사실을 어렵지 않게 이해할 수 있었을 것이다. 요컨대 이들은 그 의례의 사회조직의 규모에 따라 그렇게 구별될 뿐이다. 비유하자면 마을굿은 대 집회이고 단골 가정주부에 의한 치성은 가정 예배가 된다.

巫의 의례는 크게 굿과 치성으로 나누어진다. 이것은 문제의 심각도를 기준으로 한 것으로서 자연히 규모의 차이를 보인다. 치성이 굿보다 규모도 작을뿐더러 그 동기를 이루는 문제의 심각도도 덜하다. 굿과 치성이 그렇다 하여 의례장소의 제한을 받는 것은 아니다. 굿이 단골집에서 개최되는가 하면, 치성이 신당이나 무당의 집에서 올려지기도 한다. 치성의 종류로는 祈子치성, 삼신마지점심치성, 명다리, 푸닥거리, 상문풀이, 서낭풀이, 맹인풀이, 살풀이, 식상도령, 객귀풀이, 길재풀이, 어부심 등을 들 수 있다.

치성에 담긴 구원관을 살피는 일은 뒤로 미루고 여기서는 굿을 중심으로 분석하고자 한다. 수많은 굿 종류 가운데 한국巫의 가장 기본적인 것은 薦新굿이다. 천신굿은 봄·가을로 새로운 소산을 신령께 올리는 의례로서 일종의 추수감사제의 성격을 띤다. 조선조 이래 신분이 높거나 부유한 집안어서 베풀어질 경우 천신굿이라 하고 일반 집안에서 베풀어지는 것은 재수굿이라 하였다. 지역과 계절에 따라서는 신곡맞이, 꽃맞이, 단풍맞이 등으로도 불렸다. 한국의 전통사회가 농업을 위주로 하였음을 헤아리면 천신굿의 기본적 성격과 중요성은 충분히 이해된다. 다른 굿이란 천신굿을 기본으로 하고 그것을 늘리거나 줄이고 변용한 것에 불과하다.

천신굿은 정기적인 것과 비정기적인 것의 두 가지로 나뉜다. 전자는 다시 마을과 집안의 것으로 구분된다. 마을의 정기적인 천신굿은 한 해 걸러 봄이나 가을에 개최되는 마을굿에서 그 전형을 본다. 이것은 고대사회에서 봄·가을로 추수감사제의 성격으로 매년 개최되던 天祭의 전통을 계승하는 것이다. 그것이 조선조 때 왕명에 의해 대부분 儒禮化되었고 일제와 해방 이후에는 정부의 탄압과 이른바 근대화의 정책으로 인하여 심히 쇠퇴하여 있다. 한편 부유한 단골집안은 정기적으로 천신굿을 올렸던 것인데, 이 전통도 한국사회의 급격한 변동과 巫의 세속화 과정에서 쇠퇴일로를 걸어온다.

오늘날 주로 베풀어지는 것은 비정기적인 재수굿이다. 단골집안에 경제적 여유가 생겼거나 우환이 심각할 때 단골들은 재수굿을 벌이게 된다. 재수굿의 의례는 전통적 마을굿으로서의 천신굿이나 부유한 집안의 정기제로서의 천신굿에 비하여 자연히 그 규모와 거리수가 줄어들게 마련이다. 재수굿은 흔히 12거리로 진행되는데 내가 조사한 바에 의하면 전통적인 천신굿은 16거리도 더 넘고 거기다 많은 부속거리를 포함하고 있다.

이제 천신굿에 담겨 있는 구원관과 관련하여 천신굿의 여러 면모를 따져보자. 먼저 그 개최동기로부터 살펴본다. 정기와 비정기의 것이 개최동기를 달리하고 있을 것으로 여겨진다. 정기적인 것은 당연히 전통적으로 내려오는 어떤 의례이념을 갖고 있을 것이다. 반면 비정기적인 천신굿 내지 재수굿은 비교적 가까운 시간내에 생겨난 어떤 특별한 동기로 해서 결정된 것임에 틀림없겠다.

앞서 정기적 천신굿의 기원이 고대사회의 天祭에 있음을 언급하였거니와, 정기적 천신굿의 개최 동기는 그러면 천제의 이념에서 찾아야 할 것이다. 종래 연구자들은 그것을 농경의례와 연관된 추수감사제로서의 地母神신앙으로 보는가 하면 天神강림신앙과 지모신신앙의 결합으로 풀이해 온다. 기독교의 추수감사제가 그러하듯 그것은 어디까지나 至高神(Supreme God)에 대한 감사이다. 따로 지모신에 대한 감사를 포함하지 않는다. 한편 천제의 이념을 한국 문화 전통의 天地人 합일사상으로 파악하는 이들이 있다. 굿이 워낙 천지인 합일의 원리를 지향하고 있는바, 천제의 그런 이념은 충분히 이해된다. 천제는 그러니까 새로운 소산을 축제로써 하느님께 감사하고 그 하늘굿에서 천지인이 합일하는 調和의 체험을 얻었던 것이다.

천제의 전통을 계승한 마을굿은 따라서 마을주민 전체의 조화를 목적으로 한다. 한 해를 보내면서 마을 사람들 사이, 사람과 조상 및 신령과의 사이, 그리고 사람과 잡귀 및 주위 환경과의 사이에 생겨난 여러 가지 오해와 갈등 등의 부조화스러운 문제를 조화의 회복으로 풀어버리는 것이다. 한국민속학에서는 마을굿의 기능으로 통합·정치·축제·예술 등을 손꼽는다. 민속의 일환으로 그것을 다루기에 종교적 기능을 간과하고 있다. 마을굿은 요컨대 한해의 삶 속에서 줄곧 형성되는 마을의 부조화를 정기적으로 풀어 조화를 회복함을 목적으로 삼고 있다.

고대사회의 제천의례를 두고 國中大會라는 표현이 쓰인다. 온 나라가 크게 모였다는 뜻이다. 마을굿에서도 온 마을사람이 크게 모인다. 이것은 외견상 단골 개인의 구원이 아니라 마을 주민집단의 구원으로 보여지기 쉽다. 민속학이나 사회학 및 인류학에서는 실제 그것을 사회적 기능에 맞추어 다루어 오고 있다. 그러나 그것이 반드시 그런 것은 아니다. 마을굿에는 乞粒이 있어 主巫를 앞세운 풍물패가 마을의 각 집을 돌며 그 地神을 놀린다. 그리고 뒤에는 마을의

主神을 모신 主巫가 다시 풍물패와 함께 각 집에 들러서는 공수 내지 덕담을 전해 주기도 한다.

마을의 집단성은 신령들을 모시고 마을 사람들이 한데 모여 의례를 행할 때 드러난다. 마을 전체에 대한 공수가 내리고 마을 사람들이 함께 음주가무를 펼치는 것도 이 때이다. 마을굿은 결국 주민 전체를 위한 집단적인 의례로만 보아서는 안 된다. 그것은 각 개인 집안이 기본이 되어 신령과 만나 합일하는, 개인집안의 조화를 회복하는 구원의 체험을 바탕으로 한다. 그런 바탕 위에서 각 집안이 한데 모여 마을의 조화를 되찾고 있는 것이다. 개인과 사회와의 역동적 관계에 대한 巫의 이해가 그 구조 속에 두드러지게 나타난다.

단골집안의 정기적 천신굿이 집안의 일 년 생활 속의 제반 부조화를 천지인의 합일로써 조화도 회복시키기 위한 것임은 다른 설명을 요하지 않는다. 다만 여기서 구원관과 관련하여 개인과 집안의 문제를 따져보지 않을 수 없다. 이 글은 개인적 차원에서의 巫의 구원관을 주제로 하고 있기 때문이다. 한국巫에서는 실존적 존재로서의 개인이라는 의식은 없다. 개인은 어디까지나 한 집안의 구성원으로서의 존재로 인식된다. 巫를 조상숭배의 종교라고도 하거니와, 조상은 한 집안의 조상을 가리키는 것이고 개인은 그 집안과 조상과의 관계 속에서 이해되는 것이다. 이것은 뒤에 살펴볼 개인의 治病에 관한 병굿이나 어느 한 무당후보자의 개인적인 내림굿의 경우에 있어서도 마찬가지이다. 그러므로 한국巫에서의 개인은 최소의 사회조직인 가족 내지 집안과의 연계 속에서의 존재로 보아야 한다.

비정기적인 재수굿의 개최동기를 보면, 단골 집안이 여러 이유에서 한동안 재수굿을 올리지 못하다가 이제 특히 경제적 여유가 생겨 집안의 조화를 위해 굿판을 벌이는 수가 있고, 경제적 여유가 없더라도 집안에 우환이 끊이지 않아 굿을 올리는 경우가 닳다. 전자의 경우에는 집안의 조화를 위한 정기적 천신굿을 거행하지 못한 데 대한 종교적 의무감이 강하게 엿보인다. 후자의 경우 무당은 그것을 재수굿을 올리지 않을 수 없는 긴박한 상황으로 판단하고 단골에게 굿을 거행하기를 권유한다. 조상과 집안 식구들과 주위와의 부조화를 그 원인으로 보는 것이다.

한국巫의 가장 기본적인 종교의례라 할 천신굿 내지 재수굿은 이렇듯 일 년의 삶에서 부단히 생겨날 수밖에 없는 부조화를 천지인 합일의 체험으로써 조화로 회복하기 위해 개최된다. 개최동기로 보아 한국巫는 조화의 회복을 구원으로 삼고 있는 것으로 여겨진다. 여기서 개인은 집안의 구성원으로서의 존재이고 집안의 조화, 나아가 마을의 조화 안에서 구원의 체험을 맛보고 있다. 이러한 구원의 성격을 천신굿의 여러 내용에서 다시 확인해 보기로 한다.

3

천신굿이 벌어지는 그 굿날 그 굿판에는 많은 사람들이 모여든다. 그것이 단골집안 안채에서 거행되든 단골무당의 집 또는 인근산당에서 개최되든 마찬가지이다. 거기에 모여드는 사람을 살펴본다. 단골집 내지 祭家집이 그 판의 주인이 됨은 물론이다. 제가 집의 통문에 의해 집안사람들이 다양하게 거기에 참석한다. 집안이라 하면 흔히 父系를 위주로 한 유교식 개념을 생각하게 되나 巫에 있어서는 그것이 달리 이해된다. 출가한 여자와 모계의 집안까지 두루 포함하여 집안 개념이 매우 폭넓다. 굿의 祖上거리에서도 그것이 확인되는데, 거기서는 제가 집 兩主의 조상이 모두 등장한다. 이에 따라 굿판에는 시집간 딸이랑 사돈댁, 그리고 외가의 친척이 두루 참여한다.

집안 외에는 이웃이 와서 집안네들과 함께 祭床과 손님 치를 음식의 장만을 도우며 굿판에 끼여든다. 같은 무당 아래 단골로 있는 이들이 또한 원근에서 즐겨 찾아온다. 끝으로 그 굿판의 사제로서 主巫가 여러 다른 만신들이랑 神자식을 데리고 좌정하고 그가 주선한 잽이(악사)들이 자리하게 된다. 이러고 보면 제가 집에 관련된 모든 사회조직이 빠짐없이 고루 참여한 셈이다. 調和를 원리로 하는 굿판의 성격이 먼저 그 구성원에서부터 여실하다.

굿은 준비과장과 본과장 내지 거리과장, 그리고 뒷전의 세 부분으로 구성된다. 이러한 세 부분의 구성을 종교의례의 보편적인 구조로 보기 쉬우나, 굿의 그것은 내용에서 심히 다르다. 준비과장에서는 성스러운 공간 또는 우주의 중심으로서의 굿터가 정화된다. 정화와 관련하여 종래 물과 불에 의한 의례의 상징성이 막연히 강조되어 온다. 그러나 정확히 말해서 그것은 제가 집에 관련된 것을 위시한 모든 잡귀잡신을 굿판 밖으로 굴려놓는 정화인 것이다. 그러고 나서야 각종 신령이며 조상신을 모실 수 있는 것이고 그들에게 술잔을 올리고서야 본 거리로 들어가게 된다.

본과장에서는 巫의 각종 신령이 모셔진다. 오늘날의 천신굿 내지 재수굿류는 지방에 따라 그 구성이 다르고 거리의 수도 심한 차이를 보이나, 나의 조사에 의하면 전통적으로는 天尊, 帝釋, 佛師 등으로 불리는 天神을 맨 첫머리에 모셨던 것으로 여겨진다. 본향가망·전안·신장·장수·상산·별상·대감·조상·성주·창부 등의 신령을 차례로 모셔 논다. 그리고 맨 마지막의 뒷전에 가서야 그 동안 굿판 밖에 물려놓았던 각종 잡귀잡신을 종류별로 모셔서는 술과 음식 및 춤과 노래로써 놀리고 대답해서 보낸다.

굿판에 모셔지는 신령은 한국巫의 신령체계를 잘 보여준다. 이른바 正神과 조상신과 잡귀잡신의 체계가 그것이다. 正神은 天尊을 위시한, 본과장에 모셔지는 巫의 신령들을 말하는 것이다. 조상신은 제가 집 양주의 4대 조상을 가리킨다. 잡귀잡신에는 걸립·터주·地神 할머니·首廣大·서낭·使臣·맹인·하탈·말명·객귀·영산·喪門·수비·잡귀·동법 등의 종류가 있다. 이들은 생업이나 직무 중에 또는 어느 공간에서 억울하게 죽었거나 순직하였으되 제사를 못 받아먹는 부류, 어떤 독한 기운 등의 집단 개념들로서 巫에서는 下

位神에 속한다.

한국巫의 신령은 이렇듯 한국에 관련된 모든 영적 존재를 망라한다. 전안거리에서는 중국에서 전래된 關帝와 그의 桃園結義 형제인 유비·장비를 모시는바, 심지어 이들도 이 땅에 도움을 주는 강력한 신령으로 받들어진다. 이 모든 신령은 천신으로부터 조상·잡귀잡신에 이르기까지 천신굿에서 제가 집의 조화를 위하여 모셔지고 있는 것이다. 巫의 신령들이 넓은 의미의 조상으로 여겨지고 巫가 조상숭배의 종교로 불리는 것도 그런 이유에서이다.

이제는 한거리의 구조를 살펴볼 차례이다. 거리에서는 그 해당신령을 위한 제상을 차려놓은 가운데 그 신령을 상징하는 神服을 무당이 차려입은 채 음악과 춤으로써 그 신령이 請神된다. 그리하여 신령이 무당의 몸에 실리면 무당은 그 신령의 몸짓을 하면서 제가 집에 공수 내지 덕담을 내린다. 조상신이 내렸을 경우도 마찬가지이다. 그러면 단골은 공수나 덕담을 비손으로 받아들이며 감지덕지한다. 그에 대한 감사의 표시로 무당은 다시 제물과 춤과 음악으로써 이른바 娛神을 행한다. 그리고 신령은 정중히 送神된다.

한거리의 구조로서 흔히 제시되는 請神·娛神·送神이란 지극히 구조적이다. 기실 중요한 것은 그것이 아니라 공수의 장면이다. 거리의 의미가 바로 거기에 있는 것이다. 단골은 거기서 무당의 중재로 신령과 만나고 신령의 이야기를 듣는 체험을 하고 있다. 신령과 만나 천지인 합일의 조화를 이루는 대목이다. 이것이 거리의 핵심이자 굿의 궁극적 목적이다. 개인의 문제 내지 단골집안의 부조화는 여기서 풀어지고 개인 내지 단골집안은 조화의 회복으로 구원되는 것이다.

이러한 거리는 굿에서 신령에 따라 차원을 달리해 가며 계속 반복된다. 이것을 나는 굿의 重層的 구조라 표현하거니와, 굿의 우주적 조화의 짜임새가 확연하다. 개최동기가 그러하고 굿의 사회조직이 그러하며 신령 체계가 또한 그러해서, 천신굿으로 대표되는 한국巫의 종교의례는 조화의 회복을 통해 개인과 단골집안의 구원에 이르고 있는 것이다.

여기서 한 가지 반론이 제기될 수 있겠다. 한국巫의 구원관으로서의 조화회복이 종교나 문화에 보편적인 관점이기에 반드시 巫의 것으로 보기 어렵고, 오히려 그것은 거리의 핵심에서 보이듯 신령의 가호에 의한 구원이 아닌가 하는 견해이다. 이와 관련하여 먼저 지적할 것이 있다. 종래 巫에 대한 연구는 무당의 降神현상에 주로 집중되고 그 神觀이 많이 거론된 반면, 그것을 종교로 파악한 기반 위에서의 종교의례 연구는 별반 찾아보기 어려운 실정이다. 巫를 귀신숭배로 보고 신들림에 의존하는 민간신앙 정도로 이해해 온 것도 유사한 경향이다.

巫(샤머니즘)는 그러나 신령의 지배를 받는 종교가 아니다. 巫에서의 신령과 무당, 신령과 단골의 관계는 흔히 막연히들 알아오는 수직적 일방적 관계가 아니다. 무당후보자의 入巫 전의 상태인 神病단계에서는 그 후보자가 신령들에 씌어 있어 거의 제정신을 차리지 못한다. 내림굿을 성공적으로 치르고 난 애기무당은 이제 신들림 가운데서도 차츰 자신의 의식을 확립해 간다. 굿을 홀로 치러낼 실력을 쌓은 독립된 무당은 신령에 매이지 않고 신령을 넉넉히 부려야 한다. 부린다는 것은 임의대로 마구한다는 뜻이 아니라 인간의 의지를 충분히 반영한다는 것으로 이해된다. 요컨대 巫에서 신령과 무당, 신령과 단골과의 관계는 상호적인 것이고, 나아가 인간의 태도 및 마음먹기에 달린 것이다. 공수는 그러므로 신령과 단골 사이의 수직적 일방적 관계에 의한 가호가 아니라 상호의 만남으로 보아야 한다. 굿의 조화적 구조 및 원리도 이와 함께 헤아려야 한다.

보편적 관점으로서의 조화성 내지 조화관은 물론 동서고금을 막론하고 두루 제시되어 오고, 단물상이 어쩌면 조화 아닌 것이 없다. 그러나 그것을 원리로 삼고 의례와 사회조직 등에 반영·표현하기로는 巫가 단연 돋보인다. 그것을 나는 굿을 통해 확인하였다. 그리고 이 점은 文化相對論의 관점으로 이해되는 것이 필요하다. 巫의 의례에서의 신들림 체험이 타종교에 비하여 왕성하듯 巫의 조화는 보다 강렬하고 원형적이다. 무는 종교 진화론적 관점에서 곧잘 선사시대 이래의 신앙으로 파악되거니와, 인류 초기로부터 우주적 조화관을 巫가 그대로 보존·발전시켜 온 것일지도 모른다.

4

천신굿의 분석을 통해 확인된 한국巫의 구원관을 병굿과 진오기에서 점검해 볼 필요가 있다. 치병이 구원관과 관련되어 있는 종교적 행위란 것은 주지의 사실이다. 예수의 치병이 그 좋은 예를 보인다. 진오기는 서울·경기 지역의 망자를 위한 굿이다. 지방에 따라서는 오구굿, 망무기굿, 수왕굿, 씻김굿, 시왕맞이 등으로 불린다. 죽음에 대한 종교의 이해는 구원관과 직결되어 있다. 한국巫의 병굿과 진오기를 점검하는 일은 그런 의미에서 중요하다.

병굿은 그것이 양반이나 부유한 집안의 것일 때는 우환굿·서민들에게는 병굿, 그리고 줄여 약식으로 거행될 경우는 일종의 치성으로서 푸닥거리라 불렀다. 우환굿이라는 명칭에도 잘 표현되어 있거니와, 巫에서는 병을 신체적인 문제 현상으로 파악하지 않는다. 그보다 오히려 정신적인 문제로 취급한다. 그리고 그것은 환자 일개인의 문제만이 아니라, 한 집안의 우환이 되는 것이다. 이것을 좀 소상히 보면, 질병은 한 사람의 것이로되 그 원인은 집안의 어느 망자 때문이거나 집안 내의 신령의 진노 때문인 것으로 이해된다. 한집안의 식구들이 집안 신령에게 무언가 소홀하였거나 잘못을 저질러 신령의 진노를 사게 되고, 신령은 그 해당 인이나 임의의 어느 식구를 지목하여 병에 들게 하였다는 것이다. 개인을 집안 속의 개인으로 보는 한국巫의 인식을 여기서도 확인하게 된다.

그리하여 개최되는 병굿은 재수굿의 거리순서를 기본으로 한다.

병굿의 특징이 드러나는 것은 단지 병의 빌미로 판단되는 망자를 위한 거리를 특별히 하나 집어넣거나, 장수거리 같은데서 환자의 병의 원인을 제거하는 의례를 거행하는 것 등이다. 병자는 그 해당 집안의 우환의 원인 제공자일 수도 있고 임의의 희생자일 수도 있다. 어쨌든 그런 특별한 의례에서 病鬼는 신령의 힘으로 환자의 몸에서 제거되어 준비된 닭의 몸으로 놓여지며, '代壽代命'의 상징으로 그 닭은 땅에 매장되어 버린다. 환자를 대신하여 닭을 죽임으로써 일단 신령의 진노는 풀린다. 그리고 전체적으로는 우환이라는 집안의 부조화를 굿 전반의 진행을 통하여 조화로 회복시키는 것이다. 무에서 질병은 집안 신령의 진노가 빌미로 된 우환에서 생겨난 것이나, 결국 조화의 회복으로 구원됨을 보인다.

진오기도 천신굿의 구성을 기본으로 하고 거기에 망자를 위한 여러 거리를 붙여 베풀어진다. 망자를 위한 거리들만 대충 소개하면 다음과 같다. 천신굿의 과정을 진행하는 전반부에 초영실과 원영실이 들어 있다. 영실은 망자를 가리킨다. 무당에게 실린 망자가 가족과 친척들에게 인사하고 이야기를 나누는 거리들이다. 당자를 위한 거리들로 짜여진 후반부에서는, 불교의 열 분 저승대왕에게 망자를 부탁하는 시왕거리, 망자의 넋을 잡아가려는 저승사자를 위한 사재삼성, 다음으로 巫祖 바리공주의 神歌가 불리는 말미, 바리공주가 망자를 저승으로 바르게 이끌어 준다는 도령, 이승과 저승을 상징하는 무명과 베 다리를 찢어 길을 여는 베째. 고인의 가족이 망자에게 마지막 식사와 술을 올리는 상식, 망자가 가족과 친척에게 마지막 말을 남기는 뒷영실, 그리고 시왕군웅과 뒷전이 베풀어진다.

巫에서 문제 있는 죽음은 집안에 우환을 불러일으키고 그런 망자의 혼은 조상의 세계로 들어가지 못하는 것으로 믿는다. 그러면 이승에서 떠도는 잡귀잡신이 된다. 그래서 이들에게 저승으로 가는 바른 길을 제시하고 망자를 신령의 힘으로 천도하려는 것이다. 망자는 그리하여 조상의 대열에 오르고 길이 후손으로부터 대접받게 된다.

이러한 관념을 뒤집어 생각해 보면, 조화롭게 살다 죽어 조상의 位에 오른 망자는 도무지 문제 되지 않는다. 조상신에 속하게 되면 구원받은 것으로 여겨지는 것이다.

조상신에 올라 구원받기 위하여 진오기는 거행된다. 문제 있는 죽음의 망자가 조상신에 오른다는 것은 망자와 해당 집안과의 관계 속에서만 가능하다. 그것도 굿판에서 각종 신령들과의 만남을 통해 이루어지는 조화 속에서이다. 그런 망자가 가족과 친척을 만나고 대접받고 못 다한 말을 나누는 것도 조화회복의 한 면모이다. 진오기를 벌이는 제가 집은 그리하여 망자와의 원한을 풀고 그를 조상의 한 사람으로 모실 수 있게 되어 집안의 조화는 회복된다. 망자의 구원을 위한 진오기 조차 집안의 회복을 그 원리로 하고 있음을 본다.

진오기의 굿판에서 제가 집은 비탄에만 빠져 있지 않는다. 사재를 놀려대면서 웃음이 터지는가 하면 모셔진 신령들과의 수작이 벌어지기도 한다. 지방에 따라서는 질 닦음 뒤에 동네사람들과의 흥겨운 춤판이 열린다. 진오기의 후반부에 불교의 죽음관이 곳곳에 섞여 있음을 알게 된다. 巫佛습합의 결과이다. 끝으로 한 가지 더 지적할 것은 최근 거행되는 진오기의 종류이다. 옛날에는 사람이 죽은 뒤 사나흘에 베풀어지는 진오기와 **49**일 이후 늦게나 벌어지는 평진오기 또는 묵은 진오기의 두 종류가 있었다. 후자는 집안에 죽음이 있고 나서 오랫동안 우환이 가시지 않아 늦게나마 망자의 넋을 달래 천도하는 것이다. 그런데 최근의 것은 대부분 묵은 진오기이고, 그것도 제 법대로 행해지지 않고 있다.

5

巫에서 무당이 차지하는 중요성은 새삼 강조할 일이 아니다. 무당은 정확히 규정하여 무의 사제이다. 다른 종교의 사제와는 降神의 전문가라는 점에서 구분된다. 앞에서는 巫의 구원관을 굿의 분석을 통해 살펴보면서 주로 단골집안의 개인적 구원이라는 차원에 초점을 맞추었다. 이제 시각을 달리하여 무당에게서 표현되거나 반영되는 구원관은 어떠한지 검토해 보려 한다. 사제로서의 무당은 신도로서의 단골과 대비된다. 따라서 단골의 개인적 신앙생활 속의 구원관을 아울러 살펴보는 일이 요구된다.

무당이 되기 위하여 후보자는 내림굿(initiation)이라는 독특한 의례를 거쳐야 한다. 무당 후보자에게서 흔히 보이는 이른바 神病은 신령에 의한 召命으로 이해된다. 그것은 또한 후보자 개인을 위한 구원의 시련이기도 하다. 후브자가 신내린 상태에서 전혀 알지 못했던 어느 무당의 집을 박차고 들어가 무당에게서 시험을 받고 '신령의 인연'으로 그 무당을 神아버지 또는 어머니로 모셔 내림굿을 치르는 이른바 '손뼉'의 경우는 그리 흔치 않다. 후보자는 대부분 의식이 몽롱한 상태에 있어 그 神병 여부의 판단과 내림굿개최의 결정은 후보자의 집안에 달리게 된다. 그 판단과 결정은 해당 집안으로서는 무서운 고통의 시련이다. 무당이 혹심한 사회적 천대를 받아온 역사적 배경 아래, 해당 집안은 자식이나 부모를 가능한 한 무당으로 만들려 하지 않기에 가족 중 누군가가 갑자기 죽어버리는 '인다리(人橋)'를 겪는다.

집안사람들이 용하다는 의사를 찾아보고 다른 종교에로의 歸依도 알아보는 등 백방으로 노력하다 끝내 무당과 상의하고 吉日을 잡아서는 내림굿이 열리게 된다. 굿날이 잡히고 나면 곧 죽을 듯 그렇게 요란하던 신병의 증세가 거짓말처럼 사라지고 후보자는 평상시와 꼭같이 밥상을 대한다. 무당의 내림굿과 관련하여 그 후보자의 구원에서 집안의 중요한 역할이 여기서도 드러난다.

내림굿에서는 虛主를 벗겨 내는 과정과 후보자의 몸에 실린 신령들을 몸주로 모시는 과정이 핵심을 이룬다. 허주란 헛된 주인이란 뜻으로 후보자에게 내려올 正神의 길을 가로막는 이름 없는 조상과 잡귀잡신 등을 가리킨다. 이들이 의례를 통하여 제거되어야 후보자가 비로소 말문을 열게 된다. 허주가 벗겨지지 않으면 내림굿은 실패로 돌아가고 후보자는 결국 구원받지 못한다. 허주를 벗기고 나면 후보자의 몸에 실린 신령들이 한 분씩 후보자의 입을 통해 공개적으로 확인되고 이제부터 몸주로서 영원히 모셔지게 된다. 이 단계에서 후보자는 애기무당으로 다시 태어나게 된다. 애기무당은 이제 더 이상 늘 부조화 속에 살아가는 인간으로서의 존재가 아니다. 몸주신령과의 합일 또는 그들의 도움으로 신령계와 인간계를 중재하는 특별한 존재로 태어난 것이다. 애기무당은 그렇게 구원된 기쁨과 감사함에 신명나게 춤추고 안하무인으로 공수를 내린다.

말문이 터지고 몸주가 내려 공수와 덕담이 이어지는 가운데 후보자는 환희의 미소를 머금으면서 눈물을 흘린다. 구원관과 관련하여 여기에 주목해야 할 애기무당의 느낌이 있다. 서럽고 고맙다는 느낌이 그것이다. 신령에 의한 선택, 몸주와의 합일, 그리하여 이루어진 구원이 그렇게 고마울 수 없다. 그리고 거기에는 아울러 이제부터 그 애기무당이 수행해야 할, 신령과의 존재를 통한 인간(단골) 구원의 막중한 역할에 대한 감사가 들어 있다. 반면 만신의 그런 고귀한 역할과 신령·조상에 대한 고마움은커녕 왜곡·천대·핍박을 일삼는 사회에서 그 일을 지켜 나가야 하는 것이 마냥 서러운 것이다. 애기무당의 서러움의 눈물이란 시베리아 샤머니즘에서는 들어보기 힘든 한국사회 특유의 현상이다.

애기무당은 이후 神어머니에게서 巫에 관한 제반 내용을 학습 받으면서 굿을 놀 수 있는 능력을 갖춘 무당으로 성숙해 간다. 그러면서 무꾸리[占卜]에서 神占을 보고 치성과 굿에서 신내려 공수를 주는 降神의 전문가가 된다. 의례에서의 강신은 거리마다 그 해당 신령을 위한 제상과 음악과 춤으로써 예비 되거니와, 이 제상이 가진 구원의 의미가 적잖고, 그와 함께 神歌의 구원성도 눈여겨져 마땅하다.

제상에 차려진 음식은 신령이 잡숫는 것으로 관념된다. 무당과 단골이 이 신령의 음식을 맛보게 되는 경우는 두 가지이다. 먼저 굿거리에서 신령에게 올린 술잔을 무당과 단골이 입에 대는 경우를 들게된다. 신령에게 씌인 무당은 신령의 입장에서 술을 약간 마시고, 그 신령이 拜送된 다음 단골 집안이 그 술을 약간씩 나누어 마신다. 그것을 飮輻이라 부른다. 두 번째로는 굿이 끝나고 나서 굿에 참여한 이들이 제물을 약간씩 나누어 받아서는 그것을 집에 가져가 식구들과 함께 즐겨 먹는 것이다. 이것은 기독교의 성찬을 연상시키고 그것과 비교되거니와, 어쨌건 신령과의 合一을 상징하며 그로써 구원을 체험케 하고 있다.

神歌는 신령을 모시거나 찬양하고 그 내력을 밝히는 무당의 노래이다. 분류기준에 따라 신가는 여러 가지로 나뉜다. 구원과 관련하여 그중 본풀이가 우리의 관심 대상이다. 본풀이에는 제석본풀이, 칠성풀이, 장자풀이, 천지왕본풀이 등이 있다. 본풀이는 신령의 근본 내력을 밝혀 준다. 무당이 해당 거리에서 본풀이를 구송하는 동안 제가 집을 위시한 굿판의 참여자는 신령의 내력을 제자신의 삶인 양 받아들이게 된다. 그 가장 좋은 예가 진오기에는 구송되는 바리공주의 내력이다. 일곱 번째 공주로 태어나 버려졌던 공주가 부모의 위중함을 듣고 저승에 가 갖은 고난 끝에 생명 약을 구하여와 죽은 부모를 살려내고 巫祖가 된 내력이 장시간 노래되는데, 제가 집은 거기서 그 내력에 젖어들고는 자신의 구원의 체험은 물론 망자의 구원에 참여하고 있는 것이다.

6

단골집안의 개인적 신앙생활을 살펴보는 데는 이른바 家神신앙이 가장 적합하다. 가신신앙이 종래 한국민속학에서 巫俗과 구분되어 온 것은 오류임을 이미 앞에서 지적하였다. 여하튼 단골은 집안에다 성주, 터주, 제석, 대감, 지신, 조왕, 걸립, 문신, 측신 등을 모시고 일정한 종교생활을 영위한다. 그 신격이 어떻고 어느 신령은 중국에서 전래된 것이라는 등의 논의는 우리의 관심에서 벗어난다. 이들 가신에 대한 단골의 신앙생활에 구원관이 어떻게 반영되어 있는지가 문제이다. 가신을 순전히 단골집안의 개인적 신앙대상으로 보아서 안 됨을 먼저 짚고 넘어가야 하겠다. 이들 신령은 巫의 신령체계에 속한다. 이들이 종교의례로 모셔지는 경우는 둘로 나뉜다. 무당이 단골집안에 와서 치성이나 굿을 올리는 것이 그 하나이고, 다른 하나는 단골이 개인적으로 의례를 거행하는 경우이다. 전자의 경우 무당은 그 해당 집안의 신령들을 거리에 따라 쳐들어 모시고 놀린다. 때로는 정기·비정기 간에 특정신령에 대하여 개인적으로 치성을 올린다. 이것이 우리의 관심 대상이다. 그 몇몇 예를 들어본다.

어느 집안의 주부는 부엌 부뚜막 위 벽에 흙으로 조그만 단을 빚어 붙이고 거기다 조그만 종발을 올려놓는다. 그 안에는 물이 담겨 있고 뚜껑이 덮여 있다. 집안에 탈이 없으라고 그리 모신다. 정월 보름, 유두, 백중, 추석, 섣달그믐 등 명절과 부모의 제삿날에 주부는 밥, 반찬, 술 따위를 차려놓고 비손한다. 꿈자리가 사납다든가 군대간 아들의 편지가 뜸하면 주부들은 새벽에 먼 길로 정화수를 길어오는 일에 더욱 열심이다. 군대간 아들이 그래서 삼년 동안 감기 한번 안 걸렸다고 그 치성의 효험을 말한다.

다른 예는 항아리에 쌀이나 벼를 넣고 짚 주저리를 씌운 뒤 장독대 근처에 모시는 터주가리. 명절 때 주부들은 그 앞에 약간의 제물을 놓고 집안의 평안을 기원한다.

이른바 가신신앙의 목적은 위의 예에서 보이듯 대개 집안의 평안이다. 그것이 구체적으로 군대에 나간 아들의 평안이거나 돈벌이 때문에 외지로 떠난 바깥주인의 평안일 수도 있다. 단골집안의 주부, 나아가 기층신앙의 성격을 고려하여 한국의 어머니는 최근의 세속화, 저질화된 巫의 상황에서 자신의 행복을 추구하는 경향이 매우 높다. 하여간 여기서 우리는 단골집안의 개인적 치성이 집안의 평안, 곧 조화를 목적으로 하고 있음을 확인한다.

그런데 단골네 주부가 가신신앙과 관련하여 신령에게 직접 빌고 의례를 행하는 등 신령과의 직접적인 관계를 맺고 있는 것이 문제된 다. 그것이 기정 사실이라면 조화의 회복을 구원으로 삼고 있는 巫에 서 신령과 인간 사이를 중재하는 사제로서의 무당의 역할은 필수불 가결의 것이 아니게 된다. 이 문제는 기실 금세기 초 시베리아 샤머 니즘을 현지 조사한 차플리카(Czaplicka)가 주부가 무당이라는 주부 무당설을 제기한 이래 부단히 통용되고 있거니와, 그것이 이른바 가 신신앙 개념의 배경을 이루어 온 사실은 그리 잘 알려져 있지 않다.

주부에게 신 내리지 말란 법은 없다. 한국巫의 굿에는 무관 또는 무감이라 하여 제가 집 식구가 한 사람씩 돌아가며 神服을 입고 장단 에 맞추어 춤추는 순서가 있는데, 그때 신내려 심지어 공수를 내리는 수가 드물지 않다. 그러나 그것은 어디까지나 일회적이고, 무당에게 서처럼 신 내림이 반복 가능한 전문적 강신이 아니다. 巫는 반드시 종교적 체계로 보아져야 한다. 이 종교 안에서 신도인 단골이 한번 신 내림을 체험하고 집안에서 의례를 거행한다 하여 그가 곧 사제가 되는 것은 아니다. 이 점은 다른 종교의 경우에 비추어 보아도 자명 하다.

이른바 가신신앙은 巫의 전체적인 맥락에서 파악되어야 한다. 조 화를 원리로 하는 巫에서 가신신앙은 작은 조화를 위한, 또는 조화 의 생활태도를 위한 개인기도 내지 가정예배에 불과하다. 앞에서 보 았듯 단골은 때와 경우에 따라 무당의 주재 아래 굿을 올리고 또 마 을굿에 참여하여 조화의 회복과 구원의 체험을 얻는다. 巫의 이러한 종교적 맥락에서 보건대 가신신앙은 구원을 위한 준비와 작은 구원 의 실현의 성격을 갖는 것으로 여겨진다.

주부무당설과 관련하여 한 가지 더 검토할 것이 있다. 시베리아 샤머니즘에서 간혹 코고 되는 타락설이 그것이다. 인간은 원래 신령과 직접 교제하며 살았는데 인간이 타락하여 그 관계가 끊어지고 말았다. 그래서 至高神은 무당을 선택하거나 보내 그로 하여금 신령과 인간 사이를 연락·중재토록 하였다는 것이다. 이것이 서양과의 접촉 이후 기독교적 영향에 의해 시베리아 샤머니즘에 생겨났다는 지적이 있다. 여하튼 시베리아 샤머니즘에는 유사한 첫 샤만설과 무당타락설 등이 전해 온다. 후자의 대표적인 예는 부리아트(Buryat)족과 야쿠트(Yakut)족에서 보게 되는데, 부리아트족의 것을 줄여 소개한다.

부리아트의 첫 샤만인 카라-기르겐(Khara-Gyrgän)은 그의 권능이 무한하다고 선언하자, 하느님은 그를 시험해 보았다. 하느님은 어느 소녀의 영혼을 병 속에 넣고 손가락으로 병 입구를 막았다. 북을 다고 하늘에 오른 무당은 그 소녀의 영혼을 발견하고는 자신을 거미로 변신하여 하느님의 얼굴을 물었다. 하느님이 놀라 급히 손가락을 들어올리자 소녀의 영혼은 도망칠 수 있었다. 이에 노한 하느님은 카라-기르겐의 권능을 줄여버리고 이래 무당들의 영험이 크게 감소했다 한다.

내친 김에 부리아트족의 첫 샤만 신화를 하나 더 들어보자. 태초에는 서쪽의 신령들(텡그리Tengri)과 동쪽의 악령들만이 있었다. 텡그리가 인간을 창조하고 인간은 행복하게 잘 살았으나, 악령은 세상에다 질병과 죽음을 퍼뜨렸다. 텡그리는 질병과 죽음을 물리칠 무당을 인간에게 주기로 결정하고 독수리를 보냈다. 그러나 인간은 독수리의 말을 이해하지 못했을 뿐 아니라 독수리를 신뢰하지 않았다. 독수리가 돌아가 신령들에게 사정을 고하자 신령들은 그에게 말의 권능을 주었다. 망에서 맨 먼저 만난 사람에게 무당의 권능을 부여하라는 텡그리의 명령에 따라 독수리는 어느 나무아래 잠들어 있는 여인과 동침하였다. 얼마 후 그녀가 아들을 낳았는데, 그가 첫 무당이 되었다는 것이다.

그것이 무당타락설이건 첫 샤만 전설이건, 인간과 신령이 직접 교제한 구체적인 내용은 없다. 다만 첫 무당의 막강한 권능이나 탄생이 강조되어 있다. 그러나 두 신화에는 첫 무당 탄생 이전에 먼저 인간이 살고 있었음이 표현 또는 암시되어 있다. 무당은 결국 인간이 있고 난 다음 인간의 문제가 심각해지고서야 지고신에 의해 탄생된 것으로 드러난다. 그 목적이 인간의 구원인 사실도 명백하다. 그런데 인간이 지고신의 사자인 독수리의 말을 이해하지도 신뢰하지도 못하는 처지에 있었다. 첫 무당이 생겨나고서 인간은 그를 통하여 신령과의 교통을 회복할 수 있었다. 이러한 신화전설에 따르건대 주부무당설은 도저히 받아들이기 곤란하다.

7

　巫를 두고 흔히 신령에게 복만을 비는 祈輻신앙이라 비판하는 소리를 듣는다. 부리아트족의 첫 샤만 전설과 관련하여 巫는 무당의 신 내림을 통해서만이 신령과의 교제가 가능한 무당중심 및 무당의 존의 신앙이라 보여지기 쉽다. 이러한 편견 내지 오해에 근거하여 보편 巫의 구원관은 他力에 의존하는 것으로 여겨지게 된다. 타력의 존의 구원관은, 自力의 구원관이 개인의 도덕성을 중시하는데 비하여, 비도덕적·비윤리적인 것으로 낙인찍히기 쉽다. 巫는 실제 그 동안 사회의 그런 인식에 몹시 시달려 온다.

　巫는 본시 기복의 종교가 아니다. 巫를 기복신앙이라 폄하한 것은 조선조 이래 일제와 해방 이후를 거치면서 그것을 부정적인 현상으로 보고 그것을 탄압해 온 체제적 가치관 내지 기성종교의 왜곡에 의해서이다. 오늘날의 巫가 다소간 기복성을 보이고 있는 것은 사실이나, 그것은 오랜 세월 천대와 억압 속에 잔명을 보존해오면서 불가피하게 세속화된 모습으로 이해될 수 있다. 앞에서 단골집안의 주부가 집안의 평안을 위하여 정성을 다하는 모습을 언급하였고, 마을굿이나 개인집안의 천신굿의 구조와 원리가 어떤 것인지 우리는 살펴본 바 있다.

무당신앙이라는 것도 마찬가지의 배경 아래 만들어진 개념이다. 불교와 개신교를 각기 승려와 목사의 종교라고 할 수 없는 것처럼 무당신앙이라는 표현은 가당치 않다. 무당은 巫의 종교적 지도자로서 강신의 전문가인 특성을 지니고 있으나, 그가 巫에서의 구원의 결정적 인물이 결코 아니다. 그는 다만 굿을 위시한 각종의례를 주재함으로써 천지인 합일의 조화를 이루는 데 하나의 중요한 역할을 담당하고 있을 뿐이다.

巫의 구원관을 타력으로 구분하는 것도 곤란하다. 단골은 집안의 문제에 직면하여 그것을 먼저 자신의 힘으로 해결하려고 노력한다. 그것도 집안에 모셔 있는 신령들에게 지극한 정성을 올림으로써 조화의 회복에 힘쓴다. 그리고 정기적으로 천신굿의 거행과 마을굿에의 참여를 통하여 부단히 조화의 기운을 견지한다. 그러나 문제의 심각성이 높을 때 단골은 무당과 상의하여 조화의 회복으로써 문제를 풀어버린다. 조화는 어느 한 쪽의 힘이나 가호에 의존하는 것이 아니라 모든 요소의 고른 어우러짐을 가리킨다.

한국巫는 조화를 구원으로 삼는 종교이다. 이 종교에서는 삶을 부조화의 연속으로 본다. 그런 부조화가 끊임없이 문제 상황을 연출한다. 그것이 극복되고 조화가 회복될 때 인간은 구원받는 것으로 믿어진다. 거기서 조화란 신령계와 인간이 무당의 중재로 만나 천지인의 합일을 이루는 역동적 상태를 말한다. 굿의 구조와 원리는 조화이다. 그것도 重層的이다. 굿을 주재하는 무당은 몸주를 모심으로써 구원에 이른 종교지도자이거니와, 굿에서는 제가 집이 그의 중재로 신령과 만나 조화를 회복하고 구원을 얻게 된다.

한국巫에는 개인이란 인식이 희박하다. 개인은 어디까지나 한집안의 일원으로 존재한다. 조화를 생리로 삼는 巫이기에 가족·집안을 자연스럽게 기본적 사회조직으로 여기게 되었을 것이다. 그리하여 단골은 집안에서 개인적인 치성을 통하여 조화를 늘상 다져 나가고 정기적인 천신굿과 다을굿에서 조화의 회복으로써 구원을 체험한다. 비정기적인 재수굿이나 병굿 또는 진오기에서도 집안의 조화의 회복을 통하여 개인과 집안이 구원에 이르고 있다.

巫에 있어서의 조화 그리고 구원은 상대적이고도 陰陽論的인 것으로 이해된다. 金凡父는 일찍이 한국 문화가 巫系에 속하고 한국 문화의 특징적 사유방식을 음양론이라 갈파한 바 있다. 이것은 巫의 조화와 구원은 그 인식의 바탕 위에서 부단한 노력과 정성을 기울일 것을 요구한다. 그것도 집안을 단위로 해서 그러하다. 집안이 돌보지 않는 망자는 조상의 반열에 들지 못하고 구원받지 못한다. 후손들의 대접을 받다가도 뒷날 잊혀져 버린 조상은 더 이상 구원받지 못하게 되는 것이다.

한국巫는 조선조 이래 핍박과 천대 아래 심히 취약하고 세속화된 상태에 처하여 있다. 굿은 약식으로 적당히 놀아지고 무당과 단골들의 신령에 대한 인식은 막연하기 그지없다. 서양화와 산업화로 줄달음쳐 온 한국사회는 전반적으로 부조화적 양상을 보인다. 집안의식도 크게 변질되어 간다. 한국사회와 巫에 조화의 인식과 기운은 모두 쇠하여 있다. 그에 따라 巫의 구원관은 오늘날 근본에서부터 흔들리고 있다. 단골들에게 구원의 확신을 주지 못하는 巫가 끝내 한갓 민속으로 떨어져 버리게 되는 것이나 아닌가 우려와 연민을 감추지 못한다.

참고문헌

Czaplicka, M.A., 1914 『Aboriginal Siberia-a Study in Social Anthropology』 London and Edinburgh.

Eliade, M., 1970 『Shamanism-Archaic Techniques of Ecstasy』 New York.

Eliade. M.(ed.), 1987 『The Encyclopedia of Religions』 New York.

Findeisen, H., 1957 『Shamanentum』 Stuttgart.

赤松智城・秋葉隆, 1938 『朝鮮巫俗の研究』 下卷, 東京.

柳東植, 1975 『韓國巫敎의 歷史와 構造』 연세대학교 출판부.

金凡父, 1986 『풍류정신』 서울.

金烈圭, 1977 『韓國神話와 巫俗硏究』 서울.

金泰坤, 1981 『韓國巫俗硏究』 서울.

金洪喆・金相日・趙興胤, 1992 『韓國宗敎思想史』 Ⅳ(甑山敎・大倧敎・巫敎篇) 연세대학교 출판부.

徐大錫, 1980 『韓國巫歌의 硏究』 서울.

李恩奉, 1984 『韓國古代宗敎思想』 서울.

이필영, 1978 『북아시아 샤머니즘과 한국무교의 비교 연구』 연세대학교 대학원 석사학위논문.

조흥윤, 1987 「巫신앙과 한국인의 삶」, 『현대사회』 제25호, 현대사회연구소, 서울.

조흥윤, 1988 「雜鬼雜神硏究」, 『宗敎神學硏究』 제1집, 西江大學校 宗敎神學硏究所.

조흥윤, 1990 『巫와 민족문화』 서울.

조흥윤, 1993 「三神에 관하여」, 『東方學志』 제77・78・79합집. 연세대학교 국학연구원.

조흥윤, 1983 『한국의 巫』 서울.

종교문화연구원 편, 『구원이란 무엇인가』 서울.

巫 전통에서 보는 그리스도교

$$\boxed{1}$$

　종래 서양 사람들은 세계 문화를 바라보는 안목에 있어 거의 일방적이었다. 저들은 서양 이외의 나라와 민족에게 문화를 전해준 사실만 주로 염두에 두고 그것을 강조하면서 서술해 온다. ‘신대륙의 발견’이라는 역사적 개념이 기실 그 전형적 보기에 해당하거니와, 그것은 다름 아닌 서양 내지 유럽중심주의(Eurocentrism)적 안목에 지나지 않는다. 自民族中心主義(Ethnocentrism)가 인류 문화의 이해에 극히 위험한 것임을 인류학은 그 특징적 관점의 하나인 文化相對論(Cultural Relativism)과 관련하여 이미 잘 인식해 오는 터이다.1)

　그러나 인류학의 연구에서 그런 일방적인 안목을 교정하는 노력은 매우 찾아보기 힘들다. 독일의 民族學者인 하벌란트(W. Haberland)의 작업은 그 드물고도 귀중한 노력의 한 보기를 제공한다. 유럽 문화를 만난 뒤 미 대륙 인디언과 에스키모인들의 문화가 어떻게 변하였는지 관심을 기울여 온 종래의 시각을 그는 완전히 뒤집어서, 발명가·발견자로서의 인디언과 에스키모가 유럽 문화에 기여한 바를 밝혀내었다.2) 새로운 시각을 제공한 그의 공적은 높이 평가되어 마땅하나, 이것도 일방적이기는 마찬가지이다. 두 문화 사이의 만남은 본디 양자의 어떤 상호관계를 이르는 것으로서 그 주고받음이 온전히 드러나야 한다.

　그리스도교와 무를 두고서도 똑같이 말할 수 있다. 그리스도교가

---

1) R. M. Keesing, 1981: p.69와 509. 韓相福·李文雄·金光億, 1985: pp.20-21.
2) W.Haberland, 1975와 하벌란트(조흥윤 옮김), 1984.

한국에 들어와 무를 만난 이후 그 관계에서 그리스도교가 무를 바라보고 비판하는 안목이 지배적이었다. 말을 바꾸어 표현하자면, 그리스도교계의 선교사나 신학자들이 뿌리 깊은 민중 신앙으로서의 무를 거의 일방적으로 연구·비판하였던 것이다. 프랑스의 가톨릭 학자 달레(C. Dallet)의 『朝鮮敎會史』 서론을 필두로 미국의 선교사 헐버트(H. B. Hulbert), 언더우드(H. G. Underwood), 게일(J. S. Gale), 클라크(C. A. Clark) 등의 관심 내지 연구[3]가 그러하다. 해방 이후 서양의 방법론에 의거하여 한국 샤머니즘 연구의 새로운 지평을 연 文相熙와 柳東植이 신학자이자 목사인 사실도 그 전반적 경향을 잘 보여준다. 이들의 관심과 연구는 예의 없이 그리스도교 신학적 전제에 바탕을 두고 있었다. 따라서 무를 다소간 부정적인 현상으로 바라볼 수밖에 없었다. 헐버트가 샤머니즘을 미신으로 취급하였고, 클라크는 무에 도덕성과 죄의 관념이 결여되어 있음을 논하였다. 문상희는 샤머니즘의 정신 풍토에서 귀신신앙·운명신앙·주술신앙·요행주의·윤리 및 역사의식의 결여 등이 민중의 의식구조에 뿌리 깊게 박힌 것으로 파악하면서 샤머니즘의 극복을 이 땅의 모든 그리스도교인들에게 부과된 하늘의 사명이요 지상과제라고 외치고 있다.[4]

이러한 배경과 상황 아래 무에서 그리스도교를 바라보는 안목의 전환이 거의 없어 왔다. 고작 무의 특수한 면과 관련하여 그리스도교를 언급하거나 그 관련을 설명하는 것이 약간 있을 뿐이었다. 이제 서강대학교의 종교·신학연구소에 의하여 제시된 이 글의 주제는 그런 의미에서 안목의 중대한 전환이 되는 것으로서 실로 적잖은 의의를 가진다. 그러나 이것도 또한 다른 하나의 일방성을 벗어나지 못한다. 나는 이 글에서 무와 그리스도교와의 상호관계성을 어느 정도 포함하여 이 주제를 다루려 한다.

---

3) 文相熙, 1975: pp.142-144.
4) 文相熙, 1975: pp.182-189.

주제와 관련하여 먼저 범주의 문제를 짚고 넘어간다. 그리스도교와 무의 범주가 그것이다. 그리스도교는 주지하듯이 크게 가톨릭과 개신교로 구분된다. 특히 우리나라의 경우 그렇게 구분하는 것이 종래 일반적이었다. 양자는 그 종교적 배경과 문화적 성격의 차이뿐 아니라 한국 선교의 교회·전래 내지 성립 시기·선교방법·사회활동·토착화의 과정 및 정도 등에서도 상당한 차이를 보여 온다. 무에 대한 안목과 대처 방법이 양자 사이에서 다르게 나타났다. 따라서 그리스도교를 바라보는 무의 시선 또한 가톨릭과 개신교에 따라 자연스럽게 구별된다. 만신이나 단골들이 어느 경우 그리스도교를 싸잡아 이야기하는 수도 있으나, 구체적 사례에서는 그것이 명료하게 나뉘어 거론되어 온다.

한국의 무를 단순히 오늘날의 현상만으로써 파악해서는 곤란하다. 한국巫의 연구란 흔히 그 현상에만 주목되었다. 무는 조선왕조 때의 축출령과 賤民化를 겪었고 디어 일제와 해방 이후 서양화된 산업사회의 격동기를 거치면서 심각한 타락과 저속화의 길을 걸었다.5) 그런 현상은 물론 그 나름의 일정한 의미를 가진다. 그러나 그에 대한 연구의 결과를 역사에 소급하여 한국巫가 으레 그랬던 것으로 보아서는 안 된다. 고려시대까지만 하여도 무는 왕실과 민중에 두루 걸쳐 폭넓게 신앙되었고, 고대사회에서는 무당이 왕권과 사제권을 함께 장악한 막강한 실력자이기도 하였다.

요컨대 무는 역사 속에서의 전통巫와 오늘날의 저속화된 일반무로 구분된다. 후자를 현대巫라 부를 수도 있겠다. 그 기준으로서 나는 전통성을 들고자 한다. 오늘날의 일반무도 물론 고대 이래 한국巫의 전통을 이어오고 있는 것으로 볼 수는 있겠다. 여기서 제시된 기준으로서의 전통성은 그보다 좁은 의미로 사용된다. 옛 사회의 만신처럼 祖上을 주로 한 신령계와의 긴밀한 연계 속에서 단골의 종교적

---

5) 조흥윤, 1990: p.18과 pp.214-215.

욕구를 온전히 충족시킬 줄 알고 무의 제반 의례에 정통한 그러한 것을 전통성으로 잡을 수 있다. 오늘날 대부분의 무당들은 그렇지 못하다. 이들은 저급한 조상과 신령에 씌어 무당이 되고서는 전통적 의례를 학습하지 않은 채 점복·부적 처방 등에만 주력하고 적당히 굿을 벌이면서 돈벌이에 주로 마음을 쓰며 신령계를 제대로 이해하지 못한다. 이런 상황 아래서도 전통巫가 전혀 없는 것은 아니다.

전통巫과 현대巫의 신령·단골·사회 및 국가·물질 등에 대한 견해가 심히 엇갈림은 연구와 현지 조사에서 뚜렷이 드러난다. 그리스도교를 비롯하여 다른 종교를 바라보는 안목도 많이 다르다. 따라서 이 글에서는 한국巫를 그렇게 나누어 살펴보지 않을 수 없다. 한편 무 전통에는 그 사제 되는 만신과 신도로서의 단골이 엄연하다. 그리스도교에 대한 이 양자의 안목이 반드시 일치한다고 보기는 어렵다. 단골에 관한 연구가 거의 없는 실정에서 이들의 그리스도교관을 정확히 이해하기는 어려운 형편이다. 여기서 그런 범주의 문제만 지적해 두고, 이 글에서는 나의 현지 조사에서 얻어진 약간의 자료만 언급될 뿐이다.

2

무 전통에서 그리스도교를 어떻게 보느냐에 관한 연구가 전무하다. 그 연구사의 서술은 따라서 가당치 않다. 그러나 무에 관한 연구 가운데는 무와 그리스도교와의 어떤 관계를 포함하여 무의 그리스도교관을 보여주는 자료가 얼마간 눈에 뜨인다. 그리고 연구 논저 가운데 그 언급을 찾아볼 수 없었지만, 무 전통의 전형적 그리스도교관으로 일반인들 사이에 막연히 알려져 온 하나의 통념이 있다. 굿판이나 무꾸리(점복)에 그리스도교인이 끼여 있으면 신이 내리지 않는다는 것이 그것이다. 이와 함께 金東里의 『巫女圖』를 이 주제

방면의 주요한 자료로 삼고자 한다.6) 무와 그리스도교와의 갈등을 다룬 이 작품이 그 동안 한국인에게 끼친 심대한 영향은 간과될 수 없다. 그리하여 다음과 같은 기본 자료가 거론된다.

1. 통념

가. 굿판이나 무꾸리에 그리스도교인이 끼여 있을 경우 신 내리지 않는다는 이야기가 막연히 전한다.

나. 아울러 그리스도교, 특히 개신교가 무를 귀신신앙이니 미신으로 몰아 공격하면서 박멸하려고 한다고 단골이나 만신들이 흔히 말한다.

2. 김동리의 『巫女圖』

1953년에 발표된 이 단편은 한국 사회에서의 무와 그리스도교와의 갈등을 상징적으로 묘사하고 있다. 慶州邑에서 성 밖으로 십여 리 나아가 있는 산 마을의 毛火라는 무당의 딸이 그 어미가 죽은 후 아비와 함께 집을 떠나 어느 부잣집에 들렀다. 그들 아비와 딸이 그곳에 달포 머물면서 그 딸 낭이가 그림을 그려 남겼는데, 그것을 그 집주인이 무녀도라 불렀다는 것이다.

모화가 巫業을 해가며 그 딸 낭이와 살던 집은 찌그러져 가는 묵은 기와집, 그것이 한국巫를 암시한다. 그 집에 아비를 달리하는 모화의 아들 욱이가 예수교인이 되어 돌아온 후 집안은 점차 갈등의 도가니로 달구어진다. 욱이는 끝내 신들린 모화의 손에 들린 식칼에 맞아 숨을 거두고 만다. 그러나 욱이의 간구로 경주에 교회가 들어서고 단골들은 하나둘 그리로 몰린다. 그럴 즈음 애가 소에 몸을 던진 어느 부잣집 며느리를 위한 수망굿이 열리는데, 그것이 모화의 마지막 굿이 된다. 죽은 이의 넋을 건져 올리려다 모화는 물속에 잠

---

6) 나는 이 작품을 무와 문학과의 관계에서 다룬 바 있다(조흥윤, 1985). 그 논문의 재수록은 조흥윤, 1990: pp.309-322 참조.

겨 멀리 흘러가 버린다는 내용이다.

3. 경기도 화성군 정남면 발산리의 무당에 대한 장주근의 현지조사[7]

가. 崔巫女: 조사 당시 48세의 이 만신은 시집오기 전 가톨릭 집 안에서 자랐다. 23세 된 남편과 15세에 결혼하여 2남 2녀를 두었다. 17세에 첫아기를 낳은 이래 몸조리도 못한 채 남편과 품팔이로 벌 어야 했다. 가톨릭 성당에 다니면서도 늘 아프던 중 38세에 우연히 신내렸다. 헛소리도 지껄이고 동산에도 올라보고 만신꿈도 꾸었다. 그리하여 그 해 내림굿을 치르고는 47세 때까지 10년 동안 무업에 종사하였다. 그 동안 지겨웠던 가난을 벗고 어느만큼 먹고 살게 되 자 무업청산의 결심을 굳히고 47세에 다시 가톨릭으로 돌아간 것이 다. 모든 것을 天主任이 내고 도운 것 같다고 믿고 있다.[8]

나. 金박수: 독신생활에 늘 한복만 입고 다니고, 곤궁한 집 자녀 근 열 명에게 학비를 대어주며, 화성군 敬神會의 支會長으로 일한다. 회원들의 관혼상제를 강조하는 친목계를 운영해 가며 무업계의 풍토 개선에 크게 공헌하고 있다. 그리스도교인들과 토론도 하면서, 지 옥·천당이란 없는 것이고 만약 있다면 마음속에 있는 것이라고 주 장한다.[9]

4. 김하비(Kim Harvey)에 의한 무녀의 현지조사[10]

가. 왕십리 만신: 어머니가 만신인 집안에서 자랐다. 10세 때 한 글을 익히려고 개신교 계통의 보통학교에 다니려 하자, 앞으로 딸이 당할 공격을 걱정하여 어머니가 그것을 반대하였다. 그러나 아버지

---

7) 장주근, 1978.
8) 장주근. 1978: pp.112-113.
9) 장주근, 1978: p.115.
10) Youngsook Kim Harvey. 1979.

의 승낙으로 뜻을 이루었다. 그러고는 예배에도 참석하면서 신약성
서를 열심히 읽었다. 그런데 목사와 성경학교 선생이 어머니의 직업
을 사탄의 것이라 공격하고, 그런 집안에 이런 딸이 나온 것에 감사
한다 하며, 본인뿐 아니라 어머니를 위해 회개하라고 강요하였다. 딸
을 어머니로부터 격리시키고 딸을 통해 어머니를 그리스도교 신앙으
로 개종시키려고 애썼던 것이다.

　양자 사이에서 한쪽을 선택해야 하는 갈등이 컸을 뿐더러, 어머니
가 미워지고 목사와 선생들에게 화가 났다. 그리하여 열두 살에 세
례 받은 직후 교회에 나가지 않았다. 학교는 졸업 직전까지 다니다
가 친구나 교사들의 차별대우가 고통스러워 그마저 그만두었다. 거
기서 개신교계 교사들의 아량 없음과 친구들이 가지고 있는 사회적
선입견을 절감하였다. 그래서 친구를 한 명도 사귀지 못한 반면, 어
머니 주위의 巫 세계에서 비교적 편안함을 느낄 수 있었다. 결국 무
당 집안에 시집가서 시어머니를 돕다가 시어머니의 내림굿 주재로
무당이 되었다.11)

　나. 수원 만신: 전통적 불교 집안에서 자랐는데, 생활에 지쳐있을
때 남편이 갓 믿기 시작한 가톨릭교회에 억지로 데려가 3년 정도
다니다가 스물아홉 살에 남편과 함께 세례를 받았다. 그러다 神病
증세가 나타났다. 시누이는 굿을 해보라 하나 본인이 반대하였고, 오
히려 신부와 이야기되어 신부가 찾아와 기도해 주었으나 효과가 없
었다. 신들려 집을 뛰쳐나가 기차를 타고 충청도에 있는 시집으로
향하였다. 시집이 있는 동네의 파출소로 들어가 소장에게 "네가 그
리스도교인이지만 고사를 안 지내면 사흘 안에 사건난다."고 푸함을
주었다. 미친년 취급받고 내쳐져 시집에 실려와 있는데, 사흘 뒤 파
출소에 불이 일어났다. 35세에 내림굿을 하였다.

　그녀는 그리스도고를 가장 강한 종교라고 보고 있다. 교회를 잘

---

11) Youngsook Kim Harvey. 1979: pp.26-28.

짓고 그들의 神이 유일한 진정한 신이라 믿고 있기 때문이다. 그러나 목사나 신부를 찾는 무당은 없어도 많은 교인들이 무당을 찾고 있음을 지적한다. 그리고 그녀는 불교나 무가 한국 사람을 위안해 주는 방법을 가지고 있음에 비하여 그리스도교는 그렇지 못하다고 말한다.12)

다 . 張집사: 1952년 33세 때 일련의 환각 체험이 신병으로 판단되어 내림굿을 하였다. 1956년 장남이 개신교를 믿기 시작하였다. 1958년 방앗간이 망하고 가족이 모두 서울로 이사했다. 1961년에는 남편이 개신교로 개종하면서, 무업을 두고 장집사와 가족 사이에 갈등이 심화되었다. 무당 생활 10년 동안 돈도 꽤나 벌고 단골도 많았으나, 가족들과 교회의 적극적인 노력으로 1962년 신령을 떼어내고 장집사도 개신교로 개종하였다. 조사 당시 순복음교회의 집사직을 맡아 평일에는 매일 돌아가며 기도 모임을 가지고 오후에는 심방하며 주일에는 교회에 열심을 다하고 있다. 1971년 큰아들이 軍牧이 되었다.

장집사의 신령을 떼기 위하여 교인들이 예배를 보러 온 가운데 남편, 아들 및 장로들이 장집사의 神堂을 파괴하였다. 장집사는 무서워 떨면서도 격분하였다. 장집사의 개종이 이루어진 데 대하여 교인들은 "장집사의 영혼이 우리 주 예수 그리스도에 의하여 마귀로부터 구원받았다"고 하였다. 장집사는 신령들의 신 내림보다 그리스도교로의 개종이 훨씬 더 무서웠다고 회고하고, 사탄이 다가오지 못하도록 신도들의 끊임없는 기도가 필요하다고 고백하였다.

서울로 가서 고등학교에 다니던 아들이 같은 반 친구에 의하여 맨처음 교회에 인도되었다. 어느 날 주일 낮 예배의 설교에서 "하나님은 무당을 사탄의 지배로부터 벗어나게 할 수 있다"고 듣고서 어머니를 구할 생각으로 세례 받고는 방학 때 고향에 내려갔던 것이다.

---

12) Youngsook Kim Harvey. 1979: pp.189-196.

고향의 집에 와서 그는 어머니의 신당에 절하지 않았다. 그 아들이 병들었을 때 5년간 七星 기도하고 끝내 무당이 되었던 장집사로서는 격분을 참지 못하였다. 남편기 서울에서 개종하고는 장집사의 신당에 들어와 "신령들에게 아무리 기도해 보아도 계속 아프기만 하니 다른 수를 써야 한다. 이 모든 미신과 마귀의 일을 버리고 그리스도를 영접하라!"외치기도 하였다.13)

5. 趙興胤의 현지조사

가. 서울 불광동의 **K** 박수: 어느 날 저녁 서대문 네거리를 지나다가 순복음교회로부터 들려오는 이상한 소리를 듣고 교회 안으로 들어갔다. 통성기도 장면과 찬송 부르는 장면을 보고 나서 그는 그리스도교인들의 신 내림이 만신들보다 훨씬 강하다고 이야기하였다.14)

나. 서울 현저동의 **L** 박수: 일련의 신병 현상을 보여 1947년 초겨울 내림굿 날짜를 잡아놓고 기다리던 중이었다. 이전에는 그렇게도 친절하던 이웃이랑 친척·집안 식구·친구 등이 그를 꺼렸다. 祈者의 길을 피하고자 그는 가톨릭 신자인 어느 친구와 상의하여 신부를 불러 신령을 떼기로 작정하였다. 그 친구의 주선으로 명동성당의 신부와 수녀 각 한 사람이 그의 집에 와서 의례를 행하였다. 의례 도중 갑자기 신령에 씌어서 그는 두 사람에게 욕설 을 퍼붓고는 그들을 집 밖으로 내쫓았다. 이후 두 번 더 시도되었으나 매번 실패로 끝났다. 네 번째로 다른 신부와 수녀 세 명이 같은 성당에서 나왔는데 이번에는 L 박수가 그들을 하나씩 점 보아주었다. 그러자 그 중 가장 나이 많은 수녀가 신부와 다른 수녀들에게 말하기를, 그것은 한국 전통의 善神인 듯하니 그가 나쁜 길로 빠지지 않는 한 문제가

---

13) Youngsook Kim Harvey, 1979: pp.207-230.
14) Cho Hung-youn, 1983: p.52.

없으리라 하였다. 그러고는 더 이상 찾아오지 않았다.15)

6. 켄달(L. Kendall)의 현지조사

경기도 어느 郡에 사는 영수 엄마는 만신인데, 아들 영수는 그리스도교계 사립 중학교에 다닌다. 학비가 싸고 입학이 비교적 쉽기 때문에 그곳을 택한 것이다. 그러나 개종의 압력이 거세어 영수 엄마는 그것을 못마땅하게 여겨온다. 영수는 그 개종의 압력으로 때로 "학교에서 집으로 뛰쳐오고 싶다"고 말한다. 영수 엄마는 신령들이 학교에서 영수의 생각을 혼란시켜 그렇다고 본다. 그래서 영수 엄마는 교장을 찾아가 영수 집안이 원래 전통적 불교 집안이어서 개종할 수 없음을 설명하고, 집에 돌아와 신당에서는 신령들, 즉 그녀의 할아버지, 할머니에게 간청한다. "이해해 주시고 용서해 주세요. 영수는 교육을 받아야 합니다. 졸업할 때까지 그곳에 무사히 다니도록 해주십시오.……"16)

3

위의 자료들을 살펴보면 무와 그리스도교와의 어떤 관계를 보여주는 것과 그리스도교에 대한 무의 안목을 표명한 것으로 나누어진다. 양자 사이의 어떤 관계에서도 무의 그리스도교관이 어느만큼은 들어 있다. 앞서 이미 언급한 바와 같이, 무와 그리스도교와의 관계를 보여주는 자료가 대부분을 이룬다. 먼저 이들을 검토하고 그 성격을 알아보려 한다.

무와 그리스도교와의 관계에 관한 자료들은 다시 갈등관계의 것과

---

15) Cho Hung-youn, 1983: p.137.
16) L.Kendall,1985: pp.56-57.

'무로부터의 탈출'에 관한 것으로 구분된다. 후자 가운데는 入巫 직전 신 내림에서 벗어나려는 방법을 그리스도교에서 찾는 것이 있는가 하면, 무업에 종사하다가 기독교로 개종하는 사례도 있다. 대충 이렇게 나누어 살펴보는 것이 편하겠다.

김동리의 『무녀도』가 양자의 갈등관계를 다룬 대표적인 자료로 등장한다. 이 작품에서 모화는 만신으로서 한국巫의 대표격이 되지만, 나아가 그녀가 딸 낭이와 살던 찌그러져 가는 묵은 기와집 또한 무와 그것을 신봉해 온 한국 전통문화를 상징한다. 이 작품이 그 伯氏 되는 金凡父의 직접적인 사상적 영향과 지도 아래 태어난 사실과, 무를 한국의 전통 기층신앙으로 파악한 범보의 사상체계17)를 헤아리면 그 점을 여실히 알 수 있다. 한편 모화의 아들 욱이가 예수교와 그의 간구로 경주에 들어선 교회는 개신교로 나와 있으나, 그런 것은 기실 그리스도교 전체를 상징한 것으로 이해된다.

무업으로 영위하는 모화의 집안에 그 아들을 통해 그리스도교가 들어온 것을 작가는 비극의 시작으로 본다. 그 아들은 신들린 어미의 손에 죽고 말지만, 그 믿음의 씨앗은 교회의 설립으로 열매 맺고 있다. 무는 몰락의 길을 걸을 운명으로 묘사된다. 단골들이 하나둘 그리스도교로 개종하고 모화는 수망굿에서 물속에 빠져 영원히 사라져 버리고 만다. 그리고 남은 것은 낭이가 그린 무신도에 지나지 않는다. 그리스도교에 의해 몰락할 수밖에 없는 무의 비극적 종말을 작가는 그렇게 그리고 있다. 그 남은 무신도란 어쩌면 종교의 기능을 대거 상실한 채 저속화하고 민속 문화쯤으로 전락해 있는 오늘날의 한국巫를 연상케 한다.

이 작품이 무와 그리스도교 사이의 전반적 갈등관계를 표현하고 있는 데 비하여, 왕십리 만신(4, 가)·장집사(4, 다)·영수 엄마(6)

---

17) 김범보, 1986. 특히 그 가운데 「陰陽論」 (pp.109-149)에 그의 사상체계가 잘 드러나 있다.

등은 그 구체적 사례를 제공한다. 왕십리 만신과 영수 엄마의 사례는 기독교 계통의 학교에서 교육과 관련된 갈등관계를 보인다. 왕십리 만신은 어려서 개신교 계통의 보통학교에서 공부하며 교회에도 나갔으나, 학교와 교회 측에서 만신인 그녀의 어머니를 사탄의 족속으로 보고 어린 왕십리 만신에게 회개를 강요할 뿐 아니라 그녀의 어머니를 공격적으로 비방하였다. 양자택일의 갈등에 시달리다 그녀는 결국 어머니의 巫세계로 돌아오고 만다.

영수 엄마의 경우 갈등의 정도가 그만큼은 심각하지 않다. 그녀가 만신인 것을 숨기는 데 성공하고 있기 때문일 것이다. 그렇더라도 영수에 대한 학교 측의 개종 압력이 거세고 보니 갈등관계가 조성되지 않을 수 없다. 영수 엄마는 교장을 찾아가 영수 집안이 전통적 불교 집안이라고 거짓말하는 한편, 신당의 신령에게는 용서를 빌면서 그 갈등을 완화시키고 있다. 두 경우 모두 그 갈등관계가 개신교계 학교의 공격적 선교방법에서 야기되고 있다.

장집사의 사례는 가족과 교회에 의한 강제적인 '무로부터의 탈출'의 성격을 지니기도 한다. 이 점에 관하여는 다시 언급될 것이다. 그 일이 있기 전 개신교 신자가 된 그의 아들이 먼저 어머니의 무업에 반기를 들었다. 무당이 사탄의 지배에 있음과 하나님이 무당을 사탄의 지배로부터 벗어나게 할 수 있음을 그 아들이 설교를 통하여 이미 듣고 어머니를 구할 생각을 하게 되었음에 주목해야 한다.

왕십리 만신의 경우에서도 마찬가지였듯이, 개신교는 무를 사탄의 역사로 간주하여 적극적 공세에 나서고 있는 것이다. 장집사의 남편마저 개신교로 개종해서야 그 집안의 무와 그리스도교 사이의 갈등은 이미 한쪽으로 기울고 만다. 신령을 떼 낼 예배의 개최와 신당의 파괴, 그리고 장집사의 신령 축출은 그 뒤 펼쳐질 정해진 수순이었다.

세 사례가 모두 개신교와의 갈등을 드러내고 있음이 주목된다. 이것은 한국의 그리스도교 가운데 개신교가 주로 무와 갈등을 일으키고 무에 대하여 공격적인 것을 일단 보여준다 하겠다.

　　다음으로 '무로부터 탈출'로서 내림굿 직전 신 내림에서 벗어나기 위해 그리스도교를 찾는 사례를 살펴본다. 수원 만신(4, 나)과 서울 현저동의 L 박수(5, 나)의 경우가 거기에 해당한다. 두 경우 모두 가톨릭에서 그 가능성을 찾고 있음이 흥미롭다. 수원 만신이 이미 3년 동안 가톨릭에 다니며 세례도 받아 있었던 데 비하여 L박수는 친구를 통해 처음으로 가톨릭 성직자를 만나고 있어 차이를 보인다. 여하튼 두 사례가 다 성공적이지 못한 것으로 나와 있다.

　　L박수의 사례는 원래 본인의 요구에 의해 성립된 것이다. 그런데 의례를 행하기 위해 찾아온 신부와 수녀에게 그는 신에 씌어 욕설을 퍼붓고 그들을 쫓아내는 등 심한 갈등을 보였다. 그리고 끝내 그들에게 점을 보아주고는 한 수녀로부터 전래신앙으로 인정받아 끝을 맺었다.

　　이 같은 양상은 곧 살펴 볼 바 무업에 종사하다 그리스도교로 개종하는 사례와 함께 '무당의 몸주와의 결별 방법으로서 다른 종교로의 개종'이라는 더 광범위하고도 복잡 미묘한 문제18)와 직결된다. 이런 문제는 이 글의 주제에서 벗어나기에 여기서 구체적으로 다루지 못하고 별고를 요한다.

　　무업에 종사하다 그리스도교로 개종한 사례가 장집사(4, 다)의 경우이다. 가족 전체와 교인들이 합세하여 그녀와 신령을 강제로 결별시키려는 투쟁적 노력으로 인하여 그녀는 결국 개신교로 개종한 것이다.

　　그 갈등관계 해소의 과정을 좀더 자세히 들여다보자면, 장집사는 신당을 부수고 줄기차게 예배를 드리는 개신교 측에 대하여 처음에 격분하면서도 무서워 떨지 않을 수 없었다. 중과부적인데다가 반드시 목적을 이루겠다는 개신교 측 앞에 속수무책이었다. 개종이 성공된 후 장집사는 이저 열렬한 그리스도교인이 되었으면서도 "사탄이 다가오지 못하도록 신도들의 끊임없는 기도가 필요하다"고 고백하였

---

18) 이 문제에 관하여는 **Cho Hung-youn. 1983: pp.86-92** 참조.

다. 이것은 개종과 관련하여 장집사의 심리적 불안이 아직도 가시지 않았음을 말해 준다.

최무녀의 경우(3. 가)는 여러 면에서 장집사의 것과 대조를 이룬다. 최무녀는 어릴 때부터 가톨릭 집안에서 자라고 성당에 다니다가 38세에 내림굿을 하여 무당이 되었다. 그리고는 10년간 무업을 한 뒤 무업 청산의 결심을 하고 다시 가톨릭으로 돌아갔다. 개신교로의 개종이 그토록 극적인 장집사의 경우와는 달리 최무녀는 그리 큰 갈등을 보이지 않은 채 두 세계를 넘나들었다. 모든 것을 천주님의 뜻으로 돌리는 최무녀의 신앙태도도 장집사의 심리적 불안과 대조적이다.

최무녀가 무와 가톨릭 사이를 넘나들었음을 감안하면, 장집사의 개종이 그녀의 임종에 이르도록 완벽한 것이라고 단정할 수만은 없다. 현저동 L 박수는 뒷날 몸주 신령과 결별하기 위해 불교 승려가 되었다가 5년 만에 다시 무로 돌아왔다. 이것은 결국 무로부터의 도피처의 하나로서 그리스도교가 얼마만큼 유효한가라는 문제가 된다. 장집사의 경우와 비슷한 사례는 우리 주위에 얼마든지 있다. 반면 수원 만신과 L 박수의 것과 비슷한 사례도 많다. 이 문제는 비교종교학의 미묘한 난제로서 남기고자 한다. 개종과 관련하여 다만 개신교 측의 무에 대한 선입견과 공격성이 지나치게 느껴진다.

4

무 전통에서 그리스도교를 바라보는 안목에 관한 자료로 통념(1, 가와 나)·왕십리 만신(4, 가)·수원 만신(4, 나)·불광동 K 박수(5, 가)·영수 엄마(6) 등의 경우를 들 수 있다. 이들은 무가 그리스도교를 어떻게 보고 있느냐를 알게 해주는 직접적인 자료가 된다. 경기도 화성군 김박수(3, 나)의 것은 참고할 만하다.

먼저 통념부터 살펴보자. 그 하나는 굿이나 무꾸리에 그리스도교

인이 끼여 있을 경우 도무지 신 내리지 않는다는 것이고, 다른 하나
는 그리스도교가 무를 귀신신앙 또는 미신으로 몰아 박멸하려 든다
는 걱정과 분노이다. 그리스도교가 한국의 무에 대해 지극히 공격적
이었다는 것은, 한국巫 연구의 개척자의 한 사람인 문상희의 관점에
서 잘 드러난다. 그도 무를 귀신신앙과 연관시켜 보았을 뿐더러 마
땅히 극복되어야 할 대상으로 지목했던 것이다.

특히, 개신교의 무에 대한 공격적 자세는 앞장의 무·그리스도교
의 갈등관계에서 이기 역력히 드러났다. 목사들이 예배 가운데에서
무를 공공연히 사탄의 역사라 설교하고 있고, 심지어 장집사의 경우
처럼 무의 신령을 무당으로부터 억지로 분리시키는 일을 강행한다.

이 글에 제시된 여러 자료들도 그리스도교의 공격성에 대한 무의
안목을 잘 보여준다. 왕십리 만신은 세례까지 받았으나 만신인 그녀
의 어머니를 공격하면서 어머니마저 개종시키기 위해 몰아대는 개신
교 교회에 대하여 말 못 할 분노를 느끼고 있었다. 개신교계 교사들
이 너무나 아량 없음을 그녀는 절감하였다. 그보다 강도가 덜하기는
하나, 영수 엄마는 개신교계 학교에 다니는 아들의 개종 압력에 시
달리며 고통스러워한다.

그밖에도 헤아릴 수 없이 많은 공격이 다양하게 있어 오는데, 할
미堂에 대한 것 한 사례를 더 들어본다. 이 굿당은 서울시 서대문구
홍제동에 있던 것으로, 그 정확한 유래와 역사는 알 수 없으나 조선
조 말기와 60년대까지도 서울의 손꼽히는 굿당으로 숱한 굿이 여기
서 행해졌다. 그러다 70년다 중반 어느 개신교 계통의 교회가 그것
을 매입하여 그 전통적 굿당을 헐어버리고는 그 자리에 교회를 세워
버렸다.[19] 그리하여 할미당은 영원히 사라져 버리고 말았다. 70년대
초반 할미당의 굿을 여러 차례 보면서 현지 조사한 나로서도 그 사
실이 여간 충격적이지 않았거니와, 서울의 만신들과 단골들이 그에

---

19) 조흥윤. 1983: p.86.

분노를 느끼고 통탄하던 것을 나는 한동안 곳곳에서 들을 수 있었다. 지금은 그들의 기억 속에 점차 퇴색하여 버렸지만, 수십 점의 귀중한 무신도를 비롯하여 그 당에 보관되어 오던 희귀한 巫관계 문헌자료와 巫具 등이 그 매입자인 개신교회 측에 의하여 불태워진 사실이 무당과 단골들에게 한동안 적잖은 아픔을 안겨 주었다.

굿판이나 占판에 그리스도교인이 몰래 끼여 있으면 신 내리지 않는다는 이야기는 항간에 많이 나돈다. 어느 만신이 실제 그런 이를 족집게처럼 찾아내더라는 이야기는 단골들 사이에 심심찮게 들린다. 무에 대한 현지조사에서 나는 비슷한 말을 만신들로부터 들은 적이 있다. 그러나 이런 유의 이야기가 혹시 어느 문헌자료에 언급 기록된 것이 있는지 이번 기회에 제법 들춰보았으나 한군데서도 그런 것을 찾지 못하였다.

진위야 어쨌건 간에 이런 이야기는 몇 가지 점을 암시한다. 우선 그리스도교인이 무의 의례에 적잖이 참여한다는 것이 드러나고, 만신이 그렇게 잘 집어내어 용하다는 것이며, 마지막으로는 바로 그런 闖入者로서의 그리스도교인 때문에 신 내리지 않는다는 것이다.

상당한 수의 그리스도교인이 무당을 찾고 있다는 것은 이미 두루 알려져 있다. 만신들에게서 현지조사를 하면서 나는 그런 이들을 적잖게 확인한 바 있다. 그런데 그 마지막 암시가 묘한 분위기를 자아낸다. 이때 그리스도교인은 어떤 좋지 않은, 예컨대 방해와 시험의 저의를 가지고 거기에 숨어든 것 같은 감을 자아낸다. 이것은 진위를 떠나 어쨌든 그리스도교에 대한 무의 미묘한 갈등과 교묘한 誹謗을 드러낸다.

서울 지역의 몇몇 전통巫들은 그런 통념을 철저히 거부한다. 현재 무업에 종사하는 이들 가운데 최고로 손꼽아 손색없는 오토바이 만신은 반세기 가까이 신을 모셔오면서 그런 일을 경험해 본적이 없거니와 들은 바 또한 없다 한다. 30년 넘게 신을 모셔온 평양 만신20)도 그런 것을 어불성설로 돌린다. 이들 전통 무는 그리스도교에 대하여 결코 저항감을 느끼지 않는다.

전자는 심지어 어느 개신교 목사의 아이들을 위해 일(굿)한 적이 있고 목사 부인을 위해 병굿을 행하기도 하였다. 후자는 원래 어렸을 때부터 가톨릭 신자였다가 장로교회에도 다니고 하여 그리스도교에 대한 어느만큼의 이해를 갖추어 있다. 問卜하러 오는 가톨릭 신자들이 꽤 있고 가톨릭 신자에게 굿해 준 적이 있다 하였다.

그리스도교인의 틈입으로 굿이나 무꾸리가 안 된다는 통념은 전통巫들에게 통하지 않는 것으로 드러났다. 이들도 무에 대한 그리스도교의 공격성을 모르지 않는다. 그러나 그로 인한 심리적 갈등이나 저항을 느끼지 않는다. 그런데 이런 통념이 전혀 근거 없는 것은 아닐 터이고, 이른바 현대巫들에기서 나와 유포되었을 것으르 짐작된다. 현대巫들은 내림굿에 이은 무의 전통적 학습을 제대로 받지 않은 채 기껏해야 한 세대 위의 조상이나 동자를 몸주로하여 주로 점복에 종사한다. 그러기에 이질적인 요소나 분위기에 매우 민감하게 반응하고 흔히들 신경질적이다. 요컨대 무의 종교적 전통성이나 사회성을 갖추지 못하고 저속화된 가운데 그런 통념이 생겨난 것으로 여겨진다.

수원 만신이나 불광동 **K** 박수가 그리스도교를 바라보는 시선은 앞의 자료들의 것과는 다르다. 수원 만신은 그리스도교 교회들의 훌륭한 외관과 시설, 그리고 급속한 전파력을 높이 평가하는 듯하다. 하나님에 대한 그리스도교인들의 절대적 신앙이 그 바탕에 있음을 그녀는 알고 있다. 이러한 안목은 무의 상대적 처지에 대한 그녀의 바른 인식에서 나온 것이다. 신도인 단골을 맞아 의례를 행하는 개인 신당이나 굿당이란 실로 볼품이 없고 단골들, 나아가 만신들의 神觀 내지 신앙이 극히 애매하고 취약한 사실을 그녀는 절감해 온 듯하다. 그러면서도 불교나 무가 한국 사람들을 위안해주는 방법을 가지고 있는 데 비하여 그리스도교가 그렇지 못함을 꼬집는다. 말하

---

20) Youngsook Kim Harvey. 1979: pp.85-128.

자면 무의 전통 신앙성에 한낱 자부를 느끼고 있는 것이다.

불광동 K 박수의 경험도 마찬가지 맥락에서 이해된다. 그는 그리스도교를 잘 모르고 있다가 순복음교회의 예배 장면을 목도하고서 놀란다. 무의 표현방식을 빌려 그것을 그는 강렬한 신 내림이라 이야기하였던 것이지만, 거기서 그는 무의 만신이나 단골들에 비하여 훨씬 열성적인 그리스도교의 신앙을 보고 있었다. 그런 장면이 그에게 그리 낯설게 보이지 않은 것도 주목할 만하다. 한국의 개신교회, 특히 순복음교회의 그런 열광적 성령운동 현상이 한국인의 巫적 의식구조 내지 한국巫와 깊은 연관을 가지고 있음21)을 그는 잘 이해하지 못한다. 여하튼 그의 표현에는 한국巫 신앙의 취약성이 반영되어 있다.

끝으로 경기도 화성군 김박수의 그리스도교관에 주목해 본다. 그가 주창하는바 지옥과 천당의 유무에 대한 이야기는 여기서 별로 중요하지 않다. 그것보다 그리스도교인들과 토론한다는 그의 자세가 돋보인다. 여러 다른 자료에서 찾아볼 수 없는 새로운 경향이라 하여 좋을 것이다. 물론 그는 신 모시는 사람으로서 남달라서 경신회와 무업계의 풍토개선에 앞장서고 있다. 그렇더라도 종래 그리스도교의 공격성에 상처받거나 민감한 반응을 보여 온 대다수 만신들과는 달리, 그는 그리스도교를 대화의 상대로 여기고 있는 듯하다. 전통巫들 가운데는 학계의 주목을 받고 전문학자들과 친밀한 관계를 유지하면서 신학자 내지 목사·신부들과 대화하는 이들이 없지 않다. 그러나 그렇게 잘 알려지지 않은 무당가운데에도 그리스도교와의 대화를 모색하는 이가 있다는 사실은 한국적 종교 상황에서 극히 고무적이다.

---

21) 서광선 외 4인. 1982.

5

그리스도교를 바라보는 무의 안목이 전통巫과 현대巫에 따라 크게 다를 것으로 나타난다. 전자는 일방적으로 그리스도교를 반대하지도 않을뿐더러 오히려 개인적으로 좋아하기도 한다. 전통巫라도 물론 개인의 생활사나 성격·상황 등에 따라 그리스도교를 바라보는 시각을 달리한다. 수집한 몇 가지 자료만으로 그런 시각들 전체를 정확히 이해하기는 어렵다. 그러나 그 성향은 대략 드러났다. 서울의 K나 L 박수 경우에서 보듯, 이들은 먼저 그리스도교에로의 접근을 그리 꺼리지 않는다.

친구의 조언에 따른 것이기는 하나 몸주와의 결별을 위해 신부와 수녀를 집으로 모셔오기도 하고, 길을 가다 순복음교회의 요란한 예배 소리를 듣고 스스럼없이 교회 안에 들어가 그것을 참여 관찰하기도 한다. 오토바이나 평양 만신이 그리스도교인, 심지어 목사 집안의 굿을 해주기도 한 것은 전통巫의 그런 성향에서 연유한다.

전통巫들이 보이는 그런 성향의 배경은 그러면 무엇인가 궁금해진다. 이와 관련하여 한국巫의 성격을 올바르게 이해하는 것22)이 긴요하다. 무는 고대사회로부터 한민족의 전통신앙이자 기층신앙 내지 민중 신앙이다. 그 바탕 위에 중국으로부터 불교·유교·도교가 들어와 수용되었다. 그러면서 고려조에 이르도록 저들 종교와 함께 이른바 多宗敎 共存의 상황을 연출하였다. 조선조 이래 오늘에 이르도록 무는 부정적인 것으로 핍박받아 오지만, 다른 종교를 받아들이고 이해하는 기반의 역할을 무는 역사 가운데 누차 체험해 오는 터이다. 다종교 공존의 상황 속에서 무는 아울러 다른 종교의 가치와 의의를 인정해 온다.

한국巫는 조선조 이래 주체를 달리해 가며 지속된 핍박과 사회적

---

22) 조흥윤, 1990: pp.43-66.

편견으로 인하여 심히 저속화하여 있다. 전통巫들도 그런 배경에서 어느 정도 찌들어 있기는 마찬가지이나, 그들로 하여금 그리스도교에 거부반응을 보이지 않고 오히려 그리스도교를 인정하게 하는 힘은 바로 그 전통에 있는 것이다. 수원 만신이나 서울 K 박수가 그리스도교를 보면서 부러워하고 놀라는 무의 새로운 현상도 그런 전통 안에서 가능하였던 것으로 여겨진다.

평양 만신은 최근 나와의 대담에 "이런 문제는 결국 사람됨의 문제"이리라는 견해를 피력한 바 있다. 그리스도교에 대하여 부정적이거나 지나치게 민감한 무당들이란 그러면 '덜 떨어진'사람들이다. 그리스도교가 나쁜 것이 아니고 거기에도 사람에 따라 무에 대하여 공격적이고 부정적인 사람이 있다는 것이다. 평양 만신의 안목에서 우리는 한국 전통巫의 합리적이고도 폭넓은 이해력을 느끼게 된다.

이에 비하여 현대巫은 대부분 그리스도교에 대하여 부정적이고도 저항적인 태도를 보인다. 그것이 특히 개신교의 공격적 자세에서 야기된 것임은 이미 살펴보았다. 개종을 강요하고 자식을 두고 그 부모를 욕하며 무의 종교적 聖所를 파괴하고 무당으로부터 그 신앙대상(몸주)을 억지로 별리시키는 등의 사뭇 전투적 자세는 사실 저항을 불러일으키기에 족하다. 이런 유의 것은 일제시대 기독교인에 대한 신사참배 강요를 연상시킨다. 민주적 법치사회에서의 신앙의 자유는 차치하고라도, 이런 것은 종교적 박해에 다름 아니다.

그리스도교 가운데 특히 개신교가 무에 공격적이고 그에 따라 현대巫의 비판대상이 될 수밖에 없는 것은 교리 및 선교 전략과 연관된 것이겠으나, 한편 토착화의 노력 부족에도 기인한다. 무로부터 비교적 덜 저항을 받는 가톨릭의 경우, 그것은 동아시아에서 더 오랜 선교의 노력 및 경험을 바탕으로 한국 사회에서의 토착화에 어느 정도 성공하고 있다. 그리고 쇄신과 토착화를 위한 노력이 지금도 여전히 경주되고 있다.23) 반면 개신교의 몇몇 목사와 신학자에 의한 개신교의 토착화가 논의·시험되어 오지만, 일반적으로 개신교에는 그런 노력이 미흡하다.

어느 문화이건 변화의 속성을 가지고 있다.24) 시간과 공간 속에서 문화는 변하게 마련이다. 종교도 거기서 벗어나지 않는다. 개신교가 이 땅에 들어와서는 그 문화배경에 걸맞게 변하는 것이 자연스럽다. 개신교회의 이른바 巫俗化가 그것이다. 그런데 개신교의 보수적 신학자나 목사들이 그것을 부정적인 의미로 비판·성토해 온다. 교회 안의 그런 경향이 한국인의 종교 심성과 직결되어 있는 것이고 그것이 개신교의 문화접변(acculturation)인 사실을 그들은 간과하고 있다.

개신교의 그런 자세라도 전통巫에게는 그리 문제되지 않는데, 이른바 현대巫의 그에 대한 반응은 심히 민감함을 앞에서 살펴보았다. 그리스도교인이 끼여 있으면 신 내리지 않는다는 통념이 그렇게 형성되었던 것이다. 현대巫가 한국巫의 전통성을 제대로 갖추지 못하였기 때문이다. 이들은 외래 종교의 수용 기반이자 다종교 공존의 배경이 되어온 한국巫의 전통성을 계승하여 있지 않다. 조선조 이래 정부의 탄압과 사회적 편견어 찌들어 저속화하면서 겨우 그 이름과 외형만 지니고 있을 뿐이다.

오늘날 한국巫의 대부분을 구성하고 있는 현대巫의 처지가 그러하다. 그리스도교, 특히 개신교에 대한 이들의 부정적인 안목을 교정하기란 쉽지 않다. 그것을 위하여 무에 대한 사회적 인식이 개선되어야 하겠고 아울러 이들의 반성과 노력을 통하여 전통巫로 복원해야 한다. 그리고 다른 면에서는 무에 대한 그리스도교 측의 공격적 자세가 지양되어야 한다. 이제 종교 간의 갈등과 투쟁의 시대는 지나고 서로가 이해와 대화 속에서 공존하는 시대로 접어들고 있다. 그리스도교가 한국 전통문화의 성격을 바로 알고 더 진지한 토착화의 노력을 보이는 것이 그런 의미에서 매우 시급하고도 중요하다.

---

23) 최석우, 1987: pp.130-132.
24) 한상복·이문웅·김광억, 1985: pp.74-76.

참고문헌

R. M. Keesing. Cultural Anthropology-A Contemporary Perspective. N.Y., Chicago & San Francisco: Holt, Rinehart and Winston 1981.

W.Haberland, Das Gaben Sie Uns-Indianer und Eskimo als Erfinder und Entdecker. Hamburgisches Museum für Völkerkunde Wegweiser zur Völkerkunde Heft 17, Hamburg 1975.

하벌란트, 『발명・발견자인 인디언과 에스키모』조흥윤 역, 민족학총서 4. 서울: 정음사 198 4.

문상희, 「한국의 샤머니즘」, 『종교란 무엇인가』분도출판사 편집부편, 서울: 분도출판사 1975. pp.123-189.

조흥윤. 『巫와 민족문화』 서울: 민족문화사 1990.

조흥윤, 「文學과 巫와 宗敎體驗」, 『文藝中央』(1985 봄) pp.319-327.

장주근, 「巫俗」, 『韓國民俗綜合調査報告書(경기도편)』문화공보부 문학재편, 서울, 1978, pp.100 -130.

Youngsook Kim Harvey, Six Korean Women-The Socialization of Shamans, St. Paul, N.Y. & Los Angeles: West Publishing Co., 1979.

Cho Hung-Youn, Mudang-Der Werdegang Koreanischer Schamanen am Beispiel der Lebersgeschichte des Yi Chi-San, Gesellschaft für Natur-und Völkerkunde Ostasiens e. V., Hamburg, Mitteilungen Bd 93, Hamburg, 1983.

L.Kendall, Shamans, Housewives and Other Restless Spirits-Woman in Korean Ritual Life, Honolulu: University of Hawaii Press, 1985.

김범보, 『풍류정신』 서울: 정음사, 1986.

조흥윤, 『한국의 巫』 서울: 정음사, 1983.

서광선 외 4인, 『한국교회 성령운동의 현상과 구조』 서울: 대화출판사, 1982.

최석우, 「천주교」, 『한국인의 종교』 윤이흠 외 7인. 서울: 정음사, 1987, pp.113-132.

한상복・이문웅・김광억, 『문화인류학개론』 서울대학교 출판부, 1985.

巫가 한국 그리스도교에 끼친 영향

$$\boxed{1}$$

서강대학교 종교신학연구소는 1992년 한 해 동안 "타종교에서 보는 그리스도교"를 연구과제로 잡고 일련의 논문발표와 토의를 진행한 바 있다. 그 결과는 같은 연구소의 『宗敎神學硏究』 제6집(1993)에 모아져 출판되어 있거니와, 나는 거기서 「巫 전통에서 보는 그리스도교」라는 주제를 맡아 다루었다(조흥윤, 1993: pp.153-170). 나는 그 글의 서두에서 종래 한국 그리스도교가 무를 일방적으로 연구·비판하고 심지어 왜곡·공격한 사실을 지적하였고, 그러한 일방적 시각을 전환하여 무가 한국 그리스도교를 어떻게 보아왔는가에 주목한 한국 그리스도교의 자세를 안목의 중대한 전환으로 높이 평가하였다. 이것은 한국 그리스도교의 안목과 자세의 성숙이라고 보아서 좋을 일이었다.

서로 마주 보는 두 사람을 놓고 시각의 방향을 한 사람에서 다른 사람에게로 옮긴다한들 그것 역시 일방적인 것임을 벗어나지 못한다. 이러한 한계성을 인식하고 나는 위에 언급한 주제 속에서 무와 한국 그리스도교와의 상호관계성을 어느 정도 포함하여 논의를 전개하지 않을 수 없었다. 무와 한국 그리스도교와의 상호관계성에 대한 접근은 그래도 결국 미진한 채로 남겨지고 말았는데, 이번 한국 그리스도사상연구소가 「복음과 무교와의 만남」이라는 주제로 학술회의를 개최하고 여기서 무가 한국 그리스도교에 끼친 영향을 검토할 기회를 얻게 되어 심히 다행스럽게 여긴다. 한국 그리스도교가 무를 한국의 기층종교이자 토착화의 기반으로 인식하게 되었음이 여실히 보인다.

이 주제는 성격상 구체적인 분석과 전문적인 관점을 요구한다. 기층신앙으로서의 무가 한국 그리스도교에 영향을 끼칠 수밖에 없는바 그 구체적인 내용의 분석이 필요한 것은 자명하다. 전문적인 관점이란 여기서 문화접변(acculturation)을 말한다. 아울러 무에 대한 종래의 선입견 내지 편견에 의거한 막연하고도 피상적인 이해에서 벗어나 객관적이고도 학술적인 인식을 바탕으로 이 주제에 접근하여야 하는 것이다.

주제의 구체적인 분석에 들어가기 전에 무와 한국 그리스도교의 개념 범주를 주제와 관련하여 명확히 해두는 일이 필요하다. 그리스도교는 주지하듯 그리스도의 가르침과 그의 생애를 통하여 비롯된 종교이다. 이 종교는 역사상 몇 갈래로 나누어져 세계 전역으로 전파되어 나가서 우리나라에는 가톨릭·개신교·그리스정교회·성공회 등이 신앙되고 있다. 이들이 한국에 들어온 이상 그 전래의 역사가 길고 짧건 간에 한국의 기층신앙에 의한 이들의 문화접변은 어떤 형태로든지 다소간 있게 마련이다. 그것을 일일이 살펴보기는 조금 번잡하다. 이 글에서는 가톨릭과 개신교를 한국 그리스도교의 대표격으로 하여 무의 영향관계를 따져보게 된다. 무의 영향 또는 이해에 가장 많이 마음을 써온 것이 바로 이들이기도 하다.

한국 그리스도교에 영향을 끼친 무는 편의상 두 가지 면으로 나누어 고찰되는 것이 타당하겠다. 한국의 무는 과거 왕조시대의 것이든 현대의 모습이든 간에 하나의 종교적 실체이다. 현대의 무가 여러 면에서 전통적인 무와 차이를 보이나 그것 역시 한국의 무임에 틀림없다. 그러나 70년대 특히 한국개신교회의 성령운동을 놓고 대부분 관련 학자들이 그것을 巫俗化라 우려하면서 분석하였을 때, 그것은 당시의 무를 염두에 두고 있었던 것이다. 곧 이어 살펴지겠거니와, 해방 이후의 무는 그리스도교와 함께 급격한 사회변동을 경험하면서 심히 위축·변질되고 대거 세속화의 과정을 밟아왔다. 그러한 현대

무는, 한국의 기층종교로서 한국 문화 및 한국인 심성의 형성에 결정적으로 기여한 전통사회의 무와는 자연스럽게 구분된다.

여기서 미리 나의 논지를 밝히는 것이 편하겠다. 70년대 한국개신교회의 성령운동을 무속화 내지 무의 영향으로 바라보는 것은 곤란하다. 여러 방면의 전문학자들이 그것을 무속화 또는 무의 영향으로 결론짓고 있었으나, 그것은 시대배경과 한국교회의 상황을 고려하지 않은 채 무에 대한 종래의 편견과 선입견을 동원하여 그 현상을 억지로 설명한 것에 지나지 않는다. 무가 한국 그리스도교에 끼친 영향은 오히려 문화접변의 관점에서 이야기되어야 한다. 한국 그리스도교가 성립하던 시기에 무는 지배종교도, 유일한 민중종교도 아니었다. 무는 이미 한국 역사의 초기로부터 한국 문화 및 한국인 심성의 형성에 작용하여 왔고, 한국 그리스도교는 그러한 巫的 한국인의 종교 심성 위에 들어왔던 것이다. 그러므로 나는 한국인의 무적 종교심성이 한국 그리스도교에 끼친 영향을 끝으로 분석해 보려 한다.

2

한국개신교회의 무속화에 대한 개신교계 학자들의 우려의 목소리는 70년대에 간헐적으로 들리더니, 1981년에 들어와서는 크리스챤 아카데미가 일군의 학자들을 조직하여 개신교회 성령운동의 성격과 내용에 대한 연구조사를 실시하기에 이른다(서광선 외 4인, 1982). 70년대 한국개신교회의 성령운동은 실로 요원의 불길처럼 타오른 바 있다. 그리하여 개신교는 신도수의 증가, 교회당 건물의 증가와 난립, 교회의 대형화 현상을 보였고 심지어 순복음교회는 기적처럼 세계최대의 단일교회로 성장하여 있었다.

위에 언급한 연구조사는 주로 순복음중앙교회를 중심으로 진행되었다. 거기에 참여한 학자는 柳東植·徐洸善·鄭鎭弘·韓完相·金光

日의 5인이다. 이들은 각기 역사적·신화적·종교학적·사회학적·정신의학적 관점에서 성령운동을 분석하였다. 이 가운데 한완상의 사회학적 분석은 본주제와 직접적인 관련이 없기에 제외해 두고 나머지 네 사람의 논의를 우리의 주제와 관련하여 아래에 정리하여 분석·검토해 본다. 한국 그리스도교의 무속화 내지 무적 영향에 관하여는 그밖에 문상희와 김인회의 견해가 아울러 주목되므로 함께 검토의 대상으로 삼는다.

1. 서광선의 신학적 분석

그는 '신흥성령운동'을 한국의 종교문학적 기반을 가진 종교적 현상으로 파악하고, 신학적 입장에서 긍정적인 면과 부정적인 면을 분간하고 있다. 긍정적인 면으로, 교회의 율법주의와 형식주의를 해방시키고 기독교에 생동감을 주고 사회심리적으로 도시화하는 현대사회에서 소외된 민중에게 공동체를 제공하며 사회비판적·체제저항적 정치의식을 제시할 수 있는 신학적 및 사회적 기능을 열거하였다. 반면 신흥성령운동은 한국적 샤머니즘의 종교적·문화적 기능과 영합함으로써 현세적·세속적 물질주의의 욕망 확대에 기여하였고, 나아가 소비지향적 자본주의 경제체제와 이를 뒷받침하는 체제에 순응하고 적극 적용하게 하는 탈정치적 경향으로 흐르게 되었다고 하였다(위의 책: p.24).

우리의 주목을 끄는 것은, 성령운동이 한국적 샤머니즘의 종교적·문화적 기능과 영합하였고 그리하여 현세적·세속적 물질주의적 욕망 확대에 기여하였다는 대목이다. 성령운동이 한국적 샤머니즘의 종교적·문화적 기능과 영합하였다는 표현은 샤머니즘적 어떤 영향관계를 넘어서 한국 개신교회가 샤머니즘화하고 있음을 말한다. 서광선은 '성령운동이 샤머니즘이 아님'을 변증한 박정근 목사의 글에 대하여 "그러나 문제는 성령운동이 샤머니즘의 영향을 다소간만 받고 있는 것이 아니라 그 근본적 변질을 하고 있는 것이 아닌가 하는

데 있다(위의 책: p.60)."고 밝히고 있다. 순복음교회 교인들이 기도하면서 울부짖는 것을 '신들린 무당이 하는 울부짖음으로밖에 보이지 않는다'는 그의 표현도 마찬가지이다.

그러면서도 서광선은 한국교회에 대한 샤머니즘의 영향을 반드시 부정적인 것으로만 보지 않는다. 그는 성령운동에서의 병 고침·방언·시끄러움·손뼉 치는 찬송, 그리고 '아멘'과 '할렐루야'등 자유롭게 소리 지를 수 있는 데서 생동감을 확인하고 있다. 그러한 무속적 자유와 생동감을 가진 성령운동은 유교문화가 몰락하는 현대사회에 있어 기독교를 활성화시키고 부흥시킬 수 있는 문화적 요인을 충분히 가지고 있다고 그는 본다. 그의 논지를 여기까지 따르다 보니 무의 영향이 좋은 것인지 나쁜 것인지 혼란스러워진다. 그것을 좀 차분히 정리해 보자면, 샤머니즘화된 성령운동이 교회 안에 자유로움과 생동감을 가져다준 것은 긍정적이나. 한국교회가 현세적·세속적 물질주의에 치우치고 체제에 순응하여 탈정치적 경향으로 흐르게 된 것은 부정적이라는 것이다.

서광선이 사용하는 무개념은 막연하고도 애매모호하다. '신들려 울부짖는 무당'에서 오늘날 저급신령에 씌인 막된 무당을 연상케 하는가 하면, 그는 기층신앙으로서의 무의 영향에 의해 한국인의 종교의식이 무속적이라는 것을 어느 정도 이해하고 있다. 이것은 무에 대한 그의 심히 부정확한 인식에서 기인한다. 그는 "샤머니즘의 기본적인 기능은 성령의 힘을 빌려서 모든 재앙을 물리치고 많은 복리를 가져오도록 하자는 데 있다(위의 책: p.58)."고 본다. 뒤에 살펴보겠지만, 이것은 무의 기본적 이해와는 거리가 멀다. 그가 본 무속화된 성령운동의 부정적인 면이란 바로 그의 잘못된 무이해에서 비롯된 것임을 확인하게 된다.

2. 정진홍의 종교학적 접근

정진홍은 급성장한 대형 교회의 현상과 구조를 이해하기 위해 순복음중앙교회의 예배와 금식 기도원 예배를 참여 관찰하고 그것을 종교학적으로 접근하였다. 그는 거기서 순복음중앙교회의 종교적 상징이 '힘(力顯 Kratophany)'으로 시종되어 있는 사실을 확인한다. 기성교회의 현실이 보여주고 있는 종교적 상징의 기능이나 의미를 염두에 두면서, 그는 순복음교회의 이해에서 얻게 된 감동적인 경험을 다행스럽게 여긴다고 고백하고 있다(위의 책: p.163). 순복음교회의 성령운동이란 그의 종교학적 관점으로는 부정적이거나 문제 될 것이 없는 것으로 드러난 것이다. 그것을 그는 다음과 같이 표현하고 있다.

> 기도원 책임자의 말대로 이들은 '스트레스를 해소하기 위해서 온 사람'들이고 '저렇게 풀지도 못하면 그 한을 어디 가서 풀겠느냐'는 설명을 긍정적으로 받아들인다면 그 집회의 종교적 의미는 우리의 전통적인 '구원론(soteriology)'에 의한 '풀이굿'이 될 수 있다. 그러나 문화적인 의상을 벗겨놓고 보면 어느 종교의 제의도 '풀이굿'아닌 것이 없다고 판단이 되고, 그렇게 볼 때 이러한 유형의 기도회가 그것 자체로 비난받을 까닭은 없는 것이다(위의 책: p.133).

정진홍은 「개신교의 冠婚喪祭에 관한 小考」라는 논문에서도 그리스도교 이전의 한국 문화에 나름의 질고를 푸는 구원론이 있음을 역설한 바 있다(鄭鎭弘, 1986: p.209). 그리고 개신교는 그 종교적 보편성에도 불구하고 그것과는 다른 '문화'가 있다는 사실을 승인해야 함을 강조하였다, 한국 그리스도교의 문화접변의 당위성을 그는 이해하고 있는 것이다. 그러나 그는 그리스도교에 대한 무의 영향관계를 구체적으로 논급하지는 못하고 있다. 그는 무의 의례인 굿을 한을 푸는 풀이굿 쯤으로 보고 있는 듯한데, 그것을 한국巫의 바른 이해라고 할 수는 없다.

3. 유동식의 종교사적 해석

그는 신학자이면서 이미 한국巫에 관한 저술『韓國巫敎의 歷史와 構造》에 의해 무연구의 전문가로도 널리 알려져 있다. 그는 그 저술을 통해 무교의 전통 속에 들어 있는 한국적 활력소 및 문화적 저력을 밝혀내고 그것을 활용하여 한국 문화의 새로운 국면의 개척과 창조를 이룩할 것을 제언하였다(柳東植, 1975: pp.351-353). 이러한 인식은 한국 종교문화의 구조에 대한 그의 이해에서 나오고 있다. 한국 문화는 불교와 유교와 기독교의 세 겹 지층으로 구성되어 있고, 그 지층의 아래 地核이 무교라는 것이다. 이로써 그가 문화접변의 이치를 얼마나 깊이 이해하고 있는가를 충분히 알 수 있다.

그런데 유동식은 한국교회의 성령운동과 관련하여 조금 다른 견해를 피력한다. 성령의 체험에는 오늘날 자기정체성을 잃은 민중들에게 정체회복이라는 구원의 길과 매력이 있고 또한 개인뿐 아니라 공동체 안에 '훈훈함'을 주는 것이 있다 하면서 그는 성령운동을 다소간 긍정적으로 평가한다. 한편 그는 창조와 역사 섭리, 인격 회복과 심판을 주재하는 하느님이 있는 성령운동이 결국 샤머니즘적 呪力으로 전락할 위험성을 경고하고 있다(서광선 외 4인, 1982: p.20). 이어서 그러한 성령의 권능이 생존적 가치와 연결되어 현세이익을 추구하게 될 때 그것은 끝내 무교적 구조를 벗어나지 못하게 될 것이라며 성령운동의 한계성을 지적하였다.

평소 무를 한국 종교문화의 기층이자 한국 문화 창조의 원동력으로 보아오던 유동식이다. 그런 그가 생존적 가치와 연결되어 현세이익을 추구하는 것을 무교적 구조라 한 것이라든지 샤머니즘적 呪力이란 표현을 쓴 것을 어떻게 이해해야 할지 난감하다. 이런 것이 결국 개신교의 목회자이면서 무를 연구하는 이의 한계성이 아닌가 생각된다.

4. 김광일의 정신의학적 분석

김광일은 성령운동의 기독교적 치병현상에 초점을 맞추어 조사연구를 진행하였다. 그는 그의 연구보고의 한 장을 특히 '기독교적 치병현상과 샤머니즘'이란 제목으로 하여 우리의 관심 주제를 다루고 있다(위의 책: pp.264-275). 여기서 그는 기독교적 치병법의 원리가 대부분 샤머니즘의 그것과 동일하다고 본다. 귀신을 쫓는 것이나 예언하는 것이 무 사회에서 행하여지는 逐邪나 점과 흡사한 데가 너무 많다 하였다. 심지어 목사나 전도사의 예언의 말이 빙의현상을 전제로 하는 무의 이른바 神占에 해당된다고 보고 있다.

무와 한국 개신교의 치병·예언이 서로 흡사한 사실을 그는 문화정신의학적으로 접근하여 다음과 같이 이해한다. 먼저 그는 치병·방언 현상을 샤머니즘과 기독교의 복합체로서의 현상으로 파악한다. 문상희는 초기 고린토교회에 성행하던 방언·축사 현상이 열광적인 방언과 축사의 풍습을 갖고 있던 이교도들에 의해 고린토교회로 갖고 들어온 것임을 논술한 바 있다. 김광일은 그것을 참작하여 한국 기독교 주변의 방언·축사가 샤머니즘적 교인들에 의해 기독교 안으로 유입된 것으로 보았다.

그러면서 그는 샤머니즘화된 기독교적 치병현상의 원인을 두 가지로 파악하였다. 현대의료가 한국에 정착하는 과정에서 일어난 의료적 문화접변(medical acculturation)이 그 하나이다. 환자나 환자 가족은 샤머니즘적 치병과 신앙치유를 구별하지 않고 한 장소에서 두 가지 방법을 다 쓰기를 원한다는 것이고 심지어 무당굿·신앙치료·한방·현대의료가 한곳에 모여 공동치료를 해주기를 희망할 정도라고 한다. 두 번째 원인을 김광일은 기독교 토착화의 측면에서 찾고 있다. 기독교가 한국에 정착하는 과정에서 기독교와 샤머니즘의 혼합현상은 불가피한 것이고 기독교적 치병현상의 샤머니즘화는 그 일종이라는 것이다.

성령운동의 치병현상에 문화정신의학적으로 넓게 접근해 들어가는 전문가의 견해에는 이의를 달지 못한다. 서양의 정신의학적 이론들에 의해 한국의 그런 현상을 바라보기란 용이한 일에 속할지 모르나, 한국巫에 대한 철저한 인식을 김광일은 갖추고 있지 않다. 치병집단의 샤머니즘적 성격을 두고 그들에게는 역사의식・사회참여의식・가치창조의식이 없다고 그는 부정적인 입장을 취한다. 그리고 샤머니즘은 역사의식이 없는 기복종교라는, 무에 대한 전형적 선입견・편견을 추종하고 있다(위의 책: pp.266-267).

5. 문상희의 견해

김광일은 한국巫의 이해에 관하여, 위에서도 잠시 보았거니와 문상희의 것을 많이 수용하고 있다. 무에 역사의식・사회참여의식 등이 없다는 것도 기실 문상희의 이론을 비판 없이 따른 것에 불과하다. 해방 이후 한국巫에 관한 학문적 접근방법과 그에 따른 체계적 연구가 거의 없을 때 일찍이 그 연구에 관심을 기울였고 이래 그의 한국巫 이해는 많은 사람들에게 영향을 끼쳐온다. 이제 그의 글을 인용하여 그런 그의 관심 배경과 문제의식을 자세히 살펴볼 필요가 있다.

샤머니즘은 아주 끈덕진 생명력을 지니고 있는 주술적 원시종교이다. 대륙에서 불교・유교・도교 등 대종교들이 들어와서 크게 번창하였으나 어느 종교도 샤머니즘을 완전히 제압해 본 일이 없었다. 오히려 이들 외래종교가 수용과정에서 샤머니즘에 습합되어 변용되었던 것이다. 샤머니즘은 오늘날도 이 백성의 골수에 깊이 스며 그들의 정신과 생활 전반을 지배하고 있다. 그러므로 한국의 기층문화가 샤머니즘이라그 해도 결코 지나친 말이 아니다. 개화의 물결을 타고 이 땅에 들어와서 스난의 길을 걸으면서도 근대화의 기틀을 마련한 기독교는 처음에 샤머니즘과 대결하는 듯하였으나, 최근에 와서는 오히려 샤머니즘화되어 간다는 지탄을 받고 있는 형편이다. 이는 단순한 기우만이 아니다. 어느 사이에 샤머니즘은 한국교회 내

에 깊숙이 숨어들어 왔다. 심각한 문제가 아닐 수 없다. 교회가 지
난날 다른 종교들의 전철을 밟지 않기를 원한다면 샤머니즘의 실태
를 바로 파악하고 이에 적절한 대책을 강구하여야만 할 것이다…….
한국인의 정신구조를 형성하는 데 결정적인 요인이 되고 있는 샤머
니즘의 바른 이해는 이 땅에 그리스도의 복음을 바로 전파하는 데
있어서 적지 않은 도움이 될 것으로 생각된다(文相熙, 1975: pp.125
-126).

좀 장황한 인용인 듯하나 문상희의 한국巫 인식과 그에 대한 문제
의식이 잘 나타나 있다. 샤머니즘이 한국의 기층문화임을 그는 명확
히 파악하고 있다. 유불도의 외래종교가 이 땅에 들어와 겪지 않을
수 없는 문화접변도 그는 이해하고 있다. 그러나 그는 그것을 자연
스러운 현상으로서가 아니라 대결구도로 바라본다. 어느 종교도 샤
머니즘을 완전히 제압해 본 적이 없다는 표현이 그의 그런 관점을
반영한다. 그것은 샤머니즘에 대한 어떤 부정적인 전제를 깔고 있다.
그가 원래 신학자임을 헤아리면 그런 관점은 이해하지 못할 일이 아
니다. 그래서 한국 그리스도교 내에 깊숙이 들어와 있는 샤머니즘에
대하여 그는 깊은 우려를 표명하면서 그에 대한 바른 이해와 적절한
대책의 강구를 촉구한다. 그리고 그런 작업은 결국 그리스도 복음의
전파를 목적으로 한 것임을 분명히 해두고 있다.
어떤 저의와 전제에 의한 연구는 결코 바른 이해에 이르지 못하는
법이다. 문상희는 한국의 원시적 고유문화를 민속으로서 보존한 막
중한 공을 샤머니즘의 긍정적인 면이라 하였다. 이처럼 샤머니즘을
전통적 민속에만 묶어두고 그는 이제 샤머니즘의 부정적인 역기능을
열거한다. 귀신신앙·운명신앙·요행주의·윤리의식의 결여·역사의
식의 결여·주술신앙의 혼합주의 등이 그런 것으로서 한국 민중의
의식구조에 두드러지게 작용하였음을 그는 강변한다(위의 논문:
pp.181-187). 그리고 샤머니즘의 극복이 이 땅의 모든 그리스도인들
에게 부과된 하늘의 사명이자 지상과제임을 외치고 있다.

그의 견해는 극히 위험한 면을 지닌다. 요컨대 그에게서 한국巫는 근절시켜야 할 대상이다. 불교가 무를 극복하지 못한 것만 보고 그들 종교가 이 땅에 서로 공존하며 한국 문화의 형성·발전에 기여해 온 사실을 간과하고 있다. 문상희는 그리스도교가 무를 극복하여 한국을 온통 복음화하는 것만이 한국의 살 길이라고 보는 듯하다. 그런 배타적이고 독선적인 종교의식이 얼마나 무자비한 전쟁과 살상과 비극을 인간에게 안겨주었는지 역사는 가르쳐 온다. 그런 인식에서 출발한 한국巫의 부정적인 역기능이란 것이 또 얼마나 우럽중심적·기독교중심적인 것인지 알 수 있거니와, 여기서 그것을 일일이 반론할 필요를 느끼지 못한다. 나중에 한국巫의 바른 이해를 위한 장에서 그 오류는 저절로 해명될 것이다.

6. 김인회의 견해

김인회는 한국의 무를 교육학적 관심에서 접근한 특수한 예에 속한다. 그런 특수한 관심에다 비교적 장기간의 현지조사를 통해 한국 그리스도교에 대한 무의 영향을 구체적으로 바라본다. 기독교의 찬송내용이나 그것을 부르는 방식, 신도들에게 되도록 많은 헌금을 요구하는 경향 등을 무의 영향으로 들고, 그밖에 기독교의 교파분열과 기독교계 내의 지방색, 일부 기독교 지도자들의 사대주의적 정치경향 등도 무속의 역기능적 요소들과 닮은 것으로 생각한다(金仁會, 1987: pp.218-219). 특히 기독교 신도들의 현금 동기나 목적 속에 기독교적이 아닌 현세구복적이고 가족중심적인 무속적 성향이 숨겨져 있다고 보고 있다.

기독교의 교파분열과 기독교 내의 지방색, 그리고 일부 기독교지도자들의 사대주의적 정치경향은 다른 관점으로 볼 일이지 무와는 관계없는 일로 여겨진다. 그것들을 무와 연결지어 보면서 심지어 무의 역기능적 요소를 들먹이는 것은 이해하기 힘들다. 김인회는 또 신도들에게는 되도록 많은 현금을 요구하는 기독교계의 성향을 굿의

'人情'에 대한 위협·강요·간청과 유사한 것으로 파악하면서 기독교 신도들의 헌금 동기나 목적 속에는 무속의 현세구복적·가족중심적 성향이 숨겨져 있는 것으로 보았는데, 이것은 무를 제대로 이해하지 못한 소치이다. 굿에서의 인정 강요는 일제시대 이후, 특히 70년대를 거치면서 생겨난 저속한 풍속이고 그 이전에는 없던 것이다. 한국종교계의 물질주의적 경향은 해방 이후 한국사회의 격변·서양화·산업화를 원인배경으로 발생한 보편적 현상으로 보아야 한다(조홍윤, 1994: pp.239-259). 무속의 현세구복적·가족중심적 성향이란 것도 받아들이기 곤란하다.

이상으로 70년대 한국교회의 성령운동의 이른바 무속화 문제와 관련하여 전문가들의 견해를 정리·검토해 보았다. 이들은 한국 그리스도교에 대한 무의 영향을 다소간 인정한다. 그러면서 정진홍을 제외한 나머지 학자들은 그 현상을 강도의 차이는 있지만 부정적인 것으로 바라본다. 서광선과 유동식은 신학자이면서도 그런 현상 속에서 긍정적인 면의 확인을 놓치지 않고 있다. 그러나 이 두 사람은 성령운동이 보여주는, 소외된 민중의 공동체적·체제저항적 정체의식의 성장면만 보면서 그것이 바로 무의 정신과 상통하는 것임을 알지 못하였다. 이 점은 뒤에 거론될 것이다.

한편 이들은 예외 없이 무와 그리스도교 사이의 문화접변의 불가피성을 알고 언급하고 있다. 다만 문상희와 정진홍이 이와 관련하여 양극단의 견해를 보인다. 후자가 종교학적 견지에서 문화접변을 통한 그리스도교의 건전한 토착화를 바라고 있는 데 반하여, 문상희는 오히려 그 위험성을 지적하면서 무의 극복을 주장한다. 그런 목적 아래 문상희는 무의 부정적 역기능을 열거하였는데, 그것은 애초 무를 부정적인, 극복해야 할 대상으로 만들기 위한 무리한 작업일 뿐이었다. 그러나 그의 주장이 김광일에게도 수용되어 있음을 확인하거니와, 이것은 많은 사람들에게 무의 왜곡을 심어주고 있다.

나는 위의 분석·검토를 통해 어느 경우에서도 무가 제대로 이해되고 있지 못하고 있는 사실을 확인하고 놀라움을 금치 못한다. 물론 무를 바라보는 관점이 다를 수 있고 그런 관점은 또 나름대로 해석학적 타당성을 가질 수 있다. 그러나 상식적인 이해조차 통하지 않는가 하면 기본적인 인식이 너무도 갖추어져 있지 않다. 한국巫를 너무들 피상적으로 이해하고 있고, 경우에 따라서는 전혀 오해하거나 잘못 알고 있는 것이 많다. 종래 무를 미신이니 귀신신앙으로 비판하고 천대해 온 풍토 속에서 무의 올바른 이해는 기대할 수 없는 것이 당연하다는 생각도 든다. 여하튼 무의 바른 인식이 세워지지 않고서는 한국 그리스도교에 대한 그 영향관계의 파악은 물론 그리스도교의 바람직한 토착화 둔제는 결코 해답을 얻지 못한다.

3

　문화접변은 문화인류학에서 문화변동의 한 측면으로 다루어진다. 키징(Roger M. Keesing) 은 문화접변을 두 상이한 사회의 접촉으로 일어나는 문화변동으로 정의하고 이 용어가 종래 지배적 서양사회들에 대한 종속된 부족사회들의 적응과 관련하여 흔히 사용되어 온다고 설명하였다(Keesing, R. M., 1981: p.507). 서양제국주의・식민주의 열강이 세계의 원주민사회를 식민지화하는 과정에서 발생한 피식민지 원주민사회의 문화적 적응이 그 동안 문화인류학의 관심을 끌어온 것은 사실이나, 오늘날 이 용어개념은 보다 보편적인 문화현상을 설명하기 위한 것으로 씌어진다. 요컨대 인류역사의 동서고금을 막론하고 사회들은 어떤 형태로든 서로 접촉을 취하며 그 결과 어느 한 쪽 또는 양쪽 사회의 문화에는 변동이 일어나게 되는 것이다.

　식민제국주의는 이미 과거 역사의 쓰라린 장에 속하고 이제 더 이상 용납되지 않는다. 한국도 일제의 강점 상황에서 神社參拜와 같은 강요된 문화변동을 경험한 바 있으나, 그 같은 야만적 문화변동은 되풀이되어서도 안 되거니와 그리될 수도 없다. 문화접변은 문화전파의 경우와 마찬가지로 하나의 선택적 과정이다. 한 쪽이 다른 한 쪽 문화의 요소를 다 받아들이지 않는다. 다만 받아들이는 측의 생활조건에 맞는 것만 수용된다. 우리는 그런 보기를 삼국시대 불교의 수용과정에서 찾을 수 있다. 불교는 전통의 무 신앙요소를 수용함으로써 이 땅에 뿌리를 내릴 수 있었으니, 불교 사찰 내의 三聖閣·山神閣 등이 그런 것들이다(柳東植. 1975: pp.258-272). 무도 불교의 여러 불보살을 신령체계 안에 수용하고 불교의 저승관을 받아들여 있는 형편이다. 문화접변의 선택적이고도 상호적인 면모가 이 보기에 잘 드러난다.

작년 새로 공포된 한국가톨릭사목지침서는 문화접변의 의미와 중요성을 잘 인식하고 토착화의 바른 자세를 제시한 좋은 예로 손꼽아서 좋다. 다음에 그 주요 조항을 발췌 소개한다.

제242조 (문화의 수용과 쇄신)
1항: 모든 신자들은 민족의 전통문화와 외래문화 및 현대문화의 가치들을 인정하고 존중하며, 그 문화에 속해 있는 사람들의 사상과 관습을 이해하여야 한다.

제244조 (문화의 적응)
교회는 고유의 문화유산을 소중하게 보존하면서, 그 사명을 효과적으로 수용하기 위하여 지역과 시대의 모든 문화환경에 적응하도록 노력하여야 한다.

제245조 (토착화)
1항: 신학자들은 다른 전문가들과 협력하여 한국의 전통종교와 문화를 연구함으로써 한국교회의 토착화 작업에 기여하여야 한다.
2항: 신학교와 신학연구소에서는 한국의 전통종교와 문화를 배우고 토착화의 방법을 연구할 수 있는 교과과정과 모임을 두며, 교회의 각종 연수회에서도 토착화를 위한 교육을 실시하는 것이 요청된다.

토착화는 문화접변의 한 바람직한 형태이다. 유입된 측이 토착사회의 문화를 이질적인 것으로서 거부하고 힘으로 수용을 강제하는 것이 아니라 토착사회의 문화를 존중하고 거기에 적응하여 함께 공존·번영하고자 하는 간절한 노력으로 이해된다. 여기서 받아들이는 측의 주체가 누구이고 무엇인지가 문제된다. 사회가 비교적 단순한 부족적 원주민사회의 경우 그것이 그리 문제 될 것 없겠으나, 한국사회처럼 오랜 역사와 전통 아래 다종교 공존의 특성을 보이는 사회에서 그것은 복잡한 문제를 야기할 소지를 안고 있다. 한국의 경우 무가 그 기층신앙을 이루고 있다. 한국종교의 구조가 그러하다.

한국종교의 구조는 그러나 다종교 공존 속에서 매우 복잡한 모습을 보인다. 시대와 상황에 따라 어느 종교가 체제와 결탁하여 지배종교 또는 그 정치이념으로 위세를 떨치는가 하면, 그런 상황아래서도 종교 간의 공존양상이 달라지기도 한다. 조선조 사회에서 유교는 정치이념이자 지배층의 종교로서 불교와 무의 혹독한 탄압에 나섰고 심지어 불교 승려와 무당을 천민으로 만들었다. 이런 구조와 사실을 염두에 두고 그리스도교의 전래를 살펴보아야 한다.

그리스도교가 들어온 조선조 후기 사회에는 역시 유교가 지배종교이자 지배층의 종교였고 무는 중하층민의 종교로서 신앙되면서도 왕실과 지배층 부녀자들의 종교·문화적 욕구를 충족시켜주는 형편에 놓여 있었다. 따라서 그리스도교가 무의 기반 위에 들어와 무와 문화접변을 일으키는 것으로 보기는 곤란하다. 정확히 이야기하자면, 한국종교의 구조상 기층종교로서의 무에 의해 주로 형성되어 온 한국인의 무적 종교심성 위에 그리스도교가 들어온 것이다.

한국의 가톨릭과 개신교가 전래·탄생된 때는 각기 1784년과 1876년으로서(주재용, 1994: p.147: 최석우. 1994: p.171) 시기를 약간 달리한다. 당시 한국종교의 구조적 상황이 각기 다른 만큼, 그것을 좀더 구체적으로 들여다볼 필요가 있다. 조선사회가 가톨릭을 처음 알게 된 것은 17세기 초 중국으로부터 전래된 漢譯 西學書를 통해서였다. 당시 조선조의 유교적 체제는 엄연하였는데, 서학 수용에 지대한 관심을 보인 이들은 대략 실학파의 인물이었다. 이들은 당시 성리학의 폐쇄적이고 관념적인 풍토에서 야기된 사회의 제 모순을 극복하기 위하여 현실비판과 새로운 학문의 제시에 주력하였다(李佑成, 1979: pp.418-423). 이들은 대체로 양반신분이면서 권력체계에서 이탈·소외된 사람들이고, 특히 南人派사람들이었다. 가톨릭은 결국 이들 비교적 상류층에 속한 특수 계층인들에 의해 180년 간의 진지한 검토와 인내를 거쳐 자생적 신앙공동체로서 탄생을 보게 된다(조흥윤, 1990: pp.188-209).

그로부터 약 100년 뒤, 한국 개신교회가 성립되던 때의 시대상황은 달랐다. 조선사회는 대외적으로 몰려오는 서양제국주의 열강과 서양문명에 의한 충격에 직면하여 있었고 내부에서는 당쟁과 부패의 결과 유교는 더 이상 지배적 가치관이 되지 못한 채 동학이 일어서는 등 사회혼란이 극심한 때였다. 안팎의 혼란 속에 특히 미국의 세력을 등에 업은 개신교는 새로운 가치관 및 근대화를 열망하는 한국사회에 쉽사리 발을 디딜 수 있었다.

양자를 비교해 보면, 근 2세기의 세월 동안 수용의 고민을 거친 가톨릭에 비해 개신교는 그런 과정을 겪지 않았다. 가톨릭의 경우 이미 그전에 중국에서 교회의 중국적 변용과 함께 유교에 심취하는 전교 자세 등 일정한 성공적 문화접변을 이룬 경험을 갖고 있었으나, 개신교에서는 그런 시간과 여유가 없었다. 국내에서의 토착화 과정에서도 마찬가지였다. 가톨릭은 1791년의 이른바 珍山사건과 황사영 백서사건 등으로 많은 박해를 겪으면서 이 땅에 뿌리를 내려간 반면, 개신교는 그와는 성격이 다른 일제 때의 핍박을 경험하였을 뿐이다.

이처럼 퍽이나 상이한 수용배경과 과정에 따라 무에 대한 두 종교의 태도도 차이를 보인다. 가틀릭은 무의 전통신앙성과 조상숭배를 인정하는 편이다. 내가 현지조사한바, 신병증세를 보인 어느 소년에 대해 가톨릭의 신부와 수녀가 그것을 한국전통의 善神으로 인정한 것(조흥윤, 1993: pp.159-160)은 그 좋은 예가 된다. 그러나 문상희의 글에서 확인하였듯이, 개신교는 두를 미신이니 귀신신앙으로 치부하고 극복해야 할 대상으로 삼아 온다. 어느 만신의 신령을 떼 내기 위해 교회 간부들이 그녀의 신당을 파괴하고(위의 논문: pp.158-159) 또 마을의 당집을 불태우는 등, 개신교는 무에 대해 거의 공격적 자세로 일관해 온다. 70년대 성령운동을 놓고 그것이 갖는 사회적·문화적 성격과 의미를 차분히 검토하지 않은 채 그 원인과 책임을 무에게 돌리는 태도도 기실 여기서 벗어나지 않는다.

4

한국巫에 관하여 여기서 전반적인 개관을 펼치는 것은 무모하다. 주제와 관련하여 무의 기본적인 성격과 한국 문화 및 한국인심성의 형성에 기여한 점을 약술하고자 한다. 앞에서 성령운동의 샤머니즘적 성격 내지 한국 그리스도교의 이른바 무속화를 살펴보았거니와, 거기서 드러난 무에 관한 잘못된 인식도 함께 짚고 넘어가려 한다. 이것은 다음 장에서 결론으로 다룰 한국 그리스도교에 대한 무의 영향의 구체적인 면모를 살펴보기 위한 준비작업의 성격도 지닌다.

그 동안 한국巫의 올바른 이해를 저해해 온 요인에는 두 가지가 있다. 조선조 이래의 천대와 서양의 종교진화론 및 기독교적 관점에 의한 추종이 그것이다. 조선조는 정치이념 및 사회경제적 이유에서 무를 탄압·천대하였다. 아울러 유교적 윤리의식에 입각하여 굿을 淫祀라 하고, 천한 귀신신앙으로 낙인찍었다. 일제는 무의 기층신앙성 및 기층문화성을 파악하고는 그 박멸에 나섰다가 실패하자 그들의 天照大神을 한국 신령의 위에 섬기게 하면서 무를 통제하였다. 그것이 미신에 지나지 않는다고 왜곡한 것도 그들이다. 해방 이후 무는 다시 서양의 합리주의 내지 기독교적 가치관에 의해 저속한 미신이자 타파의 대상으로 교육되고 핍박을 받게 된다.

이렇게 500년 넘도록 체제에 의해 왜곡과 탄압을 받아오는 동안 한국사회에서 무는 천한 미신 내지 귀신신앙으로 인식되기 족했다. 한편 서양의 종교진화론과 기독교적 관점에 물든 지식계층은 그 유럽중심주의(Eurocentrism)적 사고방식을 추종하여 무를 원시종교니 애니미즘(Animism)의 일종으로 보고 근대화의 저해요소로 취급하여 온다. 이쯤 되고 보니 무에 대한 진지하고도 객관적인 연구란 애초 기대하기 어려운 상황이었다. 여하튼 이러한 결과로 한국 민중은 겉으로 그것을 천한 귀신신앙이라 치부하면서도 그 전통적 조상숭배 내지 종교적 욕구를 숨어서 인정하고 충족해야 하는 이중적·모순적 갈등 속에서 살아온다(조흥윤, 1990: pp.45-52, p.62).

무는 한국역사의 개시 때부터 오늘날에 이르기까지 단절 없이 신앙되어 오는 한국인의 전통종교이다. 오랜 역사 동안 그 종교적 체계를 다듬어오면서 무가 끊임없이 신앙되어 온 곳은 한국 외에 달리 유례를 찾지 못한다. 그런 만큼 무가 한국 문화 및 한국인 심성의 형성에 얼마나 지대한 영향을 끼쳤는지는 자명하다. 고래로 외국인들은 한국 문화의 특성으로 무엇보다 飲酒歌舞를 지적한다. 중국의 역사서 『三國志』의 '魏志東夷傳'에서 그러하고 고려 때 宋나라 사신 徐兢이 또 그렇게 보았는가 하면, 근대 이래 한국을 방문한 서양인들이 한결같이 그 점에 주목하였다. 한국인은 명절이고 잔치고 친구끼리 든 모였다 하면 푸짐하게 한 상 차리고 먹고 마시다 반드시 노래하고 춤추며 신명나게 논다는 것이다(최준식, 1995: pp.46-48).

이것은 한국 고대사회의 하늘굿 '天祭' 전통으로 소급된다. 당시 고대 사회들에서는 봄·가을로 온 나라가 크게 모여 하늘굿(하나님굿)을 올리고 며칠이나 밤낮으로 음주가무를 즐겼다. 그것이 그 사회의 우두머리인 무당에 의해 주재되었음은 물론이다. 이 전통은 겉으로는 불교의 이름으로 포장된 고려의 팔관회·연등회에 이어지고 또 조선시대에는 마을굿 '洞祭'로 계승되니 오늘에 이른다(柳東植, 1975: 趙興胤, 1992a)

굿은 흔히 '논다'고 표현된다. 그것은 예사 놀이가 아니다. 굿은 무의 종교의례이거니와. 음주와 가무로써 노는 것이다. 신령과 인간이 함께 만나는 기쁨과 감사함에서 술과 음식을 들어가며 노래와 춤으로 논다. 음주가무의 음주는 맛으로, 가무는 멋으로 표현될 수 있다. 그리고 굿에서 므당은 신명에 씌어 신령과 인간 사이를 중재한다. 무당은 신령에 씌어 되는 것이고 굿에서 신들림을 자로 한다. 무당은 곧 신들림의 명수이크 무는 신들림·신남을 생명으로 한다. 이러고 보면 무는 음주가무도 신들림을 준비하고 신들려, 그 기쁨에 음주가무하는 것을 알 수 있다. 신들림과 음주가무 또는 놀이는 따라서 본질의 양면과 같은 것이다. 그러면 무의 본질은 무엇인가. 나는 그것을 調和로 파악한다. 무는 무당의 중재로 인간과 신령이 만나 原初의 조화를 체험함을 원리로 삼는다. 巫라는 글자가 바로 하늘과 땅을 연결하는 字宙木(cosmic tree) 둘레로 사람이 춤추어 하나되는 그 조화의 원리를 표현하고 있다. 굿의 구조는 또한 重層적인 조화로 짜여 있다. 그리고 조화의 원리는 신들림과 놀이로 펼쳐진다 (Cho Hung-youn, 1987).

무의 원리인 조화성과 그 구체적인 표현인 신들림과 놀이는 한국巫의 역사적 전개를 통하여 한국 문화 및 한국인 심성의 형성에 지대한 영향을 끼쳐온다. 한국의 전통적 천지인 合一사상, 일과 놀이 속의 신명남, 다종교 공존의 조화성, 한국종교의 왕성한 신들림, 한국종교 성인들의 한결 같은 조화의 강조, 민속과 세시풍속 속의 놀이와 신명 등등이 므두 그런 사실을 증언한다. 한국인의 멋과 맛이 조화와 신명 아닌 것이 없고 한국 문화의 어느 것을 들여다보아도 그것을 확인할 수 있다. 한국역사의 어느 시대, 어느 단면에서도 조화와 신명의 기운을 여실히 느끼게 된다.

앞서 살펴본바 학자들의 한국巫 이해는 위에 서술한 것과 너무나 거리가 먼 것들이다. 무가 현세구복적·가족중심적이라는 비판은 가당치 않다. 무가 조화를 추구하고 마을굿의 전통이 엄연한 것을 알아야 한다. 귀신신앙·주술신앙이란 왜곡·매도적 표현의 배경은 이미 언급하였다. 운명신앙·요행주의라 한 것도 터무니없는 날조이다. 무의 부정적 역기능으로 언급된 윤리의식의 결여와 역사인식의 결여는 순연히 서양중심적·기독교중심적 안목에 불과하다. 서양식·기독교적 역사인식이 무에 없는 것은 당연하다. 윤리의식에서도 그 점은 마찬가지지만, 무는 또 나름의 조화적 윤리를 갖고 있다(趙興胤, 1992b). 서광선은 '신들린 무당의 울부짖음'이란 표현을 쓰고 있는데, 나는 솔직히 말해 아직 그런 무당을 본 적이 없다. 이와 관련하여 어느 순복음교회의 저녁예배를 참관한 한 박수의 표현이 생각 키운다. '기독교인들의 신들림은 우리네 무당들보다 훨씬 강렬하다'는 것이었다.

⑤

무가 한국 그리스도교에 직접적으로 영향을 끼친 것은 없다. 한국 그리스도교의 성립 이후 오늘날에 이르는 기간 동안 무는 실제 다른 종교에 직접적인 영향을 미칠 만한 처지에 있지 못하였다. 그 동안 지배적인 종교도 아니고 종교로서의 대접은커녕 성령운동과 관련하여 오히려 천대·왜곡·핍박의 대상이었을 뿐이다. 그럼에도 불구하고 이른바 전문학자라는 이들이 그것을 대뜸 무속화 현상으로 속단하고는 무속의 부정적 역기능이라는 것을 날조해 가며 무의 비판에 나섰다. 무는 그렇지 않아도 오래전부터 '동네북'의 신세가 아니었던가.

70년대 성령운동과 그 제반 양상이 무와 전혀 무관한 것은 아니다. 한국 그리스도교에는 그것을 포함하여 한국巫의 기반 위에 형성된 한국 문화 및 한국인 심성의 무적 요소가 다분히 반영되어 있다. 그것은 문화접변의 관점에서 당연하고도 자연스러운 것이다. 나는 그것을 무의 원리와 특성에 따라 조화·신들림·놀이의 세면으로 나누어 살펴보려 한다.

신들림의 면부터 먼저 보면, 한국 그리스도교 내의 강렬하고도 빈번한 영적 체험현상과 지극한 종교적 열성을 그런 것으로 손꼽을 수 있다. 사실 한국 그리스도교 내에는 영적 권능을 받은 자가 무수하고 그런 권능과 영적 체험을 선호하는 경향이 매우 높다. 성령운동에는 다른 원인 배경도 물론 있으나, 그것이 불붙듯 일어나고 그것을 통해 짧은 기간 안에 세계에서 손꼽히는 대형 교회로의 성장이 가능했던 것도 일종의 신들림 성격의 것으로 보인다. 그리고 한국 그리스도교인의 지극한 열성 또한 알아주어야 한다. 새벽기도회도 다른 나라의 그리스도교에서 찾아보기 어려운 것이지만 철야기도회, 그것도 모자라서 수많은 기도원을 찾아가 며칠씩 머물다 오기가 예사이다. 부흥회가 도처에 빈번한 것도 한국 그리스도교인의 유별난 종교적 열성을 잘 보여준다.

놀이는 여기서 잘 노는 의례성으로 이해해야 할 것이다. 그것은 한국교회의 예배, 특히 부흥회·기도회 등의 예배에서 잘 나타난다. 김인회가 지적하였듯이 찬송가의 내용이나 부르는 법이 신명나는 굿판이나 잔치의 놀이판을 연상케 한다. 부흥회나 기도회에서 기도하는 모습도 서양 그리스도교회의 경건한 기도자세와는 사뭇 다르다. 간구의 눈물이 흐르는가 하면 감사와 기쁨의 환희가 있고 몸을 흔들다가 숫제 일어나 춤추는 자세를 취하기도 한다. 최근에는 점차 많은 교회들이 예배에 한국의 전통악기를 도입하여 더욱 신명나게 예배드리려 하고 있다.

끝으로 조화의 면을 따져본다. 그것은 무엇보다 한국종교의 다종교 공존상황에서 찾을 수 있겠다. 한국 그리스도교는 다른 종교들과 공존하는 상황 속에 있다. 그것은 다른 나라들의 유사한 상황과는 다른 성격을 갖는다. 한국에서는 어느 종교도 지배적인 위치에 있지 못하고 서로의 존재 가치를 인정하며 공존해 있는 것이다(윤이흠, 1994: p.17). 거기다 각 종교지도자들이 주요 인사의 장례식이나 조찬 또는 회합에 함께 자리하여 나름의 기도를 올리기도 한다. 종교들 간에 간혹 사소한 갈등과 마찰이 없지는 않으나 그런 것은 별로 문제시될 것 없고, 한국 그리스도교는 타종교들과의 비교적 조화스러운 공존을 유지하고 있다. 한편 한국 그리스도교인이 개별적으로 다른 종교의 의례에 참석한다거나 타종교의 요소를 수용하여 있는 데서도 조화의 면모를 본다. 무당을 찾아 점을 보고 부적을 착용하며 제사에 참여하는 것 등이 그런 것이다. 심지어 굿을 하는 그리스도교인도 적지 않다. 가톨릭은 제사를 미사로 수용하고 있기도 하다.

무의 기반 위에 형성된 한국 문화 및 한국인 종교심성의 조화성·신명성·놀이성은 오늘날 제대로 발휘되고 있지 못하다. 무 자체가 오랜 세월 동안의 왜곡과 탄압 속에서 위축·변질되어 왔고 특히 해방 이후 산업화·서양화를 거치면서 심히 세속화·저질화되어 있는 실정이다. 사회의 격동과 정치적 혼란, 급속한 산업화와 경제성장 아래 한국사회에 조화의 기운은 많이 떨어졌고 신명은 저속하고도 혼란스러워졌으며 놀이는 위축 내지 흐트러진 자세를 보인다.

이러한 상황에서 한국 그리스도교의 조화·신명·놀이성에도 문제가 없지 않다. 지나치게 영적 체험에 치우쳐 논리성과 합리성을 잃고 독선에 빠지는 경향이 이미 도처에 드러났다. 지나친 종교적 열성으로 가정이 파탄된 사례가 주위에 흔하다. 놀이가 흐트러져 맛과 멋을 잃는 수가 많다. 한국 그리스도교의 이런 경향이 심화되어 갈 때 조화는 깨어지고 한국 그리스도교의 건전한 발전과 토착화는 기대하지 못한다. 한국종교의 성인들은 어려운 사회상황에 처할 때마다 조화의 중요성과 그 회복을 가르쳤다. 바야흐로 무적 조화의 회복에 힘써야 할 때이다.

참고문헌

조흥윤, 1993 「巫 전통에서 보는 그리스도교」, 『宗敎神學硏究』 서강대학교
　　종교신학연구소. 제6집, pp.153-170.
서광선 외 4인, 1982 『한국교회 성령운동의 현상과 구조』 크리스챤 아카데
　　미, 서울: 對話출판사.
鄭鎭弘. 1986 『韓國宗敎文化의 展開』 서울: 集文堂.
柳東植, 1975 『韓國巫敎의 歷史와 構造』 연세대학교 출판부.
文相熙, 1975 「韓國의 샤머니즘」, 『宗敎란 무엇인가』 분도출판사 편집부편,
　　pp.123-189. 서울.
金仁會. 1987 『韓國巫俗思想硏究』 서울: 集文堂.
조흥윤. 1994 「한국종교의 비리와 제도적 개혁」, 『한국사회의 비리』 임종철
　　외 10인. pp.239-267, 서울.
Keesing, R. M., 1981: Cultural Anthropology-A Comparative Perspective.
　　N. Y., Chicago, San Francisco: Holt, Rinehart and winston.
주재용. 1994 「개신교」, 『한국인의 종교』 윤이흠 외 6인, pp.147-170, 서울:
　　문덕사.
최석우. 1994 「천주교」, 『한국인의 종교』 윤이흠 외 6인. pp.171-191. 서울:
　　문덕사.
李佑成, 1979 「實學硏究序說」, 『韓國社會・思想史論選』 서울: 학문사.
조흥윤, 1995 『巫와 민족문화』 서울: 민족문화사.
최준식, 1995 『한국종교 이야기』 서울: 한울.
趙興胤, 1992a 「巫敎思想史」, 『韓國宗敎思想史』Ⅳ, 金洪喆・金相日・趙典胤
　　공저, pp.223-333, 연세대학교. 출판부.
Cho Hung-youn. 1987: The Characteristics of Korean Minjung Culture.
　　in: Korea Journal. Korea National Commission for UNESCO,
　　vol. 27. no. 11, pp.4-18, Seoul.
趙興胤. 1992b 「土俗信仰과 倫理」, 『韓國人의 倫理思想』 栗谷思想硏究院,
　　pp.417-434, 서울.
윤이흠, 1994 「한국종교개관」, 『한국인의 종교』 윤이흠 외 6인, pp.15-50,
　　서울: 문덕사.

雜鬼雜神 연구

1

한국巫의 연구는 70년대에 굉장하였다. 민속학, 국문학, 문화인류학, 종교학, 심리학, 정신의학 등 여러 학문분야에 의해 엄청난 양의 논문이 쏟아져 나왔다. 한국巫를 주제로 한 석·박사학위논문도 적잖았고, 자료편을 포함한 이 방면의 단행본도 열 손가락을 훨씬 넘었다. 해외에서의 우리 巫에 대한 관심도 높아져서 英·獨·佛·日語로 된 논저가 앞을 다투었다. 이러한 경향은 80년대 초까지 계속되어 그 열기를 더하였다.

그러하다가 수삼 년 전부터 그것은 대번에 식어버리고 이즈음 별로 이렇다 할 연구가 눈에 띄지 않는다. 무슨 마음을 먹고 문지방이 닳을세라 찾아다니던 이가 갑자기 발을 끊은 것 같아 마음이 여간 섭섭하고 불편한 게 아니다. 물론 여러 가지 이유가 있을 터이다. 70년대 말에서 80년대 초에 이르는 동안 이 분야 연구의 대명사로 되어있는 몇몇 사람의 저서가 두드러지게 나왔다. 그것은 대부분 기왕에 발표된 논문을 모아 엮었든지, 아니면 이미 출판된 것을 쉽게 또는 짜임새를 달리하여 내놓은 것들이다. 한국巫의 연구가 그런 것으로써 대충 정리되었다고 보는 눈치다.

한국巫 연구의 정리라는 성격을 띠기로는 『韓國民俗綜合調査報告書』(1969-1979)를 들 수 있다. 장기간에 걸친 각 도별 조사를 통해 각 지역의 巫가 보고 되었기 때문이다. 장기간이라고는 하나 기실 현지조사의 전체 시간은 얼마 되지 않는다. 그런 기간에 조사되는 것이라해야 대개 자료수집의 성격을 벗어나지 못한다.

여하튼 한국巫 연구는 80년대 초에 와서 수그러지고 말았는데, 이 것은 다시 한국巫 연구의 전체적인 성격을 잘 보여준다. 그것은 한 마디로 말해 붐이요, 열기였던 것이다. 60년대에 이 천대받는 연구 분야에 주목했던 몇 학자의 노력으로 巫가 연구대상으로 등장하였 고, 70년대에는 우리문화의 전통적이고 기층적인 것을 찾으려는 사 회적 관심에 부응하여 다방면의 연구가 붐을 이루었다. 그리고 새로 운 산업화시대의 전개, 민중운동 등과 더불어 그 열기는 80년대 초 에 식고만 것이다.

거기다 방법론의 결함, 즉 巫를 보는 안목의 제한도 아울러 지적 된다. 우리네 巫연구의 전통이 국문학 내지 민속학에 이어져 왔고 다른 학문분야에서의 巫연구는 지속적이지 못하였다. 그 같은 전통 과 상황에서 巫를 종교로서, 복합적인 신앙체계로서 다루어 주기란 결코 기대할 수 없다. 그에 따라 한국巫의 본질 내지 원리라든가 무 당의 구체적 生活史라든가 단골의 신앙면, 나아가 이 오래된 한국종 교와 사람들과의 관계 같은 문제가 어느 것 하나 제대로 밝히 풀어 지지 못한 형편이다.

굿 하나만 하더라도 여러 해석이 있어 오지만1) 굿의 옛 모습과 그 변형에 관한 조사, 굿의 짜임새, 굿의 진행, 굿의 원리 등의 기본 적인 문제들이 진지하게 다루어지지 못하였다. 굿에서는 巫의 세 기 본요소가 되는 무당과 단골과 신령이 서로 만나고 그럼으로써 인간 (단골)의 문제가 풀어진다. 巫의 가장 필수적이고도 종합적인 이 종 교의례가 바르게 이해되어 있지 않다는 것은 한국巫 연구의 수준을 단적으로 보여주는 셈이다.

굿에 대한 불충분한 이해 내지 몰이해는 도처에서 나타나고 있다. 이즈음 대학가에서 축제 때 학생들이 흔히 무슨 굿이니 하여 내놓는

---

1) 예컨대, 赤松智城, 秋葉隆, 1938: 134-219, 張籌根, 崔吉城, 1987: 131-158, 任晳宰, 1971: 173-185, 柳東植, 1975: 291-320, 金泰坤, 1981: 341-421.

것은 아마도 그 가장 대표적인 보기가 될 것이다. 그들은 굿이 마치 민중을 위하여 있는 양 크게 잘못 이해한다. 그리고 나서 굿의 형식과 내용을 제멋대로 만들어 놀아낸다. 푸닥거리조차도 그 나름의 일정한 짜임새와 노는 법이 있는데, 학생들의 것은 실로 굿의 이름을 빈 놀이에 지나지 않는다.

굿과 신령에 관한 학자들의 미흡한 이해가 그런 오해에 한몫을 거들고 있다. 굿에 등장하는 신령들 가운데 怨神이 많다[2]든가 한국의 무당은 怨神을 모시고 그들을 달래듯이 보통사람들의 怨靈을 달래는 것을 그 주요한 기능으로 삼고 있다[3]는 등의 것이 그런 예에 해당한다. 巫의 신령이 정녕코 원신일 수 없으며 그런 것은 巫의 조작된 감상적인 이해에 불과함을 나는 밝힌 바 있다.[4] 이 글에서 그 점이 더욱 분명해진다. 굿의 본거리에 등장하는 신령들이 원한과 무관한 正神이거니와, 雜鬼雜神 가운데서도 오직 몇몇 무리만이 억울하고 원통스러운 귀신들인 것이다. 그리고 굿이란 어느 편에 서는 것이 아니다. 단골집안의 문제를 온 조상과 신령의 덕으로 풀어 집안의 조화를 되찾는 종교일 뿐이다.

신령이해의 혼란은 위에 언급한 것을 훨씬 넘어선다. 조선왕조 때 儒家에서 무당의 신령을 천시하여 鬼神이라 칭하였고, 일본사람 村山智順은 그것을 답습하여 李能和의 巫神해설[5]을 억지로 「巫覡의 鬼神」항목으로 고쳐 잡아 그 종류를 열거하였다.[6] 그것은 다시 최근에 민속학자의 귀신해설에 계승되었고,[7] 또 「귀신신앙」이라는 표현을 낳기도 하였다.[8] 鬼神이란 그 낱말의 내력이야 어떻든 꽤 오래전

---

2) 金烈圭, 1977: 282-4.
3) 앞의 논문: 284.
4) 조흥윤, 1984
5) 李能和, 1927: 51-65.
6) 村山智順, 1929: 156-164.
7) 任東權, 1975: 203-219.
8) 文相熙, 1975: 182.

부터 죽은 사람의 혼령을 가리키며 부정적인 성격을 가진 것으로 이해한다. 巫에도 이 같은 영적 존재가 雜鬼雜神의 한 항목으로서 있으며, 巫의 신령은 결코 유교나 기독교 기타의 선입관에 의하여, 마구 그렇게 불리어서는 결코 아니 된다. 거기다 또 어떤 이는 굿의 준비과장의 하나로서 굿장소를 의례적으로 淨化시키는 祭次, 즉 不淨으로부터 不淨神이란 것을 만들어내고 있다.9) 한국巫의 신령은 중부지방에서 뚜렷한 位階를 가지고 있고10) 다른 지방에서도 그런 위계관념을 찾아 볼 수 있건만, 많이들 그것을 부정하고 있다. 신령계의 바른 이해는 巫의 기원과 형성, 종교표상 등과 직결되어 있는 매우 필수적인 중요한 문제이건만 별로 관심을 쏟고 있지 않다.

巫연구와 이해의 혼란상을 하나의 예로써 살펴보고 넘어가려 한다. 그것은 在美무속연구가 蔡熙娥 교수에 관련된 것이다. 이 연구가에 관하여는 학자가 무당이 되었다 하고11), 미국에서 여러 차례 굿을 공연하였으며, 최근에는 무슨 영화에 주연노릇을 한다 하여 떠들썩하게 이름이 나 있다. 그녀는 1981년 여름 황해도 무당 金錦花를 신어머니로 모시고 내림굿을 하여 애기무당이 되었다고 한다. 이 神母는 근래 매스컴에서도 크게 각광을 받고 큰 굿을 많이 하여 이름이 매우 높다. 그런데 蔡氏는 이후 미국 로스앤젤레스 등지에서 여러 번 굿 공연을 하였는데 번번이 입에 거품을 물고 실신하였다. 그리고 그것이 마치 降神체험의 거센 것인 양 두루 인식되기에 이르렀다 한다.

이것은 실로 큰 일 날 일이다. 내림굿은 원래 성질이 전혀 다른, 그러나 서로 연관을 가지는 두 개의 굿, 즉 虛主굿과 내림굿으로 이루어진다. 허주굿에서는 무당후보자의 증세가 정말 神病인지, 아니면 雜鬼雜神의 장난에 의한 정신이상인지가 판가름된다. 神病이 확실하

---

9) 金泰坤, 1969: 73-74.
10) 조흥윤, 1983: 94-103.
11) 주간女性: 19-21.

면 이때 그 내린 正神을 가리고 있는 허주를 벗겨내어야 한다. 그리고 후자의 내림굿에서는 후보자의 몸주를 모셔내고 그에 따라 그의 무당계급이 결정되는 것이다.12) 이것이 내림굿의 옛 법이고 오늘날에는 그 둘을 하나로 묶어 약식으로 거행한다. 蔡氏도 하루 만에 내림굿을 하였다 하니 그것이 줄여진 형태의 것이었음이 분명하다.

어쨌든 내림굿에서는 허주가 벗겨져야 온전한 애기무당이 태어나게 된다. 그렇지 못할 때 나타나는 현상이 바로 춤을 추다 입에 거품을 물고 실신한다든가 말문을 열지 못하는 따위이다. 그러니 蔡氏는 내림굿에서 허주를 제대로 못 벗은 셈이다. 말을 바꾸자면 그녀의 신어머니 金氏가 허주를 제대로 벗기지 못하였다는 애기가 된다. 이러하고서도 그 둘이 모두 학계와 사회에 이름이 높으니 정녕 모를 일이다. 그것이 어쩔 수 없는 형편이라 하더라도 蔡氏가 미국에서 한국巫의 降神모습을 입에 거품 물고 실신하는 그런 양으로 알리고 있는 셈이니 어찌해야 할지 그저 난감할 뿐이다.

이런 잘못들을 올바른 연구를 통하여 바로잡는 일이 시급하다. 이 글의 한 뜻은 거기에 있다. 그밖에 나는 한국巫의 신령의 내력을 밝히는 연구 작업을 계획하여 진행하고 있는 바, 이 글은 그것을 한 판의 굿으로 잡을 때 모든 부정한 잡귀잡신을 쳐들어 물리는 '부정치기'에 해당한다.

2

잡귀잡신의 이해를 위하여는 굿의 구조와 용어 및 개념문제를 미리 짚고 넘어가는 것이 필요하다. 먼저 열두거리라는 개념을 살펴본다. 종래 굿, 특히 薦神굿은 12거리로 짜여 있다고들 막연히 알아

---

12) Cho, Hung-youn, 1981: 77-103, 1983: 29-35.

왔다. 연대와 저자가 분명하지 않으나 조선조 말기의 것으로 추측되는 『巫黨來歷』이라는 책에는 굿이 열두거리로 나뉘어 그려져 있다.13) 그러나 崔吉成이 조사한 양주 무당 趙英子의 천신굿 거리 수는 열둘을 훨씬 넘는다.14)) 그리고 내가 시도한 전통적인 천신굿의 복원작업에서는 그것이 16거리와 준비과장과 기타 여러 부속거리(곁거리)로 나타났었다.15) 그 후 계속된 조사연구를 통하여 나는 현재 옛 천신굿의 5준비祭次, 18거리, 그리고 27부속거리를 확인하여 있다. 물론 사흘 놀던 큰 굿의 것이다. 따라서 열두거리란 실제와는 다르며 단지 1년 열두 달을 연상시키는 어떤 상징성을 띠는 개념16)에 불과하다 하겠다.

그런데 柳東植은 그 열두거리를 다음과 같은 순으로 나열하고 그것에 일정한 의미가 있음을 강조한다17): ①不淨거리 ②가망거리(이상 序章) ③山마누라 ④別星거리 ⑤大監거리(財) ⑥帝釋거리(壽) ⑦成造(성주)거리(寧) ⑧戶口거리 ⑨軍雄(또는 丘陵)거리(이상 主神제사) ⑩唱夫거리 ⑪萬明(말명)거리 ⑫뒷전풀이(이상 終章). 이 가운데 중심부분을 이루는 ⑤⑥⑦ 세 거리의 神位는 각기 財福과 壽福과 安寧을 주관하는 三大家神이므로 祈福이 굿의 중심이 된다고 그는 파악한다. 이 중심부분을 둘러싼 ④와 ⑧은 除厄, 그 바로 바깥쪽의 ③과 ⑨는 守護의 기능을 담당한다고 그는 보고 있다.18)

굿이 크게 보아서 세 부분으로 짜여 있음은 사실이다. 첫 부분에 준비과장, 가운데에 본과장으로서의 거리과장, 그리고 끝에는 종결과장으로 구성된다. 그러나 옛 천신굿에서 놀아지는, 또는 오늘날 전통무에 의하여 진행되는 거리순서는 위에 언급된 것과 많이 다르다.

---

13) 泉靖一, 1967.
14) 張籌根, 崔吉城, 139-151.
15) 조흥윤, 1983: 128-151.
16) 柳東植, 296.
17) 같은 책, 316-317.
18) 같은 책, 318.

그것을 순서대로 적어보면 다음과 같다: **a.** 주당물림, **b.** 부정, **c.** 청배, **d.** 진작(進爵) **e.** 佛師거리(또는 天宮맞이, 天尊굿), **f.** 山바레기(또는 本鄕맞이), **g.** 祖上거리, **h.** 本鄕가망거리, **i.** 전안거리, **j.** 上山(마누라)거리, **k.** 別相거리, **l.** 神將거리, **m.** 대감거리, **n.** 제석거리, **o.** 성주거리, **p.**창부거리, **q.** 뒷전(거리). **a-d**는 준비과장이 된다. 이것과 앞의 것을 비교해 보면 앞의 것에는 **e, f, g, h, i, l**이 숫제 빠져 있다. 그리고 호구거리는 본래 불사거리의 부속거리에 지나지 않는다. 그러니 종래 이야기되던 굿의 짜임새나 그 일정한 의미란 무의미한 것임을 알 수 있다.

곁들여 잘못된 용어를 간단히 바로 잡아야겠다. 먼저 別星은 別相이 되어야 한다. 별상이란 연산군, 광해군, 사도세자처럼 왕위를 지키지 못했거나 잃은 이들이 신격화된 것이다.[19) 별상을 위로하는 별상노랫가락이나 별상거리의 空唱(공수)를 들어 보고 또 전통 무들의 믿음에 귀를 기울여 보면 신령의 성격을 알 수 있다.

그리고 부정은 보통 '부정친다'(치운다)하고, 주당은 '주당물린다' 하며, 청배는 '청배드린다'고 표현되어 일련의 준비과장에 속한다. 부정의 경우, 이것은 부정한 것과 잡귀잡신을 물리치고 굿판을 정화하는 것이기에 특별한 신령을 모시지 않는다. 따라서 '거리'가 되지 못한다. 거리에서는 신령이 모셔지기에 반드시 춤이 있고 또 空唱가 내려진다. 춤과 공수는 그러므로 거리의 필수조건이 된다. 종결과장인 뒷전은 뒷전풀이로도 불리어지지만 여러 잡귀잡신이 모셔 놀려지니 하나의 거리가 되는 것이다.

끝으로 부정과 뒷전거리를 두고 지방마다 부르는 말이 다르기에 그것을 정리해둔다. 뒷전에 해당되는 것은 편의상 고딕체로 처리하여 구분하려 한다.

---

19) 조흥윤, 1983: 98.

1. 서울·경기(재수굿, 천신굿): 부정, 뒷전; 화성(재수굿): 부정풀이, 마당굿.
2. 충청도, 부여(성주굿): 조왕굿, 수부굿.
3. 전북, 고창(성주굿): 안강석(또는 조왕석), 중천맥이; 순창(축원굿): 逐鬼.
4. 전남, 해남(씻김굿): 退送굿(또는 거리굿, 해원굿).
5. 경상도, 부산(삼제당굿, 논부굿, 오구굿, 별신굿): 부정굿, 거리굿(또는 시식풀이).
6. 제주도, 제주(佛道맞이): 초감제(의 새다리), 도진.
7. 강원도, 고성(재수굿, 성주굿, 축원굿, (도)신굿): 부정굿, 거리풀이.
8. 평안도, 평양(재수굿): 추당풀이, 뒷전풀이.
9. 황해도, 해주(수축원굿): 초부정굿, 마당굿.

3

잡귀잡신에 관계되는 祭次는 그허고 보면 부정과 뒷전거리가 분명하다. 그밖에 옛 천신굿에서는 天尊대감의 부속거리로서 천존뒷전을, 산바레기의 부속거리로서 산바레기 본향뒷전을 놓았는데, 이 두 부속거리 뒷전도 잡귀잡신을 놀리는 거리에 든다.

이제 부정에 쳐들어지는 여러 잡귀잡신 항목을 살펴본다. 赤松智城과 秋葉隆이 함께 엮은 『朝鮮巫俗の 硏究』上卷에는 京城 巫女 裵敬載의 것을 옮겨놓은 이른바 열두거리의 巫歌가 담겨 있다. 그 첫 제차인 부정에서는 10부정, 7호구, 16말명, 7동법(관주), 13영산, 11상문이 나열된다. 그 세부항목을 열거한다.

1. 부정: ①外喪門부정, 內喪門부정 ②말잡아 大馬부정 ③소잡아 牛馬부정 ④물부정 ⑤불부정 ⑥火災부정 ⑦두엄부정 ⑧날짐승길버러지 살생부정 ⑨머리끝에 白나비부정 ⑩尊物부정.

2 호구: ①상단호구, 중단호구, 하단호구 ②聖人호구 ③본향호구 ④부리호구 ⑤姓주고 本준 호구 ⑥祖妣祖上의 말명호구 ⑦손각씨 孫호구.

3. 말명: ①서울 명도대신 말명 ②四位三堂諸堂말명 ③上山말명 ④열네아기당자말명 ⑤수영반장말명 ⑥六曹삼말府君말명 ⑦배옹남산의 불사말명 ⑧化主堂, 매(鷹)堂王神의 산활말명 ⑨왕십리 수풀당의 열네아기자겨말명 ⑩大殿말명 ⑪世子말명 ⑫도당말명 ⑬안(內)堂의 불사말명 ⑭業位말명 ⑮터(基)主, 苑主, 家主말명 ⑩兩位家의 先後代말명.

4. 동법: ①城隍관주 ②말명관주 ③아홉 말 도관주 ④열두말 上관주 ⑤木神동법 ⑥石神동법 ⑦土神동법.

5. 영산: ①설명도대신영산 ②빛 다른 영산, 색다른 영산 ③부리영산 ④神位영산 ⑤虎영산 ⑥물에 빠져 水殺영산 ⑦客死영산 ⑧로추영산 ⑨빛 달리가든 영산 ⑩하탈영산 ⑪쥐통(虎列刺)에 가든 영산 ⑫활 맞아 죽은 영산 ⑬총 맞아 죽은 영산.

6. 상문: ①男상문 ②女상문 ③늙은이 죽은 망령상문 ④젊은이 죽은 소년 상문 ⑤머리 풀어 發喪상문 ⑥은하수 大哭상문 ⑦뜰 네 귀에 범한 상문 ⑧舍廊 네 귀에 범한 상문 ⑨外行廊, 內行廊에 범한 상문 ⑩紙燭賻儀往來상문 ⑪通訃書에 따라온 상문.

부정제차에서는 이렇듯 말명, 영산, 상문 및 동법의 雜鬼雜神類와 굿의 본거리에서 다시 모셔지는 호구, 그리고 여러 부정한 것이 모두 쳐들어져 집안에 탈 없이 잘되게 도와 달라고 빌어진다. 이 가운데 호구는 앞서 언급한 바 있듯이 원래 불사거리의 부속거리에 모셔진 신령인데 여기서 보면 부정의 한 부류로 잡혀진다. 따라서 그 성격이 좀 애매하기는 하나, 호구를 모시는 만신이 있고 보면 巫의 正神으로 헤아려 좋을 것이다.

이들 잡귀잡신은 부정에서 한번 쳐들어지지만 굿의 맨 뒷부분인 뒷전에서는 제대로 모셔져 음악과 춤과 음식으로써 대접받고 물리쳐진다. 부정은 그러므로 이들 잡귀잡신을 멀리 물리치는 제차가 아니고, 굿의 본거리과장에 모셔질 正神들과 조상신령이 굿판에 오셔서 자리 잡도록 그들을 잠시 굿판 주위에다 물려놓는 준비과장인 것이다. 배경재의 巫歌에서는 뒷전에 24乞粒, 8대감, 20서낭, 그리고 24영산이 언급된다.[20] 부정과 뒷전을 합쳐 모두 10종이 들먹여진 셈이다. 이 가운데 부정제차의 브정은 잡귀잡신에 들지 않는다. 그리고 영산이 부정과 뒷전에 다 들어 있으므로 이것을 감안하면 잡귀잡신으로서 손꼽아지는 것은 일곱 종에 지나지 않는다.

비단 배경재에게서만 아니라 채록되어 보고 된 巫歌들에서도 보면 부정과 뒷전에 언급듸는 잡귀잡신의 종류가 그리 많지 않다. 굿당에서 베풀어지는 이즈음의 굿에서는 대부분 줄여서 놀기 떄문에 그 수가 더구나 적은 형편이다. 그러나 李芝山, 故부득이 만신, 오토바이 만신 등 전통 무들에게서 조사한 바에 의하면 잡귀잡신의 종류는 본디 훨씬 더 많다. 그럴진대 오늘날의 굿이라는 것은 제대로 정화되지 못한 상태에서 놀아지고 잡귀잡신을 다 물리지 못하여 祭家나 굿당에는 그런 것들이 수두룩하게 남는다는 얘기가 아닌가.

4

내가 조사한 잡귀잡신의 증류는 15종, 그들의 성격과 각 종에 속하는 잡귀잡신의 세부항목을 살펴본다.

1. 乞粒

뒷전에서 제일 먼저 모셔진다. 배경재의 뒷전에는 24걸립이 나온다: ①만신몸주걸립 ②四位三堂諸堂걸립 ③上山걸립 ④용궁걸립 ⑤서낭걸립 ⑥반장걸립 ⑦使臣서낭 왕래걸립 ⑧六曹삼말부군걸립 ⑨배웅남산불사걸립 ⑩마당王神산활걸립 ⑪열네애기재계걸립 ⑫卋子걸립

---

20) 赤松智城, 秋葉隆, 1937: 116-119.

⑬본향부군걸립 ⑭성주걸립 ⑮地神걸립 ⑯化主걸립 ⑰施主걸립 ⑱兩位몸주걸립 ⑲直星걸립 ⑳홍수(橫數)걸립 ㉑영산걸립 ㉒鬼責걸립 상문걸립 ㉔동법걸립.

걸립은 원래 무당후보자가 그의 내림굿을 위하여 인근마을을 돌아다니며 사람들에게서 곡식을 비는 행위를 일컫는 말이다. 그런데 이 개념이 어떤 경로로 신령으로 되었는지는 분명하지 않다. 어쨌든 이 신령은 무당의 형성을 도와주는 일종의 수호신으로 간주된다. 이 下位神이 내림굿에서 애기무당에게 몸주신으로 내리는 경우가 있다. 이 신령과 함께 말명, 맹인신장, 성황, 사신 등의 신령을 모시게 되면 그 무당은 뒷전무당 계급에 속하게 된다.21)

2. 터주(대감)

地神대감으로도 불린다. 이 터대감은 굿의 본과장에서 대감거리에도 끼어 등장하게 되나 뒷전에서는 단독으로 모셔진다. 배경재의 뒷전에서는 그냥 '대감'이라 하여 여덟 분이 언급되어 있다: ①만신몸주대신대감 ②사위삼당제당대감 ③天神대감 ④巡歷대감 ⑤上山대감 ⑥용궁대감 ⑦제가집몸주대감 ⑧열입대감.

3. 地神할머니

이 분에 대한 언급은 문헌에서 찾아볼 길이 없다. 전통 무들에 의하면 이 신령은, 터주가 터의 男神에 해당되는 반면, 터의 女神이 된다고 한다.

4. 首廣大

이 신령에 관한 언급도 아직 찾지 못했다. 제가 집의 조상 가운데 중이나 무당이나 광대였던 이들을 모셔 논다고 한다.

---

21) 조흥윤, 1983: 99-100.

5. 서낭(城隍)

서낭 또는 성황은 각 처의 서낭을 가리키며 마을의 수호신이다. 배
경재의 뒷전에는 대략 20서낭이 쳐들어지는 바, 그것을 옮겨본다22):

어라하 서낭
萬神몸주 大神서낭
안산大國 한 우물 셋 우물어 四海로 龍神서낭
안말 울이 밧말 울이 山川어 중디서낭
수영반장서낭
숫돌고개 往來서낭
배웅南山 佛師서낭
西으로 使臣서낭
北으로 紫霞門 同樂堂 星祭우물
東으로 紫芝洞서낭
南으로 牛首재서낭
八道名山 재재峯峯 모퉁이 모퉁이로 로추서낭
마루마루 재재봉봉 넘든 서낭
八道대동을 나올 때
四海는 龍神의 외대백이서낭
두대백이 대동船에 고물서낭에 이물서낭
물아래 긴대서낭
물우에 노절서낭
萬頃蒼波 허허바다 밀물서낭에 썰물서낭
和誼받어 놀으소사.

6. 使臣

조선이나 중국의 사신 가운에 공무 도중에 죽은 이들이 신격화되
어 별상거리에 붙여 놀아지나 이곳 뒷전의 사신은 사신들 앞에서 놀
던 말뚝이를 가리킨다.

---

22) 赤松智城, 秋葉隆, 1937: 117-118.

7. 盲人

서울 만신 文德順은 뒷전에서 盲人공수를 다음과 같이 내리고 있다[23]:

부리맹인에 신에 맹인이라
열 맹인에 뜬 맹인 아니시리
신장맹인에 부군은 도당맹인이라
곽곽선생 이순풍이 제갈공명
식구대루 눈조룽도 제쳐주구 애조룽도 제쳐가며
열삼에 뜬삼에 외다락지 쌍다락지 가시눈 딸기눈 제치어서
민경에 체경같구 어리새 새경같이
수하청명 맑히어서
받들어 상덕입혀 도와주마

이 맹인거리에서는 이처럼 곽곽, 이순풍, 홍계관 등의 占卜神과
제가 집의 조상 가운데 盲人들이 모셔진다.

8. 하탈(下頉)

제가 집 부녀 가운데 애 낳다가 혹은 애 낳고 죽은 귀신을 일러
하탈이라 한다. 평양무 鄭大福은 재수굿의 뒷전풀이에서 하탈영산이
라는 귀신을 들먹인다.[24] 아기를 낳다 죽은 怨鬼다. 그러나 이것은
영산에 속하는 잡귀잡신이다. 하탈系는 또 따로 있어서 뒷전에 버젓
이 한 거리를 차지한다. 하탈거리에 관해서는 그 巫歌가 학계에 아
직 보고 된 바 없다.

9. 말명

배경재의 부정에서 우리는 16位의 말명을 알았다. 그밖에 서울·
경기지역의 옛 천신굿에서는 뒷전의 말명이라 하여 제가 집의 하인

---

23) 金泰坤, 1971: 48-49.
24) 24) 金泰坤, 1978: 61.

이나 종이 죽어 된 귀신을 놀린다. 이들은 말하자면 행세 못하는 떳떳하지 못한 귀신들이다.

10. 客鬼

객귀를 뒷전에서 놀리는 巫歌는 보고 된 적이 아직 없다. 이것은 글자 그대로 객지에서 죽은 귀신이기도 하고 또 집안의 다른 귀신을 가리키기도 한다.

11. 영산

靈山 또는 靈散이라고 쓰는데 참혹하고 억울하게 죽은 사람의 넋이 이 계열에 든다. 영산은 배경재의 부정에도 13개가 열거되어 있지만 그밖에 여러 지역의 뒷전에서 흔히 놀려지는 잡귀잡신이다. 잡귀잡신 가운데서는 그만치 강하고 독한 것이기에 좀 자세히 알아볼 만하다. 먼저 배경재의 뒷전에 나오는 영산의 목록을 보자[25]: ①男영산 ②女영산 ③부리영산은 祖上영산 ④산에 올라 虎영산 ⑤거리路中에 客死영산 ⑥만경창파 水殺영산 ⑦낫코간(産後에 죽은)영산 ⑧베고간(孕했다 死한)영산 ⑨난리 통에 가든 영산 ⑩총 맞고 살(矢)맞고 가든 영산 ⑪쥐 통에 가든 영산 ⑫화통어 가든 영산 ⑬쓰리 통에 가든 영산 ⑭덜 미치기에 가든 영산 ⑮軍門梟首에 가든 영산 ⑯서소문 네거리에 脚을 찢고 가든 영산 ⑰戮屍處斬에 가든 영산 ⑱약 먹고 자결영산 ⑲목매고 자살영산 ⑳남게 치여(壓死) 木神영산 ㉑흙에 치여 土神영산 ㉒돌에 치여 石神영산 세네부리 빚 다른 영산 ㉔색다른 영산.

배경재의 영산이 제법 古風의 잡귀잡신이라면 평양만신 정대복의 것은 많이 근대화되어 6·25사변과 4·19에 죽은 귀신까지 포함한다. 그 몇 대목을 소개한다[26]:

---

25) 赤松智城, 秋葉隆, 1937: 118-119.
26) 金泰坤, 1978: 62.

물루 빠져 수도영산 절누가고
목매달아 강건 잿물먹구 가넌 싱
낙낙가지에 목매달아 간경 바다나서
육이오사변에 사일구사변에
총에 맞어 간 혼신
화살에 간 혼신
외국영산에 타국영산 바다나서
사일구에 학생 죽은 영산 바다나서.

12. 喪門

배경재의 뒷전에 상문이 들어 있지 않지만 서울·경기 지역의 巫에
서 두루 쳐들어지는 귀신이다. 앞에서 살펴본 바 배경재의 부정에서
그 성격은 드러난다.27) 그곳에 보이듯 상문은 喪家에서 묻어오고 따
라온 것을 가리킨다. 상가에 다녀와 몸이 불편할 때 그것이 상문살에
의한 것이라고 판단되면 상문풀이라고 하는 致誠을 드린다.28)

13. 수비

隨鄙音라 쓰며29) 수비하직으로도 불리는데 主神에 따라다니는 잡귀
잡신들이 그것이다. 부여지역 祝願굿의 마지막 거리인 수부굿이란30)
바로 이들 수비를 놀리는 거리이다. 서울·경기 지역의 옛 재수굿에
서는 뒷전에 반드시 수비를 쳐든다. 1930년대 烏山박수 李鍾萬의 부
정에서는 수비의 종류와 규모가 드러난다.31):

---

27) 赤松智城, 秋葉隆, 1937: 69.
28) 조흥윤, 1983: 53.
29) 赤松智城, 秋葉隆, 1937: 127-128, 1938: 114.
30) 金泰坤, 1971: 143-144.
31) 赤松智城, 秋葉隆, 1937: 127-128.

上廳 서른여덟 수비
中廳 스물여덟 수비
下廳 열여덟 수비
右中間 男수비
左中間 女수비
벼루 잡던 수비
책 잡던 수비
먼 길 客死수비…

14. 雜鬼

잡귀는 잡귀잡신의 줄인 말이 아니라 잡귀잡신의 한 종류이다. 뒷전에 99 都鬼, 53 떼귀신이라 불리는 것이 그것이다. 우주만물의 잡종 99 귀신이 여기어 든다.

15. 동법

배경재의 부정에 언급되는 동법은 이미 보았거니와 文德順의 재수굿 뒷전공수에도 동법이 쳐들린다32):

나무 달어 木神동법이라
흙을 달어 土神동법
돌을 달어 石神동법
인살에 태살동법 다니시랴
헌 재목에 새 재목올 만지구 다룬 동법
새 재목에 헌 재목을 만지구 다룬 동법…

동법은 이렇듯 집안의 나무, 흙, 돌 등의 재료를 다루어 탈난 것을 가리킨다.

---

32) 金泰坤, 1971: 49.

$$\boxed{5}$$

위에서 살펴본 바 15종 잡귀잡신이 모두 원한을 가진 것이 아님이 분명해졌다. 걸립, 터주, 지신할머니, 서낭은 수호신의 성격을 띠고 있다. 동법과 상문은 각기 동법살과 상문살이라 불리는 만큼 오히려 어떤 악독한 기운을 가리키고 있음직하다. 원한을 지닌 잡귀잡신이라면 하탈, 영산, 말명, 객귀, 그리고 잡귀를 손꼽을 수 있다. 신분사회에서 천민으로 천대받았다는 점에서 수광대와 사신이 원한 품은 잡귀잡신에 억지로 집어넣어질 수 있을지 모르겠다. 한국巫의 잡귀잡신 가운데 원한을 가진 것이 이처럼 반 정도에 불과한데, 굿의 본과장에 모셔지는 正神들을 한꺼번에 몰아붙여 원한 운운하는 것은 도무지 말이 되지 않는다.

오늘날 우리 사회의 거의 모든 인식이 이같이 분명하지 못하고 이리저리 감정과 감상에 놀아나는 것, 그리고 잘못된 인식을 고치려 하지 않는 것은 실로 통탄할 일이다. 연구하는 이들이 그러하거늘 하물며 일반대중이야 일러 무엇하겠는가. 잡귀잡신에 관한 무지와 그에 따른 혼란을 두어 가지 살펴본다.

이즈음 사람들은 집에서 숨을 거두는 경우가 흔하지 않다. 워낙들 바쁘다 보니 대개 밖에서 죽는다. 그리고 사회복지와 의학이 발달해서인지 거의 모두들 병원에서 치료받다가 숨을 거두고, 그러면 자동적으로 병원 한 구석의 영안실로 옮겨져 장례 치러진다. 달리 표현하면 사람들이 바빠서 그냥 돈을 쳐들여 병원에 환자를 맡겨 끝까지 할 수 있는 데까지 해보는 것이 마치 孝나 되는 듯 생각하고 있다. 그렇게 하면 가족들에게야 편할지 모른다. 그러나 돌아갈 이의 뜻은 이런 경우 식구들의 고려의 대상이 되지 않는다.

밖에서 죽으면 집에 들이지 못하는 것이 우리네 관념이다. 그것이 客死이고, 그래서 客鬼가 된다. 내가 아는 어떤 이의 어머니가 병원에서 돌아가시자 그 자식들은 병원 영안실에서 어머니의 장례를 치르고 어머니의 마음을 헤아려 運柩車를 집 앞에 대고서 어머니를 집 안에 모시지 못하고 그토록 서럽게 우는 것을 나는 보았다. 이렇게 간 혼은 그러면 무엇이 될까. 객귀가 될 것이다. 아니면 경우에 따라 참혹하고 억울하게 가셨기에 영산이 될 것이다. 이즈음 살아가는 투가 모두 그런데 그 많은 객귀와 영산은 다 어찌할 것인가.

세계가 분노한 저 **KAL**기 피격사건을 우리는 잊지 않는다. 그리고 모두들 작은 나라의 아픔과 서러움을 한데 모아 울음을 터뜨렸다. 이들은 한국巫의 잡귀잡신 계열에서 영산에 든다. 그러나 감정에 북받쳐 분노하고 서러움만 되씹어서는 아니 된다. 이들이 어떤 귀신이 되었는지, 그 죽음의 내용을 냉정하게 알아서 하나하나 그들을 풀어주고 또 우리는 부지런히 앞으로 갈 길을 가야 할 것이다.

6

굿의 한 판이란 곰곰이 들여다보면 완벽한 짜임새를 갖고 있음을 알아차릴 수 있다. 준비과장에서 부정을 쳐들어 물리치고 난 뒤 굿판을 정화하고 모든 조상과 신령을 모신다. 본과장에서는 조상님, 집안의 수호신, 마을신, 우리 사회와 나라의 조상인 수호신, 산천의 모든 신령, 天神, 심지어 다른 나라에서 왔으되 우리에게 덕을 끼친 신령까지 모두 모셔서 즐겁게 놀려드리고 그들의 도우심을 확약 받는다. 그리고 뒷전에서 갖가지 잡귀잡신마저 그 성격과 식성에 맞추어 대접해 보내기에 결코 소홀히 하지 않는다. 이들 조상, 신령, 잡귀잡신을 한편으로 하고 또 다른 편에서는 제가 집의 兩主집안식구, 친척, 이웃들이 골고루 굿판에 자리하여 무당의 중재로 모두 어우러져 노니 굿은 완벽한 조화라 아니할 수 없다. 굿의 원리, 巫의 원리란 단골집안의 금간, 깨어진 조화를 다시 도로 회복시키는 바로 그 조화에 있는 것이다.

그런 굿판의 뒷전은 원래 뒷전무당이 있어서 그것을 전담하였었다. 그에게 내린 신령이 걸립, 말명, 맹인(신장), 성황, 사신, 三大神 따위와 같은 것이면 어쩔 도리 없이 뒷전무당이 되었던 것이다. 이들 신령은 한국巫에서는 下位神이므로 저들 뒷전무당은 자연히 낮은 무당계급을 가졌었다.33) 따라서 옛 굿에서 그들은 굿판의 마루에 감히 걸터앉지도 못하고 다만 마당 한구석에서 뒷전이 오기만 기다렸던 것이다.

그러나 해방을 맞고 온갖 급격한 사회변동을 겪으면서 그런 법은 흔들리고 녹아 없어지고 말았다. 어느 무당이 낮은 계급에 만족하고 머물러 있으랴. 모두가 자유스럽고 평등한 민주주의 사회에 다들 살고 있다. 또 무당도 단골도 모두 바쁘다 보니 계급이나 옛 법 같은 데 더 이상 마음을 쓰지 않는다. 적당히 하기만 하면 되는 세상이다.

옛 법이 지켜지지 않는다고 무당을 나무래서는 아니 된다. 물론 어느 정도의 책임이야 없지 않겠으나 그 근본책임은 사회에 있다. 무당은 개인만 아니라 사회의 상태를 그대로 정확히 느껴 알 수 있을 만큼 충분히 민감한 降神의 전문가들이다. 사회가 바뀌는 만큼 저들도 꼭 그만큼 변해야 될 줄 알고 있다. 오늘날 우리는 뒷전무당이 없는 세상을 살아간다. 누가 저 잡귀잡신을 제대로 풀어먹여 우환 없는 사회를 만들 것인가. 나의 잡귀잡신연구는 그래서 있는 것이고, 다음의 뒷 물림으로 끝맺는다.

食床巨椀에 많이 먹고 즐겨 놀고
고픈 배 불리고 마른 목 적시고
가든 길 歷臨하고 오든 길 퇴성해서
다시 집안에 집착없이 도와주옵소서.

---

33) 조흥윤, 1983: 99-100.

참고문헌

李能和, 1927 「朝鮮巫俗考」, 『啓明』 제19호, 서울.
村山智順, 1929 『朝鮮の 鬼神』 京城.
赤松智城, 秋葉隆, 1937 『朝鮮巫俗の 研究』 上卷, 東京・京城.
赤松智城, 秋葉隆, 1938 『朝鮮巫俗の 研究』 下卷, 東京・京城.
張籌根, 崔吉城, 1967 『京畿道地域巫俗』(文化財管理局) 서울.
泉靖一, 1967 「巫黨來歷考」, 『東洋文化』(東京大學出版會) 第46. 47合倂號,
    pp.55-74, 東京.
金泰坤, 1969 「韓國巫神의 種類」, 『國際大論文集』 제7집, pp.71-84, 서울.
『韓國民俗綜合調査報告書』 1-10권(文化財管理局) 서울.
任晳宰, 1971 「韓國巫俗研究序說 Ⅱ」, 『亞細亞女性研究』 (숙명여자대학교아
    세아여성문제연구소) 10집, pp.161-224, 서울.
金泰坤, 1971 『韓國巫歌集 Ⅰ』 서울.
柳東植, 1975 『韓國巫敎의 歷史와 構造』 서울.
文相熙, 1975 「한국의 샤마니즘」, 『宗敎란 무엇인가』 pp.123-189, 서울.
任東權, 1975 「民間信仰」, 『宗敎란 무엇인가』 pp.191-256, 서울.
金烈圭, 1977 「샤마니즘의 文化的 意味」, 『文學思想』 9월호 pp.272-290, 서울.
金泰坤, 1978 『韓國巫歌集 Ⅱ』 서울.
『주간 女性』 1981. 8. 16일자.
Cho Hung-youn, 1981: Die Initiationszeremonie im Koreanischen Schama-nismus.
    In: Mitteilungen aus dem Museum für Völkerkunde Hamburg. Bd. 11,
    S. 77-103, Hamburg.
金泰坤, 1981 『韓國巫俗研究』 서울.
조흥윤, 1983 『한국의 巫』 서울.
조흥윤, 1984 「恨, 만들어진 한국인의 심성」, 『韓國文學』 제12권, pp.329-338.
    서울.
조흥윤, 1985 「잡귀잡신풀이」, 『文化藝術』 (한국 문화예술진흥원) Vol. 12,
    No. 102. pp.37-43, 서울.

◇토론

「雜鬼雜神 연구」에 대하여

토론자:

금장태(서울대학교 종교학과 교수)
길희성(서강대학교 종교학과 교수)
김승혜(서강대학교 종교학과 교수)
조흥윤(한양대학교 문화인류학과 교수)
학생 4명(서강대학교 종교학과 대학원)

금장태: 잡귀잡신의 종류를 열거하셨는데, 그에 관하여 세 가지 질문을 하겠습니다. 첫째, 억울하게 살다 죽은 사람의 경우 한을 풀어주는 해원굿을 하면 잡귀잡신의 신세를 면하게 되는가. 둘째, 잡귀잡신과 '살'은 어떻게 구별되는가. 셋째, '놀린다'는 것은 구체적으로 어떻게 하는 것 인가입니다. 즉 굿의 주변에서 기다리고 있다가 끝나면 대접받는가, 아니면 잡귀잡신들이 굿의 과정에서 중요한 신적 영향력을 가지고 있는가 하는 것입니다.

김승혜: 금장태 교수님과 비슷한 질문입니다. 잡신들은 원한을 품고 무엇인가 부정을 몰고 오는 존재라고 이해할 때, 뒷전거리에서 놀리고 공수하는 것을 보면 그들에게서도 축복을 받으려는 게 아닙니까? 그렇다면 뒷전거리 도중이나 혹은 그 후에 잡귀잡신의 성격이 변하는 겁니까?

조흥윤: 먼저 첫째 질문에 대해 답하겠습니다. 죽은 후의 영혼은 그

에 맞는 해원을 하면 천도됩니다. 예를 들어, 병원에서 죽은 혼이 객귀가 되었을 때 진오기나 해원굿으로 풀어주면 천도를 하지만 그냥 두면 객귀의 신세로 남습니다. 영산이면 영산에 맞는 해원을 해야 하는 것입니다(KAL 기 참사의 예). 그리고 잡귀잡신의 종류와 성격이 왜 그렇게 집단 개념으로, 동시에 세부 개념으로 남아 있는가 하면 풀리지 않은 잡귀가 많아 오랜 세월 동안 덩어리로 화했기 때문입니다. 그들은 한꺼번에 풀어주어야 하는 것이지요.

김승혜: 예를 들면 '초사의 구가(九歌)'마지막에 나오는 위령제가 바로 그것이지요. 나라를 위해 싸우다 죽은 사람들의 혼을 집단으로 나라에서 풀어주는 것입니다.

조흥윤: 그것도 상대국에서 보면 풀리지 않은 혼이 있을 것이니 역시 상대국에서도 풀어주지 않으면 그 덩어리는 남는 것입니다. 집안의 예를 들면, 굿을 할 때 뒷전에서 그 집안과 관계되는 잡신들은 풀리지만 관계없는 다른 기운들은 풀리지 않습니다(예를 들면 객귀).

　이제, 둘째 질문인 '살'과 잡신의 관계를 보지요. 잡귀잡신 중 상문·동법은 상문살·동법살(혹은 동법귀)이라 하여 살의 기운을 보이지만, 살은 원래는 방위 개념과 관계가 있습니다. '살'은 잡귀잡신과 관련되어 있어 구체적으로 언급된 것이 없으므로 '살학'은 무속에서 전문적으로 연구되어야 할 과제입니다.

　끝으로, '놀린다'는 말은 무에서 잡귀잡신에게 뿐만 아니라 정신(正神)에게도 쓰입니다. 신을 즐겁게 하기 위해 신의 옷을 입고, 춤을 추고, 놀면 신이 내려와 그도 한바탕 놀고 또 공수를 주고 하면서 하나의 큰 놀이마당을 형성하는 것이 굿판인 것이지요. '굿을 논다', '신을 놀려 드린다', '놀게 해드린다'등의 말을 씁니다. 준비 제차에

서는 부정을 쳐놓고 그때 잡신들은 일단 물러나 굿판 주
위를 떠돌지만 뒷전에 와서는 항목별로 하나씩 놀립니다.
잡귀잡신의 항목별로 제삿상이나 복식, 악기, 장단, 소도
구, 노는 순서가 달라집니다. 그들도 공수를 하고, 뒤탈
없이 해달라고 한바탕 놀린 후에는 대문 밖에서 뒷 물림
을 하지요.

금장태: 잡신들도 놀리고 공수하면 정신(正神)세계로 돌아가는지
요. 즉 굿이 끝나면 가버리는 것입니까?

조흥윤: 배불려 주고 갈증을 풀어 주었으니 원한을 품지 말고 가
달라고 뒷 물림을 하는 것입니다.

김승혜: 그렇다면 계속 잡귀잡신으로 남는 것입니까?

길희성: 잡신이 구제받는 경우는 없습니까?

조흥윤: 아까도 언급하였지만, 자기 집안에 해당될 때에만 구제받
습니다.

길희성: 그렇다면 '풀어진다'는 것은 영원히 풀어진다는 것입니까?
아니면 그때 한 번입니까?

조흥윤: 그 때만, 그 의식 장소에서만 풀어집니다.

길희성: 풀어지는 것은 사실입니까?

조흥윤: 사람들이 그렇다고 믿는 것이지요.

길희성: '귀'와 '신'은 정확히 구별됩니까?

조흥윤: 민간신앙에서 '귀신'이란 말을 쓰듯이 크게 구별은 안합니
다. 귀신이란 민간신앙에서 쓰이는데 그 개념은 무의 잡
귀잡신에 해당됩니다. 민간에서는 귀신이란 개념을 막연
히 전체적으로 쓰지만 무에서는 항목을 나누어 정확하게
일러서 쓰고, 통합개념으로 잡귀잡신이라 합니다.

길희성: 보통사람들, 즉 저같이 별로 원한이 없는 사람들은 죽으
면 어떻게 됩니까?(웃음) 잡귀잡신이 안 되고 조상신이
됩니까?

조흥윤: 귀신이 안 되면 조상신이 될 터이고….(웃음) 나중에 공덕
　　　 이 높으셔서 문(literary)이나 학문(Wissenschaft) 귀신
　　　 도….(웃음)

김승혜: 굿의 원리가 조화의 회복이고, 잡신 종류에는 억울하게
　　　 죽은 자들이 많고 게다가 정신 중에도 최영 장군, 별상은
　　　 원한을 품고 죽은 것을 보면, 한국무속의 신을 원신으로
　　　 보는 견해는 잘못이라는 조흥윤 교수님의 주장은 잘 납득
　　　 이 가지 않습니다.

조흥윤: 그것은 해석의 문제인데 무당들 본인이 저와 견해를 같이
　　　 하고 있습니다. 또 잡귀잡신의 경우에도 단 몇 항목만 원
　　　 한의 성격을 가진다고 봅니다. 충신의 경우, 나라에 충성
　　　 을 다하고는 대개 억울하게 죽는데 우리에게 부각되는 것
　　　 은 전자이고 억울하게 죽었다는 것은 문제 삼지 않습니
　　　 다. 충신의 길은 원래 험난한 것이 아닙니까?

김승혜: 이씨 별상의 경우는 어떻습니까?

조흥윤: 별상거리에서 그분들을 모시는 것은 다르게 여기고 있습
　　　 니다. 옛날의 왕 개념은 나라의 아버지였고 따라서 나랏
　　　 님이 억울하게 돌아가시면 뇌리에 많이 남고, 그리하여
　　　 신관념이 형성되었다고 보여집니다. 원통한 면만 떼어서
　　　 그 자체가 원신(怨神)이라고 볼 것은 아니라고 생각합니
　　　 다. 별상 이외의 모든 신령의 경우도 원한이 크게 고려되
　　　 지 않습니다.

학생1: 무속의 정신에는 원신이 없고 잡신 중의 일부가 원신이라
　　　 하셨는데, 한국무속이나 굿에서 원신들이 중요한 기능을
　　　 하는 것은 사실입니다. 굿의 일반적 성격은 타종교 의식
　　　 과는 달리 문제 상황이 발생했을 때 일시적으로 이루어지
　　　 는데 그 상황을 유발시키는 것은 원신의 영향이 많고, 그
　　　 때 정신들이 원신에게 작용해서 문제 해결에 도움을 주는

것이 아니라 그 원인인 원신을 풀어 주어야 해결되는 것이니 그런 면에서 원신들의 기능이 구체적이고도 주도적이 아닙니까?

조흥윤: 그렇지 않습니다. 많은 굿의 종류 중 원한에 걸려 있는 것은 거의 없지요. 병굿과 진오기굿은 문제의 성격이 부정적일 뿐이고 나머지 항목은 전혀 원한과 관계없습니다. 재수굿도 나쁜 재수를 좋게 해달라는 것이 아니라 재수감사의 성격입니다. 한 가지 우리나라의 무연구에서 원한을 언급할 때 대부분 무당들의 생활사를 들추는데 이는 아전인수격이고 비학문적입니다. 좋은 집안 출신의 무당이 많고 또 어느 면에서는 인생이 모두 험난한 것 아닙니까?

학생 1 : 굿이 성립되는 동기에서의 질문이었습니다.

조흥윤: 동기도 마찬가지입니다. 진오기굿조차 그 동기가 원한에 있는 것이 아니라 누가 죽으면 그 영혼을 천도하는 것이지요. 이는 다른 종교의식과도 같습니다. 병굿의 경우, 부적이나 치성으로 낫지 않을 때 굿을 하는 것으로서 단지 원인상 부정적일 뿐입니다.

길희성: 병은 잡신들의 영향입니까? 예를 들어 마마는?

조흥윤: 마마는 정신입니다. 이는 인도, 중국에서도 마찬가지입니다. 중국에서는 의료신령에 속해 있고 우리도 마마는 존칭으로 호구마마라 하지요. 창겨씨라는 것이 있는데 창귀라고도 합니다. 병굿에서는 이 창겨씨를 푸는 장면이 나옵니다. 병굿도 다른 굿과 마찬가지인데 제장거리에서 창겨를 벗겨내는 경우가 하나 다르지요. 즉 닭을 쓰거나 해서 병원이 되는 것을 몰아냅니다. 최영 장군의 사당이 있는 덕물산에는 창겨씨 사당이 있는데 그곳에는 큰 탈(가면)이 있어 그것을 쓰고 놀기도 했다고 합니다. 이는 아끼바의 책 하권과 조선민속지에 약간 보고 되어 있습니

다. 그 성격이 탈과도 관련되고 무척 복잡한 것이어서 건
급을 안했던 것입니다. 여하튼 병굿에서는 창겨씨만 몰아
내면 끝납니다. 이는 '귀'계통으로 보이나 분명하지 않습
니다.

금장태: '잡귀잡신'이라고 할 때 '잡'자가 경멸적인 어조를 보이는
데, 무당들은 자기들의 신을 무어라 이야기합니까?

조흥윤: 무당들도 잡귀잡신을 다분히 천시하고 있음을 볼 수 있습
니다. 이는 무당의 계급을 보면 확실하지요. 하늘신을 모
시는 보살급들은 치성만 드리고 굿은 하지 않습니다. 중
국 신령을 모시는 전안계급은 도교의 성격이 있어 역시
굿을 하지 않고 주관만 합니다. 그 밑이 우리나라의 토속
신을 모시는 만신, 박수 계급으로 이들이 굿을 합니다.
그 아래 계급인 뒷전무당은 마당 구석에 있다가 뒷전관
놀고 최하위인 넋무당은 시체 앞에서 굿을 하는 등 궂은
일만 맡아 이들은 상종도 하지 않았지요. 뒷전무당, 넋무
당은 모두 사라졌습니다.

학생 2 : 뒷전무당, 넋무당은 사람 축에도 끼지 않았다면 그들이
왜 굿을 합니까?

조흥윤: 신이 내렸으니까 하는 것뿐입니다. '할 수 없이'하는 것이
지요. 모시는 곰주가 달라지면, 즉 다른 신이 내리면 무
당의 계급도 달라지지요.

김승혜: 제일 높은 계급인 하늘 기도하는 사람은 대개 남자였습니까?

조흥윤: 여자도 있었습니다. 여자의 경우 보살이라 부르고 남자의
경우는 선관이라 하지요. 보살은 불교의 신들을 모시는데
선관은 하늘, 자연신, 용신을 모신다고 합니다. 고려사에
보면 무당들을 개성에서는 선관이라 불렀다는 기록이 있
는데 그 변화 과정은 따져 볼만한 일입니다.

학생 3 : 영웅신이나 산신은 어느 정도 차원의 신입니까?

조흥윤: 우리나라 신이므로 세 번째 만신 계급입니다.

금장태: 무당의 계급체계는 다분히 유교적인 영향이 있는 것 같네요.(웃음)

길희성: 조금 심하게 말하면 무당 세계에도 사대주의가 있는 것이 아닙니까? (웃음)

조흥윤: 무당 세계는 굉장히 보수적입니다. 혁명의 이론은 닿지 않기요. 그 안에서는 오직 조화가 문제되는 것이기 때문입니다.

학생 4: 신을 모시는 과정에서 신을 받아들이는 사람과 신은 어떤 관계입니까 ?

조흥윤: 그것은 필연적인 것으로서 오려고 하는 신은 모셔야 탈이 없어요. 박수 이지산은 내려오려는 작두신을 거부했다가 괴로움을 당했는데 결국은 받아들이고 말았습니다. 끝끝내 거부하려면 커다란 신앙의 힘이 필요합니다. Kim-Harvey 의 한국무속에 관한 『Six Korean Women』 에는 그 유명한 장집사의 예가 있지요. 온 가족이 신앙의 힘으로 내려오려는 신을 물리친 얘기입니다.

김승혜: 대동굿은 어떤 식으로 이루어집니까?

조흥윤: 동해안의 별신굿 같은 대동굿은 마을굿인데 한 마을이 모두 마을의 성황신에게 고마움을 나타내는 것으로 성황신을 모셔 놀리는 것입니다.

김승혜: 성황신은 잡신이 아닙니까?

조흥윤: 네, 무당이 거리에서 모시는 신령이 아니니 잡신에 속합니다.

김승혜: 하지만 그 마을의 수호신으로서의 성격은 높지 않습니까?

조흥윤: 높다고는 볼 수 없지만 그 기능은 크지요. 마을굿에 대한 조사는 처음부터 여러 가지 다른 성격으로, 즉 일제 때는 마을 사람들이 마을을 지키는 기능으로 시작해서 형성되

었다고 보고 있는데 대개 유교, 불교와 습합되어 매우 복잡한 양상입니다. 대동굿, 마을굿은 한국巫의 역사를 다룰 때 깊이 다루어져야 할 문제입니다. 「위지동이전」에 나오는 '음주가무하고 집단으로 놀았다'는 형태와 연관지어 그것이 어떻게 그러한 줄기로 내려오고, 당시는 성황신의 개념이 없었을 텐데 어떻게 성황신의 개념으로 변해 왔는지 등은 연구과제입니다. 삼한시대에 성황신의 개념이 있었다는 것은 증명되지 않았고 성황신의 개념이 어떻게 들어 왔는가는 매우 복잡합니다. 성격상 성황신은 그 기능이 아무리 중하다 해도 잡귀잡신의 항목입니다.

김승혜: 장시간 동안 감사합니다.

조흥윤: 부정치기로서 대강 물려놓은 것이고 그 다음에는 정신들을 따져보고, 뒷전거리에 가서 잡귀잡신을 풀어보려 하나 아직 확정된 것은 아닙니다. 연구와 조언 부탁합니다.

巫와 민족예술

우리 조상들이 살던 때 무당은 외로운 사람들이었다. 이제 그들은 모두 사제(司祭)이거나 의사, 날씨 예언자이거나 사냥감을 마련해 주는 마술사 또는 보수를 받고 일하는 교활한 장사꾼이 되어버렸다. 옛 사람들은 천지만물 속의 조화를 위하여, 무한하고 헤아릴 길 없는 보다 큰 것을 위하여 몸을 바쳤었다.

> — 에스키모 박수무당 나쟈그넥(Najagneg)이 덴막학자 라스무센(Rasmussen)에게 한 말.

모든 참된 지혜는 사람들로부터 멀리 떨어진 저 쪽, 외로움 속에서만 찾아지며 괴로움을 통해서라야 얻어질 수 있다. 궁핍과 번민은 다른 사람들에게 숨겨져 있는 인간의 의미를 깨닫게 해주는 유일한 길이다.

> —에스키모 박수무당 익쥬가르죽(Igjugarjuk)이 라스무센에게 일러준 말.

□1

한국인의 전통예술이 巫(샤마니즘)에서 기원하였다는 이야기는 새삼스러운 것이 아니다. 각 분야의 전문학자들은 그간 이 사실에 관하여 그 연구한 바를 누누이 밝혀 온다. 문학과 무용의 기원이 고대국가의 제천의식(祭天儀式)에 있고, 음악 또한 무악(巫樂)에서 나왔다는 등이 그러한 것이다. 『三國志』의 「魏志東夷傳」은 마한(馬韓)의 제례(祭禮)를 두고 다음과 같은 기록을 남겨 놓고 있다.

"5월 파종을 마치고 신령들에게 제사를 올렸다. 무리가 모여 노

래하고 춤추고 술 마시는데 밤낮의 쉼이 없었다. 그 춤이란 수십 명
이 함께 서로 따라 일어나 땅을 디디면서 손발을 내렸다 올렸다 장
단에 맞추는 것이었으니…."(常以五月下種訖祭鬼神, 群聚歌舞 飮酒晝
夜無休, 其舞數十人俱起相隨踏地低昻手足相應節奏…).

이 때의 하늘제사는 굿으로서 노래와 춤의 옛 형태가 모두 여기에
있었음을 이 자료는 증언해준다. 이 기록은 오늘날과 2천년의 시간
거리를 가지는 것. 따라서 당시의 제천의식을 巫의 굿으로 보는 데
에는 물론 그 역사적 전개과정에 대한 설명이 있어야 할 것인데, 내
책『한국의 巫』(1983: 서울)의『역사적 개관』(17-27쪽)을 참조하기
바란다. 여기서 미리 두 가지 짚고 넘어갈 것이 있다. 첫째, 춤이나
노래 등 고대의 예술형태는 역사를 따라 내려오면서 외래문화의 영
향, 시세의 변동 등에 의하여 변모를 겪으면서 오늘에 이른다는 점
이다. 그 다음은 巫의 본디 모습에 관한 것으로서, 다른 고대국가들
의 제천의식에 관한 자료를 함께 살펴보면 현대의 巫와는 어딘가 다
른 면이 많이 느끼운다. 이 점은 巫의 본질이해, 민족예술의 성격
및 나아갈 방향 등과 직결되어 있는 만큼 매우 중요하다.

2

우리가 오늘날 예술가라고 이름 하여 부르는 것은 서양의 개념일
을 염두에 두어야 한다. 그런 만큼 한국의 예술은 그동안 다분히 저
쪽의 기준에 맞추어 이야기되었다. 그래서 이제는 그 불편한 안경을
벗어버리고 우리민족의 예술을 우리의 눈으로 바라보아야 하겠다는
바램이 도처에서 크다.

그런데 서양의 샤마니즘 전문가들 가운데에는 巫의 예술적 성격을
사뭇 강조한 이들이 드물게나마 있다. 내가 좋아해 마지않는 이로서,

핀다이젠(Hans Findeisen; 1903-1968)이 그런 분이다. 그에 관하여 나는 최근 「시베리아에서 온 편지-한스 핀다이젠 行狀」, 『東方學志』 (延世大學校 國學硏究院) 제 55 · 56 · 57합집(1988), 701-731쪽의 논문을 쓴 바 있다. 시베리아 샤마니즘의 가장 깊은 이해에 이르렀던 연구가의 한 분으로 나는 그를 손꼽는다. 그는 『Schamanentum(巫)』 (1957: Stuttgart)이라는 저서에 다음과 같이 적고 있다:

> "巫에는 특히 예술적 창조성과 이른바 신비한 능력의 근원이라 할 영(靈)적 종교들의 행위가 드러난다. 북아시아 무당들을 보면 문학 · 음악 · 연극 및 무용의 영역에서 언제나 다시금 자연스러운 새로운 창조가 일어나는 듯한 인상을 받는다. 巫는 전체적으로 그러한 충동에 의하여 일관되고 있으며, 그리하여 확연한 예술적 형태를 취한다."(193-194쪽)

핀다이젠은 巫에서 창조적 예술성을 발견해내고는 여간 감격해 마지않는다. 그리고는 그러한 성격 때문에 북아시아 巫가 구미(歐美)의 산업 · 기술적 안목에 의하여 "원시적"이니 심지어 "정신병적"인 것으로 묘사되어 온 잘못을 지적한다. 나아가 분화와 전문화로 치닫는 서양의 그릇된 학문경향을 저지하고 조화스러운 문화상(文化相)을 세워 줄 통합된 문화학(文化學)의 길을 巫로써 제시한다. 이미 굳어져버린 당시 학문계의 안목과 귀에는 그의 그런 분노와 연민이 들어갈 여지는 도무지 없었을 것이다. 핀다이젠은 평생 재야에서 그것을 외롭게 다듬다 갔다.

핀다이젠이 유럽 샤마니즘학계에서 거의 무시되어졌던 반면, 롬멜(Andreas Lommel)은 예술의 巫기원설의 대명사로서 이름을 떨쳤다. 그의 주된 저서는 『Schamanen und Medizinmänner-Magie und Mystik früher Kulturen 무당과 의술사-초기문화의 마법과 신비』 (1965; München). 그는 샤마니즘을 구석기시대의 산물로 보고 라스꼬나 알타미라동굴의 예술을 그 당시 수렵인들의 무당 내지 의술사의 것으로 풀이하였다. 구석기문화의 수렵인은 오늘날 아직도 에스키모, 남아프리카의 부쉬맨, 오스트레일리아 원주민, 시베리아의 퉁구스인, 남미의 인디언 부족들 등의 소규모집단으로 생존해 있으며, 이들 집단의 정신적 지주가 바로 무당이라는 것이다. 그리하여 이러한 민족들의 무당의 복식이나 탈(가면)이나 북과 같은 장비, 그리고 이들 민족의 암벽화(岩壁畵)에서 그 예술적 면모와 성격을 찾아보았고, 뿐 아니라 굿이 가진 연극의 원형으로서의 성격을 들추어내었다. 이러한 작업을 통하여 그는 핀다이젠과 마찬가지로 무당을 예술적 창조적 인간으로 파악하였다.

그러나 롬멜은 巫에서 예술성을 지나치게 돋구어 본 만큼 그 종고의 성격을 간과하였다. 꽃의 아름다움에 홀려 그 나무의 전체성격을 보지 못한 꼴이다. 巫를 구석기 수렵인의 문화로 잡은 것도, 서양에서 줄기차게 고집되어 온 종교진화론의 도식적 이해에서 벗어나지 못한다. 그래서 그는 샤마니즘을 구석기와 같은 때 인간이 환경에 지배당한 것으로 느끼고 정신적 힘의 높임을 통하여 그 환경에 영향을 끼치는 정신적 기술 내지 기교의 하나이고, 따라서 어느 종교에나 나타날 수 있는 현상으로 정의하였다.

서양인에게 있어서 종교란 기독교를 기준으로서라야 이해되어지는 고질적 병폐가 있다. 500년래 다른 문화와의 접촉이 절차 심화되어 오늘날 심지어 지구촌을 이루게 된 지경에서도 그것은 잘 고쳐지지 않는다. 불교나 유교, 이슬람 같은 것은 워낙 경전이나 사원도 갖추어 있고 보니 종교로 잡아주는 것이지만, 샤마니즘은 여전히 기독교의 기준에 못 미친다고 보는 듯하다. 세계 각 지역의 문화와 사회를 비교 연구하는 문화인류학이 그런 자민족중심적 견해의 오류를 제거하는데 크게 기여해 온 것이 사실이나, 내노라는 종교인류학자들이 아직도 샤마니즘의 정의를 두고 기껏 '종교적 형태'정도의 선에서 양보의 자세를 취하는 형편이다. 나는 두어 곳 글에서 이런 사정과 관련하여 그들 이론의 횡포와 문제점을 지적한 바 있거니와, 그렇다면 巫가 아직 숭배되는 한국은 원시적인 문화의 땅이고 비합리적인 사회란 말인가. 저쪽 사람들의 문화나 이론이라면 무조건 존경의 눈으로 떠받드는 우리네 안목도 여간 한심치 않다.

3

오늘날 우리의 의식(意識)은 유크리드의 기하학, 데까르뜨의 주관·객관(정신·물질)의 2원성 및 뉴튼의 기계론적 세계관에 지배받고 있다. 그에 따라 시간과 공간이 분리되고 이른바 객관의 우상이 등장하였고 급기야 사회는 부품으로 구성된 양 간주되기에 이르렀다. 그리하여 이성과 합리와 과학의 이름 아래 모든 것을 쪼개어놓고 그 성(城) 밖의 것은 부정적인 것으로 낙인찍는다. 그런 상황에서 영혼의 문제를 다루는 종교가 가장 심히 오해되어진다.

세계사의 흐름에서 그 분화와 전문화가 진행되어 오는 과정을 두고 사람들은 일러 발전이라 부른다. 이러한 관점을 거꾸로 거슬러 올려보면 고대로 올라갈수록 분화의 정도는 덜하고 사회나 세상의 모든 것이 통합적이고도 유기적인 것으로 보아졌을 것이 당연하다. 인간은 온갖 일을 하늘과 자연과 영혼과 다른 사람과의 관계 속에서 이해하고 살았다는 이야기이다. 문화나 사회의 진화론을 믿는 이들은 고대인의 저 같은 세계관 또는 종교관을 애니마티즘(Animatism)이니 애니미즘(Animism: 정령숭배)이라 하여 저급하고 미개한 진화단계로 잡는다. 그러나 우리는 그 때와 지금과를 비교하여 우열을 가리는 안목을 버려야 한다. 거기에는 만물을 통합적이거나 또는 분석적으로 보는 의식의 차이가 있을 뿐이다. 고대의 문화를 다루는 학자들이 오늘의 분화된 안목으로 그것에 접근하는 경우를 흔히 보는 터이거니와, 그래서야 당시의 문화는 결코 제대로 이해되지 않는다.

인류 각 민족의 문화는 개개인의 사람처럼 다르기 마련이다. 그래서 서양의 것처럼 그런 전개를 거쳐 오늘의 고도한 산업문화를 이룬 것이 있는가 하면, 남태평양의 어느 원주민문화는 옛 모습을 많이 간직한 채 오늘에 이르고, 전통문화가 서양문화와 만나 혼란과 갈등을 일으키는 한국의 것도 있다. 이들 다양한 양상의 문화는 각기 그 나름의 논리와 아름다움과 과학을 갖추어 있다. 원주민의 것이라 하여 미개한 것으로 보아 온 서양 중심적 안목은 앞으로 없어야 하겠다.

덜 분화된 사회는 인본주의적이거나 신(神)중심적이지 않다. 오히려 하늘(신령)과 땅(환경)과 인간이 밀접하게 관련을 맺어 있다. 인간 밖에 그렇게 초월적인 존재를 상정하여 있는 것을 서양학문의 전통에서는 종교 내지 종교적인 것으로 규정해 온다. 자민족중심주의(自民族中心主義: ethnocentrism)의 잘못을 깨우치고 증교를 보다 넓게 정의하는 종교학자나 종교인류학자는 인간과 초월자와의 관계를 종교의 가장 중심 되는 요소로 파악한다. 따라서 그런 사회에서 종교는 전부라 하여 과언이 아니다. 샤마니즘이 그 좋은 보기가 된다.

巫는 신령과 단골과 무당(샤만: shaman)의 삼자가 맺고 있는 종교 관계이다. 단골은 巫의 신도가 되는 것이고 신령은 초월적 존재이며 그 둘 사이를 무당이 사제로서 중재한다. 이 관계에서 무당은 단순한 사제의 노릇만을 하고 있는 것이 아니다. 덜 분화된 사회에서는 이 종교가 총체적인 의미를 가지므로 무당은 정치적 우두머리가 되고 아울러 재판관이자 역사가요, 치병자이고 예언자이며 또한 예술가이다. 이것을 일러 무당의 기능이라 한다. 그것들은 분화된 현대사회에서처럼 따로 떨어져 있지 않고 서로 유기적인 관련 아래 있다. 나무를 들어 비유컨대 한 뿌리와 둥치에 난 여러 가지들이라 하겠다.

그러면 한 몸에 그토록 다양한 권능을 갖춘 무당의 힘의 비밀은 무엇일까. 두루 알려져 있듯이 무당은 신병(神病)이라는 신령의 소명을 받고 내림굿의 의식(儀式)을 거쳐 신령을 모시는 사람이다. 신령의 선택이라는 축복을 받았기에 그는 신계(神界)를 넘나들고 신령과 교제하며 인간에게 신령의 뜻을 밝혀주는 깨달은 자이다. 그래서 두당은 인간의 차원을 넘어서는 힘을 바탕으로 위에 열거한 그러한 기능을 함께 수행할 수 있는 것이다.

그 기능들 가운데 예술가의 것은 이 글의 주된 관심을 이루거니와 그 성격과 면모를 좀더 자세히 살펴본다. 무당은 신을 모시고 그들과 교제하기에 신령에 관한 것이면 어느 것이나 최고의 정성을 아끼지 않는다. 이 점을 달리 말하면 그의 의식은 이미 인간적인 생각과는 차원을 달리하므로 그가 하는 일은 자연히 신적인 것이 되리라. 동굴이나 암벽에 그려진 그림은 신령의 뜻을 상징적으로 표현한 것이고, 무가(巫歌)는 신을 찬미하는 문학이고, 굿판의 춤은 신령의 몸놀림을 표현하거나 그들을 기쁘게 하기 위함이다. 음악도 마찬가지이다. 제삿상 차림은 신령에게 올리니 가장 귀한 것이어야 하고, 무당의 복식은 그 신령의 성격을 보여주거나 그 상징을 담고 있다.

巫의 예술성은 이렇게 보면 이해는 가지만 꽤 정(靜)적이어서 숭배되어지고 살아 있는 면모가 잘 드러나지 않는다. 그것을 巫의 대표되는 종교의례인 굿에서 한번 보자. 굿은 그 굿의 제가(祭家)집인 단골집안과 그 주관자인 무당과 악사들이 참여하여 벌여진다. 굿이 시작되면 잡귀잡신과 부정은 물려지고 각 거리에 따라 해당 조상과 신령이 모셔진다. 그 내리는 분들을 위하여 음식과 음악과 복식과 춤 등이 올려진다. 그리하여 오신 신령은 무당을 통하여 제가 집에게 공수를 내린다. 그런 다음 신령은 잠시 환대받고는 돌려보내진다. 굿판의 마지막 거리인 뒷전에서는 끝으로 잡귀잡신마저 마찬가지로 접대된다.

굿은 이처럼 그 사회적 집단의 참여에서부터 굿판의 짜임새에 이르기까지 광범위하고도 치밀하게 조화로움을 갖추어 있다. 그것을 외형적 조화라 이른다면, 신령이 내려와 무당이 단골에게 공수를 주는 장면을 내면적 조화라 하겠다. 바로 이 대목에서 단골은 무당을 통하여 신령과 만난다. 단골의 정성(기도)과 무당의 중재와 신령의 축복이 한 데 만나 어우러지는 조화가 여기에 있는 것이다. 삶의 간고와 부조리는 현실에서 늘 있게 마련이지만, 그것으로 야기된 부조화는 굿에서 巫의 이 원리에 의하여 다시금 고루 어우러지는 조화를 되찾는다.

그러므로 巫의 예술성이란 조화를 추구하고 회복시켜주는 역동적 창조적 종교성임을 알게 된다. 그것은 인간의 의식과 논리를 벗어나 무한한 영적 영상과 에너지를 얻는 길이다. 그것도 사회적이고도 조화스러운 굿판을 통해서 그러하다. 신령과 무당과 단골이 그렇게 하나 되는 조화의 체험은 그러나 신령이 인간의 모습으로 구체적으로 현현함에 의하여 이루어지는 것이 아니다. 그것은 어디까지나 우리 인간의 의식 안에서 일어나는 하늘과의 합일(合一)되는 체험이자 창조적 예술성이다. 인간은 소우주(小宇宙)로서 그 능력을 지녀 있다. 그렇지만 삶과 인과에 쪼들려 늘 그것을 발휘할 수 없으므로 巫안에서 무당의 중재와 촉발에 의하여 깊이 잠재된 조화와 예술성을 되살리고 하는 것이다. 이 원초적 힘의 지금 여기로의 재생과 적응이 우리의 과제이다.

4

샤마니즘의 조화 원리가 인간이면 누구에게나 구현될 수 있다는 점에서 그것은 인류 보편의 은혜라 할 수 있다. 그래서 엘리아데(Mircea Eliade: 1907-1986)는 샤마니즘연구의 역작이라 할 그의 저술 『Shamanism-Archaic Techniques of Ecstasy 샤마니즘-망아경(忘我境)의 원초적 기술』(1964: New York)에서 중앙 및 북아시아를 비롯하여 남북미, 동남아시아, 오세아니아, 인도, 유럽인의 세계, 그리고 동아시아를 샤마니즘지역으로 넓게 잡는다. 루이스(I.M.Lewis) 같은 인류학자는 심지어 아프리카도 함께 포함한다. 그 점은 롬멜어 있어서도 마찬가지인 것을 앞서 보았다.

샤마니즘의 지역문제는 4·50년대 한동안 논란이 있다가 이후에는 위와 같은 주도적인 학자들의 이해에 따르고 오늘날 더 이상 문제로 삼지 않고 있다. 그럴 수밖에 없었던 것은, 巫가 엘리아데처럼 신들림의 원초적 기술이라는 신화적 해석으로 접근되거나 롬멜의 경우와 같이 고대수렵인의 예술성으로 파악될 때 그 일정한 기준이 허물어져 버리기 때문이다. 巫는 예술이나 신화가 아니다. 그런 성격을 모두 포함한 종교이다. 그러므로 그것은 마땅히 어떤 틀을 갖추어야 한다. 사제인 무당의 존재, 일정한 신령체계와 사회조직, 제의로서의 굿체계 따위가 틀을 이루어야 한다. 그런 의미에서 역시 북 및 동북아시아를 샤마니즘의 고향 또는 고전적 지역으로 잡는 것이 타당하다. 다른 지역의 것은 그런 틀을 갖추지 못했거나 유사한 체계를 형성하여 왔거나 변형된 것으로 여겨진다.

이 지역의 샤마니즘은 역사의 흐름 속에서 거의 그 종적을 감추고 말았다. 시베리아의 巫는 러시아의 팽창과정과 더불어 강제 해산되어 사회주의 속에 흡수되어 버렸고, 중국이나 일본의 것은 진즉 각기 도교와 신도(神道)로 탈바꿈하였다. 오직 한국만은 불교·도교·유교 등과의 세력다툼과 근대 이래 서양화 속의 사회분화에도 불구하고 巫가 명맥을 보존하고 있는 유일한 나라이다. 이 점은 한민족과 그 역사 및 문화의 이해에 결코 간과해서는 아니 될 필수불가결의 사실이다. 이 사실과 현상에 대한 주목 없이는 한국의 바른 이해는 도무지 불가능하다 말해서 좋다. 우리의 민족예술의 이해나 정립도 그러하다. 물론 한국 문화사에는 巫뿐 아니라 불교·유교·도교·기독교 등의 종교가 일정한 역할을 수행하여 왔다. 그러나 여태스러지지 않고 신봉되는 한국巫의 역사성이나 저력은 다른 것과의 비교를 허락하지 않는 만큼, 巫는 한국 문화 또는 예술, 나아가 한국인 심성의 큰 기반을 이룬다고 보아지는 것이다.

종래 우리나라의 巫를 부끄러운 미신이자 근대화의 저해요인으로 보는 시각이 많고 높았다. 초등교육기관에서부터 어린 학생들을 그리 세뇌시켰는가 하면 정부는 그런 내용의 계몽에 앞섰고 심지어 굿당이나 서낭당을 헐어버리기까지 하였고, 배웠다는 기성세대조차 巫를 극복해야 할 대상으로 삼아 비판을 아끼지 않았다. 이 모두 서양식 근대화와 기독교식 종교인식 내지 가치에 입각한 제 문화·종교에 대한 열등감의 발로였다. 그렇게들 앞세우던 巫의 타파가 이루어지지 않은 채 우리의 산업화와 이른바 근대화는 이만큼, 그것도 온 세계가 놀라마지 않는 속도로 진행되어 있다. 그러니 맹목적인 비판가들의 巫에 대한 이해가 전혀 터무니없음은 스스로 증명된 셈이다.

그러면 이제 한국사회의 세계로의 급성장은 도대체 어찌 설명되어야 하는가. 패전 이후 일본의 경제기적을 놓고 세계의 학자들은 유교의 가족주의적 정신에서 그 원동력을 찾은 듯 떠들어 대었다. 마찬가지의 시도가 한국사회에 대하여서도 있어 온다. 그러나 나는 그것을 그리 보지 않는다. 앞에서 살펴보았듯이 巫의 신들림과 조화의 원리가 바로 그 원인이 된다. 서양은 오랜 세월의 시행착오의 실험을 거쳐 오늘의 선진산업사회에 이르렀으나, 우리는 巫를 기반으로 미분화된, 보다 통합된 정신세계를 가진 채, 풀어야 할 과제를 단번에 깨우쳐 이루어내는 능력을 가지고 있다. 한국인은 그러한 창조적 역동성을 삶의 리듬으로 하여 온 민족인 것이다.

5

巫의 올바른 이해의 중요성은 이제 넉넉히 이야기되었다. 그러나 한국巫가 이때껏 겪어온 핍박과 오해의 아픔과 서러움을 도외시한 평면적 이해를 나는 배격한다. 한국에 있어서 巫는 조선조에 들어와 천민의 하나로서 사회로부터의 격리라는 모진 고통을 받았다. 일제시대에는 민족적 종교이기에 심한 압박을 겪었다. 해방 이후는 서양의 기독교와 합리주의에 의해 미신으로 배척되었다. 그래서 우리나 조상과 부모들 가운데 단골이면 모두 죄지은 듯 숨어서 巫를 믿어온다. 巫의 그런 상처는 한국 문화와 사회의 상처이다. 그것을 무시하고서 巫의 성격이니 무당과 굿이 어떻다는 등 논하는 것은 가난을 모르는 권세 있는 자의 횡포에 지나지 않는다. 巫가 받은 아픔과 서러움을 연민으로 바라보는 안목이 먼저, 그리고 그 연구와 이해에 함께 있어야 한다. 객관의 미명 아래 사회나 문화의 뜨거운 면을 차갑게 걸러버리는 학문의 태도를 나는 몹시 싫어한다.

한편 오늘날의 巫는 옛날 하늘에 제사하던 때의 것과는 상당히 다르다. 우선 그 모시는 신령이 그러하다. 고대의 제천의례에 있어서는 하늘과 땅을 위시하여 그들과 관련되고 그 상징으로 여겨지는 신령들이 모셔졌으나, 최근에는 조상과 이른바 영웅신들이 주로 그 숭배의 대부분을 차지한다. 조상이라 해도 제가 집의 4대조상이고 무당의 몸주도 기껏 2·3대의 조상이 많은 형편이다. 신격(神格)과 영력(靈力)이 모두 크게 떨어진다. 그 다음 굿 성질의 변화를 들 수 있다. 사료가 많지 않아 그 전제적 성격은 정확히 알 수 없으나 남아 있는 것으로 보건대 당시의 굿은 하늘과 땅의 고마움, 나라의 안위에 관한 것이 주종을 이룬 듯하다. 그에 비해 오늘날의 것은 천신(薦新: 재수)굿과 진오기(씻김굿)와 병굿이 대부분이다. 그밖에도 신 모시는 이의 신령에 대한 태도와 사회 인식 및 금전탐욕, 단골의 신앙태도 등을 마찬가지로 따져볼 수 있으나 여기서 줄인다.

이것을 요컨대 巫의 타락이라 불러도 좋으리라. 巫의 근대사에서 압박과 오해로 찌들 수밖에 없었던 면도 그 이유 중의 하나는 될 것이다. 그러나 보다 근원적인 것은 고대국가의 형성과 그에 이어지는 국가의 발전에 따라 巫가 그 중추적 역할을 담당하지 못하고 점차 기능의 분화를 일으켜 온 때문이다. 군장의 기능을 왕에게, 사제의 것은 다른 종교의 인사들에게, 치병은 의사에게 빼앗기고, 거기다 다른 외래종교와의 세력경쟁에서 점차 밀려나온 것이 한국巫의 역사라고도 말할 수 있다. 그러면서 그 본디의 통합적 기능 때문에 일부 권력층에, 그리고 크게는 민중들의 종교적 욕구를 충족시키며 오늘에 이르고 있는 것이다. 그렇다 하여 巫가 그 조화의 본질을 잃은 것은 아니다. 타락 내지 변질이란 그 외형에서 두드러지게 나타나지만, 그 원리의 면은 여전히 간직되어 내려온다. 다만 그 조화의 창조적 힘이 많이 쇠퇴하여져 있다.

반면 巫는, 한국종교사의 가장 큰 특징인 다종교공존이 여실히 보여주듯이, 다른 종교나 문화와 큰 갈등을 일으킴 없이 매양 그들을 받아들이고 함께 지내는 조화의 면모를 과시하여 온다. 세계에 유례를 찾아 볼 수 없는 오늘날 한국의 다종교공존의 상황도 그러한 댁락에서라야 온전히 이해되어진다.

한국은 그간 근대화 및 산업화의 과정에서 사회 각 분야의 많은 갈등과 혼란을 경험해 왔으나 이제는 어느 정도 선진의 문턱에 섰고, 따라서 전통문화에 대한 열등감도 많이 가셨다. 그리하여 바야흐로 정리의 새로운 기운이 서서히 드높다. 이 때에 우리는 한국인의 심성을 이루어 온 가장 큰 바탕이 무엇인지 제대로 알아야 한다. 그래야 우리의 오랜 역사가 가진 의미와 오늘의 한국인을 주체적으로 의식할 수 있기 때문이다. 巫의 신들림과 조화의 성격은 그렇게 끝임없이 이 땅에 살아내려 왔다. 그 원리를 오늘에 되살리고 다듬는 작업이 있어야 한다. 민족예술이 나아갈 길은 바로 여기에 있다. 巫의 창조적 예술성의 정신을 이어받는 길이다. 그동안 낯선 서양으 예술개념으로 분화되고 또 전통문화와 갈등을 일으켜 온 한국예술은 그 길 위에서 더 포용성 있게 키워질 수 있고 그 모든 것을 고루 어우러지게 조화시켜 나갈 수 있다. 그것은 또한 민중의 기반 위어 민족과 세계를 무한한 대화합의 장으로 이끌어 갈 힘이다.

굿판의 의미

굿과 굿판

굿판이 벌어졌다 하면 동네가 괜스레 부산하고 들뜬 분위기에 휩싸여 축제에 빠져든다. 풍악이 요란하고 음식이 푸짐하며 볼거리가 대단하다. 애깃거리가 워낙 무성하니 어느 무당이 영험한 이라 하고 공수가 어찌 내렸다 하고 또 제가 집의 집안사정이 귓속말로 한입 두입 건너 퍼져간다. 그런가 하면 큰 집안의 굿은 따로 놀이패를 불러 대문께에 갖가지 놀이판을 차리고 동네사람의 흥을 돋군다. 이것은 일제시대 초기까지만 해도 두루 보이던 서울·경기 지역의 굿모습 이거니와, 흥겹기로 따지면 시골굿도 이에 지지 않는다.

한 예로 전라도의 堂山祭를 보면 온 동네가 줄다리기를 하고 당제를 지낸 다음 내처 걸궁과 샘굿을 하는데 걸궁패 뒤로 가면 쓴 광대와 동민이 줄을 잇고 집집마다 찾아가 농악을 질펀하니 하고 埋鬼를 쳐댄다.

이러한 굿판의 역사는 우리나라에서 까마득하게 오래되었다. 고대한국인들의 祭禮 풍습이 바로 그러한 것이니, 중국의 역사책인 『三國志』의 「魏志東夷傳」에는 그것을 별나게 잘 적어놓고 있다. 그 가운데서 부여의 迎鼓를 보기로 들면 「하늘에 제사를 드리는데 온 나라가 크게 모여 며칠 동안이나 마시고 먹고 노래하고 춤춘다」하였다. 고구려의 10월 東盟이나 濊의 舞天도 모두 마찬가지였다.

그 같은 전통은 고려의 八關會나 燃燈會, 그리고 조선조에는 山川祭, 城隍祭 및 각 마을의 洞祭로서 이어져 오늘날에까지 내려온다. 그러나 70년대 이래 산업화와 서구화가 급속도로 진행되고 또 그로 인한 사회의 부조리 때문에 굿판은 옛 멋을 잃거나 어느 정도 변질되어진다. 앞의 사회변동은 굿의 略式化를 초래하였다. 그리고 민중 운동의 결과 대학가에서는 대동굿, 민족굿, 민중굿이니 하는 새로운 굿판이 만들어지고 저희 법대로 놀아대어 굿은 이미 그 본질과 구조를 크게 잃어버린 셈이 되었다.

굿이란 낱말의 본디 뜻이 무엇인지 아직 밝혀져 있지 않다. 무당이 신령을 모시고 의례를 행하는 것이라 하여 巫儀, 賽神, 神事 등으로 표기하지만 그것은 그 뜻을 한자로 풀어 옮긴 데 불과하다. 굿의 어원을 두고 그것이 흉하고 험한 일을 가리키는 것으로 풀이한 이가 있었다. 비 오는 날을 「굿은 날」이라고 하고 喪事 같은 것을 「굿은 일」이라 하는 등에서 그 보기를 찾았던 것이다.

그러나 나중에 자세히 볼 터이지만, 굿의 성격과 본질은 그런 글은 데에 있지 않다. 무당의 노래(巫歌)에 보면 무슨 풀이니 하는 것이 있어 굿을 또한 풀이(解)의 뜻으로 새기는 수도 있다. 굿의 성격 가운데 그런 면모가 없는 것은 아니나 그것은 단지 한 면을 본 것어 지나지 않고 굿이란 낱말과는 형태면에서 거리가 멀다.

한편 알타이 諸語는 우리말과 친근 관계가 있는 것으로 여겨지고 알타이 語族의 여러 나라는 샤마니즘을 믿었기 때문에 그들의 언어에서 굿과 닮은 낱말을 찾아 볼 필요가 있다. 퉁구스어에는 kutu, 몽골어에는 qutug, 터키어에는 qut라는 어휘가 있어 우리의 굿과 비슷한 음을 가지고 있는데, 이들은 모두 행복 내지 행운을 뜻한다. 그리고 야쿠트어로 kut는 영혼을 가리키고 그것이 새의 형태를 취하는 것으로 믿어진다. 이들을 종합하면 굿이란 행복을 초래하기 위한 영혼과 관련된 종교의례의 뜻을 가지는 것으로 일단 나타난다.

굿판의 성격과 구성요소

굿은 무당의 종교행사 가운데 하나이다. 무당이라 하면 이내 굿을 연상하고 그 둘을 동일시하는 것은 무당을 천시하는 데서 비롯한 편견에 지나지 않는다. 무당과 단골과 신령 사이의 종교적 관계를 우리는 총체적으로 巫라 부르거니와, 굿은 그 종교의례의 하나를 구성할 뿐이다. 무에는 그밖에도 致誠이나 부적처방, 점복 등의 종교적 의례가 있다. 굿은 물론 그 성격이나 짜임새나 규모로 보아 무의 가장 중심 되는 의례이다. 무당이 굿을 제대로 놀 줄 모르면 온전한 무당으로 행세할 수 없고 선무당으로 취급되어진다.

그러한 하나의 굿판이 이루어지기란 그리 간단하지 않다. 무에서 단골은 집안의 문제를 그의 단골 무당에게 가져가 상의한다. 그러나 문제가 있다 하여 무조건 들고 가지 않는다. 먼저 스스로의 힘으로 그것을 해결하려 노력한다. 그러다 이것이 여의치 않을 때 그는 무당을 찾는 것이다. 무당은 그러면 그 문제의 성격과 심각성을 고려하여 점복을 통해 해명해주거나 부적을 써주기도 하고, 치성이나 굿을 처방한다.

이들 처방 가운데 가장 무거운 것이 말하자면 굿이다. 최종적인 결정은 그러나 역시 단골에 달려 있다. 이렇게 하여 베풀어지는 굿은 임시적인 것이고 그밖에 때에 따라 정기적으로 행하여지는 이른 바 定期祭가 있다. 마을의 동제, 무당이 그의 신령을 대접하는 진적 굿, 또 집안에 따라서 매년 정한 때에 벌이는 薦新굿 등이 그러한 것들이다. 여하튼 굿이 결정되면 제가 집의 재정상태에 맞추어 무당이 굿의 규모를 잡고 吉日을 따져 굿 날짜를 잡는다.

그렇게 이루어지는 굿판은 巫의 가장 성대한 종교의례가 된다. 신령이 모셔지기에 그 자리는 성스러운 장소이다. 그래서 그곳에는 으레 聖所의 상징이 있게 마련이다. 굿당 또는 神堂에는 반드시 神木이 있고 동제의 경우 堂神木이 정해져 있으며, 가정집을 굿장소로 잡을 때는 明斗를 걸어두기도 한다. 무당은 워낙 개인 신당을 갖추고 있고 그곳에 신령을 모시고 있으므로 더 이를 필요가 없다. 이들은 모두 신령이 인간과 만나는 우주의 중심이 된다. 시베리아 샤만의 굿장소인 천막 안에도 한 가운데에 나무가 세워져 그것이 宇宙木이 되거니와, 무당은 그것을 타고 하늘의 신령에게 가는 것이다. 「巫」라는 글자가 하늘과 땅을 이어주는 軸, 그리고 그 양 옆에서 무당이 춤추는 꼴을 취하고 있음은 굿의 바로 그 우주중심성을 여실히 보여준다.

이제 굿날 그 성스러운 굿판에는 사람들이 모여든다. 제가 집은 그 굿의 주최자가 된다. 제가 집의 통문에 의하여 집안사람들이 거기에 참석한다. 집안이라 하지만 父系를 위주로 하는 유교식의 개념과는 퍽이나 다르다. 巫에서는 출가한 여자와 모계의 집안까지도 포함하여 넓게 집안으로 잡는다. 굿의 祖上거리에도 제가 집 兩主의 조상이 모두 등장한다. 그래서 굿판에는 시집간 딸이며 사돈댁이며 외가의 친척이 고루 모여든다. 거리가 가까운 이웃이 와서 집안네들과 함께 祭床과 손님 치를 음식 장만을 돕기도 하는 등 굿에 끼어든다. 또한 한 무당의 같은 신도로서 단골들이 즐겨 그 의식에 참석한다. 요컨대 제가 집에 관련된 사회조직이 모두 고르게 함께 자리하는 셈이다.

굿판은 이들이 한쪽을 이루고 다음 무당 팀과 신령이 각기 한 부분씩이 되어 모두 세 구성요소로 짜여 있다. 그것을 풀어 이야기하자면, 굿에서는 단골과 신령이 만나게 되는데 무당이 司祭로서 그 둘 사이를 중재한다. 여기서 巫의 신령이란 이른바 자연신을 비롯하여 영웅신, 巫祖, 조상 등이 있지만, 그들은 넓은 의미에서 조상의 성격을 띤다. 집안과 마을, 사회와 국가에 덕을 끼치고 그 안위를 돌보아주는 조상인 것이다. 그래서 단골은 굿에서 조상과 만나 문제를 풀어버린다고 말할 수 있다. 무당은 그들 신령을 평소에 모시고, 굿판에서는 단골의 문제 해결을 위하여 그들을 불러 그들에 씌여서 신령의 뜻을 전해준다. 한편 무당측은 하나의 굿판에 여러 명의 무당으로 한 팀을 이루고 거리를 분담하거니와, 신령을 즐겁게 해드리기 위하여 그들과 특수한 관계를 맺고 있는 악사를 불러 쓴다. 굿판은 이렇듯 그 구성요소로부터 인간과 신령과 무당의 갖가지를 치밀하고 조화스럽게 짜놓아 있다.

그밖에 굿판을 꾸미고 그 진행에 동원되는 유형·무형의 요소가 실로 다양하다. 먼저 성격이 다른 여러 계통의 신령에게 젯상을 올려야 한다. 그것은 신령이 잡수실 음식이므로 정성을 다하고 또 최고의 것으로 준비되어진다. 젯상에는 음식 뿐 아니라 紙花, 기타 여러 장식물이 곁들인다. 굿판에서 신령들이 그 음식을 잡숫는 것으로 믿어지지만, 굿이 끝나면 그것은 골고루 나누어져 손님들이 각자 집에 가져간다. 그러면 그 귀한 것을 재수와 건강에 좋다 하여 각 집안 식구에게 먹인다. 굿판은 젯상과 관련하여 그런 잔치의 성격을 갖고 있는 터이다.

무당은 굿에서 또한 거리에 따라 다른 신령이 모셔지므로 그 神格에 어울리는 神服을 갈아입는다. 경우에 따라 엄숙하고 장엄하고 화려하기 그지없다. 한국의 전통복식이 그 가운데 제대로 전해지는 것이 많다. 복식 외에 방울과 부채, 月刀와 삼지창, 제금, 신 칼, 오방신장기 등이 巫具로서 사용된다. 제주도 심방은 三明斗인 신 칼, 搖鈴, 算盤에 신령이 머물러 있는 것으로 믿거니와, 이들은 신령의 도구라 하여 神具라 불린다. 위와 같은 것이 굿판에 쓰이는 유형의 요소들이다.

무당은 한편 신을 모시고 즐겁게 해드리며 또 공수(空唱)에 감사하고 되돌려 보내기 위하여 춤과 노래와 음악을 올린다. 巫歌의 종류와 양은 엄청나다. 서너 시간을 내리 불러야 할 만큼 긴 무가도 수두룩하다. 춤은 격렬한가 하면 맵시와 품위를 보이고, 가락과 장단은 예로부터 내려오는 전통의 면모를 그대로 간직하고 있다. 이들 무형의 요소는 모두 그 방면 전통문화의 맥이라 해도 과언이 아니다. 그 유무형의 요소는 신령에게 바쳐지거나 신령과 관련되어 있는

것이기 때문에 그럴 수밖에 없는 것이다. 여기서 굿이 가진 전통문
화 전승의 역할이 두드러진다.

굿판의 종류와 구조

굿에는 여러 종류가 있다. 그 목적에 따라 나라굿·신령기자굿·
천신굿·진오기굿·용신굿·성주받이굿·마마배송굿·병굿·도당
굿·풍농굿·천존굿·여탑굿 등으로 나눌 수 있다. 이것은 서울·경
기 지방을 중심으로 한 중부지역의 굿 종류이다. 이 가운데 어떤 것
은 다른 지방에서 구경할 수 없고, 또 더러는 다른 이름으로 불린다.
예를 들어 망인의 혼을 천도하기 위한 진오기굿을 두고 충청도에서
는 오기굿, 경상도에서는 오구굿, 함경도에서는 망무기굿, 평안도와
황해도에서는 수왕굿이라 하고, 씻김굿과 十王맞이는 각기 호남지역
과 제주도에서 쓰는 말이다.
  각 지역의 굿을 비교해보면 역시 서울·경기 지역의 것이 짜임새
면에서 두드러진다. 이 지역이 두 왕조의 근 천년 동안 중심지였음
을 헤아리면 그 점 이해가 간다. 그렇다고 하여 전국 각지의 굿 사
이에 우열을 가리는 일은 무모하다. 어느 것이나 그 나름의 특성이
있게 마련이고, 또 무엇보다 굿이란 巫의 종교의례이기 때문이다. 하
여간 서울·경기 지역의 그 많은 굿 가운데 가장 대표적인 것으로
천신굿이 손꼽힌다. 천신굿은 계절의 새로운 과일을 신령에게 바쳐
재수를 기원한다는 말뜻을 가진다. 상류층이나 부유층이 이런 류의
굿을 벌일 때 그것을 그렇게 점잖게 불렀던 것이고 서민들은 그저
재수굿이라 이름 하였다. 다른 굿들이란 그 특징적인 성격을 제외하
면 이 굿을 줄이거나 늘인 변이에 지나지 않는다. 한국 사람이 2천
년을 넘게 농경민족이었음을 고려하면 천신굿이 한국두에서 가지는
중요성은 쉽게 이해된다. 따라서 천신굿을 통하여 굿의 구조를 살펴

보려 한다.

그 굿은 크게 보아 세 부분으로 짜여 있다. 첫 부분이 준비과장이고 끝부분은 종결과장이며 그 사이에 본과장으로서의 거리과장이 자리한다. 준비과장의 祭次는 주당물림·부정·청배·진적으로 구성되어 있는데, 부정한 것과 雜鬼雜神을 물리치고 제의장소를 정화하며 모든 신령과 조상을 청하여 모시는 것이 그 내용이 된다. 본과장에서는 성격이 다른 여러 신령들이 그 해당 거리에 모셔진다. 그러므로 이것은 굿의 중심부분에 해당된다. 그리고 종결과장은 보통 뒷전으로 불리는데, 잡귀잡신을 놀려드리는 제차이다. 뒷전 또한 여러 잡귀잡신의 무리를 각기 모시는 거리들로 짜여 있다. 굿의 앞과 중간부분은 실제 조상과 신령들을 위한 거리이다. 그래서 잡귀잡신은 거기에 끼어들 틈이 없었다. 그러다 굿의 끝판에 와서야 이 뒷전에서 이들마저도 그 성격에 어울리게 모셔지고 춤과 노래, 재담과 음악, 그리고 술과 음식으로써 대접받아 되돌려 보내지게 된다.

굿은 이렇듯 제의장소의 정화, 조상과 신령을 차례로 모셔 노는 것, 그리고 잡귀잡신마저 배불리 먹여 탈 없게 하는 세 부분의 멋진 짜임새를 취한다. 이런 면은 다시 하나의 거리에서도 마찬가지로 확인된다. 이른바 請神·娛神·送神의 구조가 그것이다.

그것을 좀더 자세히 살펴보면, 먼저 젯상, 음악, 춤으로 무당이 신령을 청한다. 그러다 신령이 무당에게 내리면 무당은 단골에게 공수를 주어 신령의 뜻을 전달하고, 그것이 끝나면 다시 감사의 뜻으로 그 신령을 환대하여 돌려보낸다. 이것이 굿이란 종교의례가 갖는 빈틈없는 조화의 짜임새인 것이다.

한편 그 내용에 있어서 굿은 인간의 희로애락을 모두 담아낸다. 진오기굿을 보기로 들면 그 분위기는 처음부터 무겁고 어둡다. 제가집의 가족들은 슬픔과 아픔에 짓눌려 있는 것이 보통이다. 망자가 무당을 통해 가족들을 걱정하고 작별을 고하는 거리들에서 가족들은 터지는 오열을 감추지 못한다. 그러나 저승사자를 놀리는 사재삼성거리에서 사재(使者)가 망자의 혼을 잡아가려 하고 가족들은 한 줄로 늘어서서 그것을 막으면서 한바탕 웃음 속에서 논다.

그런가 하면 마땅히 즐겁고 재미있어야 할 재수굿에서도 눈물이 솟는다. 조상거리에서 제가 집의 조상들이 굿판에 들어오면 살아생전의 말투와 모습을 지으며 살아 있는 자손들을 걱정해주기에 굿판이 울음판으로 바뀌고 만다. 굿은 요컨대 인간의 희로애락을 한 곳으로만 몰아가지 않고 그것들이 서로 어우러져서 조화를 이루게끔 해준다.

굿판의 기능

굿의 기능을 알기 위하여는 굿의 목적을 살펴보면 된다. 굿이 그 목적에 따라 여러 종류로 나뉘어 지는 것을 보았거니와, 그것을 통하여 한국무에서 굿이 감당하는 역할이 드러난다. 그들 굿을 종합하여 정리하면 그 기능은 대체로 다음의 네 가지로 추려진다: 1. 집안·마을·국가의 安過太平, 2. 治病, 3. 영혼천도, 4. 조상·신령접대가 그것이다.

나라굿과 천신굿이 그 첫 번째 것에 해당된다. 이들이 각기 나라와 집안의 평안을 위한 것이라면 도당굿은 마을의 재수와 번영을 목적으로 베풀어진다. 이들만큼 그 성격이 분명하지는 않으나 성주받이굿, 용신굿, 풍농굿, 天尊굿도 이 범주에 든다. 성주받이굿은 집안의 손을 얻기 위함이고, 용신굿은 집안이나 마을이 바다나 강과 관련이 있어 그곳에 가 용신께 올리는 굿이다. 풍농굿은 마을의 풍년을 기원하는 것이니 문제가 없으나, 천존굿은 祈雨祭 및 나라의 저앙을 막거나 물리치기 위한 나라굿 내지 병굿의 성격을 함께 지녀 조금 애매하다.

두 번째의 치병기능은 병굿에서 뻔히 보는 것인데, 상류층에서는 이를 점잖게 憂患굿이라 표현하였다. 마마배송(拜送)굿은 열사흘 만에 끝나는 천연두를 두고 그 날 그 마마신을 공손히 돌려보내는 굿이므로 치병과 관련된다. 다음 영혼천도의 기능으로는 오직 진오기를 들 수 있다. 끝으로 조상·신령접대의 기능은 신령기자(祈者)굿이 담당한다. 신령기자굿은 일종의 상부개념이고 虛主굿, 내림굿 및 진적굿이 그것에 속한다. 앞의 두 굿을 합하여 넓은 의미의 내림굿이 된다. 무당이 되기 위한 굿이다. 진적굿은 벌써 간단히 언급하였듯이 무당이 제 모시는 신령을 위하여 벌이는 잔치와 같은 것이다. 여탐(豫探)굿도 이 기능 안에 포함되어진다. 그것은 환갑이나 결혼식 같은 집안의 큰 경사를 조상에게 알리는 굿이니 당연히 그리 되어야 한다.

 이들 굿 가운데 몇 가지는 전승되지 않는다. 나라굿과 천존굿은 조선왕조의 몰락과 함께 그 운명을 같이 하였다. 또 천연두는 오늘날 더 이상 병으로 취급되지 않으니 마마배송굿을 보기란 불가능하다. 사회가 서구화하면서 여탐굿도 이미 옛날의 것이 되고 말았다. 그렇다 하더라도 이즈음 굿당에서는 재수굿, 진오기굿 및 병굿이 가장 빈번하게 베풀어진다. 그리고 내림굿과 진적은 여전히 그 관계된 이들 사이에서 은밀히 벌어진다. 그러니 비록 굿 종류에 변화가 있었다 하나 그 기본 되는 기능이 아직도 살아 있는 것을 우리는 본다.

 이러한 기능을 상존하게 하는 힘과 그 기능을 통합하는 본질은 그러나 調和에 있다. 굿의 구조 가운데 그것이 역력함은 이미 살펴본 바 있다. 그것을 좀더 구체적으로 표현하면 조화의 회복이라 하겠다. 굿은 요컨대, 그것이 치병의 굿이건 재수굿이건, 단골이 살아가면서 겪게 되는 삶의 부조화를 다시 조화스럽게 해주는 종교의례인 것이다. 재수굿은 집안의 제반 사정이 잘 풀려나가지 않을 때도 개최되지만, 전통적인 단골집안에서는 정기적으로 그 조화를 얻고자 벌인다. 그리하여 굿판에서는 단골과 신령과 무당이 한데 어우러져 함께 만나는 성스러운 종교체험을 갖고 그럼으로써 조화를 다시 되찾고 있다. 그리고 제가 집에 속한 사회관계가 그 굿판에 골고루 참여한다. 그들도 굿판에 직접 간접으로 끼어들어 그 체험을 나눈다. 그러한 사람들로 이루어진 종교의례의 판에 다시 조상과 신령이 무당의 중개에 의하여 한 자리로 어울리니 굿판은 그 자체가 세상과 우주의 완벽한 조화판이 된다.

모두가 하나로 고루 어우러지는 체험은 신들림이다. 그러나 굿판은 신들림의 체험만으로 이루어지지 않는다. 그 판에 참여하는 사람들이 함께 먹고 마시고 춤추며 희로애락을 풀어내는 놀이성이 또한 있다. 굿을 굿놀이라고도 하는 것은 그런 성격을 두고 이름이다. 굿판은 따라서 신들림과 놀이를 종이의 양면으로 삼고 있다.

그렇지만 한 판의 굿으로 조화가 영구히 실현되는 것은 아니다. 굿은 인간을 위하여 존재하는 것이다. 굿판의 조화를 필요로 하는 것은 바로 사람들이다. 그 사람들의 현실이란 부조리의 연속으로 이루어진다. 사람과 사람 사이의 오해와 갈등과 알력이 끊길 날이 없고, 한편 집안의 조상과 잡귀잡신을 포함하는 靈界 또한 사람들과 이리저리 부딪친다. 그리하여 생겨나는 부조리와 부조화를 인간은 이런저런 양으로 풀며 산다. 그러나 그것이 도무지 감당될 수 없을 때 굿판으로 가져와지고 거기서 신들림 속에서 조화를 되찾는 것이다. 그리고 다시 현실로 들어가 그 힘에 의해 당분간 평안한 삶을 누릴 수 있게 된다.

그리고 때가 되면 굿은 다시 요청되고 그렇게 굿판은 반복되어진다. 그것을 두고 굿이란, 巫란 불편하고 불완전한 행사라 하며 비판하는 이들이 있다. 한 판으로 족해야 할 것을 그리 반복한다는 것이다. 그리 되었으면 얼마나 좋을까. 그러한 비판자들은 사람의 삶의 본질을, 그 음양의 이치를 무시하는 이상주의자들이다. 그 같은 이상주의자들이 인간의 역사에 숱하게 있어 왔음을 그들은 알아야 한다. 그에 비하면 巫는 바로 사람의 삶의 이치에 철저하게 근거하여 굿판을 늘 짜고 있는 것이다.

맺는 말

굿은 고대 이래 면면히 한국인의 애호를 받았고 즐겨 베풀어져 왔다. 그런 역사와 전통을 통하여 굿의 양면인 신들림과 놀이는 한국인의 심성 형성에 막대한 영향을 끼쳤다. 오늘날 도처에서 관찰되는 기독교의 성령체험, 여러 신흥민족종교의 道通현상, 민간치병현상, 여전히 승한 굿판의 벌어짐 등은 신들림의 현대적 양상이다.

종교적 현상은 차치하고라도 짧은 기간 안에 한민족이 이루어 보이는 과학기술의 향상과 경제면의 급성장은 그러한 신들림의 배경을 헤아리지 않고서는 제대로 이해될 수 없다. 그리고 한국 사람들은 어디를 가나 판을 짜고 음주 가무하는 일을 결코 잊지 않는다. 그 버릇은 다른 어느 민족에게서도 찾아보기 힘들다. 그것이 바로 고대 굿판이래의 놀이전통에서 비롯된 것임이 뻔하다. 이것을 부끄럽게 여겨서는 안 된다. 그것은 이미 오래된 한국인의 심성이다. 오히려 그 뿌리를 바르게 알아 더욱 다듬고 키우는 일이 중요하다.

한편 우리는 오늘날 산업화의 시대에 살고 있다. 산업화는 기계적 세계관을 바탕으로 하여 사회를 부품으로 간주하는 바, 분화와 전문화는 그 필연적 귀결이다. 이러한 사회변동은 굿판과 관련하여 적잖은 변화를 불러일으킨다. 巫, 그리고 그에 따른 굿판의 세속화가 그것이다. 무당은 굿판을 구성하는 그 엄청난 양의 종교의례 요소를 제대로 학습하지 않는다. 그런가 하면 돈에 너무 집착하는 경향이 짙어간다.

무당은 한낱 예술인이 아니다. 그들은 신령과 조상을 모시는 종교의 사제이다. 이 모든 것이 그들의 신령에 대한 믿음이 부족한 데서 기인한다. 신령에 대한 철저한 믿음이 없고서야 신들림은 약화되고 굿판은 점차 생명력을 잃어가게 마련이다. 신령에 대한 그들의 확고한 믿음이 매우 시급하다. 끝으로 이렇게 급변하는 분화시대에 인간과 신령과 무당이 만나 서로 고루 어우러져 문제를 풀어가는 굿판의 조화정신이 더욱 가꾸고 키워져야 한다.

巫는 종교현상

—샤마니즘의 본질은 調和—

샤마니즘이라 하면 문자깨나 쓰는 이들이 「원시적 종교현상」으로 취급하고 문자 속이 얕은 이들은 대뜸 미신으로 여긴다. 기독교를 비롯하여 교육 특히 초·증등교육에서는 그래서 이것을 한시바삐 극복해야 한다는 소리가 높다. 반면 샤마니즘은 고래로 오늘에 이르기까지 면면히 살아 온 한국인의 기층(基層) 내지 심층(深層)문화이며 우리네 정신의 고향이라는 부르짖음이 있다. 강(江)을 사이에 두그 피안(彼岸)과 차안(此岸)을 논하는 공허한 느낌이 실로 크다.

그간 샤마니즘에 관한 논저는 국내에서도 어지간히 발표되었고 바깥에서는 엄청난 양이 쏟아져 나와 그 문헌의 섭렵에만도 평생이 므자란다는 이야기가 나올 정도이다. 한국학에 관련된 모든 학문분야는 그동안 적어도 한두 번 샤마니즘을 짚고 넘어갔다. 이것은 이 즈제의 성격이 원체 방대하고 매력이 있으며 그런 반면 워낙 애매함을 보여준다. 그러한 만큼 샤마니즘의 정의는 각양각색이고 그것을 다루는 시각도 천차만별이다.

최근 우리 문단에서 김윤식(金允植)과 황순원(黃順元), 그리고 이동하(李東夏)와 한승원(韓勝源) 사이에 벌어진 논쟁도 이와 무관하지 않다.

황순원의 작품을 논하는 자리에서 김윤식은 샤마니즘을 비합리적 논리의 세계, 「자연스러운 것은 모두 정당하다」라는 명제가 지배하는 세계로 이해하고 샤마니즘의 세계를 원근법이 없는 민화의 세계와 같다고 하였다. 한편 이동하는 한승원의 「불의 딸」이라는 작품을 다루면서 그의 한(恨) 주제가 가지는 호소력과 문학적 감동이 그가 신화적 원시성 혹은 샤마니즘의 주문(呪文)에 대하여 표시하는 이상한 신뢰로 말미암아 안타깝게도 망쳐져 버리는 경우가 흔하다고 평하였다. 두 소설가는 그 두 평론가의 이를 포함한 논평에 몹시 억울해 한다.

나는 문학을 논할 자격도 없거니와 이들의 논쟁에 끼어들 뜻을 조금도 가지고 있지 않다. 그러나 그들의 논쟁에 샤마니즘이 언급되고 그것이 또 얼마간 오해의 불씨가 되고 있기에 샤마니즘의 정체를 짧은 글로 밝히고자 하는 것이다.

먼저 샤마니즘과 무(巫)와의 상관을 분명히 해둘 필요가 있다. 문학의 경우처럼 샤마니즘이란 개념이 별 문제없이 사용되는가 하면 전문학자들 가운데는 그 둘이 전혀 별개의 것이라는 주장도 있기 때문이다. 무(巫)나 무당이라면 그렇고 그런 것이라고 일반적인 이해를 늘어들 놓지만, 샤마니즘이라 할 때 그 개념이 사뭇 막연한 것도 사실이다. 3백 년에 가까운 샤마니즘 연구의 역사에도 불구하고 구미의 이 방면 연구는 아직껏 그 개념정의의 통일에 이르지 못하고 있으며, 구미 이외의 문화들에서 보이는 이해하기 힘든 현상이면 모조리 샤마니즘이라는 이름을 붙여대는 형편이다.

샤마니즘이 학문용어로서 최초로 등장한 것은 1704년에 출판된 홀랜드 상인 이데스(E.Y.Ides)의 여행기를 통해서였다. 그는 1692-95년 러시아 페터 대제(大帝)의 사신으로서 모스크바를 출발하여 시베리아를 지나 북경(北京)으로 여행하였는데, 바이칼 호수의 서북부에서 퉁구스의 박수무당을 만나 그의 굿을 보게 되었다. 그것의 명칭을 묻는 이데스의 물음에 퉁구스인들은 샤만이라 일러주었던 것이고 그것이 급기야 학술용어로 굳어져서 오늘날까지 많은 이들의 머리를 썩혀 온다.

그러나 서양에서의 샤마니즘 개념이 그렇다는 것이고 동양에서는 그보다 약 5백 년이나 앞서 샤만에 대한 기록을 남겨두고 있다. 그것은 남송(南宋)의 서몽신(徐夢莘; 1126-1207)이 기술한 『삼조북맹회

편 三朝北盟會編』으로서 그 권(卷) 3이 여진족을 다루고 있는 바, 거기에 여진어로 무희(巫姬)를 산만(珊蠻) 또는 살만(薩滿: 중국음으로는 사만)이라 한다고 밝혀 있다. 최남선(崔南善)의 글「살만교차기 薩滿敎箚記」도 시베리아 제 민족의 종교인 샤마니즘을 소개하는 것이다. 여기에 무희와 샤만은 같은 것으로 드러난다. 무는 사실 중국에서 상대(商代) 이래 최근세에 이르기까지 신앙되어 왔고, 그 사정은 우리나라에서도 마찬가지이다.

　한국고대사 관계의 여러 기록에 보이는 무가 그러한 것이고 그 전통은 오늘날에도 우리가 주위에서 어렵지 않게 확인할 수 있다. 이러고 보면 샤만이나 무가 같은 종교현상을 두고 달리 부른 용어임을 알게 해준다. 단지 한 가지 문제는 시베리아나 동북아시아 민족들의 샤마니즘 형태와 우리 무의 그것이 겉보기에 여러 면에서 다르다는 사실이다. 그 복식과 젯상이 그러하고 굿의 짜임새나 무가(巫歌) 등이 다르다는 것이다. 그러나 이 점과 관련하여 문화의 변화성이 크려되어야 한다. 중국과 한국은 이른바 고등문화권에서 오랜 기간 그들의 문화를 다양하게 다듬어 온 반면 저쪽에서는 그러하지 못한 차이가 있다. 그에 따라 우리의 무는 오늘날의 모양대로 여러 종교의 요소를 받아들여 있고 퍽이나 세련된 모습을 보여준다. 이처럼 문화는 그 풍토와 사회적 배경에 따라 변하게 마련인 것이니, 인도의 둘교와 우리의 그것이 겉보기에 다름도 같은 이치에서이다.

　오랫동안 퉁구스 샤마니즘을 연구하였고 많은 저술을 낸 프랑스여델라비 여사는 그동안 문헌으로써만 연구하였었는데, 몇 년 전 우리나라에 와서 서울의 국사당에서 굿을 처음으로 보고 머리에 그리던 퉁구스의 굿이 바로 그런 것이라며 감격해댔다. 그 모습이 내게는 종내 지워지지 않는다.

부정적 요소와 신앙적 요소는 사회 내
갈등으로 존재

고층빌딩이 숲을 이루고 첨단과학이 논의되며 아시아경기대회가 치르어 지고 올림픽경기가 개최될 세계의 도시 서울에 최소한 수만의 무당이 지금 이 시간에도 무업(巫業)을 하고 있다 하면 믿지 않으려는 이들이 많을 것이다. 그리고 이런 예는 유럽에도 있다. 서독의 함부르크시라면 서독에서 가장 부유하고 진보적인 도시건만 인구약 2백만에 7천을 헤아리는 점복업자와 신비업자(나는 이들을 유럽의 무당으로 부른다)가 영업을 하고 있다. 중세로부터의 기독교 전통 아래 갖은 핍박과 탄압을 받아 온 위치(Witch)나 헥세(Hexe)의 후예들이다.

여하튼 무는 오늘날 서울에서도 많이 신봉되고 있으니, 무당의 집은 새벽부터 문복객(問卜客)으로 부산하고 낮이면 도처의 굿당에서 굿판이 벌어지며 밤이면 계곡마다 치성이 올려진다. 이런 일은 어제 오늘에 형성된 현상이 아니고 한국사의 오랜 기간 동안 내내 그리하여 온 그대로이다. 그러나 이들은 대부분 숨어서 은밀히 그런 일을 행한다. 마치 죄지은 사람의 형국이다. 실로 오래된 하나의 전통종교이건만 드러내놓고 믿지 못하는 무는 현대 한국사회의 심리적 콤플렉스를 이루고 있다.

이것은 한국사회가 오늘날 안고 있는 커다란 갈등의 문제이거니와 무에 대한 그 같은 인식을 형성시켜 온 데에는 두 가지 면이 헤아려진다. 하나는 조선조 이래 무가 천한 것으로 여겨져 온 배경이며, 다른 한편 무는 서구식 합리주의와 기독교에 의하여 비합리적인 미신으로 낙인찍혀져 온다.

초기 제정일치시대의 무당은 시베리아 제 민족의 샤만이 그러하였듯이 정치적 권력과 사제 적 직능을 한 몸에 지닌 막강한 이였다. 신라의 남해 차차웅이 무당이었음은 꽤나 언급된다. 고대국가의 성립과 그 전개를 거치면서 무는 점차 분화되어 왕권에 예속되거나 긴중의 종교적 욕구를 충족시켜 오다, 조선왕조에 이르면 무당은 끝내 천민의 하나로 핍박을 받는다. 정치이념으로 자리한 유교의 기준에 의한 것이었다. 그래도 무는 여전히 민중의 종교로서의 기능을 쉬지 않았었는데, 일제에 와서는 바로 그 성격으로 인하여 다시 혹독한 탄압의 대상이 되었다. 오늘날에도 두루 남아 있는 무당의 천시는 조선왕조와 일제를 지나면서 형성된 사회적 편견의 산물인 것이다.

한편 조선말에 기독교가 들어오고 그와 함께 서양과의 만남이 이루어지다 해방과 더불어 우리 사회는 단숨에 서구화로 치닫는다. 세계사의 관점에서 볼 때 그것은 이미 거스를 길이 없는 역사의 도도한 흐름이다. 그에 따라 서구식 합리주의가 모든 가치를 지배하게 되었다. 무는 이제 그 나름의 전통적 종교성 내지 가치관을 주장할 겨를도 갖지 못한 채 한낱 미신으로 치부되고 만다. 그것도 교육과 이른바 계몽을 통하여 조직적이고도 대규모로 세뇌되어진다. 그리하여 무는 사회의 표면에서는 근대화 및 산업화를 위하여 극복되어야 할 부정적인 것으로 인식되고, 사회의 이면에서는 천대와 핍박을 받으면서도 신앙되는, 우리 사회의 커다란 갈등의 요소를 이루고 있는 것이다.

우리는 무가 유교와 기독교, 그리고 일제의 식민주의정책과 서구의 합리주의 등의 안목과 가치 기준에 의하여 부정적이고 비합리적인 현상으로 탄압받아 온 것을 보거니와, 하나의 가치에 의하여 다른 쪽을 평가하고 매도하는 일은 실상 문화적·정신적 폭력행위에 지나지 않는다. 한 색깔의 안경에만 의존하여 사물을 바라보는 사람은 실로 불행한 일이다. 세상이 온통 그 색깔로만 보이게 될 터이고, 제 눈의 옳음을 고집하기 위하여 공격적이 되며, 다르게 보기 위하여서는 안경알을 갈아야 하는 불편을 겪어야 하기 때문이다. 서구의 기독교와 합리주의라는 안경의 불행도 거기에 있다.

저쪽의 안목에 샤마니즘이 그토록 미신적이고 원시적으로 비친 배경을 알고 넘어가는 일은 중요하다. 그것은 저들의 종교진화론과 샤마니즘 연구사의 두 갈래로 나누어 살펴진다. 먼저 전자의 것은 19세기 후반 유럽의 식민주의와 제국주의가 극성할 때 그들의 문화수준이 최고의 단계에 이른 것으로 전제하고 문화적 인간 형태의 성립과 그들이 도달한 그 최고수준까지의 발전과정에 관심을 두면서 틀이 잡히게 되었다. 그리하여 이른바 원시인들의 종교형태가 그들 사회의 초기 종교형태와 동일시될 수 있다는 가정을 세운 것이다. 그 대표되는 타일러(E.B.Tylor)는 정령(精靈)숭배(Animism)에서 주술(呪術)을 거쳐 다신교(多神敎)로, 그리고 끝으로 일신교(一神敎)에 이른다는 종교발전의 단계를 잡았다.

이에 따라 샤마니즘은 정령숭배와 주술단계의 어디쯤에 잡혀 원시신앙이라는 꼬리표를 달게 되었다. 그리고 유물사관 쪽의 사회발전 단계설은 이것을 끌어들였으니, 시베리아의 샤마니즘은 말할 것도 없고 중국의 무마저 극복되어야 할 원시적인 종교현상으로서 대대적인 섬멸작전의 대상이 되었던 것이다. 그러나 오늘날 그 종교진화론의 전제는 이미 지난날의 물건으로 취급될 뿐 더 이상 진지하게 거론되지 않는다. 또한 아직도 굳건히 신앙되는 샤마니즘을 여전히 원시신앙으로 몰아대는 안목은 웃음거리가 된다. 그것이 신앙되는 귀한 현상은 애써 안 보려 하고 어떤 전제에 의해 만들어진 이론에 안간힘을 다해 매달리는 꼴이기 때문이다.

다음으로 샤마니즘 연구사에서 보면, 이데스가 시베리아 샤마니즘을 처음으로 소개한 이래 숱한 학자들이 이 방면의 연구에 종사하였다. 그러나 금세기 중엽에 와서야 샤마니즘을 보는 안목이 크게 달라졌지 그 이전의 것은 대부분 샤마니즘을 마귀 내지 우상숭배, 히스테리현상, 신경증, 그리고 샤만을 정신병자, 사기꾼 등의 부정적인 것으로 파악하는데 일관하였다. 반면 유럽사회의 이면에는, 앞서 함부르크의 예에서 보았듯이, 유럽의 무당인 위치나 헥세(우리말로 마녀라 번역되어 있다)의 전통이 줄기차게 내려오고 있다. 기독교가 절대적인 세계관을 이루어 온 저들 사회에서 이 전통은 혹독한 탄압과 핍박을 받아왔으나 그것은 우리녀 무처럼 끈질기게 목숨을 부지해왔던 것기다. 이리하여 그것은 저들의 부정적인 요소 또는 심리적 콤플렉스를 형성하여 온 것이니, 시베리아 샤마니즘에 대한 저들의 견해란 그 심리적 콤플렉스를 자기합리화한 것에 지나지 않는 셈이다.

1930년대와 40년대에 샤마니즘을 「북극의 히스테리」라는 종합개념으로 파악하고 그 이론으로 일세를 풍미한 올마르크스(A.Ohlmarks)가 1972년 어느 젊은 학자와의 인터뷰에서 「무당이 모든 인간 가운테 가장 정상적인 존재」라 하며 그의 옛 이론을 스스로 부정한 것은 여러모로 의미심장하다. 시베리아 무당들은 오래 전부터 그들 부족의 사제자(司祭者), 치병자(治病者), 점복자(占卜者), 재판관(裁判官) 등으로서 제도화된 기능들을 수행하여 오고 있었던 것이다.

무(巫)는 종교체험을 기본으로 하는 「종교」

대부분의 샤마니즘 전문가들이 그러한 전제와 배경 위에서 피상적인 샤마니즘 이론을 제시하고 있을 때, 덴마크의 라스무센(Knud Rasmussen; 1879-1933)은 에스키모 사회에 들어가 별난 샤마니즘 연구를 벌이고 있었다. 거의 모든 연구자들이 책상머리에 앉아 머리로 이론을 얽어내거나 시베리아의 현지조사에서 무당의 굿을 호기심 어린 눈초리로 관찰하며 그것을 대상으로 할 때, 그 종교와 연구자 사이에는 결코 넘어서지 못할 일정한 거리가 있게 마련이다. 당시 에스키모 사회는 모피와 고래사냥에 눈먼 구미와 러시아의 식민지 세력을 직면하여 온통 격동에 빠지고 생존의 위기에 봉착하여 있었다. 라스무센은 이 문제의 극복과 에스키모의 연구를 위하여 온 생애와 정열을 다 바쳤다. 뜨거운 연민이 한 순간도 그의 가슴을 떠난 적이 없었다. 한 박수무당이 샤마니즘의 참뜻을 그에게 털어놓은 것은 그러한 정이 그의 마음에 와 닿고 나서이다.

> 모든 참된 지혜란 사람들로부터 멀리 떨어진 저쪽, 외로움 속에서
> 만이 찾아지며 괴로움을 통해서만이 얻어질 수 있다. 궁핍과 번민은
> 다른 사람들에게 숨겨져 있는 인간의 의미를 깨닫게 해주는 유일한
> 길이다.

샤마니즘 연구라면 무당후보자의 정신상태가 어떻고 어떤 신령과 조상이 실렸고 내림굿에서 신이 내렸느니, 온 육체를 해체당하는 체험이 어쩌니 하는 이야기와 어찌도 그리 다른 것일까. 원시신앙이니 정령숭배니 비합리적 세계니 하는 소리와는 사뭇 먼 거리가 있다. 모든 것은 그것이 존재하여 있기에 그 사회 안에서 일정한 의미와 가치를 가지고 있듯이, 샤마니즘도 뚜렷한 종교로서 그 사회 속에서 값진 기능을 하고 있는 것이다. 그리고 그 나름의 논리와 윤리와 합리 및 인간 삶의 의미를 갖추어 제시한다.

나는 이미 여러 번 무를 종교라 불러오는데 그것은 실로 간단한 이치에서이다. 초월자로서의 신령이 신앙되고 신봉자로서 단골이 있으며 그 둘 사이를 중재하는 사재로서 무당이 존재하기 때문이다. 그래서 무는 족히 종교가 된다.

종래 종교에 대한 인식은 다분히 서양식이었고 기독교적이었다. 기독교를 비롯하여 이른바 고등종교나 세계종교를 제외하고서 그 밖의 것들은 미신이나 주술 또는 종교적 현상 정도로 취급되었다. 그러나 소위 원시민족을 포함하여 여러 문화에 대한 연구가 진행되면서 편협한 종교개념으로써는 그것이 제대로 이해될 수 없음을 알아차리게 되었다. 거기다 유럽 중심적 사고방식은 안팎으로 많은 비판을 받았다. 그리하여 오늘날 비교종교학이나 종교인류학에서는 인간이 초자연적 존재나 힘을 상정하고 그것과 관련된 상징적 형태 및 행위들의 총체를 종교로 파악한다. 무가 마땅히 종교로 이해되어야 함은 이러한 사정에서도 확연한다.

무는 그러나 다른 종교, 특히 고등종교에서 찾아볼 수 없는 독특한 면을 가지고 있다. 신병(神病)을 앓고 나서야 내림굿을 통하여 무의 사제인 무당이 태어나고 굿이 그 종교의례인 점이다. 그리고 굿에서 무당은 신(神)에 씌여 단골에게 신의 말을 전달한다. 굿은 한편 신령을 모셔 춤과 노래가 어우러지는 한판 놀이이다. 종교적 놀이이다. 이 놀이판에서 무당은 단골과 신령과의 사이에 다리를 놓고 그 셋은 이제 신명 한가운데서 하나 되는 체험을 이루어낸다. 단골의 문제는 거기서 그 체험을 통하여 풀어지지 않을 도리가 없다. 이렇듯 무는 종교체험을 기본으로 하는 종교이며 무당은 그것을 능사로 하는 사제인 것이다. 그러나 무당은 신령만 내세우지는 않는다. 어느 종교의 사제나 마찬가지로, 시베리아 샤만이 그러하듯이, 일정한 학습을 필수로 한다. 그것도 그 사회의 역사와 전통문화의 전반, 그리고 신령과 조상계의 내력을 통트는 엄청난 범위의 것이다.

샤마니즘의 본질은 「조화의 정신」

굿에서 모두 하나 되는 종교체험의 면모가 보여주듯 샤마니즘의 본질은 조화(調和)에 있다. 그것은 굿의 내용이나 짜임새, 신령의 성격 등에서도 잘 드러난다. 굿은 준비과장과 거리로 불리는 본과장, 그리고 끝부분의 뒷전으로 구성되어 있다. 굿이 시작되면 먼저 부정한 것을 물리쳐 제의장소를 정화하고 신령들의 강림을 청하고 그들에게 술잔을 올린다. 그것에 이어지는 본과장은 여러 거리들로 짜여 있는데, 매 거리마다 신령들이 모셔지고 그들은 춤과 노래, 술과 음식 등으로 환대된다. 그리고 무당은 신령에 씌여 제가 집에 공수를 내린다. 그 다음 다시 춤, 노래, 술 등으로써 신령을 기쁘게 해드리고는 돌려보낸다. 끝판에서는 거리과장에 끼어들지 못한 잡귀잡신마저 모셔서 술과 음식, 춤과 노래로 환대하여 굿이 마무리 지어진다.

굿의 빈틈없는 조화의 짜임새가 그러하다.

굿은 한편 인간의 희로애락을 모두 담아낸다. 진오기굿은 그 분위기가 처음부터 무겁고 어둡다. 제가 집의 가족들은 슬픔과 아픔에 짓눌려 있는 것이 보통이다. 망자가 무당을 통해 걱정하고 작별하는 거리들에서 가족들은 터지는 오열을 어쩌지 못한다. 그러나 저승사자를 위하여 베푸는 사재삼성거리에서는 사자가 망자의 혼을 잡아가려 하고 가족들은 한 줄로 늘어서서 그것을 막으면서 한바탕 웃음 속에서 논다.

즐겁고 재미있는 재수굿에서도 눈물은 터진다. 조상거리에서 제가 집의 조상들이 굿판에 들어오면 살아생전의 말투와 모습을 지어가며 살아있는 자손들을 걱정해 주기에 굿판이 울음판이 되고 만다. 요컨대 굿은 인간의 희로애락을 한 곳으로만 몰아가지 않고 그것들이 서로 어우러져서 조화를 이루게끔 해주는 것이다.

무의 신령으로는 우선 조상신을 들 수 있다. 이들은 굿의 준비과장에서 청배(請拜)된다. 조상은 다시 조상거리에 등장하며 그 범위는 제가 집 양주(兩主)의 4대 조상까지다. 그 다음 무당에게 내려 그의 개인신당에 모셔지는 신령(몸주)과 굿의 거리과장에서 놀려지는 신령은 그 수가 엄청나다. 이들은 선한 신령이므로 정신(正神)으로 여겨진다. 이밖에 굿의 뒷전에 모셔지는 잡귀잡신의 부류가 있다.

그러니까 무당의 신령은 조상신, 정신, 잡귀잡신의 세 범주로 되어 있는 셈이다. 조상신은 친가만 아니라 외가의 조상까지 포함하여 넓게 잡아 모시는 것이 두드러진다. 정신에는 우리나라의 하늘, 땅, 산, 바다, 물의 신령을 비롯하여 영웅신과 시조신이 들어 있고 거기다 중국의 도교 및 불교신령들까지 끼어든다. 밖에서 들어온 신령들이라도 우리나라에 자리 잡아 우리를 돌보아준 신령이면 모두 무의 신령으로 받들어진다. 그리고 잡귀잡신은 억울하고 원통하게 죽은 넋이나, 사회에서 천대받던 계층의 넋, 그밖에 집안과 마을에 흩어져 있는 잡다한 수호령, 기운(살) 등을 망라한다. 한국무의 신령은 이렇듯 한국에 관련된 모든 자연과 인물을 포괄한다. 따라서 이들은 모두 우리 사회와 나라를 오늘에 이르기까지 이만큼 이루어준 넓은 의미의 조상의 성격을 가진다. 유교의 조상개념에 비하여 그 사고방식이나 신앙체계가 사뭇 넓고 깊다.

한국무가 지향하는 조화의 원리는 신령의 성격면에서도 이처럼 뚜렷하다. 우리를 지금 여기에 있게 해주는 모든 자연, 나라를 지켜준 영웅, 우리에게 덕을 끼친 외국의 신령, 조상들을 모두 받들고 거기다 잡귀잡신마저 결코 소홀히 여기지 않는 정신이 거기에 있다. 그것은 모든 것을 함께 고루 어우러지게 하는 조화의 정신인 것이다.

그러나 현실에서는 이러한 조화가 늘 유지되지 못한다. 스스로를 조화스럽게 다듬어 나가기가 여간 어렵지 않고 집안과 이웃과의 관계에서 갈등과 충돌이 빈번하기 때문이다. 그뿐 아니다. 조상과 신령과 귀신계를 정성껏 경건히 모시고 마음쓰기는커녕 함부로 하기 일쑤다. 그래서 우리 조상네들과 단골들은 귀신이라도 성심껏 대하는 태도를 가졌었고 그것을 가르쳐 왔다. 사람들은 그것을 두고 귀신가지 받들어 복 받으려 한다고 그릇되게 해석한다. 그것은 오히려 귀신에게까지 라도 마음을 쓰려는 조화정신에서 나온 것임을 알아야 한다.

모든 것과 조화를 이루려는 무의 원리, 굿의 원리는 이즈음 크게 상실되어 있다. 서양식의 논리와 사고방식이 지배적이고 무를 마귀의 종교로 보는 기독교의 안목이 팽배해 있는 판이다. 그에 따라서 무와 굿은 온통 오해를 받고 있고 그 조화의 원리는 제대로 인식되지 못하고 있다. 서양을 본보기로 하는 산업화가 급속도로 진행되는 오늘날 서양의 것마저 조화정신 안에 받아들여 우리 것과 고루 어우러지게 하는 바로 그 정신, 슬기가 모름지기 있어야 하겠다.

샤마니즘 연구는 결코 간단치 않다. 1970년대 후반 이래 국제인류학대회에서는 샤마니즘을 별개의 연구 분과로 분류시키고 있고 인류학에서도 하나의 연구 분과로 취급하여 온다. 인류학은 물론이거니와 종교학, 고고학, 심리학, 언어학 등 여러 학문 분야에서 많은 학자들이 샤머니즘 연구에 힘을 기울이고 있는 형편이다. 그런 노력에도 불구하고 샤머니즘의 종합적인 이해는 아직 요원한 느낌이다. 이러한 까다롭고 광범위한 연구 분야를 우리는 제대로 알지도 못했거니와 종래에 천대해온 경향을 바탕으로 함부로 이리저리 논하는 것은 곤란하다. 그것이 가진 의미와 원리를 바로 이해하여 소중히 다루고 진지하게 바라보는 안목이 오늘날 이 땅에 매우 아쉽다.

巫와 죽음

Ⅰ. 용어·개념 정리

굿과 무당으로 대변되는 문화현상을 우리는 종래 巫俗이라 불러온다. 巫俗은 무당과 관련된 민속이라는 뜻으로 통용된다. 그래서 이것은 주로 민속학의 연구대상으로 되어 있고, 그밖에 文化人類學, 宗敎學, 心理學 등에서 다루어진다. 이 용어는 원래 고려조 儒家들이 이 전통종교를 공격·비하하여 쓰기 시작한 데서 유래하였다. 조선조에 들어와 양반관료층이 巫를 본격적으로 천대·핍박하면서 이 용어는 두루 쓰이게 되었다.

조선조 유교사회에서 俗이란 속된 것·천한 것을 뜻하였다. 風俗圖를 일러 俗畵라 하였던 것도 마찬가지의 안목에서였다. 일제 때 서양 民俗學의 소개와 함께 우리 민속에 대한 관심이 일면서 무당과 그에 관한 제반현상을 巫俗이라는 이름 아래 연구하기 시작하였다. 무에 대한 조선조 유학자들의 편견이 극복되지 못한 채 오늘에 이른다.

『說文解字』에 의하면 巫라는 글자는 여자로서 형태 없는 것을 섬기고 춤추어 신을 내리게 하는 자라 풀이된다. 이 글자는 한편 하늘과 땅을 잇는 기둥 양옆에 사람들이 춤추는 모양을 취한다. 여기서 기둥이란 이른바 神木 또는 宇宙木(cosmic tree)이 되는 것이고 그 춤추는 이가 바로 무당이다. 따라서 巫는 무당의 굿하는 장면이기도 하고 그 전체 종교현상을 설명해 주는 용어가 된다. 무당들이 그들 종교를 일러 巫라 표현하는 바, 이것을 바른 용어로 잡아 쓰는 것이 옳다.

巫敎라는 용어가 제안되기도 하였다. 巫를 종교로 보아야 한다는 뜻에서이다. 巫는 미상불 종교이다. 굳이 敎를 달아야 종교가 되는 것은 아니다. 巫에는 초월자로서의 神靈界가 있고, 무당이 사제로 기능하며, 단골은 신도를 이룬다. 굿은 그 대표적인 종교의례가 된다. 어느 한 종교의 기준에 의하여 다른 것을 규정하는 것은 비논리적일 뿐 아니라 오늘날 종교학에서 더 이상 용납되지 못한다.

종래 巫를 민속의 하나로 취급해 온 民俗學에서는 巫가 제대로 이해될 리 만무하다. 巫에는 방대한 양의 전통문화가 전하여 온다. 고래로 한 민족의 전통적 신앙이었기 때문이다. 요컨대 巫는 한국전통문화의 기반을 이루어 온 것이다. 이 바탕 위에 유교·불교·도교·기독교 등의 종교가 들어와 정착하였다. 한국종교사는 이들에 의한 多宗敎共存의 특성을 보이거니와, 文化接變의 과정을 통하여 巫는 저들 종교의 내용과 상징을 다량 수용하여 있다. 죽음의 이해나 그에 대한 태도, 영혼관·신령관·내세관 등에서도 그러하다.

Ⅱ. 死靈祭의 종류와 성격

巫에서의 죽음에 대한 이해는 망자를 위한 굿에 잘 표현되어 있다. 巫의 오랜 역사 가운데 각 지역은 망자를 위한 그 나름의 종교적 의례를 가꾸어왔다. 서울·京畿 지역의 진오기, 忠淸道의 오구굿, 咸鏡道의 망무기굿, 平安道의 수왕굿, 黃海道의 진오기, 江原道의 오구자리, 湖南지역의 씻김굿, 嶺南의 오구굿, 濟州道의 十王맞이 등이 그런 것들이다. 수왕굿이나 시왕맞이는 불교의 저승觀인 十王思想의 이름을 빌어왔다. 대부분은 진오기 내지 오구 계통이고 호남의 씻김굿이 특이하다. 여기서는 진오기와 씻김굿을 중심으로 살펴보고자 한다.

사령제라 하면 흔히 이들 굿만 언급하고 마는 데, 실은 죽음을 두고 일련의 祭儀가 펼쳐진다. 巫에 대한 현지조사의 문제점이 여기도 드러난다. 호남지역에는 씻김굿 이외에 出喪 전날 밤 棺을 씻겨 淨化하는 곽머리가 있고, 영남에도 출상날 관을 뜰안에 내놓고 喪家를 정화하는 댓머리가 따로 행하여진다. 서울·경기지역의 사령제는 해방 전만 하더라도 여섯 개의 다른 祭儀들로 구성되어 있었다.

단골집안에 초상이 나면 단골은 지체 없이 그 일을 단골무당에게 알렸다. 무당은 진부정이라는 제의를 무당집에서 열어 신령에게 그 일을 보고하였다. 그 다음 관넋이 喪家에서 거행된다. 무당은 관 앞에 자리하고서 망자의 못 다한 말을 그 가족에게 전해준다. 자리걷이가 세 번째 제의였다. 출상하는 날 관이 놓였던 자리가 의례를 통하여 정화되었다. 이때 고인의 못 다한 말과 남기고 싶은 말이 다시 한번 무당의 입을 통하여 가족에게 전해진다. 그 다음으로 사재삼성굿이 굿당에서 거행되었다. 상가에서 발생한 喪門煞을 제거하기 위함이다.

진오기가 이제 다음 차례에 든다. 끝으로 삼년이 다 되어 마지막 제의인 탈상굿이 굿당에서 베풀어졌다. 이들 일련의 제의는 오늘날 더 이상 지켜지지 않는다. 중부지역에는 대개 진오기와 평진오기의 두 종류가 있을 뿐이다. 전자는 사람이 죽은 뒤 3일과 4일째 거행되고, 후자는 '묵은 진오기'라 불리듯 49일 이후 늦게 사 벌여진다. 이즈음의 진오기는 묵은 것이 대부분이다. 집안에 죽음이 있고난 뒤 오랫동안 우환이 가시지 않아 늦게나마 망자의 넋을 달래어 천도하는 투이다.

巫의 전통적인 喪禮에서 죽음에 대한 일단의 이해를 본다. 사람의 일생 大事가 무릇 그러하듯 죽음은 먼저 신령에게 고해진다. 미리 말해두거니와 巫의 신령은 넓게 보아 조상의 성격을 갖는다. 죽음을 조상에게 보고하는 것은 죽음과 靈界와의 긴밀한 연관을 나타낸다. 넋의 인정도 그것을 보여준다. 그 넋이 人間界에서 靈界로 넘어가는 通過儀禮에서 못 다한 말이 있다. 그것을 무당이 관넋과 자리걷이에서 전해준다. 망자를 저승으로 데려가는 사재(사자)의 신앙도 보인다. 상가에는 흉악한 氣인 상문살이 끼인다고 여겨지는데, 그것이 사재와 관련된 것인지 잘 모르겠다. 여하튼 죽음은 극히 흉한 기운을 풍기는 것이라 이해된다. 喪을 벗는다는 탈상굿은 유교적 상례의 영향인 듯하다.

Ⅲ. 진오기·씻김굿 구조

먼저 묶은 진오기의 순서를 적는다: 0-a. 부정 b. 청배 c. 댄주 1-a. 물구가망거리 b. 물구말명거리 2.초영실 3. 조상거리 4.상산마누라거리 5.별상거리 6.신장거리 7.원영실 8.대감거리 9.창부거리 10.뒷전 11-a. 시왕가망거리 b. 시왕말명거리 12.사재삼성 13.말미 또는 바리공주 14.도령 15.베째 16.상식 17.뒷영실 18.시왕군웅 19.진오기 뒷전.

0은 준비과장이다. 10까지는 대충 재수굿의 과정과 비슷하다. 다만 망자와 관련된 초영실과 원영실이 끼어 있음이 다르다. 영실은 망자를 가리킨다. 전자에서 무당은 망자의 옷을 어깨 비스듬히 걸쳐 입고 忘我境에 빠져 무당에 실린 망자가 가족과 친척에게 인사한다. 후자에서는 남아 있는 집안 식구들과 이야기를 나눈다. 11의 시왕거리는 불교의 열 분 저승대왕에게 망자를 부탁하는 祭次이다. 12.사재삼성은 저승사자를 위한 거리인데, 망자의 넋을 잡아가려는 사재를 두고 한바탕 놀이와 웃음이 벌어진다.

13.말미에서 저 유명한 무조 바리공주의 무가가 불러진다. 바리공주의 공덕으로 망자의 혼이 극락에 간다고 믿는다. 무당 앞에 차려진 말미床 위에 향로 하나와 양초 둘이 놓이고 쌀이 부어진다. 그것을 종이로 덮고 그 위에다 韓紙를 꼬아 발이 셋 달리게 만든 세발심지를 올려놓는다. 사설이 끝난 다음 세발심지에 불을 붙인다. 다 타고나서 쌀 위에 남겨진 발자국에 따라 망자의 來生의 형태가 점쳐진다.

14의 도령에서 무당은 바리공주 복식으로 마당에 차린 젯상의 둘레를 돈다. 고인의 가족과 친척이 고인의 옷을 들고 뒤따른다. 바리공주가 망자를 저승으로 바르게 이끌어주는 것을 상징한다. 15. 베째에서 무명과 베로 상징되는 이승다리와 저승다리를 무당이 찢어 두 세계의 길이 열린다. 망자의 혼이 그렇게 하여 보내진 것으로 믿어진다. 유교 상례의 이름을 가진 16.상식은 고인의 가족이 망자에게 마지막 식사와 술을 차려 올리는 것이다. 17. 뒷영실에서 무당은 망자의 옷과 신을 착용하고서 격렬히 도무한다. 망자의 혼이 씌이면 무당은 가족과 친척에게 마지막 말을 남긴다. 19의 뒷전에서는 잡귀 잡신 뿐 아니라 굿에 참석한 조상들도 대접 받는다.

이것과 비교하여 영광의 씻김굿을 살펴본다. 1.당산철융(안당) 2.성주굿 3.지왕 4.칠성 5.지신 6.장자풀이 7.오구물림 8.제석 9.고풀이 10.씻김 11.질닦음 12.종천멕이로 짜여 있다. 무당은 안당에서 굿의 시간과 공간을 고하고 망자의 천도라는 굿의 목적을 알리면서 당산·철융·성주·조상·삼신을 청해 모신다. 지왕은 삼신제왕을 말한다. 2에서 5까지와 8의 제석은 안택굿의 기본적인 풀이들이다. 8을 제외한 6에서 11까지가 망자와 관련된 씻김굿의 중심거리를 이룬다.

장자풀이는 부자로되 불효하고 구두쇠인 사마장자에 관한 叙事巫歌이다. 시왕의 명에 의해 도사 스님이 사마장자를 찾아가니 장자가 동냥 대신 거름을 퍼주었다. 며느리가 쌀을 퍼주며 시아버지의 허물을 용서 빌었다. 사마장자 그날로 병들어 다 죽게 되자 며느리의 문복에 따라 사흘 굿을 열었는데, 시왕의 분부를 받은 세 사재는 배고픈 김에 굿판의 대접을 받고 며느리의 사정에 못 이겨 사마장자 대신 용천마를 잡아갔다. 인정 베풀고 굿을 벌이며 저승사자를 속이고 설득하면 수명도 연장된다는 내용이다.

오구물림에서는 바리데기의 무가가 구송된다. 이어 망자의 차생을 점치는 과정이 뒤따른다. 흰 종이를 오려 만든 신체를 편 뒤 백지 한 장을 덮는다. 곱게 차린 밀가루를 백지 위에 뿌리고 대나무 5개를 가로로 걸치고 다시 창호지로 덮고는 넋을 2개 놓고 대신 칼을 비껴 놓는다. 그 앞에서 오구풀이를 부른 뒤 신 칼과 넋과 창호지를 걷은 후 댓가지 사이로 밀가루 위에 남겨진 흔적을 통해 망자의 차생을 점친다.

고풀이는 일곱 개의 매듭을 지은 무명을 들고 춤추다가 그 고를 하나씩 풀어가는 거리이다. 씻김은 영돈말 이라고도 불린다. 망자가 저승에 쉽게 들어갈 수 있도록 깨끗이 씻겨진다. 마당에 상을 놓고

쑥물, 향물, 맑은 물, 쌀, 비누, 수건, 빗자루 등을 올려놓는다. 옆에
는 淸水를 담은 독을 두고 솥뚜껑으로 덮는다. 짚자리를 펴고 그 위
에다 망자를 상징하는 신체를 넣고 둘둘 만 다음 일곱 마디를 묶어
세운다. 그 위로 넋과 돈을 담은 주발을 올리고 바가지를 덮는다.
먼저 넋주발을 덮은 바가지 위에 쑥물이 뿌려진다. 이어 향 물을 조
금 붓고 비누로 씻은 후 맑은 물을 뿌려 헹군다. 빗자루로 씻어내고
쌀을 바가지 위에 뿌린다. 수건으로 바가지를 깨끗이 씻는다. 그 다
음 무당이 신칼로 솥뚜껑을 연 후 신칼로 바가지를 쳐서 독의 물 위
로 떨어뜨린다. 이제 바가지는 배가 되고 독안의 물은 저승으로 가
는 강으로 변한다. 망자는 이 쪽박 배를 타고 저승으로 떠난다.

질 닦음에서는 망자의 저승길을 닦는다. 안방에서 基主가 무명으
로 된 다리의 한 쪽을 잡고 나머지 끝은 가족 중의 한 사람이 마당
에서 팽팽히 당겨 잡는다. 무당이 신칼과 넋상자를 다리 위로 조금씩
움직여 길을 닦으면서 염불한다. 망자가 편히 저승에 가도록 길을 다
닦고난 다음 무당은 가족을 축원해준다. 무당이 한번 놀고 가자며 춤
을 시작하면 온 동네사람들도 함께 어울려 춤추어댄다. 끝으로 잡귀
들을 집밖으로 내몰아 대접하여 보내는 종천멕이가 놀아진다.

진오기나 씻김굿이나 일반 재수굿 내지 안택굿의 줄거리에다 망자
를 위한 일정한 거리를 붙여 이루어져 있다. 이것은 巫에서 죽음이
그만큼 대수롭지 않게 취급됨을 보여준다. 죽음이란 삶에서 저승으
로 이행되는 한 궂은 과정으로 여겨지는 것이다.

두 사령굿에는 바리공주(오구물림)와 질닦음(베째)이 공통으로 들
어 있다. 바리공주 사설이 끝나고 次生을 점치는 것도 같다. 말하자
면 이것이 한국巫의 사령제의 가장 핵심되는 부분이 된다. 巫祖바리
공주의 공덕에 힘입고 이승과 저승 사이의 길을 닦아 망자를 편히
저승에 천도시키는 것이 그 내용이다. 다음 세상에 무엇으로 다시
태어난다는 믿음과 그에 따른 점복은 일견 불교의 輪廻轉生說에 영
향 받은 듯하다. 불교의 영향은 신라 이래 오랜 역사의 巫佛習合을

고려하면 능히 이해된다. 진오기의 시왕거리에서 그 면이 뚜렷하다.

장자풀이나 사재삼성은 저승사자의 존재에 대한 믿음을 보여준다. 망자는 사재가 잡아가거나 사재에 의해 저승으로 인도된다는 관념이다. 이 저승사자를 잘 대접해야 망자의 저승길이 편하리라는 생각은 재미있다. 고풀이와 씻김, 도령·상식·뒷영실은·각기 지역에 따른 독자적인 의례 발전으로 여겨진다.

Ⅳ. 맺음말

巫의 사령제는 흔히 문제 있는 죽음과 관련하여 베풀어진다. 문제 있는 죽음은 집안에 우환을 불러일으키고 망자의 혼이 조상의 세계로 들어가지 못한다. 怨魂으로서 이승에서 떠도는 잡귀잡신이 되어버린다. 이들에게 저승으로 가는 바른 길을 제시하고 망자를 신령의 힘으로 천도하는 제의가 사령제이다. 이러한 굿을 통하여 망자는 조상신의 대열에 오르고 길이 후손으로부터 대접받게 된다.

巫는 調和를 원리로 한다. 그 종교의례인 굿에서는 현실 가운데 늘 깨어지기 쉬운 調和가 신령과 인간의 만남으로써 회복된다. 사령굿은 죽음으로 인하여 일그러진 한 집안의 조화를 되살려 내기도 한다. 굿판에서 상가의 집안은 비탄에만 빠져 있지 않는다. 사재를 놀려대면서 웃음이 터지기도 하고 내린 신령들과 수작을 나누기도 한다. 질 닦음 뒤에는 동네 사람들과 더불어 흥겨운 춤판을 벌인다. 망자를 천도하는 굿판도 하나의 통과의례이자 축제가 된다. 죽음도 그렇게 산사람과 망자와 신령게 사이의 조화로 처리되어진다.

恨, 만들어진 한국인의 심성

1

한 장의 종이는 앞과 뒤의 두 면을 가진다. 종이도 엄밀히 따지면 그 미세한 두께로 위, 아래 그리고 오른쪽, 왼쪽의 네 옆면을 가지고 있는 것이지만, 흔히들 이것을 무시하고 종이의 앞뒤를 말한다. 이른바 양면성이 그것이다. 이것은 달리 表裏로도 표현되어져 모든 사물의 공간적 성격을 나타내는 데 편의상 사용된다. '겉과 속이 다르다(表裏不同)'라는 말은 한편 사람들의 마음 씀이 한결같지 않음을 표현하는 데 쓰여진 보기에 해당한다.

사람의 눈은 이렇듯 몹시 상대적이어서 어떠한 사물도 그 한 면을 바라보는 데 지나지 못한다. 사물의 앞뒤 또는 안팎이라는 두 면은 실상 사람들의 눈이 공간인식(이것은 시간에서도 마찬가지)에서 절대적으로 불완전하다는 것을 잘 나타내 주는 셈이다.

그러나 사람의 사물에 대한 인식은 원래 넓고 깊기가 그지없어 시각에 의한 그런 불완전한 이해를 쉽사리 넘어설 수 있다. 마음은 종이의 두 면을 아울러 읽기도 하는가 하면 다른 사람의 마음 안에 들어 있는 것을 꼭 그만큼 알아차리기도 한다. 어디 그뿐이랴. 모든 대립적인 것이 같은 것의 다른 면에 지나지 않는다는 것을 깨달아 알기까지 한다.

> 수탉은 황혼에 黎明을 알리고
> 太陽은 한밤중에 빛나는구나.
>
> —禪詩의 한 구절

2

　대립된 것을 뛰어넘고 그것을 통일된 것으로서 인식하며 둘이 하나이고 하나에 둘이 갖추어져 있다는 것을 알아온 동양의 전통적 인식은 오늘날 두루 잃어져 버렸다. 그것은 서양과의 만남 이후 진행되어온 「서양을 닮으려는 노력」에 그 원인이 있다. 세계사의 흐름이 수백 년 이래 워낙 유럽화의 도도한 강물을 이루어 온 것이고 보면, 우리네 생각은 이제 전통적인 법을 내버려 두고 저들의 특징을 이루는 이른바 二元的 사고방식을 새 법으로 열심히 받아 모시고 있는 형편이다.

　그리하여 사물의 한 면만 바라보는 안목이 오늘날 즐비하다. 그것도 한 면 전체를 고루 다 보지 않고 어느 한 부분만을 살핀다. 그런가 하면 그 한 부분마저도 정확하고 구체적으로 알려 하지 않고 대충 훑는 태도를 취한다. 이러한 눈들에는 감상성이 가득 차게 되며 사물을 보는 데 있어서 조급한 속단을 자주한다. 그것은 저쪽의 보는 법을 짧은 시간 안에 가능한 한 빨리 닮고자 할 때 불가피하게 나타나는 현상이다. 그리고 이 성급한 안목에서는 사람들이 머리와 마음으로써 생각하고 느끼는 앎의 자세를 갖지 않고 오로지 머리만 빠르게 굴려 사물을 이해하려는 데 급급해 한다.

　이러한 경향이 이즈음 우리 주변에 팽배해 있으니, 항간에서 장사나 정치에 관여하는 이들은 고사하고라도 학문과 문필에 종사하는 이른바 학자와 문인들마저 대부분 이 모양이다. 저들의 영향이 넓고 길진대 실로 그 폐해를 다 어찌 할고.

3

조급한 마음에 머리로만 만들어져 온 가지가지 것들 가운데 恨이란 말이 그 하나로서 두드러진다. 이 말은 그 사이 여러 사람들에 의하여 한국인의 아주 특징적인 마음모습(心像)인 양 돋우어져 강조되어 왔다. 한국 사람들의 마음에 그 恨이라는 것이 마치 서릿발처럼 하얗게 서려 있고 등 넝쿨처럼 칭칭 감겨 있는 듯. 그리고 특히 한국인의 심성의 기층에 자리 잡아 있다고 전제되는 巫신앙은 풀 수 없는 恨을 그 씨알맹이로 한다고들 이해한다. 그것이 진정 그러한지 우선 막연히 이해되고 있는 巫와 관련하여 살펴보자.

첫째, 「한국무속(巫를 종교로 보지 않고 민속의 하나로 보아온 이 용어는 마땅히 '巫'로 고쳐 불리워져야 한다)의 신령, 특히 死神靈가운데, 怨神이 많다」고 한다. 그리하여 「崔瑩, 恭讓王, 林慶業, 思悼世子, 남편 端宗의 폐망을 목격한 宋氏 등이 그 대표적 怨神」이라는 것이며, 「이들은 모두 천추에 원한을 남기고 간 사람들」로 보아진다. 먼저 死神靈이라는 용어가 도대체 말이 되지 않음을 짚고 넘어가야 하겠다. 이것을 우리말로 바꾸면 「죽은 신령」이 되겠는데 신령에 어찌 「죽은 신령」이 있으며, 그러면 「살아 있는 신령」이 또 있다는 말인가. 이 개념이 역사적 인물 가운데 죽어서 신령이 된 이들을 가리키는 것임을 巫연구의 전문가들은 물론 미루어 알 수 있다. 용어를 만들어냄이 이토록 마구잡이여서야 巫이해에 혼란만 더해 간다.

그리고 巫에서는 최영, 임경업, 공양왕 등을 결코 怨神으로 보지 않는다. 아니 巫에는 怨神이라는 개념이 아예 없다. 이들은 모두 나라와 민중을 위하여 평생을 바쳤던 이들이다. 그들은 그들의 바라는 것을 위하여 목숨이 다하는 날까지 다만 최선을 다했었을 뿐이다. 그들이 죽고 난 다음 그런 고맙고 귀한 삶이 민중의 마음에 오래 살아남아서 그들이 신령으로 태어나게 된 것임을 이해해야 한다. 따라서 한국巫의 모든 신령이 그러하듯이 그런 분들은 한국인의 훌륭한

祖上神들이 되는 것이다.

한편 「怨神은 그러한 굵은 역사적 인물만이 아니며, 총각귀신·처녀귀신·아기귀신·과부귀신·행려병사한 사람·싸움터에서 죽은 이름 없는 군사·죽어서 묻히고도 온전하게 흙을 덮지 못하고 있는 귀신 등도 쟁쟁한 怨神」으로 이해되고 있는 형편이다. 이렇게 나열된 이들은 巫에서는 雜鬼雜神이라 불린다. 그리고 개별적으르 乞粒大監, 地神할머니·首廣大·서낭·盲人·하탈·말명·客鬼·상문·기타 雜鬼 등의 이름을 받고 있다. 이들은 결코 신령의 위계에 이르지 못하고 굿이나 치성에서 뒷전에 모셔질 뿐이다. 그러므로 이들을 神의 이름으로 불러서 정녕 아니될 것이며, 怨神의 개념이 연구하는 이들에 의하여 잘못 만들어져 함부로 적용되는 것을 우리는 알아야 한다.

또 「한국무속의 각종 怨神이 이승을 떠나지 못하는 自由魂 또는 脫身魂에 가깝다」고 해석되는데, 그것은 위에서 언급한 한국巫 신령의 뚜렷한 위계를 제대로 알지 못하고 神의 성격을 바르게 이해 못하였으며, 神과 雜鬼雜神과를 뒤섞어 오해한 소치에 불과하다. 잡귀잡신이야 저승으로 가지 못하고 이승에서 떠돌아다닌다. 그러나 이른바 正神은 사당이나 굿당 또는 무당들의 전안을 聖所로 하여 받들어 모셔진다. 이들 神堂들은 이승도 저승도 아니고 신령들의 거소가 된다.

둘째로, 우리 巫에서의 怨神개념이 비단 이곳에만 있는 것이 아니고 시베리아의 샤마니즘에도 비슷하게 존재한다는 것을 토기로 들어 이 개념을 일반화하려는 노력이 있다. 「사람이 죽고 난 후 저승으로 가게 마련인 自由魂 또는 脫身魂 가운데 이승에 미련이 낚아 영 떠나지 못하는 부류가 있다」는 것이 그것이며, 「이들이 이승을 헤매고 다니며 사람에 붙어 괴롭히는 등 갖가지 횡액을 부른다」고 한다.

시베리아 샤마니즘에는 한국의 巫 경우에서와 마찬가지로 天神·각종 自然神·地域神·가옥神·마을神·집안神·각종 生業神·祖上神 등을 비롯하여 여러 雜鬼雜神이 신앙된다. 옵우그르 민족들 (Obugrische Völker)이나 보굴인(Wogulen) 및 오스쟉인(Ostjaken)의 영혼관은 생명혼 내지 호흡혼(Lebensseele 내지 Atemseele, ost-jak. lil; wogul. lili; 또는 신체혼(Körperseele)로도 불림)과 자유혼 내지 그림자혼(Freiseele 내지 Schattenseele, 오스챡인들에게서는 is, iles, ilit; 보굴인들에게서는 is, ijs 등)으로 짜여 있어서 매우 뚜렷이 형성된 이원적 구조를 그 특징으로 한다. 후자는 「꿈혼」(Traumseele), 영혼상실의 경우에 있어서 「잃어버린 혼」, 그리고 굿제의 가운데의 영혼여행에서는 무당의 혼에서 나타난다. 민간전승에 의하면 바로 이 자유혼이 여러 雜鬼의 형태를 취한다고 한다.

그러므로 시베리아 샤마니즘에는 이승을 떠나지 못하고 사람을 괴롭히는 부류가 있는 것은 분명하다. 그러나 이 자유혼이 원한을 품고 있는 혼이라고 단정내리는 것은 지나치게 일방적인 해석이 된다. 그리고 그 밖에도 위계와 기능이 다른 여러 신령무리들이 있건만, 그들은 다 놓아두고 하필이면 이 잡귀잡신의 무리를 들어 巫의 怨神만을 강조하려는 것인지 나는 그것을 이해할 수 없다.

셋째, 진오기굿을 보기로 하여 한국巫가 원한의 구조로 짜여 있고 진오기굿이 바로 그 解怨의 절정이라는 묘한 이론이 전개되고 있다. 다음의 글을 한번 살펴보자.

> 한국무속이 많은 수의 怨神을 모시고 있다는 것은 한국무속과 한국의 민간전승 일반과의 유대를 입증하고 있다. 원한으로 에워싸여진 한국의 민간전승을 밑동으로 하여 솟아 있는 원추의 끝이 한국의 무속이다. 따라서 한국의 무당은 원신을 모시고 그들을 달래듯이 보통 사람들의 원령을 달래는 것을 그 주요한 기능으로 삼고 있다. 그 기능은 「오구굿」또는 「진오기굿」에서 절정에 다다른다.……(중간 부분 생략)……생사 두 개의 원한이 서로 맞부딪치면서, 서로 털어놓으면서 풀려가는 것이 진오기굿이다. 생사 양자의 解怨이 오구굿이다.……「解怨의 鎭魂」이 오구굿이다.

우리는 위에서 「한국巫의 많은 수의 怨神」이라는 해석이 도무지 터무니없는 것임을 보았거니와, 「한국의 민간전승이 원한으로 에워

싸여져 있다」는 얘기는 또 무슨 말인가. 거기다 한국의 무당이 모시는 신령이 원신이 아닌데 어찌 그들을 달랜다는 것인지. 그리고 巫에는 점복·부적·치성·굿 등의 수많은 종교행위가 있는데 굿은 그 가운데 하나에 불과하며, 진오기굿은 또 숱한 굿들 가운데 단지 한 종류일 따름이다. 위에서 인용된 부분의 글은 따라서 몇 개의 억지스러운 전제들을 마구 동원하고서는 그 전제들 위에서 진오기굿이라는 한 양상을 일방적으로 지나치게 해석한 보기가 된다.

끝으로, 입무(入巫)과정의 사례가 원한과 관련되어 얘기되어진다. 이 경우 입무과정은 원한이 그 결정적 구실을 다한다는 것이고, 자신의 원한을 스스로 巫事에 의하여 이긴 사례라고 한다. 입무의 사례가운데는 물론 삶에서 영혼과 육신 간에 지칠대로 지쳐서 막다른 골목에 다다랐을 때 그 돌출구가 되었다는 보기들이 없지 않다. 그렇지만 입무에 관한 종래의 몇 개 안 되는 연구에서 무당들이 무당되기 전에 겪었던 생활의 비참한 면이 지나치게 돋우어져 강조되어 온 점이 제대로 인식되어져야 할 것이다. 그리고 무당보다도 더 어려운 삶을 살았었지만 무당이 안 되었던 이들도 헤아릴 수 없이 많은 것을 어찌 설명할 수 있을는지. 무당 가운데에는 또한 삶의 간고를 별로 몰랐건만 기자(祈者)가 된 예들도 수두룩하다. 그밖에 한 가지 더 밝히 이해되어야 할 것은 무당의 후보자는 입무과정에서 맑은 의식상태를 갖지 못하는 것이 보통이며, 그에 따라서 자신의 원한을 (원한이 있다고 가정하고서) 스스로 이겨낼 의지를 조금도 갖고 있지 못하다는 사실이다. 그러므로 내림굿은 보통 후보자의 가족이 무당과 상의하거나, 후보자가 신들린 상태에서 문득 찾아간 무당에 의하여 결정되고 진행되어진다.

지금까지 살펴본 바, 한국巫가 풀래야 풀 수 없는 恨을 그 핵심으로 한다는 종래의 이론들이란 巫를 바르게 이해하지 못한 채 몇 가지 전제 위에서 巫현상의 일방적인 면들을 무리하게 갖다 붙여 꾸며낸 감상적인 이야기에 지나지 않는다.

4

恨이 한국인의 심성에 매우 중요한 의미를 가진다고 주장하는 이들은 이것이 비단 한국巫의 기층적인 것일 뿐 아니라 한국의 신흥종교들의 경우에 있어서도 매우 중요한 종교적 심성을 차지하는 것으로 본다. 그리하여 이들은 甑山의 天地公事 가운데 하나인 解寃을 대표적으로 집어내어 신흥종교에서의 원한의 비중을 커다랗게 불려 놓는다.

증산의 천지공사의 의의는 두루 알려져 있듯이 天地創造와 天地改造의 두 공사에 있고, 그 이념은 解寃·相生·報恩, 그리고 大全協同의 네 가지로 크게 나뉘어 진다. 이 네 이념 가운데 하나인 해원은 萬古逆神과 寃神을 풀어 해원케 한다는 것이니, 義로써 세상을 건지려다 죽은 逆臣들의 원혼과 기타 억울하게 죽은 일체의 원신의 넋을 건져 밝은 광명의 세계로 인도하여 증산의 德化의 품안에 안정케 하는 역사다. 이것은 즉 일체의 相剋을 풀겠다는 것이며, 그 다음 神界와 人界의 질서를 바로 잡아 영원한 화합의 세계에로 지향하려는 相生이념으로 전개되어진다. 증산의 천지공사의 가장 큰 의미는 그러나 두 공사를 통하여 神明界의 협동과 신계와 인계의 협동이 가능하게 되는 大全協同에 있다.

증산의 해원이란 이렇듯 天地改造를 통하여 大全協同을 이루기 위한 하나의 공사이다. 그러므로 「증산이 하늘 위에 있는 신들의 원한부터 풀고 다음으로 지상에 있는 모든 사람들의 원한을 풀게 됨으로써 인류에게 평화와 안식을 가져다준다고 믿는다」는 해원의 풀이는 너무나도 지나치다 아니할 수 없다.

그리고 증산교를 포함한 신흥종교에서 원한이 그리 중요한 종교적 심성이 아님을 언급해야 하겠다. 신흥종교라면 종래 범죄투성이이고 광신적이고, 미신적이고, 이단에 속하며 부정적인 현상으로 간주되어 왔다. 이러한 견해는 대개 기성 고등종교의 종단에 속한 연구가들이나 지배가치에만 매어 있는 사람들에게서 견지되어진다. 자신이 소속되어 있는 집단의 가치나 믿고 있는 종교의 교리에만 얽매여 그 밖의 가치나 교리를 단연코 배척하는 맹신적 안목이 그러한 이해의 바탕이 되고 있음을 우리는 족히 알 수 있다.

신흥종교는 한 사회의 가치가 흔들려 불안감이 조성되고, 기성종교가 민중의 종교적 욕구를 더 이상 충족시켜 줄 수 없을 때, 그들이 염원하는 바가 투사되어 이루어지는 종교들이다. 그러므로 신흥종교들에는 사회와 기성종교들의 부조리와 병폐 및 민중의 바라는 바가 잘 드러나 있다. 그리고 신흥종교의 이해에서 매우 중요한 것은 이른바 고등종교들도 그 시작단계에는 모두 신흥종교들이었다는 사실이다. 이러한 점들을 고려하여 우리는 신흥종교를 하나의 가치를 기준으로 하여 부정적인 현상으로 보는 태도를 버려야 한다. 그것도 민중에 의해 신앙되는 종교인 것이다. 따라서 가치중립적인 안목으로 바라보아져야 하겠다.

이러한 신흥종교는 다음과 같은 특징을 가진다.

① 기존전통 위에 세워진다.

② 기존관념과 결별한다.

③ 잃어버린 낙원을 재건한다.

④ 계시록을 기대한다.

이들 특징은 결코 오늘날의 신흥종교에만 한정된 것이 아니라 대다수 종교운동의 초기 발원단계에 공통된 것들이다. 우리는 이처럼 신흥종교를 간략하게 살펴보았거니와 신흥종교에서 원한이 차지할 자리가 별로 마땅치 않음을 알게 된다. 신흥종교에는 다분히 巫의 전통을 계승한 것들이 있어 巫敎系종단으로 분류되어지는데, 원한이 신흥종교에서 중요한 비중을 차지한다는 것이 설령 이들 종단을 두고 하는 얘기라고 하더라도 巫의 원한설은 앞에서 살펴보았듯이 수긍할 점이 없다.

5

한편 恨은 문학에서 즐겨 다루어지는 주제다. 이즈음의 소설이나 시에서도 이 주제는 자주 눈에 뜨인다. 이들 문학작품에서 다루어지는 恨은 크게 두 가지 유형으로 구분될 수 있다. 하나는 오랜 한국 역사 동안 형성되어 온 한국인 심성에 특징적인 것으로서의 恨이고, 그 다른 하나는 巫와 관련 지워진 한국인의 恨이다. 젊어 혼자되어 독수공방하는 여인의 보기처럼 전통사회의 관습에 묶여 풀 길 없는 외로움과 서러움이 恨으로 되었다는 것이 전자의 예가 된다. 후자에서는 巫家의 한 맺힌 가계얘기가 들려지거나 巫에 담겨 있는 그 恨이 한국인 마음의 기층적인 것으로 이해되어진다. 작가의 주재선택과 그 문학적 해석에 관하여 내가 왈가왈부하는 것은 도리가 아니지만, 그 주제가 巫에 관계된 恨에 미쳐서는 두어 가지 언급할 필요를 크게 느낀다.

첫째, 한국巫에 관한 이제까지의 연구가 온전하지 못하여 그러한 연구 성과에 근거한 작가들의 巫이해가 제대로 될 리 없다는 점이다.

둘째, 무당의 가계에서는 그 집안사람이 어쩔 수 없이 신들려 무업을 계승해야 하며 그것이 한 맺혀 내려온다는 전제가 두루 받아들여지고 있다. 그리고 巫가 한국인 심성의 기층을 이룬다는 막연한 가정과 巫家에 맺혀 있다는 그 恨의 전제가 합쳐져서 恨이 한국인 심성의 가장 특징적인 것이라는 답이 구해졌던 것 같다. 앞의 가정은 종교사학자나 巫연구자들이 한국종교사의 역사적 전개를 염두에 두고 巫를 그 맨 첫머리에 두었던 데 비롯한다. 그것이 그토록 중요한 기층적 위치를 차지한다면 이 문제는 앞으로 巫연구가·종교사가·역사가·심리학자·민속학자 등에 의한 진지한 학술연구를 통하여 잘 해명되어져야 할 것이다.

두 번째 전제인 巫家의 恨이란 실로 오해에 지나지 않으며 그러할 만한 역사적 배경을 지닌다.

　　무당은 주지하듯 조선왕조 이전 시대에는 고대로 올라갈수록 사회에서 더 많은 존경을 받고 권세를 누렸었다. 고대의 초기에 무당은 정치권과 사제권을 한 몸에 지닌 막강한 권력의 소유자였던 것이다. 그러했던 무당이 천민의 열어 들고 사회의 천대를 받은 것은 조선왕조 때의 일로 신분제도가 엄격했던 조선왕조에서는 집안에 무당이 났다 하면 그 집안은 몰락하는 것이나 다름없었다. 한편 무당의 집안은 온갖 사회적 수모를 견뎌내어야 했고, 바로 그 천민의 계급성으로 인하여 다른 계층과의 통혼이 불가능하였다. 이 마지막 왕조시대동안의 무당의 천대가 유교적 통치이념에 의한 것이었던 반면, 그 다음에 이어지는 일제강점과 민주공화국시대의 巫는 기독교와 서양식교육에 의하여 형성된 안목에 의해 다시금 미신적이고 부정적인 것으로 낙인찍힌다.

　　巫家에 맺혀온 恨이란 이런 사회적 천대와 폐쇄성에 기인하는 것이지 본질적인 것은 결코 아니다. 그리고 무당이 되어 받는 사회적 천대가 '恨스러웠다고 하더라도, 巫의 신도(단골)가 각 신분계층에 두루 걸쳐 있었던 것이고, 종교적 행사를 주관하거나 神의 말(空唱와 德談)을 내릴 때는 神의 입장이 되어 세상에 두려울 것이 없었으니, 그것을 일러 恨이라고 하는 것은 사뭇 일방적이고 너무 안이한 견해일 따름이다.

　　셋째, 巫의 恨을 소재로 하여 다루는 작가들의 현지조사가 너무 미흡하다는 것을 지적해야 하겠다. 巫에서의 恨의 성격이 어떠하다는 것은 앞에서 얘기했거니와 이 소재와 관련하여 묘사되는 巫의 제반사정은 대부분의 경우 눈살을 찌푸리게 만든다. 그러할 것이라는 상상에 의해 창작된 것이 대부분이기 때문이다. 그 소재가 작가에게 의미 있는 것이어서 작품으로 다루어질진대 작가는 적어도 그에 대한 기본적인 이해를 갖추어야 할 것이 아닌가. 나는 작가들에게 학술적인 전문조사를 요구하지 않는다. 그 이해를 위한 기본적인 자료조사가 마땅히 있어야 함을 강조하는 것이다. 이 문제의 원인은 작가들이 자료조사를 위한 현지조사에서 철저함을 기하지 않고 대충 서둘러 그 일을 진행하는 데 있는 것으로 보인다. 서두르는 데는 巫연구가나 작가가 모두 한가지인 듯하다.

6

恨을 여러 사전에서 찾아보면 怨(怨恨)·悔恨·遺憾·恨歎 등의 뜻을 가진 것으로 되어 있다. 원통한 생각, 뉘우치는 생각의 뜻이다. 恨이 영어로는 어떻게 옮겨졌는지 궁금하여 『麥氏漢英大辭典』(Mathews' Chinese English Dictionary)을 들췄더니 'to hate', 'to dislike'로 되어 있다. 이 두 동사는 모두 목적어 곧 대상을 꼭 가지며, 그 어감이 미움 내지 싫어함을 분명하고도 강하게 표현하는 것이어서 우리네 恨의 뜻과 어감에 맞지 않는다.

이즈음 우리가 恨이란 말을 듣고 느끼는 것은 대를 이어 내려오거나 아니거나 오래 되었으며, 깊은 것이고, 숙명적이고, 풀래야 풀 수 없으며, 한밤중에 홀로 한숨을 깊이 내쉬게 하는, 저 밑바닥의 아픔과 슬픔 같은 감정이다. 사전에 나와 있는 恨의 의미가 「원통한 뉘우치는 생각」정도라면 몇몇 학자 및 문인들에 의해 「한국인 심성의 기층에 자리 잡고 풀래야 풀 수 없는 그 무엇」이라는 이해와는 퍽이나 거리가 있다. ‘恨은 우리가 살펴보았듯이 巫나 신흥종교에 관련된 한에서는 그 근거가 터무니없고, 단지 일방적이고 감상적인 안목에 의하여 만들어진 것에 불과하다.

끝으로 굿의 장면들을 떠올려 보자. 그것이 망자를 천도하는 진오기굿이건 집안의 복을 비는 재수굿이건, 망자나 조상이 실리면 굿판은 눈물바다가 되고 신령이 익살을 부리면 웃음보가 터지며 함께 놀아댄다. 사람 사는 모습 그대로다. 애환은 동서고금 어느 사회를 막론하고 누구나 겪으며 사는 것이 아닌가. 슬픔이 없으면 기쁨이 어이 오며, 기쁨 뒤에 아니, 그 안에 서러움이 있지 않는가. 바로 그것이 사는 맛이 아닌가.

文學과 巫와 宗敎體驗

1

『……예수여 당신의 나라에 臨하실 때에 나를 생각 하소서 하니 예수께서 이르시되 내가 진실로 네게 이르노니 오늘 네가 나와 함께 樂園에 있으리라 하시니라』(누가복음 23장 42-43절).

예수님이 십자가에 못 박히실 때 두 강도도 각기 그 좌우로 십자가에 달렸다. 한 강도가 誹謗하여 이르기를 『네가 그리스도가 아니냐. 너와 우리를 구원하라』고 하였다. 그러나 다른 강도는 『네가 같은 定罪를 받고서도 하나님을 두려워 아니하느냐. 우리는 우리의 행한 일에 상당한 報應을 받는 것이니 이에 당연하거니와, 이 분이 행한 것은 옳지 않는 것이 없느니라』하면서 오히려 그를 꾸짖었다.

세상 사람들은 「저들이 무슨 짓거리를 하고 있는지」알지 못하건만이 한 강도가 바로 죽음의 직전일망정 스스로의 行惡을 돌이켜 보아 깨우쳤으니 그것이 예수님께 어찌 고맙고 귀하지 않았을 것인가. 고통을 받으면서도 그 강도를 그윽한 시선으로 보셨을 예수님의 모습이 눈에 선하다. 내가 몹시도 아름답게 여기는 聖書의 장면들 가운데 하나다.

낯익은 얼굴들과 여러 번 자리를 같이 하면서 나는 사람들의 인식이랑 행동이 쉽사리 바뀌는 것이 아님을 누차 강조한 적이 있다. 오랜 세월 동안 부모를 비롯한 남들의 사고방식에 사로잡혀 그런 것을 제 것인 양 굳게굳게 움켜쥐면서 사람들은 살고 있기 때문이다. 나이가 많아질수록 그 의식의 층은 더욱 더 단단해져서 부수어 지기는 커녕 금을 내기조차 어려운 것이다. 사람들의 그 같은 통념이 진정

깨뜨려질 수 없는 것인지, 그렇게 할 가치가 있는 것인지. 어떻게 해야 할 것인지 나는 두고두고 생각해 온다.

사회적 오해를 이루고 있는, 사람들의 여러 인식들 가운데서 巫와 宗敎體驗은 그 선두에 선다. 둘 다 학자들에게서는 물론 항간에서도 두루 토론이 되고 논란의 대상이 되어온다. 그러나 그것을 다른 현상들과 비교하거나 철저하게 그 속에 들어가 그 眞面目을 밝히려는 노력이 거의 없는 반면, 그것을 믿거나 직접 체험한 이들은 그들만의 세계를 이룬 채 외부와 담을 쌓고 있는 실정이다. 그리하여 그 바깥세계의 사람들에게 있어서 巫나 宗敎體驗은 그저 신기하고 비밀스럽고 비합리적인 것으로서 막연히 이해되어진다. 이 두 현상은 그러나 우리 사회 안에 바로 우리 곁에 오래 전부터 존재하고 있으며, 그나마 생생히 함께 살아 있는 것들이다.

문학과 종교라는 기획의 주제 아래 문학과 巫와의 관계를 다루어 달라는 부탁을 받고서 나는 처음에 회의적인 생각을 품었었다. 巫에 관한 사회적 오해의 층이 그토록 두터운 형편인데 이런 글을 써서 도무지 무슨 도움이 될 것인가 하는 생각이 들었던 것이다. 그렇지만 우리가 할 수 있는 일이란 오로지 祈禱뿐이기에 그런 마음으로 이 이야기를 풀어나가기로 하였다: 『祈禱는 마음을 뜨거이 하고, 믿음은 山을 옮기나이다』

2

우리나라 문학에서 巫를 주제로 하였거나 부분적으로 다룬 詩와 小說은 많다. 이들을 다 들어 논하는 것은 文學評論의 일이거니와, 이 글의 의도와는 멀다. 평소에 내 눈에 띄었던 몇 소설작품들이 이미 巫에 대한 문학적 관심의 몇 가지 유형을 잘 보여주고 있어서 그것들만으로도 이야기하기에 족하다. 다음의 다섯 작품이 그 대상이 된다:

1. 金東里의 「巫女圖」
2. 文淳太, 1981 『타오르는 江』, 「제2부 깨어있는 밤」의 제1장 (pp.3-34), 서울: 尋雪堂.
3. 柳治榮, 1982 『태양의 비탈』 서울: 韓國文學社.
4. 유홍종, 1984 「그 어디 하늘나라」, 『불새』 pp.167-191, 서울: 정음사.
5. 김용범, 1985 「새의 暗葬」, 『小說文學』 2월호, pp.66-81, 서울.

이 작품들에서 다루어진 巫에 관하여는 이야기를 잠시 뒤로 미루고 편의상 먼저 巫가 무엇인지를 살펴보려 한다.

첫째, 巫는 宗敎다. 종교의 정의가 저쪽 서양에서 시도된 이후 수없이 많은 정의들이 여러 이론과 학문 분야의 바탕 위에서 내려져 왔다. 그것이 애초 기독교 신학에서 출발하였음은 두루 알려져 있다. 그러다 유럽 밖의 다른 문화권들에도 기독교와 어깨를 견줄 만한 신앙체계가 있음을 그들은 알게 되었다. 힌두교, 불교, 회교, 유교, 도교 등이 그리하여 이른바 세계종교로서 인정받게 된 것이다. 한편 원주민사회들의 연구가 진행되면서 그 주민들이 믿는 신앙형태들도 인지되었는데, 宗敎史에서는 이들을 종교발전의 초기 형태로 파악하고 저급한 것으로 여긴다. 그들에 의하면 샤마니즘이 그 대표적인 것이다. 이에 따라 스웨덴의 종교학자이자 인류학자인 홀트크란츠(Åke Hultkrantz) 같은 이는 샤마니즘을 종교로 보지 않고 고작 「하나의 신앙체계를 가진 종교적 형태」(a religious configuration with a beliefsystem)로 정의하는 정도이다. 종교의 정의를 논리 전개의 편의상 넓게 잡는 종교학자나 민족(인류)학자들이 물론 없는 것은 아니지만 샤마니즘을 뚜렷이 종교로 파악한 학자는 거의 없는 형편이다.

종교의 정의가 어떤 특정된 종교의 기준에 의하여 내려져서는 안된다는 것은 자명하다. 그랬다가는 巫의 눈에 비추어 기독교는 종교가 아니게 된다. 巫에는 없는 唯一神과 經典을 가졌으니까. 여기서 까다롭게 종교의 정의를 내려본다는 것은 의미가 없다. 중요한 것은 종교의 기본이해를 위한 그 구성요소들이다: 하나의 종교가 성립하기 위해서는 먼저 모름지기 「信徒」가 있어야 하겠고, 그 다음 믿음의 대상으로서 「초월적 존재」가 있어야 하며, 그리고 끝으로 그 둘 사이를 중재해 줄 「司祭」가 필요하게 된다. 종교의 이 기본 틀을 巫는 충분히 만족시키고 있으니, 즉 신도로서 단골이, 초월적 존재로서 신령님들이, 사제로서는 무당이 엄연히 존재한다. 따라서 巫는 마땅히 종교로 보아져야 한다.

둘째로 巫의 기본원리를 분명히 해야 하겠다. 무당이 司祭者, 治病者, 占卜家로서의 기능을 가지고 있는 것은 잘 알려져 있다. 무당은 그밖에 演戱者, 전통예술의 기능보유자 역할을 감당한다고 이해된다. 그러나 이러한 이해란 巫를 종교로 보지 않는 데서 기인한다. 巫를 종교로 안다면 당연히 종교의 원리나 기능을 따져야 할 것이다.

종교로서의 巫의 원리는 調和다. 사람들이 살다보면 흔히 생기게 마련인 온갖 憂患과 질병은 먼저 그 집안에서 조화가 깨어짐으로써 일어난다. 무당은 그러면 그들의 신령님들에 힘입어, 사람과 무당과 신령이 한 덩어리 되는 체험 속에서 조화를 되살린다. 여기서 신령들은 우리의 온갖 祖上神들일 따름이다. 우리나라를 지켜온 人格神들뿐 아니라, 한 집안과 마을의 수호신, 그 집안의 祖上, 그리고 本鄕의 하늘, 땅, 물 및 산의 신령들이 거기에 모두 들어 계신다.

巫에서는 이렇듯 사람들의 문제가 시간과 공간을 통털어(뛰어넘어) 모두 하나 되는 의식을 통하여 풀어지는 것이다. 따라서 집안사람들 끼리만이 아니라 모든 조상들, 자연들과의 그 미미묘묘한 調和가 다시 되찾아진다. 그 전형적인 것이 굿이고 굿은 또 巫에서 가장 중요하다. 神이 내려 무당이 되었다 해도 굿을 놀 수 없으면 아직 애기巫일 뿐이다.

巫에서의 종교적 행사는 그러면 굿뿐인가. 굿이 그토록 중요한 것은 사실이나 종래 굿만이 너무 지나치게 돋구어 다루어져 왔다. 그것도 종교적 儀禮로서의 굿이 아니라 그 안에 포함되어 있는 부분적인 요소들, 예컨대 服飾, 춤, 연극적 측면, 문학적 요소(巫歌) 등만이 의미 있는 듯 연구되었다. 물론 이들 요소가 모두 흥겹고 중요하지 않은 것은 아니다. 그러나 굿이 宗敎行事인 것을 알았던들 그토록 가볍게 한 면만 집적거리는 어리석음을 범하지는 않았을 터인데, 인삼의 뿌리는 버리고 대를 취하는 것 같아 답답함이 실로 크다. 굿이라고 하는 종교의식의 전체 틀 안에서 그런 것들이 자리하는 위치, 차지하는 몫, 행하는 기능이 제대로 이해되어야 한다.

굿이 巫의 종교적 행위의 전부가 아니다. 巫에는 무당의 종교적 활동과 단골들의 그것이 구분되어진다. 다른 종교들에서도 그것은 꼭 마찬가지로서 司祭의 일과 信徒들의 종교적 행위가 차이 나게 되어있다. 단골의 경우를 먼저 살펴보면 전통적인 단골은 집안에 대개 제석, 터줏대감, 또는 몸주대감을 모신다. 그 다음 단골무당과의 연관 가운데 행해지는 종교 활동에 정기적인 것과 비정기적인 것이 있다. 무당이 절기나 명절, 신령기념일에 그 단골들의 흉사를 예방하고 복을 비는 제반 祭儀들이 전자의 범주에 든다. 후자의 것은 개별 단골집안에 문제가 생겼을 때 베풀어진다. 단골이 그래서 무당을 찾으면 우선 占卜(무꾸리)을 통하여 그 문제의 성격과 그 심각도가 결정된다. 그에 따른 처방으로서 符籍을 쓰거나 致誠을 드리게 되거나 굿을 벌이게 된다. 굿은 이렇듯 巫에서 종교의식의 하나일 뿐이다. 그리고 문제가 가장 심각할 경우에 결정되는 것이 보통이다.

무당 개인으로서의 활동은 또 여러 가지다. 크게 나누면 신령 모시는 일과 신도 돌보는 일의 두 영역이 있다. 후자의 활동은 신도들의 정기 및 비정기적 종교 활동과 겹친다. 전자의 것으로 무당은 그의 몸주신과 보좌신들을 개인 신당에 모시고서 그들에게 매일 정성을 드린다. 때로 강이나 바다나 산에 가서 치성을 올린다. 또 일 년에 한두 번 제 신령님들을 놀려드리는 진적굿(또는 진적고사)을 벌이고, 神父母를 친부모처럼 모시며 神딸과 아들들을 가르치는 일도 행한다.

끝으로 巫가 한국의 고유신앙인가 하는 문제는 한국巫의 기본적

이해를 위하여 중요한 물음이다. 흔히들 巫가 우리네 傳統信仰, 基層信仰, 土俗信仰인 것으로 막연하게 표현하는데, 이것은 자칫 巫가 한국인의 心性의 기반을 이루고 있는 듯한 오해로 끌어갈 위험을 가진다. 아니 많이들 이미 그렇게 믿고 있다. 文學의 巫에 대한 관심도 그런 경향을 띤다. 佛敎, 儒敎, 道敎, 基督敎가 모두 外來宗敎인 반면 巫는 그 이전부터 우리에게 있어온 가장 오래된 신앙이며, 그렇기에 한국인 宗敎心性의 가장 밑바닥에 면면해 흘러온다는 도식적 인식이 이 문제에 책임을 진다. 그러한 도식적 인식에서는 巫가 자연히 한국인 宗敎心性의 무슨 中核이나 되는 것으로 부각되게 마련이다. 한 민족의 종교심성이 어디 그렇게 層位的인 것이겠는가. 종교는 모두 거룩하고 귀한 것이며 그 나름의 「길」을 제시한다. 그러하기에 한국에 있는 모든 종교들이 제 나름대로 한국인의 종교심성을 이루어주고 있는 것이다.

그리고 巫는 우리네에게만 있는 그런 고유한 것은 아니고 특히 시베리아와 아시아 전역에 널리 퍼져 있던 종교다. 물론 다른 지역들에서는 巫(샤마니즘)가 죽어버렸거나(정확히 표현해서 죽임을 받았거나) 다른 종교형태로 탈바꿈하여 있는 반면 우리나라에서는 아직도 면면히 살아 있다. 어쨌든 巫를 우리의 고유한 전통신앙이니 기층신앙이니 하여 특별히 의미를 부여하는 일은 巫를 바르게 보지 못하는 것 일뿐 아니라, 한국인 心性의 올바른 이해를 그르치게 한다.

③ - 1

金東里의 「巫女圖」는 1935년産이다. 경주읍에서 성 밖으로 십여리 나가 있는 한 마을의 毛火라는 무당의 딸이 그 어미죽은 후 아비와 함께 집을 떠나 어느 부가에 들렀다. 그들 아비 딸이 그곳에 달포 머물면서 그 딸 낭이가 그림을 그려 남겼는데 그것을 그 집 주인이 巫女圖라 불렀다는 것이고, 그래서 이 작품의 제목이 되고 있으며, 그들이 그곳까지 오게 된 내력이 이야기의 내용이다. 모화가 巫業을 해가며 그 딸 낭이와 살던 집은 찌그러져 가는 묵은 기와집. 그게 한국무당의 집인 셈이다. 그 집에 아비를 달리하는, 모화의 아들 욱이가 예수교인이 되어 돌아온 후 집안은 점차 갈등의 도가니로 달구어지고 욱이는 신들린 모화의 손에 들린 식칼에 맞아 끝내 숨을 거두고 만다. 그러나 욱이의 간구로 경주에 교회가 들어서고 단골들은 하나둘 그리로 몰린다. 그럴 즈음 애기소에 몸을 던진 어느 부잣집 며느리를 위한 수망굿이 열리게 되었는데 그것이 모화의 마지막 굿이 되고 만다. 죽은 이의 넋을 건져 올리려다 모화는 물 속에 잠겨 멀리 흘러가버린 것이다.

「巫女圖」는 김동리의 대표적 초기작품으로 손꼽히며 아울러 巫를 다룬 한국문학의 대표작으로 여겨진다. 韓末 우리네 전통신앙인, 찌그러져 가는 묵은 기와집 속의 巫는 예수교의 도도한 기세에 무력하다. 巫는 그 生家 안에서 母子 간의 죽음에 이르는 갈등을 보이다가 수망굿 한 자리에 끝내 물 속에 흘러갈 운명. 그리고 남은 것은 낭이의 그림 몇 폭. 전통신앙이란 결국 저런 갈등을 겪다 스러져 간다는 허무스러운 내용이 상징적으로 잘 묘사되어 있다. 이 작품에서의 巫에 대한 관심은 그것이 낡고 전통적이라는 것이고, 확대되어 가는 기독교세계 앞에서 그런 것이 무력하다는 연민이다. 그렇지만 반세기전 이 작가가 가졌던 연민은 고마운 기우에 지나지 않는다. 그 만큼의 세월이 지난 오늘날에도 巫는 숱한 신도들을 가진 채 신봉되고 있지 않는가.

낭이는 사실 무당이 아니다. 神病을 계속 앓고 있었기에 말문이 막혔던 것일는지 모른다. 그렇더라도 그 아이의 그림을 巫女圖라 불렀던 것은 조금 걸맞지 않은 감이 있다. 낭이가 그린 그림의 내용이 무엇이었을까 나는 계속 더듬어본다. 신령의 그림, 즉 「巫神圖」는 아니었을 것이고.

文淳太의 『타오르는 江』(제 2 부 「깨어있는 밤」)의 처음 장 부분과 유홍종의 단편 「어디 하늘나라」에서는 무당이 되어가는 이른바 成巫의 내용이 각기 조금씩 다른 시각으로 다루어져 있다. 두 작품이 모두 내림굿에 이르는 신내린 여인을 이야기하고 있으나, 그들 여인이 아직 인간 세상에 두고 있는 인연과 미련이 다르기 마련이고 작가들의 관심 또한 다를 것이 당연하다. 그 다른 점을 좀더 정확히 할라치면 그것은 이들 작가의 巫에 대한, 그리고 내림굿에 이르는 길에 대한 이해이다.

文淳太의 것은 전라도 영산강변을 그 무대로 하여 있고, 유홍종의 이야기 배경은 서울쯤의 대도시 주변이 된다. 그래서 成巫의 俗이 조금씩 다를 수 있다 하겠으나 원래 신들린 이들이 보이는 그 특징적인 것들이란 몇 가지 겉모양의 차이를 제외하고서 서르들 비슷하다. 그런데 이 두 작품은 그것에 각기 아주 대조적인 접근을 보인다: 영산강변에서는 恨에 겨운 김치근의 어머니가 신령에 씌어 내림굿을 갖게 된다. 한편 「그 어디 하늘나라」에서는 어느 여대생 박초아의 神病(巫病)이 다소 정신신경학적 이해방식에 의하여 실명된다.

巫는 신령들과의 만남이라는 종교체험을 주로 하는 종교다. 영국의 사회인류학자 루이스(I.M.Lewis)는 『忘我境의 宗敎 Ecstaic Religion-An Anthropological Study of Spirit Possession and Shamanism』(1975, Penguin Books)라는 저서에서 「憑依현상은 어찌했든 그곳에 긴급한 절박감(억압, 긴장)이 존재함을 내포하는 종교적 표현의 형태가 된다」고 보고 있다. 「인간은 이러한 종교적 표현의 형태를 통하여 사회적 갈등을 해소한다」는 것이다.

김치근의 어미 둥금이는 태어날 때부터 남매 쌍둥이의 딸 쪽이자 언니로 되어져 아버지의 저주를 받으면서 성장하고, 어려서 강 건너 진사댁 종년으로 팔려지고, 철이 좀 들자 바깥사랑의 나리 마님에게 몸을 더럽힌 다음 태기가 알려져 초주검이 되도록 맞고서는 다시 종년으로 팔려나가고, 그렇게 되어 낳은 아들 치근이는 박초시의 하인들에게 몰매 맞아 죽고 만다. 그리고 치근이의 어미는 이내 신들려 실룽벌룽해댄다. 그녀의 그런 삶이 바로 그곳에 와서 결국 긴급한 절박감의 頂点을 이룬 것인가. 恨이라고들 얘기되어지는 것이 그렇다면 내림굿으로 치닫게 하는 그 길이란 말인가.

나는 어느 기회에 恨이란 전혀 조작된 한국인의 心性일 뿐이라고 얘기한 적이 있거니와(1984 「恨, 만들어진 한국인의 심성」, 『韓國文學』 12월호, pp.329-338), 한국巫에서 恨이란 인간 삶의 한 면일 뿐, 그것이 결코 巫 전체가 풀어내어야 하는 대상이 아님이 거기에 강조되어 있다. 심성이라든가, 관념적 개념이라든가, 사회적 분노라든가 하는 문제들을 추적해 나가다가 그 아주 미세미묘한 부분에 채 이르기도 전에 먼저 흥분해버리거나 분노가 앞서거나 아예 눈을 감아버리는 시선들을 우리는 주위에서 너무도 많이 보아오는 터이다. 전문가의 눈은 결코 감겨지는 법이 없다. 끓어오르는 분노가, 샘솟는 서러움이, 연민이 흐를라치면 그것을 넌지시 막고 누르고 식혀서 문득 한 걸음 더 나아가지 않으면 안 된다. 따지고 보면 우리는 익지도 않은 술을 얼마나 마셔온 셈인가.

恨이 쌓일 대로 쌓여서야 신들리고 만다는 풀이는 다만 恨스러울 뿐. 무당이 되는 길은, 그것도 「큰 무당」이 되는 길은 결코 요란스럽지 않다. 조용히 훈훈하게 그리고 덤덤히 神을 받아 모시고는 신령들과 神父母로부터 차분히 배워 알아가는 것이 그런 길이다. 아끼바(秋葉隆) 같은 大家마저도 이른바 眞巫와 假巫를 구별하는 데 있어서 眞巫는 굿에서 凄愴한 안색과 현란한 안광을 보인다고 잘못 알고 있었다. 무당의 모습은 특히 무꾸리판이나 굿판에서 그 모신 신령의 성품을 그대로 보여주는 것인데, 저급한 신령일수록 야단스럽고 계급이 높은 신령들의 경우 여간 점잖지 않다. 항간에 문전성시를 이루고 거친 말과 욕설로 명성을 떨치는 占卜家들의 신령이란 모두 雜鬼雜神에서 벗어나지 않음을 알아야 할 것이다.

어쨌든 치근의 어미는 나흘 동안 곡기를 끊은 채 밤마다 몰래 사람들의 경계망을 벗어나 산과 모래밭을 기운차게 헤맨다. 文淳太는 그녀의 입을 빌어 그의 아들 치근이가 그렇게 이곳저곳어 데려다 주었다고 얘기한다. 그녀가 그냥 반 미친 모양으로 아들의 혼에 끌려 다녔다면 모르겠으나, 이것이 끝내 한 판 내림굿으로 치닫게 되어 있을진대 그것은 정녕 신령어 의한 것으로 되어야 한다. 그 다음 옥색 두루마기 화랭이가 둥금이를 알아 모시고 강 건너 죽은 무당 월심이의 신당에서 신굿을 벌이게 되는 것은 정해진 이야기의 순서다.

그 앞서 산을 헤맬 때 둥금이의 체험에 노파로 나타난 월심이는 그녀를 (神)딸이라 불렀는데, 정확하게 이야기하자면, 신딸이 될 수 없고 오직 둥금이의 몸주신령이 될 따름이다. 둥금이는 이저 그 옥색두루마기가 그녀의 내림굿을 위하여 咸平에 가서 모셔 왔다는 일흔 다섯 나이의 이름난 큰 무당을 神어머니로 모시고 배움의 길에 들어서야 한다. 그 내림굿을 주관한 主巫이기 때문이다. 내림굿에서 치근이 어머니의 눈은 「달빛이 물비늘을 일으킬 때보다 더 강렬ㅎ-게, 사람의 마음을 찌르는 듯한 빛이 튕기는」양 요란하게 묘사되어 있다.

유홍종의 「그 어디 하늘나라」는 「나」와 巫病을 앓고 있는 박초아 사이의 이야기를 끌어나간다. 거기서 박양의 증세는 어느 정신신경과 과장 함 박사란 이의 입을 통해 정신의학적 방법으로 풀이된다. 그 이론은 한국巫의 정신의학적 연구들에서 흔히 보이는 투다. 이 작가는 그렇지 않아도 다른 작품들 속에서 신비하고 기적 같은 종교체험 및 종교현상들과 과학과의 사이를 이리저리 재어보는 시도를 하여 온다. 그렇지만 「이 세상에 엄연히 존재하고 있는 초자연적 능력자체를 부정하기에는 과학은 너무 무력하다」는 쪽으로 대개 이야기를 몰아간다.

巫에 관한 정신의학적 연구가 그간 여러 점에서 기여한 것은 사실이다. 크게는 巫 연구가 종래 民俗學에 의하여 주도되던 형편에서 그 접근방법이 넓고 참신해졌다는 점을 들 수 있겠고, 神病이나 굿판의 憑依(possession) 현상 같은 것이 소상히 분석되어진 점도 소득이라 하겠다. 그러나 이런 접근방법은 위험을 수반한다: 宗敎로서의 巫의 성스러운 요소들이 죽어버리기 쉽고 玄妙한 종교체험의 세계가 정신의학의 여러 전제들 위에서 지나치게 무리하게 해석되어지는 경향이 있다.

예컨대 무당의 황홀경(trance), 妄我境(ecstasy) 내지 憑依의 상태는 무당이 신들린 상태에서 神에 씌었는가(憑依), 그래서 황홀경이나 妄我境에 든 것인지, 또 그때 무당의 혼은 어디로 가는지, 아니면 왜 못 가는지를 많이들 꼼꼼하게 문제 삼는다. 그런 물음은 문화유형의 차이를 따질 때 필요하겠으나 무당의 종교체험에서는 말이 되지 않는다. 종교체험의 상태에서는 時間과 空間이 모두 초월되어져 오고가는 방향이나 거리나 때가 도무지 아무 의미를 갖지 못하기 때문이다. 종교체험을 체험 없는 논리로서 잰다는 것은 바둑을 모르는 이가 棋戰 觀戰記를 쓰는 것과 다름없다 하겠다.

이 작품에서 「나」는 巫病을 앓고 있는 박초아와 처음의 깊은 관계를 맺는다. 그녀가 그 순간까지 그것을 오래간 기다렸다는 것이다. 신내려 있는 무당후보자에게 있을래야 있을 수 없는 「일」을 이 작가는 어쩌자고 그려내고 있는 것인지. 그 일이 벌어지고 있는 동안의 그녀의 주문소리는 실로 雜鬼스럽기만 하다. 그리고 오래 찾아다니다가 우연히 길에서 만난 초아가 기억상실증에 걸려 있더라는 결미는 어색하기만 하고 여운을 남기지 못한다.

3 - 2

巫에 얽힌 이야기를 장편으로 다룬 작품으로 柳治榮의 『태양의 비탈』을 들 수 있다. 이른바 東海岸巫가 그 주제를 이룬다. 동해안 지역이라면 한국巫에서는 이즈음 하나의 지역적 유형으로 잡아질 만큼 독특한 발전을 보이고 있는 곳이다. 이 지역 巫에 대한 연구는 崔吉

城에 의하여 꽤 자세히 되어 있다(1978 『韓國巫浴의 硏究-東海岸地域을 중심으로 한 社會人類學的 硏究』서울). 이곳의 무당사회는 두루 알려져 있듯이 別神굿을 계약관계에 의해 행하는 특징을 가진다. 그리고 굿을 치르는 데 대개 열 명 정도의 무당(女巫)과 화랭이(兩中, 바라지라고도 불리는 男巫)가 한 무리를 이룬다. 이들 무리에는 굿儀禮의 진행을 책임지는 리더가 있게 마련이고, 堂主가 있는 마을이면 그가 그 직을 겸하나 그렇지 못한 경우 무당들은 한 마을의 굿을 맡기 위해 경쟁을 벌인다. 이것이 巫業圈의 확대를 위한 싸움으로 발전하고, 그 위에 巫系 계승상 화랭이가 주도권을 갖고 女巫를 아내로 맞아 巫의 여러 기능들을 학습시키기 때문에 집안 및 妻妾관계가 복잡하게 얽혀진다.

이 작품은 작가가 2년여의 현지조사를 통하여 이 지역 사람들의 그러한 얽히고 설킨 이야기를 다듬어낸 것이다. 그러나 일반적으로 이 지역 巫의 연구가 온전하다고 보기는 어렵다. 특히 이곳의 유형은 하나의 오래된 전통적 형태로 간주되고 있는 터이지만, 그 조직이나 별신굿 내용이나 무업권의 전통성은 사실 수긍하기 어려운 점이 많다.

이제까지 살펴보아 온 네 편의 글과는 대조적인 작품이 눈에 뜨인다. 김용범의 「새의 暗葬」이 그것인데, 명도(明圖)에 관한 재미있는 이야기를 들려준다. 명도(또는 명두)는 중부지역 巫에서는 원래 일곱 살에서 아홉 살까지의 죽은 아이 혼을 꽃병에 꽂아둔 造花의 형태로 섬기는, 무당 가운데 가장 아래 계급의 무리다. 그래서 다른 계급의 무당들, 예컨대 선관, 보살, 전래 등은 이들을 천하게 여겨 상대하지 않을 정도다. 명도가 입으로 휘파람을 불면 그 모셔놓은 아이의 혼이 꽃 속에서 직접 이야기해 준다고 한다.

이 작가의 명도 이야기는 그러나 순전히 명도巫를 다룬 것이 아니다. 명도인 소녀 성순임이 가뭄을 만난 동네사람들의 오해를 받아 구타를 당한 후 마을을 떠나게 되고 그 마을은 수해로 큰 벌을 받는다는 줄거리다. 그런데 흥미롭게도 이 명도 소녀는 새장에다 새들을 기른다. 사람들이 물으러 올 때 그런 것을 가져오라 했다는 것이고, 그 소녀가 그 마을을 뜨기 전 마흔 개의 새장에서 새들을 꺼내 한 마리씩 목을 비틀어 죽였는데, 그 다음 수해 때 실종된 마을사람들의 수가 정확히 마흔이었다 한다. 성순임이 강신을 하던 날 조그마한 새가 가슴으로 날아왔다 하였고 점괘를 집거나 말을 할 때면 새소리가 난다 하였다. 명도는 평안북도에서 「새타니」라 불리거니와, 이른바 「새(鳥) 신앙」의 아득하고 먼 환상이 여기에 얽혀져 있다. 명도가 그녀의 친구에게 부적을 써주고, 동네 아주머니들이 그녀의 용함을 이를 때 「아기 만신」이라 부르는 것, 하일리의 어느 늙은 무당이 보살의 지시에 의한 것이라며 그녀에게 놋쇠로 된 방울을 주면서 내 신딸이니 나이가 들거들랑 저를 찾아오라 하였는데 뒤에 그녀가 부모와 헤어져 그 무당에게 갔다는 얘기는 巫에는 실제 있기 어려운 그런 것들이다.

$$\boxed{4}$$

위에서 살펴본 바 다섯 작품의 巫에 대한 관심은 네 가지 방면으로 나타난다: 첫째, 기독교와의 갈등에서 무력한 전통신앙. 둘째, 신들려 내림굿에 이르는 길인데, 깊이 쌓인 恨이 그 동기가 되거나 그 길에서 정신의학과 초월적인 세계 사이를 헤매는 것. 셋째, 어느 한 지역의 무당사회에 뒤얽힌 이야기, 그리고 巫의 특수한 형태인 明圖가 그 넷째 관심방면이다. 전체적으로 종합해 보면 작가들의 한국巫에 대한 관심은 지엽적이고 부분적이며, 그것마저도 그 방면의 정확한 이해에 바탕을 둔 것이 아니다.

이 같은 경향은 비단 이들 작가들에게서만이 보여지는 것이 아니고 실제 오늘날 우리나라에서의 巫연구의 수준과 경향을 반영하고 있다. 앞서 이미 지적한 바 있듯이 우리네 巫연구가 주로 민속학의 관심에서 그 연구방법으로 진행되어 왔었다. 그런 다음 70년대 이후에야 종교학, 정신의학, 문화인류학, 심리학 등의 학문분야에서 새로운 연구방법론으로서 무장하고 巫를 연구대상으로 삼아 오지만 그 관심분야는 내내 巫의 특수한 면에 국한된 형편이다. 그리고 충분한 기간의 현지조사가 거의 없었고 다른 지역의 巫나 같은 사회의 다른 종교들과의 비교적 안목이 적었다. 그러한 이해와 이해노력의 정도에서는 巫가 종교로서 인식되고 그 종교체험들의 여러 양상이 눈에 제대로 들어올 리 만무하다.

종교체험에 하나의 길만이 있는 것은 아니다. 모든 종교들이 각기 그 체험에 이르는 다른 길을 알고 있고, 또 다른 강도와 내용을 보여준다. 종교체험은 짧게 줄여 말하자면 초월적 존재(신령들)와 일체되는 체험이다. 그것이 내 안에 있건 밖에 있건 마찬가지다. 그것은 뜨겁다. 그것은 祈禱이며, 요가나 道敎 및 우리네 仙家 등에서 말하는 호흡이기도 하고, 달리 말해서 숨고르기(調息)와 같은 것이다. 물론 그 정도에 따라 체험의 강도는 다른 법이고 그 다양함은 온 우주만큼이나 하다.

巫는 다른 종교들에 비하여 그 종교체험이 폭넓고 다양한 특징을 가진다. 그런데 巫가 종교체험 면에서 다른 종교들과 비교하여 우리에게 보다 중요한 것으로 여겨지는 이유가 있다. 다른 종교들이 우리나라에 들어와 대개 정치 및 사회의 지도적 이념으로 전개되었던 반면 巫는 거의 그러하지 않았고, 또 거기서 모셔지는 초월적 존재가 한국의 자연과 역사와 현상 가운데 있는 祖上神들이기 때문이다. 따라서 이들 신령과 우리와의 밀착 정도가 비교적 보다 강한 것이다.

한국巫는 그렇기 때문에 그 안을 제대로 들여다 본 이들에게 강력하고도 독특한 세계를 펼쳐준다. 그리하여 현대음악, 미술, 무용 등의 예술분야에서 새로운 경지를 개척한 이들이 있다. 특히 고도의 산업화로 인하여 모든 것이 분화되고 건조되어가는 오늘날의 상황에

서 그 모든 것을 한데 어우러 조화시켜주는 이 체험세계의 구현은
실로 시급하다. 문학에서도 그러한 창조적 작업이 요청된다. 이것은
巫의 종교세계를 한꺼번에 총체적으로 다루어야 한다는 말이 아니
다. 巫의 어느 면을 돋구어서 아니 된다는 뜻도 아니다. 단지 巫가
그러한 특성을 가진 종교임을 바르게 인식하고 그 인식의 바탕에서
창작이 있어야 하겠다는 것이다. 그럴 때 한국문학의 새로운 한 경
지가 펼쳐질 것이다. 그것이 이루어지기를 기도할 따름이다.

한국인과 물

옛날 우리의 어머니들은 새벽 일찍 일어나 어둡고 먼 길을 걸어 우물로 가 남보다 먼저 井華水를 길어 새 그릇에 담아서는 부엌의 부뚜막 위 조그만 단에다 올리고 속삭이듯 소원을 빌었다. 자식들이 병 없이 잘 크고 훌륭하게 성장하는 것, 집안이 우환 없이 평안히 지내는 것, 부부가 화목할 것 등이 대개 그 비는 내용을 이룬다.

비는 대상은 부엌신인 조왕이기도 하고 七星일 수도 있다. 기도시간은 대체로 이른 아침이지만, 때로 남들이 다 잠든 한밤중이기도 하다. 이것을 일러 '치성 드린다'고 하는데 여기에 집안과 자손이 잘되기를 비는 한국 여인들의 지극한 정성이 여실히 느껴진다. 그 아름다운 정성의 모습을 두어 개 더 살펴보자.

전라남도 여천군의 어느 무당집 안마당 장독대에는 75센티미터 높이의 대나무가 세워져 있는데, 그 윗부분을 부챗살처럼 쪼개서 펴놓고 거기다 그릇을 올려 묶어놓았다. 그릇에는 뚜껑이 덮여 있다. 매월 음력으로 7일, 17일, 27일 아침 주부가 목욕하고 정화수를 길어다 부어놓고는 자손들을 위해 기도한다.

이것을 북두칠성에게 비는 것이라 한다. 어느 곳에서는 부엌 부뚜막 위 벽에 흙으로 조그만 단을 빚어 붙이고 거기다 조그만 중발을 올려놓는다. 안에는 물이 담겨 있고 뚜껑이 덮여 있다. 그것을 조왕물그릇이라 부르는데, 집안에 탈이 없으라고 모신다. 정월 보름·유두·백중·추석·섣달그믐 등 명절과 부모의 제삿날에 주부가 밥·반찬·술 따위를 차려놓고 손을 비빈다.

조왕중발을 모시지 않다가도 아들이 군대에 가면 다시 모시는 사람들도 많다. 꿈자리가 사납다든가 아들의 편지가 뜸하면 어머니들이 새벽에 먼 길로 정화수 긷는 일에 더욱 열심이다. 그래서 군대간 아들들이 삼 년 동안 감기 한 번 안 걸렸다고 그 치성의 효험을 말들 한다.

오늘날 심각한 식수 및 하천 오염과 관련하여 이러한 전통신앙에서 우리의 시선을 끄는 것은 정화수이다. 이것을 玉水, 또는 淸水라고도 부른다. 이른 새벽 남보다 먼저 길어다 신령에게 바치는 정화수는 도대체 어떤 의미를 가지며 그런 신앙은 어떤 관념 속에서 형성된 것일까.

한국 종교 내지 신앙, 그리고 한국 문화의 기층을 이루어 온 巫속에서 그 해답을 찾아봄이 자연스럽다. 정화수 신앙이 조왕이나 칠성 등 巫의 신령과 직접 관계가 있기 때문이기도 하다.

생활 곳곳에 스민 한국인의 정수사상

굿은 '不淨'이라는 준비 祭次로 시작된다. 굿이라는 종교의례가 행하여지기 위해서는 무엇보다 먼저 그 의례장소의 淨化가 있어야 한다. 무당이 평상의 옷차림으로 장고를 두드려가며 한참이나 부정巫歌를 불러댄다.

그것이 끝나면 그 무당이 바가지나 그릇에 물을 담아 들고는 굿당 안을 한 바퀴 돌면서 그 물을 골고루 뿌린다. 그 청수에 미리 재를 풀어두거나 숯덩이를 띄워 두기도 한다. 고추 3개를 띄우거나 아예 고춧가루를 풀어놓는 수도 있다. 그러고는 백지[韓紙] 한 장에 불을 붙여 그것을 사른다. 그 종이를 부정燒紙라고 하고 그 행위를 '소지 올린다'고 표현한다.

여기서 물과 불이 굿의 첫머리에 의례장소의 정화에 사용됨을 본다. 예배의 장소를 우선 깨끗하게 준비하고 상징적으로 정화하는 것은 어느 종교에서나 마찬가지이다. 의례장소는 신령이 臨在하는 성스러운 곳이고 거룩한 의례가 진행되는 곳이기 때문이다. 그리고 어느 경우에나 그것은 신령과 인간이 만나는 우주의 중심이 된다.

그런 곳을 먼저 물로써 정화한다는 사실이 의미심장하다. 물이 정화의 힘을 가진 것으로 여기는 신앙 관념이 드러난다. 청수에 풀어둔 재는 고래로 소독·정화하는 데 쓰여 온바, 물의 정화와 함께 물의 정화기능을 강화하는 뜻이 있다. 고추는 조선조 후기에나 한국에 소개된 것이므로, 고추와 청수의 배합은 전통신앙의 면모가 아니다. 단지 그 매운 기운으로써 물의 정화력을 보다 강하게 하려는 발상의 산물이다.

한편 물은 정화의 힘을 갖고 있는 것으로 믿어질 뿐 아니라 그 자체 신성한 것으로 숭배되기도 한다.

水神신앙이 그러한 것이다. 巫에는 바다나 하천의 신령으로 龍神의 존재를 믿고 있거니와, 이 신령이 수신신앙의 대표격이 된다. 가뭄이 들었을 때 비를 비는 祈雨祭로서 龍神祭를 지내는 것은 잘 알려져 있다. 용신은 또한 강이나 바다에서 생업을 영위하는 이들에게는 수호신이 되기도 한다.

한국에서 용신신앙의 뿌리는 매우 깊다. 용에 얽힌 수많은 전설이 전해 내려오는가 하면, 龍字가 붙은 산·못·고을·가천·다리·절·계곡 등의 이름이 헤아릴 수 없을 정도로 수두룩하다. 이러한 것은 신석기시대 이래 한민족의 농경생활과 관련하여 형성·발전되어 온 것임이 분명하다. 농경에 물과 비는 필수적이고, 물은 생존과 직결된 소중한 것임을 한민족은 그렇게 믿고 표현하였던 것이다.

흔히 수신이나 용신을 물의 신령으로만 고착시켜 생각하는 경향이 있는데, 그것은 잘못이다. 용신은 天神에 속한다. 용이 물에서 나와 하늘로 솟아오르며 그때 비와 바람이 함께 일어난다는 관념이 그런 성격을 잘 보여준다. 사실 물은 증발하여 하늘로 오르고 그것이 비가 되어 다시 땅에 내려 하천과 땅으로 돌아가는 생명의 순환성이 용신 내지 수신 신앙의 핵심을 이루고 있다 하겠다.

물은 비가 되어 땅에 내려서는 만물을 소생케 한다. 그래서 물은 재생의 힘을 갖고 있는 것으로 믿어진다.

藥水로 생명을 구한 전설도 적잖다. 인간의 수명을 관장한다는 七星神이 水神으로 믿어지기도 한다. 인간의 생명에 관련된 天神들과 그 계통의 신령에게 정화수를 바치는 신앙풍속은 그 신격에 어울리는 봉헌이면서 그 신격을 상징적으로 잘 표현하고 있다.

‘물법’을 받드는 신흥종교까지 생겨

물에 대한 인류의 신앙은 동서고금을 막론하고 보편적이다. 세계 곳곳의 기우제와 水占과 水靈 내지 水神 신앙이 그렇고, 고대 메소포타미아와 바빌로니아에서는 水神에게 정기적으로 제사 드리는 풍속이 있었다. 그러나 물에 대한 한국인들의 신앙은 보다 심원하고 근원적이고 광범위하며, 정성이 깊으며 다양하다. 한국에는 심지어 물의 원리를 받드는 신흥종교가 있어 많은 신도들이 거기에 신앙을 두고 있다.

찬물교가 그것이다. 그 교주인 金奉南의 이름을 따서 봉남교라 부르기도 한다. 1898년 조선조 말 제주도에서 태어난 그는 14세 때 食傷으로 위장병을 얻었다. 굿을 하고 의사의 치료를 받고 침을 맞아도 소용이 없었다. 병치료를 위해 육지로 나와 여러 종교단체와 이름난 道人을 찾아보고 수도생활도 하였다. 30세 때 七星神으로부터 안찰과 침구의 비법을 계시 받아 다른 사람들의 병을 고쳐줄 수 있게 되었다.

40세 되던 해 백일기도의 수련 끝에 천상으로부터 ‘물법’을 받았다. 이때 뱃속으로부터 피맺힌 고깃덩어리 하나를 토해냄으로써 병의 완치를 보았을 뿐 아니라 물법을 사람들에게 가르치게 되었다.

法水와 주문과 물법이 이 종교의 기본교리를 이룬다. 법수는 찬물 한 그릇으로서, 치성 때 소반 위에 바쳐놓고 그것을 마시면서 아미

타불의 주문을 외게 하였다. 그러면 여러 이상한 종교체험을 겪게 되고 그로써 모든 병이 완치된다고 한다.

봉남은 인간의 질병을 心과 氣의 양면에서 水氣의 상실 때문에 발생하는 것으로 보았다. 따라서 물법을 통하여 心水의 법을 육체에 불어넣고 신체에 생명수를 충족시켜야 병을 고칠 수 있다는 것이다. 김해를 중심으로 주로 경남지방에 수만 명의 신도를 모았던 이 교단은 1950년 교주의 사망 이후 교리 해석문제로 교단이 분파하여 현재 20여 개가 난립하고 있다.

찬물교의 물법은 금세기에 들어와 우연히 생겨난 것은 아니다. 법수가 巫와 민간신앙의 정화수 사상에서 원용된 것임은 대뜸 알아차릴 만하다. 물법에 의한 치병도 예로부터 내려온 물의 재생력에 대한 신앙을 교리적으로 다듬어낸 것에 불과하다. 여하튼 물에 대한 한국 사람의 신앙은 근세에 신흥종교의 성립을 볼 만큼 광범위하고 생활화되어 왔음을 잘 보여준다.

인삼 썩은 물이 흐르는 샘은 이제는 옛말

물법을 신봉하는 찬물교계의 교세는 오늘날 미미한 형편이다. 巫도 그 동안 많은 변모를 겪어 그 전통신앙의 면모를 크게 잃었다. 신령에 대한 믿음이 약화되고 굿이 적당히 치러지는가 하면 정화수 신앙을 아직까지 지키는 단골이 거의 남아 있지 않다. 이 모든 것은 물에 대한 한국인의 신앙이 소잔해 있음을 의미한다.

한편 우리의 물 오염 문제는 자못 심각한 상황이다. 수돗물과 우물물을 식수로 쓰기가 겁나서 가정마다 정수기를 들여놓고 생수를 사마시며 약수터는 늘 장사진을 이룬다. 폐수로 인한 하천의 오염은 말할 것도 없고 바다마저 어패류가 살지 못할 지경에 이르렀다.

이것은 해방 이후 일방적이고도 급속한 서양화와 산업화에 그 원인이 있다. 서양의 기계론적 합리주의와 기독교적 가치관이 사회를 지배하면서 전통신앙은 비합리적이고 부정적인 것으로 치부되고 말았다

전통적인 정화수 신앙을 포함한 巫가 그 바람에 미신으로 낙인이 찍혀 타파의 대상이 되기도 하였으니, 물의 생명 근원성·신성성·재생력은 더 이상 살아남을 터전을 잃어버린 것이다. 급속한 산업화로 고도의 경제성장을 이루기는 하였으나 우리가 잃은 것은 너무나 엄청난 것이다.

옛날에는 산에 인삼 썩은 물이 흐른다며 도처에 물맛을 뽐내는 샘이 있었다. 도랑과 개천에는 아이들이 미꾸라지 잡고 벌거벗은 채 목욕하던 실로 금수강산이었다. 그러나 이제는 그것을 잃고 말았다.

이제는 경제성장이나 사회복지도 중요하지만 생명의 근원인 물을 아끼고 물의 원리를 소중히 하는 전통신앙도 함께 돌보아야 한다. 그 신앙을 되살릴 때 물과 그 신령은 정화와 재생의 위력을 이 땅에 다시 보여줄 것이다.

Ⅲ. 외국의 巫문화

巫(샤마니즘)연구에 대하여

$$\boxed{1}$$

모든 참된 지혜는 사람들로부터 멀리 떨어진 저 쪽, 외로움 속에
서만이 찾아지며 괴로움을 통해서만이 얻어질 수 있다. 궁핍과 번민
은 다른 사람들에게 숨겨져 있는 인간의 의미를 깨닫게 해주는 유
일한 길이다.

이것은 덴마크의 제5차 툴레 Thule 探險隊(1921-1924)가 北美 北
極地方에서 에스키모인들에 관한 民族學的 조사를 실시할 때, 익쥬
가르죽 Igjugarjuk이라고 하는 한 박수무당이 그 탐험대장 라스무센
Knud Rasmussen(1879-1933)에게 일러준 말이다.[1]

러시아를 위시한 歐美의 植民地勢力이 북극지방의 모피와 고래사
냥에 눈독을 들이자, 에스키모인들의 經濟構造, 社會 그리고 物質文
化는 격동에 빠지고,[2] 그들은 생존의 위기에 직면하였다. 당시 에스
키모 전문학자가 결코 적지 않았건만 이 문제의 극복과 에스키모인
들의 연구를 위하여 온 생애를 다 바친 이는 오로지 라스무센 한 사
람뿐이다.[3]

라스무센을 만나 익쥬가르죽은 처음에 그의 신분과 앎을 숨겼다.
그러나 라스무센의 관심이 남다른 것이고 또 그토록 진지한 것임을
알아차리자, 그는 라스무센을 길어주었고 서로 벗이 되었다.[4]

---

1) Rasmussen, 1934, p.113과 1980, p.95.
2) Lindig, 1972, pp.149-150. Lindig는 모피와 고래사냥 외에 순록사육의
   도입도 그 변화의 요인으로 지적하고 있다.
3) Bauer, 1974, pp.9-13.

유럽학자들이 시베리아의 무당에 관심을 두고 조사·연구해 온 지 이미 3세기에 가깝고, 한국의 巫가 연구의 대상이 된 것도 벌써 금세기 초부터의 일이다. 그 동안 엄청난 양의 연구가 발표되어 왔지만, 나는 라스무센과 익쥬가르죽 사이의 만남에서 비롯된 巫 이해에 미치는 것을 찾아보지 못하고 있다. 종래 巫는 유럽에서뿐 아니라 한국에서도 천대·오해되어왔고 그 이해는 전체적인 현상은 물론 개별개념에 있어서도 혼란을 거듭한다. 그리하여 巫는 오늘날 가장 불행한 학문 테마의 하나가 되어 있다.

2

유럽에서는 시베리아에서와 같은 샤마니즘이 물론 없다. 그러나 위치(英: witch)나 헥세(獨: Hexe) 같은 전통적인 종교현상은 오늘날까지도 그 명맥을 보존해 오고 있는데, 그것은 내가 보기에 근본에 있어서 샤마니즘(巫)과 구분될 만한 것이 아니다. 기독교가 모든 것을 배타적으로 지배해 온 유럽의 긴 역사 가운데 위치나 헥세는 마귀의 일로 간주되어져 탄압되어 왔다. 무수한 생명이 종교재판을 통하여 그런 이들로 낙인찍혀 처형되었고, 심지어 교회나 봉건영주는 그들에게 복종하지 않는 농민들을 헥세로 몰아서는 十字軍을 편성하여 떼죽음시키기도 하였다.5) 따라서 그런 현상은 스스로 그 겉모양이나 내용을 바꾸지 않으면 안 되었고, 사회에서는 그것을 매우 부정적인 현상으로 왜곡시켜 버렸던 것이다.6)

---

4) Rasmussen, 1980, pp.77f과 p.95.
5) Baroja, 1964와 Rezler, 1896(1968 Reprint) 참조.
6) witch, Hexe를 샤마니즘과 비교하여 보는 연구가 최근 늘고 있다. 예를 들면 Sebald, 1983. 그러나 그는 독일 중부 프랑코니아지방의 민간주술은 샤마니즘의 몇 가지 요소를 지니고 있으나 샤마니즘의 형태로 규정할

제 안에 있는 이와 같은 현상은 묻어둔 채 유럽인 들은 시베리아의 기괴한 현상, 샤마니즘에 관심을 가지고 그것을 연구의 대상으로 삼아왔다. 이것은 자체의 巫를 두고 편견과 오해, 그리고 연구방법의 혼란에 빠져 있는 한국의 경우와 많은 대조를 이룬다.

유럽 사람으로서 시베리아 샤마니즘에 관하여 처음으로 보고한 이는 홀란드 출신 상인 이데스 Everet Yssbrants Ides로 1692-1695년 러시아 페터大帝의 사신으로서 모스크바를 출발, 시베리아를 지나 北京으로 여행하였다. 그 길에 바이칼 호수의 서북부에서 그는 퉁구스의 박수무당을 만나 그의 굿을 보았다.7) 그 여행기는 1704년 그의 모국어 홀란드語로 출판되었다. 그 이전 17세기 후반에 러시아아인(주로 코작인) 탐험가들과 동부시베리아 정복자들은 퉁구스 제부족들로부터 이 샤만 Shaman이라는 이름의 呪術師에 관하여 이미 듣고, 아울러 그 명칭을 적고 있었다.8) 그러나 샤만이 제대로 묘사되고 이내 국제적 관심의 대상이 된 것은 이데스의 보고를 그 효시로 한다.

이데스의 뒤를 이어 뮐러 Johann Bemhard Müller, 메서쉬미트 Daniel Gottlieb Messerschmidt, 폰 쉬트랄렌베르크 von Strahlenberg, 그멜린 Gmelin, 뮐러 Gerhard Fridrich Müller, 쉬텔러 Georg Wilhelm Steller, 크라센닌니코프 Stepan Krašeninnikov, 팔라스 Peter Simon Pallas, 사뤼췌프 Andreevič Saryčev, 폰 레셉스 von Lesseps 같은 학자 또는 탐험가들이 18세기 초 캄차카 반도를 포함한 동부시베리아의 무당들을 만나보고 그들에 대한 기록을 남겨놓고 있다.9) 이들의 여행임무가 애초 시베리아의 개척 내지 植民地化와 직접 간접의 관계를 갖고 있거니와, 샤만에 관한 그 보고들은 두 가지 면에서 공통점을 지닌다.

수 없다는 정도의 결론을 내린다.

7) Ides, 1707, pp.61-70.
8) Laufer, 1917, p.361.
9) 이들의 시베리아 샤마니즘에 관한 보고에 대하여 Haas, 1976, pp.256-230 참조.

　첫째, 巫術이 그 곳에는 한결같이 '헥세(魔女?)짓거리'Hexerei, Hexenspiel, '마귀 부름', '우상숭배', '사기술'등의 부정적인 용어들로 표현되어 있다. 둘째로, 대부분의 경우 보고자들은 무당을 불러오게 하거나 찾아가서는 巫術을 억지로 보이게 하였다. 이러한 현지조사방법으로 얻어진 자료란 실제와 거리가 먼 이야기이며 신뢰할 가치가 없다. 한편 당시의 원주민 사회는 벌써 러시아화의 길을 걸어야 했으며, 그리하여 사회변동의 심한 내면적 갈등 속에 빠져 있었다.10) 그것은 특히 시베리아 원주민들의 전통종교인 샤마니즘을 퇴치하려는 페터大帝와 그의 후계자들의 정책으로 인하여 더욱 심하였다. 카타리나 Katharina大帝는 '시베리아 무당'이라는 연극의 각본을 써서 무당을 사기꾼이자 음모꾼으로 묘사할 정도였다.11)

　러시아君主의 미움과 천대를 받는 무당은 이제 문화충격과 함께 심리적 갈등을 지닌 채 그들의 巫術을 숨어서 행하지 않으면 안 되었다. 그런데 저들 보고자들이 이러한 상황에 처해 있는 샤만을 찾아내거나 불러다가 굿을 벌이도록 하였을 때, 그 탐탁치 않은 오만한 異邦人들 앞에서의 굿이 제 法과 흥대로 놀아지지 못할 것은 뻔한 노릇이었다.12) 그러나 유럽 중심주의적 사고방식에 사로잡힌 저들 조사자들로서는 그런 사정일랑 관심 밖의 일이었다. 그들은 그들의 선입관대로 샤만의 巫術에서 저들 유럽의 부정적 마귀적 요소인 헥세 Hexe; witch의 현상을, 그리고 무당들로부터는 마귀 또는 사기꾼의 모습을 확인해 내는데 만족하고 있었다.

　유럽문화는 基督敎와 合理主義, 그리고 나아가서는 발전이라는 이

---

10) 이반 4세(1533-1584)이래의 중앙아시아 및 시베리아 정복정책은 1585년 우랄산맥과 오브강 및 이르티시강 사이의 제 원주민들올 복속, 1625년이면 러시아인들이 예니세이강을 넘고 1637-1639년에 오호츠크해, 1648년에는 아무르강에 이른다. 시베리아 정복에 관하여 Semjonow, 1937; Potapov, 1964, p.105ff; Vossen, 1978 참조.
11) Herzog, 1949, p.103.
12) Haas, 1976, p.283 참조.

름 아래 스스로의 우월을 믿고 있다. 그러나 반면 그 그늘 속에는 전통문화의 다른 한 양상으로서 헥세현상(넓은 의미의 유럽 샤마니즘)이 아직도 극복되지 못한 채(성질상 극복될 수 없는) 유럽문화의 부정적인 요소 또는 심리적 콤플렉스를 이룬다. 이러한 관점에서 볼 때 분명해지거니와 18세기 유럽 사람들의 시베리아 샤마니즘에 대한보고 내지 이해는 저들의 심리적 콤플렉스를 자기합리화 한 것에 지나지 않는다.

유럽인들의 시베리아 샤마니즘에 대한 이 초기의 불행한 이해는 그 후의 이 방면 연구가들에 의하여 받아들여졌다. 그 가운데는 예컨대 브랑겔 Ferdinand von Wrangel 같이 샤만에 관한 기왕의 견해를 비판하고 가치중립적인 입장에서 샤만을 보려고 애쓴 이도 없지 않다.13) 그러나 쉬렌크 Alexander Gustav Schrenk, 카스트렌 Alexander M. Castren, 바스티안 Adolf Bastian, 히키쉬 Carl Hiekisch, 라들로프 Wilhelm Radloff, 아가피토프 N.N.Agapitov, 샹갈로프 M.N.Šangalov, 미카일로프스키 V.M. Mikhailovski 등 19세기에 시베리아에서 샤마니즘을 현지 조사하였던 학자들은14) 학문적인 관심을 가지고 이 주제를 다루고 있지만, 시베리아 샤마니즘을 다소간 부정적인 것으로 처리하는 투는 전세기의 그것과 크게 다를 바 없다.

20세기로 들어서면 시베리아 샤마니즘의 연구는 이제 쉬테른베르크 Leo Stemberg,15) 요헬손 V.I.Jochelson,16) 보고라쯔 V.G.Bogoraz,17) 차플리카 Marie Antoinette Czaplicka,18) 니오라쩨 Georg Nioradze,19) 쉬로코고로프 S.M.Širokogorov, 20) 쩰레닌 D.Zelenin,21)

---

13) Wrangel, 1839, pp.286-287.
14) 이들과 그 밖의 연구가들에 관하여 Haas, 1976, pp.284-288 참조.
15) Stemberg, 1904.
16) Jochelson, 1905-1908과 1910-1926.
17) Bogoraz, 1904-1909.
18) Czaplicka, 1914.
19) Nioradze, 1925.

올마르크스 (ke Ohlmarks.[22]) 같은 전문 학자들에 의하여 종합되고 심화되어지는 듯한 느낌을 준다. 오늘날의 샤마니즘 학도들은 이들의 論著를 고전으로 손꼽는다. 우리는 여기서 이들 개개의 연구에 관하여 살펴볼 여유가 없거니와, 전체적으로 보아 그들은 하나의 공통점을 가진다. 즉 그들은 精神病學 내지 精神病理學的 개념들을 넓은(모호한) 의미에서 사용하면서 무당이 형성되는 조건, 무당의 本質 등을 밝히려고 애쓰고 있다.

예컨대 보고라쯔는 "샤마니즘이란 신경이 가장 쇠약한 사람들의 선발을 통하여 만들어져 온 하나의 宗敎形態"라고 정의를 내리고 있고,[23] 쉬테른베르크에 의하면 "참된 무당은 여러 형태의 히스테리에 시달리는 사람들"이라는 것이며,[24] 차플리카는 "시베리아의 원주민 가운데 메네릭 mänärik; menerik(發狂症)에 고통을 받는 사람이 권세 있고 영향력이 큰 무당이 된다"고 강조한다.[25] 쩰레닌은 무당후보자를 아예 "精神病者"라는 용어로 부르고 있으며,[26] 통그스巫의 大家 쉬로코고로프도 그 부족의 샤마니즘을 "정신적인 질환들과 결합된 현상"으로 표현한다.[27]

시베리아 무당에 대한 이러한 정신병학적 해석 가운데 차플리카가 사용한 '北極의 히스테리'arctic hysteria; arktische Hysterie라는 개념은 특별한 주의를 요한다. 이 용어는 1860년대 초 크리보샤프킨 M.F.Krivošapkin[28])이 무당들의 두드러진 증세와 관련하여 쓰기 시작한 이래, 주로 러시아학자들에 의하여 줄곧 지지되어 오고 있었다.

---

20) Širokogorov, 1935 a와 b.
21) Zelenin, 1936과 1952.
22) Ohlmarks, 1936.
23) Bogoraz, 1910, p.6.
24) Stemberg, 1904, p.469.
25) Czaplicka, 1914, p.325.
26) Zelenin, 1936, p.83.
27) Širokogorov, 1935, p.95.
28) Haas, 1976, p.47.

그러다가 차플리카가 여러 가지 다른 신경성 질환들의 종합개념으로
서 이 용어를 채택하였던 것인데,29) 이것은 다시금 1930년대 말에
오면 올마르크스에 의하여 샤마니즘을 정의하는 하나의 복잡한 이론
으로 통합, 전개되어진다.30) 그에 따르면 무당은 생존을 위협하는
북극의 환경조건들, 곧 추위, 식량부족 그리고 고립된 생활의 희생자
로서 신경증과 정신병적 반응을 일으킨다는 것이다.

  그러나 '북극의 히스테리'라는 종합개념 안에 내포되어 있는 잡다
한 정신병학적 개념들이 어떠한 배경을 가지고 시베리아 무당에 대
하여 쓰여 졌던 것인지 우리는 이미 대충 짐작한다. 한편 유럽인의
눈에 비친 시베리아 샤만들의 정신병적 증세라는 것은 오히려 러시
아의 시베리아 정복 그리고 러시아化를 통하여 원주민사회가 받은
가치변화, 전통의 단절 및 정신적 갈등에 기인하는 것이었다. 따라서
'북극의 히스테리'라는 개념은 기껏 시베리아의 특수한 역사적 상황
에 대한 유럽적 선입관의 표현에 지나지 않는다. 그곳의 무당들은
훨씬 더 오래 전부터 각 부족의 司祭者, 治病者, 占卜者, 裁判官 등
으로서 制度化된 기능들을 수행하여 오고 있었음31)을 올마르크스는
인식하지 못하였었다. 그는 뒷날 하스 Hass와의 인터뷰에서 "무당이
모든 人間 가운데 가장 정상적인 存在"라고 무당을 재인식하면서 그
의 옛 이론을 스스로 부정하였다.32) 어쨌든 올마르크스의 이론은 발
표된 초기에 공감을 얻지 못하였으나 점차 인정되어져 그 후 샤마니
즘 관계의 중요 문헌에 빠짐없이 인용될 만큼 지대한 영향을 끼쳐왔
다. 이것은 그의 이론이 그러한 만큼 샤마니즘 이해에 큰 혼란을 가
져다주었음을 아울러 나타내 주는 것이다.

---

29) Czaplicka, 1914, p.307 ff.
30) Ohlmarks, 1939.
31) Diószegi, 1963과 Miyakawa und Kollautz, 1966 참조.
32) Haas의 Ohlmarks와의 대담은 1972년 10월 5일 Freiburg i. Br. 에서
    (Haas, 1976, pp 217-225).

3

그 무당연구의 사정이 우리나라에서는 어떤지 알아보기 전에 우리
는 먼저 그 용어부터 분명히 해야 할 필요가 있다. 한국의 샤마니즘
을 두고 종래 巫, 巫俗, 무당(巫堂, 巫黨), 巫教 등의 명칭이 쓰여 온
다. 巫俗은 그 가운데 가장 흔히 사용되어 온 것인데, 巫를 민속학
적 현상으로 간주하는 뜻이 벌써 그 안에 들어 있다.

巫俗이 샤마니즘과 같은 것인가 또는 무속이 宗教인가 하는 물음
은 여기서 문제 삼을 성질의 것이 아니다. 중요한 것은 무속이라는
용어가 그대로 통용되어도 좋은가의 문제다. 이것은 巫가 오늘날 대
부분 하나의 종교현상으로 인식되고,33) 巫의 민속적인 요소들이란
巫의한 양상에 불과한 것, 이즈음 巫연구에 동원되는 여러 학문분야
들이 광범위하고도 집중적인 比較研究방법으로 인하여 민속학이라
하여도 이 연구를 감당할 능력이 없다는 점 등을 고려할 때, 무속이
라는 용어는 이미 시대에 뒤떨어진다. 이 용어는 그 밖에 巫를 종교
로 보지 않고 迷信으로 취급하는 역사적인 賤視의 의미를 내포하고
있어서, 한국巫의 올바른 이해를 위해서 실로 불행한 것이다.

한편 몇몇 학자들은 巫를 사회적 습속으로 보는 무속이라는 용어
에 반기를 들고 종교적 현상으로서의 巫를 강조하여 巫教라는 용어
를 만들어 써온다.34) 한국巫는 사라져버린 古代宗教도 아니고 그것
이 계승되어 오늘날의 현대문화, 사회 속에서도 信仰의 형태로 살아

---

33) 샤마니즘이 종교인가 종교현상인가 하는 것은 그 정의에 관한 다른 문제
가 되거니와, 이즈음 세계 샤마니즘학계에서는 그것을 최소한 종교현상
으로 보는 견해가 지배적이다. 이에 관하여 Eliade, 1964, p.4: Diószegi,
1968, p.8; Voigt, 1978, p.61; Bäckman and Hultkranz, 1978, p.11; Cho
Hung-youn, 1982, p.122 f와 Hoppál, 1983. 그리고 한국에서는 柳東植,
1975 참조.
34) 金泰坤, 1973b, p.13. 柳東植, 1975, p.16; 이필영, 1979, pp.7-8. 그러나
金泰坤은 그 후 巫俗이라는 용어를 주로 사용한다. 예컨대 金泰坤, 1981.

남아 있는 역사적 종교현상이다.35) 이렇듯 귀중한 것을 종래 巫俗의 한 분야로서, 함부로 다루어온 데 대한 분노가 이 새로운 用語에서 느껴진다. 그런 느낌을 주는 만큼 이 용어는 좀 과격하고 어색한 면을 가진다. 종교를 나타내는 '敎'字가 巫에도 꼭 붙여져야 巫가 뚜렷이 종교로 인식될 것인가. 종교로서의 巫의 참된 이해는 간판만 바꾸어서 이루어질 일이 아니다.

무속과 무교가 연구가들에 의하여 만들어진 용어로서 그들의 뚜렷한 가치관을 담고 있는 동안, 巫현상을 가리키는 용어로서는 둘 다 어느만큼 서로 상반되는 거리를 가진다. 巫業에 종사하거나 巫를 신봉하는 이들은 반면 巫와 두당이라는 용어를 즐겨 사용한다. 이 가운데무당은 그 사이 그 뜻이 매우 혼란스럽게 되어져, 巫와 함께 巫현상을 일반적으로 나타내는 말로 이해되는가 하면,36) 巫覡 전체를 부르거나 특히 女巫만을 가리키는 명칭37)으로 알려져 있다. 무당의 語源에 관하여서는 그것이 몽고어의 Udagan과 관계가 있을 것으로 추측되고 있으나,38) 아직 定說은 아니다. 어쨌든 무당은 巫業에 종사하는 이들을 가리키는 용어일 뿐, 巫현상을 대변하는 말일 수는 없다. 그것이 특히 女巫에 대하여 쓰이는 것은 巫神을 모시는 이가 대부분 여자들이어서 그리 이해된 것으로 보인다. 사람들은 실제 巫의 司祭를 부를 때 남녀를 구별하지 않고 무당이라고 칭한다. 중부지역과 그 이북지방에 국한되는 것이지만 남자무당을 가려 지칭할 때 특히 박수 또는 박수무당이라는 용어를 쓴다.

끝으로 巫라는 용어를 살펴보면 『說文解字』에 "……女能事無形以舞降神者也……"(여자로서 형태 없는 것을 섬기고 춤을 추어 神을

---

35) 柳東植, 1975, p.16.
36) 金仁會, 1979, p.43.
37) 柳東植, 1975, p.275.
38) Clark, 1929, 183 f: 赤松智城, 秋葉隆, 1938, p.27과 39; 柳東植, 1975, p.276 참조.

내리게 하는 자)39)라 하고 또 그 다음의 覡항에는 "……在男曰覡在
女曰巫……"라 하여 있어 巫는 오늘날의 女巫 내지 巫女의 뜻으로
풀이된다. 우리나라의 역사문헌들에서는 이를 따라 男巫 또는 女巫
라는 명칭과 함께 巫覡을 사용하여 무당의 性別을 가렸다.40) 이렇게
보면 巫는 무당의 종교현상을 가리키는 것 이기보다도 그런 종교형
태의 司祭를 지칭하는 말이 된다. 우리나라의 옛 문헌 가운데 이처
럼 무당을 표현하는 용어들만이 발견되고 이에 관계되는 전체 종교
현상을 나타내는 개념이 눈에 띄지 않는 것은 우리 역사의 왕조시대
때 이것을 하나의 사회적인 종교현상으로 보지 않았음을 얘기해 주
는 것이다. 다른 많은 개념들이 그러하듯이 무당의 현상을 하나의
연구주제로 삼아 논하는 것도 사실 서양의 학문적 개념을 우리가 알
고 난 다음의 일이 아닌가.

한편 무당에 관계되는 모든 현상을 포함하여 무당이나 그 信徒들은
그것을 巫라고 부른다. 예컨대 그들은 으레 '우리 巫에서는……'과 같
은 투의 표현을 쓴다. 이것은 무당만을 가리키는 말이 아니고 그를 중
심으로 하여 巫神과 신도를 함께 한 덩어리로 나타내는 集團槪念이
다. 이 巫라는 말에는 스스로를 뽐내려는 의미도 없거니와 무속이라
는 용어에서처럼 부정적인 뜻도 내포되어 있지 않다. 따라서 이와 같
이 價値中立的인 용어 '巫'가 앞으로 두루 사용되어져야 하겠다.41)

나는 이 글의 제목에서 이미 샤마니즘과 巫가 같은 종교현상을 가
리키는 다른 용어인 것으로 표현하였다. 한국의 巫가 시베리아의 샤
마니즘과 같은 것인가 하는 문제는 그간 몇 번의 산발적인 토론이
있었으나42) 아직도 명확한 답을 내리지 못하고 있으며 개개의 연구

---

39) 許愼, 1963, p.100(5上 11右) 참조.
40) 李能和, 1927.
41) 예컨대 조흥윤, 1983 경우 참조.
42) 任晳宰, 1971, pp.212-217; 圓光大學校 民俗學硏究所, 1973, pp.135-159
   와 崔吉城, 1977, pp.306-315.

가들은 편의상 제 나름대로 해석하면서 지나가는 형편이다. 샤마니
즘과 巫 사이의 관계에 관하여서는 전체적으로 보아 세 가지 관점이
두드러진다.

첫째, 무속은 시베리아의 샤마니즘과 다른 신앙체계이고, 따라서
무당은 샤만이 아니라는 견해가 있다.43) 任晳宰는 시베리아 샤마니
즘에 관한 초기의 연구들을 한 편으로 하고 한국巫에 대한 그의 이
해를 다른 편으로 하여 그들을 서로 비교한 다음 그러한 결론에 이
른다. 우리는 이 시베리아 샤마니즘의 초기연구라는 것이 어떤 문제
점들을 지니고 있는지 살펴보았거니와 그의 한국巫에 대한 이해의
타당성에 대하여 나는 꽤 회의적이다.44)

둘째, 崔吉城은 巫病現象을 기준으로 하여 한국巫를 그런 것이 나
타나는 중부 이북지방과 그렇지 않은 남부지방으로 구분한다. 그리
하여 한국 중부 지방은 시베리아 샤마니즘의 남방한계선이 되며 남
부지방에서는 토착적인 단골신앙이 그 주류를 이룬다고 주장한다.45)
이와 관련하여 앞으로 한국巫의 유형 및 지역성 문제가 더욱 정확히
다루어져야 하겠고 그 기준이 되는 이른바 巫病현상에 대하여 좀더
정확한 성격파악과 이해가 있어야 하겠다. 그리고 토착적인 단골신
앙이 남방문화의 것이라면 단골의 토착성 문제와 그 남방문화의 정
체가 먼저 규명되어져야 할 것이다.

셋째로, 샤마니즘은 한국을 포함한 동북아시아 일대의 보편적인
한 原始宗敎 현상으로 이해된다.46) 이 경우 샤마니즘은 엘리아데
M.Eliade나 堀一郎의 정의처럼 "엑스타시 기술을 터득한 샤만을 중
심으로 하고 그를 에워싼 신자의 무리들에 의하여 형성된 종교현
상"47)이라 하여 넓은 의미로 파악된다. 나는 샤마니즘을 넓은 의미

---

43) 任晳宰, 1971, pp.212-217.
44) 조흥윤, 1983과 비교 바람.
45) 崔吉城, 1969, pp.52-55; 1977, pp.311-315 및 1981 pp.11-18.
46) 柳東植, 1975, pp.60-61.

로 이해하는 경향이 오늘날 샤마니즘 연구에 혼란을 초래한 원인이 되었다고 보거니와, 일부 중앙아시아를 포함한 시베리아지역을 엄밀한 의미에서의48) 또는 고전적인 샤마니즘의 故鄕으로 볼 때 우리나라의 巫는 당연히 거기에 들어야 한다.

시베리아 샤마니즘과 한국巫의 상관을 문제로 삼으면서도 위의 세 관점은 그 역사적인 배경에 주목하지 않고 있다. 이 문제는 성격상 韓民族의 기원, 그들 조상의 활동무대 그리고 한민족과 滿洲의 여러 민족들과의 관계와 직결되어 있다. 이 문제와 관련하여 巫연구가들 —대부분 歷史學 전공이 아닌—은 역사학적 접근을 시도하지 않는 반면, 역사학자들의 경우 巫를 통하여 그 문제해결에 접근하려는 노력을 보이지 않는 점 나는 심히 의아스럽게 생각한다. 어쨌든 오늘날 韓國史學界는 일반적으로 샤마니즘과 巫覡信仰을 동북아시아 일대에 공통적이며 한국민족사의 초기까지 소급되는 같은 원시적 종교형태로 이해하고 있다.49)

한국민족이 한반도에 들어와 정착하기 전 어느 곳에 살았는가 하는 물음은 당연히 한국사의 매우 중요한 관심거리로서, 아직도 정확한 답을 얻지 못하고 있다. 그러나 여러 면에서 보건대 韓民族은 몽고·만주지역과 黃海연안지역에서 형성되었음직하다.50) 그러다가 보다 나은 기후와 환경조건을 찾아 한반도로 들어왔을 것이다. 이제 그들이 정착된 생활을 영위해 나갈 때 그들이 가졌던 전날 비정착생활의 신앙형태는 자연스럽게 그 내용상의 변화를 겪게 된다. 그리고 사회가 발전해 가면서 무당의 신분은 변화를 겪게 된다. 巫는 특히, 중국에서 儒敎, 佛敎, 道敎 등 이른바 고등종교들이 수입되어오자 그들로부터 여러 요소를 받아들이며 儀式化한다. 한편 다른 종교들, 그리고 그것

---

47) Eliade, 1964 p.4 f와 掘一郎, 1971, p.31 f.
48) Eliade, 1964, p.4.
49) Sohn, Kim, and Hong, 1970, p.6과 李基白, 1976, pp.18-19 참조.
50) Sohn, Kim, and Hong, 1970, p.6.

을 정치이념으로 한 사회지배층의 온갖 천대를 받으면서 巫는 오늘날까지 그 목숨을 이어온다. 그리하여 한국巫는 이즈음 굿당 같은 데서 관찰되는 체계화된 굿 형태와 단골체계를 갖기에 이른다.51)

한국巫의 이 같은 역사적 배경을 고려할 때, 그토록 오랫동안 안팎의 영향아래 儀式化의 길을 걸어온 우리나라의 굿이 만주나 시베리아의 그것과 다른 모습을 보이는 것은 너무나 자연스러운 일이다. 그들의 겉모습이 다르다 하여 그 둘을 전혀 다른 현상으로 보아야 한다는 주장은 문화를 標本室의 剝製로 이해하는 것이나 다름없다. 하나의 문화현상은 늘 인간과 함께 살아있는 것이어서 한곳의 것도 시간이 흐르면서 변화를 계속하거니와, 다른 문화권에 들어가서는 또 다른 양상을 띠게 된다. 예를 들어 한국의 불교가 인도의 그것과 겉모습이 다르다 하여 그것을 불교가 아니라고 말할 수는 결코 없는 것이다.

4

우리는 위에서 한국巫의 명칭 그리고 한국巫와 시베리아 샤마니즘의 相關 문제에 관하여 그 원칙적인 면을 살펴보았다. 그러면 우리네 巫연구의 사정은 어떠하며 어떤 문제점을 가지는지 이제 알아보기로 하자. 한국巫 硏究史는 종래 여러 사람들에 의하여 다루어져온바,52) 편의상 대개 다음의 네 시기로 나누어 보아진다.

　제1기(1900-1920): 선교사들의 관심과 연구

　제2기(1920-1930): 한국史學者들에 의한 연구

---

51) 한국巫의 歷史에 관하여 李能和, 1927, pp.1-40; 柳東植, 1975, pp.25-230 과 조흥윤, 1983, pp.17-27 참조.

52) 金杜珍,1974; 文相熙, 1975, pp.142-146; 柳東植, 1975, pp.16-18; 崔吉城, 1979, pp.117-119; 1981, pp.25-55 그리고 金泰坤, 1979.

제3기(1930-1945): 일본인학자들에 의한 독단적 연구

제4기(1945-현재까지): 한국학자들에 의한 연구

이 가운데 제1기와 제3기는 각기 외국인이 그 연구를 주도한 시기로서, 전자의 경우 효율적인 宣敎를 위한 기독교신학의 전제 아래서, 그리고 후자의 기간에는 효율적인 식민지정책을 뒷받침하기 위한 기초 자료 제공을 목적으로 한국巫가 연구되어졌음은 어지간히 지적되고 있다.53) 그러나 이 두 기간의 외국인들에 의한 한국巫의 연구가 어떠한 의미와 문제를 가지는가에 대하여서는 별로 논의되지 않고 있다. 선교사들의 이 방면 연구는 우선 한국巫가 최초로 연구의 대상이 되었다는데 그 의의를 가진다. 그리고 그들의 관심이 기독교신학의 전제를 갖고 있었던 것이라고는 하나 그들은 巫의 제반 양상에 고루 관심을 가지고 比較宗敎學的인 방법을 쓰기도 하면서 한국巫의 전체적인 이해를 추구하였다.54) 그렇더라도 그들이 무당의 현상을 미신으로 파악하는 것은 이미 정해진 공식이었다. 이들과 함께 일본인도 진즉 한국의 무당을 조사하기 시작하였다.55) 그러다가 1930년대에 오면 村山智順, 赤松智城, 秋葉隆 같은 일본인 연구가들에 의해 한국巫에 관한 대작이 나온다.56)

한편 이 두 기간의 사이, 즉 1920년의 후반에 오면 몇 가지 값진 작업이 한국 사람의 손에 의하여 이루어진다. 1927년 『啓明』 19號에 崔南善과 李能和는 각기 「薩滿敎劄記」와 「朝鮮巫俗考」를 발표하였다. 그 이듬해 六堂은 이어 「不咸文化論」57)을 내 놓았다. 孫晋泰도 1920년대 말에 「盲覡考」, 「光明에 대한 信仰과 太陽崇拜의 一起因」58) 등

---

53) 文相熙, 1975. pp.144-145. 崔吉城, 1979, pp.117-118; 金泰坤, 1979, pp.62-65.

54) 예를 들어 Clark, 1929.

55) 今村鞆은 1909년 「朝鮮の迷信業著」라는 제목으로 한국의 巫女에 관하여 글을 쓰고 있다. 今村鞆, pp.453-459.

56) 村山智順, 1932; 赤松智城, 秋葉隆, 1937 및 1938.

57) 崔南善, 1958.

의 논문을 마련하고 또한 직접 수집한 巫歌를 모아 1930년 『朝鮮神歌遺篇』59)을 출판하였다. 이들은 방대한 문헌자료를 기초로 하고 현지 조사도 실시하면서 한국巫연구의 독특한 방향을 펼쳐 놓았다. 李能和는 흔하지 않은 巫 관계 자료를 옛날문헌에서 모두 뽑아 정리하여 한국巫의 歷史의 틀을 잡아주었으며, 崔南善은 한국민족 문화의 이해를 위하여 유럽인들에 의한 시베리아 샤마니즘연구를 소개하더니, 급기야 光明信仰을 중심으로 동북아시아 샤마니즘文化圈을 논하고 한국巫의 성격과 위치를 해명하려 하였다. 孫晋泰는 한국 문화, 특히 민간종교에 관한 비교 연구를 실시하는 한편 최초로 巫歌의 수집에 주목하였다.

그런데 한국巫연구에 관한 이들의 값진 노고가 하필이면 1920년대 후반을 기다려 한꺼번에 나타나고 있었던 것일까. 나는 무당에 대한 사회적 편견의 각성 그리고 전통문화에 대한 民族主義的 관심이 그 원인을 이루었다고 본다. 무당은 조선왕조 말까지 賤民으로서 사회적 천대를 받아 왔다. 따라서 무당의 현상을 傳統文化나 民衆宗敎的인 면에서 이해한다는 것은 당시까지 도저히 상상조차 못할 일이었다. 그런 현상을 歐美의 선교사들, 그리고 일부 일본인이 중요한 연구대상으로 삼았을 때 그것은 생각 있는 한국 사람들에게 실로 큰 충격이었을 것이다. 이 충격과 함께 종래 천한 것으로만 간주되던 巫에 대한 사회적 편견이 몇몇 사람들 사이에 점차 깨우쳐지게 되었다. 그러나 그러한 인식이 실제의 연구로 옮겨져 결실을 맺기 위해서는 일본인에 의한 조선의 강제합병을 기다려야 했었다. 즉 나라를 잃고서야 민중에 대한 민족주의적인 관심이 고조되었던 것이다, 그리하여 이들 몇몇 학자들은 이제 한국의 역사 가운데 巫에 관한 기록을 모조리 더듬고, 이웃 나라 및 지역의 巫현상에 시선을 돌려 그

---

58) 孫晋泰, 1948, pp.341-356 및 pp.357-372.
59) 孫晋泰, 1930.

것을 우리의 것과 비교하며 아울러 실제 현지조사를 통하여 그것을 구체적으로 理解하는 노력을 아끼지 않았다. 그리고 그들은 한국巫가 한국의 역사와 함께 존재하였던 전통적인 民衆宗敎였으며 민족문화의 기반을 이루고 있음을 밝혀내었다.60) 20년대 후반에 李能和, 崔南善, 孫晋泰가 巫연구에 보인 이 귀중한 관심과 노력은 이러한 배경 속에서 이해되어져야 한다.

이 시기가 지나서 30년대에 들어서면 일본학자들이 巫에 관하여 쓴 몇 권 力作이 두드러진다. 이들의 방대한 자료수집이 총독부와 식민지 경찰조직의 도움을 직접 간접으로 받아 이루어졌다는 것과 그 연구목적이 총독부의 식민정책을 뒷받침하기 위한 기초 자료의 제공에 있었다는 것은 그동안 누누이 비판되어 오지만,61) 이들의 연구업적 가운데 특히 赤松智城과 秋葉隆의『朝鮮巫俗の研究』(上·下 2권)는 한국巫에 관한 가장 본격적인 저작으로 받들어지는 실정이다.62) 그러면 20년대 후반에 있었던 한국인 연구가들에 의한 巫연구의 전통은 그뒤 어찌된 것인가. 한국巫研究史의 제3기에는 일본인 학자들이 독무대를 장식하고 있거니와, 해방 이후 한국巫研究는 한국학자들의 손에 맡겨져 온다. 그러나 20년대 후반에 있었던 연구전통, 즉 역사적 안목, 비교방법 그리고 현지조사를 함께 갖춘 진지한 연구방법의 전통이 그 후 계승되어 온 흔적을 나는 찾지 못한다. 그 원인은

---

60) 李能和, 1927, p.1;『啓明』19호의 六堂의 머리글; 孫晋泰, 1948, 自序 참조.

61) 文相熙, 1975, pp.144-145; 崔吉城, 1979, pp.117-119; 金泰坤, 1979, pp.59,62-63과 65.

62) 文相熙, 1975, pp.145. 이 책은 그 후 한국巫를 연구하는 사람이면 누구나 인용할 정도의 고전으로 취급되나, 선교사들과 함께 외국인으로서 한국문화를 이해하는데 있어서의 일정한 한계성, 그 수집 巫歌의 전통성 문제, 여러 개념의 잘못된 이해 등 숱한 문제점을 지니고 있다. 이에 관하여 Cho Hung-youn, 1980, pp.81-82; 1981, pp.84; 1983, Anmerkungen, pp.57, 220,252,260 및 p.329 참조.

해방 이후 한국巫 연구의 경향을 살펴보면 스스로 분명해진다.

첫째 경향으로서 한국巫의 역사적 이해가 거의 없었던 것이 두드러지게 나타난다. 柳東植의 『韓國巫敎의 歷史와 構造』가 단 하나의 예외를 이루고 있을 뿐이다. 이것은 해방 이후 한국巫의 연구가 거의 국문학의 專有物이 되었던 사정과도 무관하지 않다. 민속에 대한 관심이 국문학 쪽에서 커가면서 그리되었다고 하겠으나, 반면 巫연구를 위한 歷史學 내지 民族學(人類學)的 방법론의 결여로 巫歌채집에 머무르고 있었다.63) 한편 다른 안목으로 보자면 그것은 歷史學이 巫, 民俗 등의 분야를 너무 소홀히 하였다는 이야기가 된다.

그 다음으로 한국巫의 현지조사가 제대로 되어 있지 않은 점을 들 수 있다. 눈만 돌리면 도처에 무당이 있고 어느 집안이고 대개 巫의 신자들이 있건만 충분한 현지조사가 이루어지지 않는 이유를 나는 이해할 수 없다. 우리 주위에 너무 가까이 흔하게 있는 현상이어서 그런 것일까. 巫가 한국의 基層文化라든지 韓國文化를 이해하는 관건이 된다든지 하는 주장이라면 그 현상이 충분한 현지조사를 통하여 제대로, 구체적으로 이해되어야 마땅한 일이 아닌가. 巫연구하는 이들끼리 모이면 흔히 나누는 얘깃거리와, 어느 굿판에 가서 잠시 녹음만 했다하면 그것이 논문 한 편으로 둔갑하고 어느 무당과 몇 시간 이야기를 나누고 나면 그것이 무당의 生活史로 전개되고, 사진 몇 장이 자료로서 발표되는 우리네 巫연구 풍토다.

70년대에 들어서면 한국巫는 歐美에서 새로운 방법론으로 훈련된 학자들에 의하여 文化人類學, 精神醫學, 宗敎學 등의 연구방법으로 새로이 다루어진다.64) 그러나 이들도 위에 언급한 두 가지 문제에 꼭 같이 걸리고 있다. 즉 그 역사적 배경의 이해가 결여되며, 충분한 현지조사를 통한 구체적 연구가 수행되지 못하였다. 거기다 歐美

---

63) 崔吉城, 1979, pp.119.
64) 文相熙, 1975, pp.145-146.

의 새로운 이론이나 연구방법론이 그들에 의하여 비판 없이 수용되고 한국巫의 이해에 그대로 적용되어 온 것이 특히 주목되어야 한다. 나는 이것을 단순히 해외유학을 통하여 야기된 문제로만 보지 않는다. 이것은 한국巫 연구사의 제4기뿐 아니라 해방 이후 우리 사회 전반에 걸치는 중대한 문제가 된다.

日帝가 한국을 强占하고 식민지정책을 수행하는 동안 한국사회는 밖으로부터 강제된 이른바 近代化의 길을 걷게 되었다. 새로운, 전혀 異質的인 가치체계가 이러한 과정을 통하여 도입되기 시작하였지만, 이것은 전통적 가치관의 해체를 가져오지 못하였다. 그것은 오히려 전통을 고수하려는 저항의 힘을 불러일으켰다. 日帝時代에 한국巫가 저들의 혹독한 탄압에도 불구하고 그의 제반 傳統祭儀들을 지켜왔던 사실이 그것을 반증해준다.65) 그러나 해방을 맞고 나면 그 사정은 전혀 달라지고 만다. 서구식 민주주의 가치관이 하루아침에 사회를 지배하게 된다. 그리고 6·25동란과 두 차례의 혁명을 치르면서 산업화의 길을 줄달음쳐 온다. 이에 사회는 전통과 서구식 근대화의 갈등을 겪으면서 文化變動을 치른다. 그것도 짧은 시일 안에 근대화를 이루려고 하는 욕망 때문에 우리는 의식·무의식중에 지나치게 바빠 있다.

해방전후의 한국사회의 변동에 관한 이러한 배경을 고려하면 앞서 언급한 해방 이후 한국巫연구의 문제점들은 아울러 이해된다. 즉 전통과 근대화의 갈등이 극복되지 못하고 또한 사회의 급격한 변화에 휩쓸려 있을 때 巫연구가들은 자연히 한국巫의 傳統性 내지 歷史性을 차분히 살펴볼 여유를 갖지 못하고, 歐美이론을 비판 없이 직수입하며, 긴 시간을 요하는 현지조사를 꺼리게 된다. 오늘날 한국巫의 이해는 실로 혼란에 빠져 있다고 하여도 지나친 표현이 아니다. 대부

---

65) Cho Hung-youn, 1983, pp.132-133. 서울·경기지역의 나이가 많은 전통 무당들은 일제시대 때만 하더라도 굿이 옛날 법대로 놀아졌으나 해방과 6·25동란을 겪으면서 옛 굿은 더 이상 보지 못하게 되었다고 얘기한다.

분의 巫연구가들은 巫를 한국의 基層문화로 아예 전제해 버리고 있
으며 巫가 한국의 歷史性과 主體性을 반복, 계승시킨다고 보는가 하
면66) 새 역사 창조의 장애물로서 巫는 극복되어야 한다는 주장도 있
다.67) 巫는 한편 韓國學의 인문, 사회과학 및 예술의 거의 모든 학문
분야에서 제 나름대로 정의되고 해석된다. 최근 한국의 기독교에 聖
靈體驗 현상이 부쩍 늘어나자 그것을 두고 기독교가 샤마니즘화하는
것이라고 단정하는가 하면 한국 기독교의 이른바 기적적 성장이 샤
마니즘에 바탕을 둔 것으로 이내 간주하는 이들도 적지 않다.

　이렇듯 중요한 것처럼 보이는 巫는 사회에서 오늘도 천대를 받고
있다. 그 천대는 이전 身分社會에 있었던 그런 성질의 것이 아니다.
이제는 기독교가 巫를 마귀의 현상으로, 미신으로 몰아버리고 있다.
그리고 歐美의 근대화를 뒤다라가는 우리 사회는 저들의 유럽중심적
선입관을 그대로 받아들이고서 스스로의 巫현상을 부끄러워한다. 이
것은 한국사회가 전통과 근대화의 갈등에 빠져 있음을 보여주는 전
형적인 보기가 된다.

5

　우리는 시베리아 샤마니즘의 연구와 관련하여 보고라쯔, 요헬손, 쩰
레닌, 올마르크스 등의 연구가들이 무당을 정신병질환자로 가정하였
음을 보았었다. 그러나 한편 시간이 경과하면서 보다 진지한 연구가
여러 사람들에 의하여 여러 각도에서 진행되었는데 50년대에 와서 엘
리아데 Mircea Eliade나 핀다이젠 Hans Findeisen 같은 이들은 이제
적어도 무당의 그 정신병질환 비슷한 현상이 샤마니즘 안에서 그리

---

66) 金泰坤, 1973 a, p.76.
67) 文相熙, 1975, p.189 참조.

결정적인 것이 아님을 알아 차렸다.68) 이와 때를 같이하여 巫이해의 새로운 경향 내지 이론들이 점차 형성되어졌다. 이 장에서는 그들 가운데 몇 가지 두드러진 것과 새로운 연구 활동을 살펴보고자 한다.

제2차 세계대전 이후 샤마니즘연구가 크게 두 다른 전통으로 나뉘어 진행되어 옴이 먼저 주목되어야 한다. 소련이 거기서 하나의 전통이 되며, 歐美를 위시한 기타 다른 나라들이 다른 쪽을 이룬다. 巫연구가 이렇게 두 갈래로 나뉘어지게 된 데에는 두 가지 원인을 찾아볼 수 있다. 첫째, 그들 사이의 理念上의 차이를 들 수 있겠는데 그 때문에 서로가 상대방의 연구결과에 관심을 두지 않았다. 그 다음, 언어의 장벽이 그것을 심화시켜 왔다.69) 샤마니즘연구에 있어서 소련의 학자들이 차지하는 큰 비중은 달리 강조할 필요가 없을 것이다. 시베리아 샤마니즘에 관한 러시아어로 된 논저는 1932년 벌써 700을 넘어 헤아렸다.70) 이후에도 소련 학자들은 당연히 이 방면 연구에 깊은 관심을 두어 오고 있지만, 마르크스·레닌주의의 세계관에 입각한 인류사회의 圖式的인 발전에 끼워 맞추어 해석하는데 일관해 온다. 그리하여 샤마니즘은 原始社會가 階級社會로 넘어가는 과정에 전자가 분화하여 생기는 과도적인 한 지배형태로 파악된다.71) 巫가 소련에서 이렇게 反宗敎的인 용어로 풀이됨에 따라 서방측 巫연구가들은 근본적인 관점의 차이 때문에 처음부터 거부반응을 보여 왔었다.

---

68) Findeisen, 1957; Eliade, 1964, xixf. 아울러 Ränk, 1967, p.16 참조.
69) Hoppál, 1983, p.2. 이 분화문제와 러시아학자들의 시베리아 제 민족의 종교연구에 관하여 Rudy, 1962, pp.5-7과 59 ff 참조.
70) Popov, 1932. 물론 대부분이 현지에서의 관찰을 통한 民族(誌)學的 보고서의 성격을 띤다. 이후, 특히 70년대 이후의 소련학자들에 의한 샤마니즘 연구에 관하여 鄭天星, 1983과 Adami, 1983 참조 바람.
71) Rudy, 1962, pp.87-135와 Tokarew, 1978(1968), pp.216-239. Rudy는 여기서 Anissim ow의 이론을 요약하여 소개, 비판하고 있다(Anissimow 1958).

蘇聯邦에서의 巫에 대한 저 같은 이론의 형성과 독자적 巫연구 경향과는 달리 실제면에서 시베리아巫에 대한 탄압운동은 벌써부터 진행되었었다. 즉 10월혁명(1917) 이후 새로운 집권자들은 이념적 동기나 국가정치적 근거에서 이들 무당들의 제도를 전폭적으로 해산시키지 않으면 아니 되었다. 그 결과 1930년대에 시베리아 제 민족들의 사회에서 巫에 대한 얘기는 이미 사라져 버렸을 정도가 되었다. 그리하여 디오쉐지 Diószegi는 이 잊혀진 종교 현상의 司祭(무당)들을 찾아 50년대 말과 60년대에 시베리아를 헤맸던 것이다.72)

이 마르크스·레닌주의의 도식적인 세계관, 그에 따른 샤마니즘의 무리한 해석 내지 宗敎史에서의 위치선정, 그리고 현실적인 정치 이념적 탄압에도 불구하고 샤마니즘은 결코 소멸되지 않는다. 하이씨히 Heissig에 의하면 1940년대에 몽골의 한 동부지역에 서른을 넘는 무당들을 헤아릴 수 있었으며, 1951년에도 샤마니즘은 아직 성행하고 있었다.73) 최근 탁사미 Taksami는 또 시베리아 극동부에 巫가 생존해 있음을 보고하여 주목을 끌고 있다.74) 시베리아 샤마니즘이 그간 생존의 위기에 직면했던 것이 이렇듯 그 역사발전의 자연스러운 추세에서가 아니고 시베리아 통치와 마르크스·레닌주의의 합리화를 위한 소련정부의 강제정책에 의한 것, 그리고 그럼에도 불구하고 샤마니즘이 생명을 부지함을 우리는 보아온다. 이밖에 네팔과 티베트에도 巫가 오늘날 신봉되고 있거니와, 이 종교현상은 한국에서 아직도 수많은 민중을 그 신자로 가지고 있다.

한편 西歐에서는 쉬미트 Wilhelm Schmidt, 롬멜 Andreas Lommel, 요한센 Ulla Johansen 같은 이들이 샤마니즘의 새로운 이론 내지 방향을 제시하였다. 쉬미트는 『神觀念의 起源 Der Ursprung der Gottesidee』이라는 12권의 방대한 저작을 내놓았다. 그

---

72) Diószegi, 1968.
73) Heissig, 1980, p.45.
74) Taksami, 1984.

마지막 권75)의 「내륙아시아 유목민족의 샤마니즘의 종합 Synthese der Schamanismen der innerasiatischen Hirtenvölker」이라는 장은 白샤만 weiße Schamanen; white shamans과 黑샤만schwarze Schamanen; black shamans의 구분을 강조한다. 전자는 天界의 선한 신령들과 연관을 맺고 있는 무당들로서 祭儀 도중 忘我境 Ekstase 가운데 天界여행을 도모하는 반면, 후자인 黑샤만은 憑依狀態 Besessenheit; possession에 빠져 地下界, 즉 死者의 땅으로 여행한다는 것이다. 黑白샤만의 구분에 관한 한 엘리아데도 같은 견해를 취한다.76) 쉬미트는 그러나 엘리아데와는 전혀 반대로 黑샤만을 샤마니즘의 원형으로 본다. 그에 따르면 黑샤만은 母系的인 남부의 농업사회에서 유래한 것인데, 내륙아시아의 유목사회에서는 그 영향에 대한 반응으로서 白샤만이 형성되었다고 한다.

이 黑白샤만의 구분은 19세기 말 진작 부리아트족의 무당에 관한 아가피토프 N.N.Agapit ov와 샹갈로프 M.N.Šangalov의 보고에서 분명해졌던 것으로77) 1927년에는 崔南善이 이 두 종류의 무당의 존재를 벌써 우리나라에 소개하였었고,78) 국제 샤마니즘학계에서 최근까지 받아들여져 오고 있는 형편이다.79) 그러나 실제 대부분의 시베리아 및 중앙아시아의 제 민족들은 그러한 區分法을 알지 못하고 있으며, 터키와 몽골계 종족들에 있어서 대부분의 경우 한 무당이 天上界와 地下界를 다 여행 할 수 있다. 그리고 天上과 地下, 陰陽, 光明과 暗黑 같은 것은 사실 인류의 종교적 관념에 보편적인 二元體系들이다. 따라서 黑白샤만의 구분은 이러한 막연한 관념들을 지나치게 개념화하고 일반화한 유럽학자들의 전형적인 오류에 속한다. 쉬미트

---

75) Schmidt, 1955, p.620 ff.
76) Eliade, 1964, 184 ff.
77) Agapitop und Šangalov, 1887.
78) 崔南善, 1927, pp.15-19.
79) Waida, 1983, pp.216-223.

가 그의 이론을 위하여 구체적인 역사적 증거를 제시하는데 노력하지 않고 있으며 지나치게 思辨的인 점은 요한센도 잘 지적하고 있다.[80] 金烈圭는 얼마 전 샤마-니즘에 관한 글에서 이 黑白샤마니즘을 우리나라에 소개한 바 있는데,[81] 그것은 저들 유럽학자들의 이론의 배경을 살피지 않고 비판 없이 그것을 받아들인 보기에 해당한다.

쉬미트의 견해와는 대조적으로 롬멜은 샤마니즘을 초기 狩獵文化의 산물로 파악한다.[82] 따라서 그의 샤마니즘은 초기 수렵문화가 오늘날까지도 존속하는 곳, 즉 시베리아, 북아메리카, 남아메리카 그리고 아프리카와 오스트레일리아의 여러 지역에 걸쳐 도처에 나타나는 것으로 보인다. 그는 특히 藝術에서의 抽象性이 샤마니즘에서 근원하는 것으로 이해하는 정도인 만큼 무당을 예술적·창조적 인간으로서 새로이 정의하고자 시도하였다.[83] 무당을 정신의학적으로 해석하여 온 종래의 견해에 비하여 참신한 맛이 없지 않다.

1960년대 중반까지 발표되어 온 샤마니즘에 관한 연구들이 방법론에서 다소간 일방적인 성격을 갖고 있는데 반하여 요한센은 샤마니즘 연구의 종합적인 방법론을 제시하였다.[84] 그는 현재 몽골 인민공화국에 속하는 투바 Tuva족의 샤마니즘을 예로 잡고서 샤마니즘 역사의 규명에 주된 관심을 두었다. 그에 따라 시베리아 샤마니즘의 일반적인 역사에 먼저 주목하는 것은 당연하다. 그리고 투바족의 巫에 관한 고고학·언어학·역사학 및 민족지학적 연구결과와 보고들을 기본문헌자료로 하며, 그것이 결여된 곳은 口傳자료로 보충하는 반면, 여러 박물관에 소장되어 있는 투바무당들의 유물들이 그 조사의 구체적인 基本자료를 이루게 된다.[85] 이러한 방법론에서는 巫의

---

80) Johansen, 1968.
81) 金烈圭, 1977 b, p.278.
82) Lommel, 1965, p.14.
83) Ibid. p.173과 Lommel, 1980, pp 207-217. Lommel의 巫理論에 관하여
    Motzki, 1977, pp.30)-32 참조.
84) Johansen, 1968.

역사가 도식적이거나 막연하게 이해되어지지 않고 인접문학 분야의 도움을 받는 가운데 구체적이고도 총체적으로 파악되어질 수 있다. 巫의 이해가 당연히 이처럼 빈틈없는 연구방법에 기반을 두어야 하겠으나 관심을 기울여야 할 보조학문분야의 폭이 넓고 소화해야 할 문헌의 양이 너무 많아 巫학도들에게 부담이 큰 것은 사실이다. 그리고 이 부담을 어느만큼 극복했다 하더라도 전체 현상과 그 역사에 대한 해석의 문제는 시종 남게 된다. 요한센의 제안은 이러한 이유에서 그 자신에게도 이어지는 연구가 되지 못하였고, 그 후 이 연구방법의 채용이 실제 만족하게 이루어진 보기가 없다.

　70년대에 들어서면 샤마니즘에 대한 루이스(I.M.Lewis)의 사회인류학적 해석이 두드러지는데,[86) 그것은 巫학도들에게 두루 인용될 정도로 인기가 높다. 그것은 그 副題가 나타내주듯이 샤마니즘과 신령 憑依현상의 해석에 관한 연구다. 그러나 그는 무당을 '어떤 특별한 신령에 의한 憑依를 정기적으로 체험하는 靈媒 medium로 정의하는 만큼[87) 샤마니즘의 특수한 면을 강조한다. 그렇더라도 무당의 사회적 역할을 조사한 것과 忘我境 ecstasy의 사회적인 조건에 중점을 둔 것은 샤마니즘 연구에 있어서 새로운 관점이다. 그에 따르면 憑依현상은, 그것이 중심적인 憑依宗敎들의 경우건, 憑依가 주변적인 비중을 차지하는 경우건, 그곳에 긴급한 절박감(억압, 긴장)이 존재함을 내포하는 종교적 표현의 형태가 된다.[88) 그리하여 인간은 이러한 종교적 표현의 형태를 통하여 사회적 갈등을 해소한다는 것이다. 샤마니즘은 말하자면 인간이 궁극적으로 그 운명의 주인이 됨을 확인해 준다고 그는 이해한다.

　나로서는 이 종교적 표현의 형태, 곧 巫에 있어서의 엑스타시현상

---

85) Ibid, pp.26-32.
86) Lewis, 1975.
87) Ibid. p.56.
88) Ibid. p.175 f.

이 종교체험 이외의 것이 될 수 없거니와, 루이스가 이 巫의 종교체험이 가진 사회적 성격에 주목한 것을 고맙게 여긴다. 그러나 그의 경우 그것이 샤마니즘의 전체적인 이해에 걸려 있는 바, 문제는 아직 해결되지 않은 채 남는다. 첫째, 巫는 神話, 歷史 및 현상에 걸치는 보다 훨씬 복잡한 종교현상이다. 그리고 둘째, 巫의 종교체험은 사회적 절박감을 해소시켜 주는 기능만을 가지고 있는 것이 아니다. 그것은 사회적인 성격과 전혀 무관하게도 개인과 신령과의 만남이라는 종교체험의 일반적인 본질을 지닌다.

위에 언급한 巫연구가들 외에도 쉬뢰더(Dominik Schröder), 핀다이젠(Hans Findeisen), 파울슨(Ivar Paulson) 같은 이들이 50년대에, 그리고 70년대에는 헤르만스(Mattias Hermanns), 홀트크란츠(Åke Hultkranz) 등의 학자들이 巫연구에 주력하여 현저한 업적을 남겼다.89) 이들은 모두 샤마니즘에 관하여 개별적인 연구를 경주해 온 반면, 80년대에 와서는 샤마니즘을 주제로 한 국제학술회의가 정기적으로 개최되고 있다.

이러한 경향은 헝가리의 디오쉐지(Diószegi)와 학술원(academy of science)의 덕분으로 보아야 할 것이다. 헝가리와 시베리아 巫의 전문가인 디오쉐지의 노력을 이어받으려는 헝가리 巫연구가들의 뜻, 그리고 그 학술원이 1978년 디오쉐지를 추모하여 「시베리아의 샤마니즘 Shamanism in Siberia」이라는 제목 아래 약간 명의 서구학자들을 포함한 제나라와 소련 학자들의 巫관계 논문들을 모아 출판한 일90)이 그 발판이 되고 있다. 그리하여 1981년 호팔 M.Hoppál이 소련학술원의 민족학연구소와 공동으로 유라시아 샤마니즘의 제 문제를 집중적으로 다루는 심포지엄을 헝가리에서 열었다.91) 같은 해

---

89) Schröder, 1955(Schmitz, 1964, pp.296-334에 재수록); Findeisen, 1957; Paulson, 1958; Vajda, 1959(Schmitz, 1964, pp 265-295에 재수록); Her-manns, 1970 및 Hultkranz, 1974 참조.
90) Diószegi and Hoppál, 1978.

가을 파리에서는 주로 프랑스 학자들에 의한 샤마니즘학회가, 그리고 이듬해에는 「南美 低地地方 인디안 사이의 샤마니즘: 定義의 문제 Shamanism among Lowland South American Indians: A Problem of Definition」라는 주제를 가지고 맨체스터에서 국제 샤마니즘 학술회의가 개최되었다. 작년 가을 캐나다에서 열린 제11차 국제 인류학대회에서는 샤마니즘 분과가 따로 학술회의를 가졌으며 이러한 모임은 세계 각국의 巫전문가들의 호응 속에서 계속될 것이다. 이 같은 모임을 통하여 개별 巫연구가들이 서로 학문정보와 의견을 나누어 巫연구의 붐이 조성되는 점도 있지만, 더욱 중요한 것은 소련을 중심한 공산권의 샤마니즘 연구와 기타 歐美 각국의 그것 사이에 서로 대화가 이루어질 수 있게 된 점이다. 종래 제 나름의 선입관과 전통 아래 진행되어 온 巫연구, 그리고 그로 인한 오늘날의 혼란스러운 巫 이해가 이러한 만남들을 통하여 점차 정리되고 보다 진지한 종합적인 연구로 이끌어지기를 바라는 마음 크다.

이제 끝으로 엘리아데의 샤마니즘 이해에 관하여 살펴보아야 하겠다. 그의 『샤마니즘 Shamanism』이라는 저술은 달리 소개를 필요로 하지 않을 만큼 잘 알려져 있거니와, 1951년 파리에서 佛語로 출판된 이래 獨·英 기타 여러 나라의 언어로 번역되었으며[92] 이후 샤마니즘 연구에 가장 많은 영향을 끼쳐온다. 그의 巫에 대한 이해를 이처럼 맨 끝에 언급하는 것은, 유럽의 巫理論 가운데 이것이 우리나라의 巫연구에 직접적인 영향을 주어왔기에 그의 이론을 살펴보고

---

91) 그 곳에서 발표된 논문들은 Hoppál, 1984에 수록되어 있다. 필자도 초청되었으나 참석하지 못하고 논문만 제출하였다(Cho Hung-youn, 1984). 이 학술회의 경과와 발표논문요지를 Hoppál과 Basilov는 공동명의로『소련民族學誌』에 보고하였는데(1983, Vol. 1), 중공에서는 公哲이 그것을 옮겨 발표하였다(1983). 그밖에 80년내에 들어와 중공에서도 薩滿敎(샤마니즘)에 관하여 적잖은 관심을 보이고 있는 것이 주목된다(劉建國, 1981을 아울러 참조).

92) Eliade, 1951, 獨語 번역판은 1957, 英譯 개정확대판은 1964 참조.

이어서 한국에서의 巫연구의 문제점을 다루어 보려는 의도에서다.

엘리아데는 엑스타시를 샤마니즘의 기본적인 특징으로 파악하고서, 샤마니즘을 '엑스타시의 원초적 기술(archaic techniques)'로 최소한으로 정의한다. 이때 '원초적'이라는 형용사는 샤마니즘의 기원을 제한해 주는 바, 곧 문명의 초기단계의 사회들을 암시한다. 그에게 있어서 엑스타시는 무당이 흔히 몸을 떠나 天界나 地下界로 여행하는 황홀경(trance)의 상태로 규정된다. 그에 의하면 이 엑스타시는 애초 하늘과 땅, 신과 인간 사이의 교통이 가능했음을 太初의 신화가 보여주듯이 원래 모든 인간에게 보편적 구성요소인 원초현상이었다. 그러나 역사를 통하여 이 종교세계의 보편적이고도 원초적인 구조는 不淨하게 되거나 약화되어졌다. 그리하여 저 하늘과 땅 사이의 왕래는 끝내 단절되어 버리고 이제 무당의 엑스타시가 이 신화의 재현을 감당한다는 것이다. 이러한 견해는 중앙 및 북아시아에서의 샤마니즘 형성에 관한 그의 역사적 전제가 되며 樂園을 향한 鄕愁라는 그의 종교현상학적 이론을 이룬다. 이에 따라 엑스타시라는 원초현상과 天界여행의 원초이념을 충족시키는 것이라야 진정한 샤마니즘이 되며 오늘날의 이른바 퉁구스샤마니즘이라는 것은 북아시아의 그러한 고전적인 샤마니즘이 잡종화된 형태로 파악된다.

엘리아데의 巫 이해는 이렇듯 엑스타시를 그 核으로 하여 이루어져 있으며 그 엑스타시는 '낙원을 향한 鄕愁'라는 신화적 내용을 전제로 한다. 이러한 종교현상학적 이론은 물론 그 복잡한 巫현상 전체의 그럴듯한 해석을 가능하게 해주는 利點을 가진다. 그러나 巫를 역사 또는 현상의 면에서 구체적으로 이해하는 데는 큰 도움이 되지 않는다. 巫는 다른 종교현상들이 그러하듯이 신화나 상징만으로 구성되어 있는 것이 아니고 사람들에 의하여 직접 신앙되는 구체적인 면을 아울러 가지고 있다. 엘리아데는 巫에 관한 현지조사를 한 번도 실시해 본 적이 없다. 巫를 구체적으로 다루지 못한 것은 그의 그런 면과도 관련이 있을 것이다.

$$\boxed{6}$$

엘리아데는 60년대 초 한국에 소개된 이래 歐美 학자로서는 한국의 巫전문가들에 의하여 가장 많이 인용될 정도로 추앙되어 온다. 그러나 그것은 그의 이론이나 방법론의 비판이나 지지, 계승 등의 학문적인 것이 아니고 단순히 그 내용을 받아들이며(그것도 부분적으로) 인용하는 정도에서 벗어나지 못하였다. 우리나라에는 오늘에 이르기까지 엘리아데의 것을 제외하고는 달리 歐美의 巫연구가에 의한 古典的인 業績들이 한 권도 제대로 소개되어 오지 못한 실정이다. 그러므로 시베리아 샤마니즘 뿐 아니라 온 세계의 비슷한 현상에 관한 문헌자료들을 거의 섭렵하다시피 하여 있는 엘리아데의 저서는 쉽사리 巫에 대한 교과서의 성격을 띠게 되었다.

해방 이후의 巫研究家들이 이런 저런 사정에서 巫연구의 방법론을 제대로 갖추지 못하고 있었음은 한국巫研究史를 얘기하면서 앞서 이미 지적한 바 있다. 그들이 이러한 방법론적 고민에 부닥쳐 있을 때 엘리아데의 종교현상학적 이론은 巫이해의 눈을 뜨게 하기에 족한 것이었다. 그러나 그것에 앞서 巫에 관한 다른 이론을 알지 못했었고, 한국巫의 연구를 위하여 인근 滿蒙地域의 샤마니즘조차 비교해본 적이 거의 없는 풍토에서 엘리아데의 이론은 그 특수한 면만 피상적으로 받아들여질 수밖에 없었다. 그리하여 한국巫의 神話的인 해석, 이른바 原型(내지 原本) 등이 그 연구의 주요 관심으로 되어 왔다.93) 엘리아데의 이론이 소개되기 이전에도 한국巫연구 가운데 그 종교의 구체적인 면을 이해하려는 노력이 거의 없었거니와, 이후 巫이해가 점차 더욱 思辨的이고 관념화되어 가는 것은 이러한 경향의 폐단으로 지적되어야 할 것이다.

---

93) 柳東植, 1975, p.25 ff; 金烈圭, 1977 a, p.2 ff; 金泰坤 1980, pp.151-193, 279-341, 462-515가 그 대표적인 보기에 해당한다.

巫는 한국에 오늘날 많은 신자를 두고 있는 살아 있는 종교현상이다. 거기다 한국역사의 긴 흐름을 겪어 온 역사적 종교현상이다. 한국巫는 곧 현상과 역사의 두 면을 함께 지니는 종교다. 따라서 이 둘 가운데 한 면만을 다루거나 강조할 때 그 이해는 자연히 일그러지고 만다. 나는 편의상 한국巫의 이 두 면을 나누어 얘기하고 있지만 그 둘은 실제 분리될 수 있는 성질의 것이 아니다. 모든 현상은 그 나름의 역사를 가지고 있거니와 역사는 현상에 갖추어져 있다. 그들은 마치 종이의 양면과 같은 것이다. 巫를 두고 얘기하자면 오늘날의 巫현상 안에 한국巫의 역사의 자취가 그대로 갖추어져 있다. 그러므로 한국巫의 이해는 두 면을 함께 고려할 때만 제대로 이루어지게 된다.

그리고 한국巫가 종교라는 사실이 인식되어야 한다. 거기에 초월자로서의 神靈이 있고 사제로서의 무당이 존재하며 그 신령을 믿는 信徒로서 단골이 있기 때문이다. 종래 종교에 관한 숱한 정의들이 내려져 왔고 여러 이론들이 제시되어 왔으나 그들 거의 모두가 다소간 유럽 신학 내지 종교이해에 근거된 것임을 지나쳐 보아서는 안 된다. 巫도 기독교나 불교나 이슬람교와 같은 종교이되 그 발상과 역사가 다르고 그에 따라 다른 神觀, 人間觀 및 宇宙觀을 가지고 있을 뿐이다.

나는 위에서 巫의 구체적 이해라는 표현을 자주 썼는데 이것은 종교인 巫가 그 역사와 현상에서 어떤 형태로 사람들과 직접 어떤 연관 속에서 존재하였으며 또 존재하고 있는가의 이해를 가리킨다. 사람이 없으면 종교도 그 意味를 잃어버리고 만다. 단골(신도)이 없는 무당이나 巫는 상상조차 할 수 없다. 따라서 반드시 인간과의 관계 속에서 종교인 巫가 행하는 기능, 의미 등이 물어져야 하며, 그러한 데서 얻어지는 이해라야 구체적인 것이라 하겠다.

어떤 巫전문가들은 한국巫에 관한 자료가 그 동안 충분히 수집되었고 이제 그 자료의 해석이 문제라는 견해를 갖는다. 그러나 자료수집과 그 해석은 별도로 분리될 성질의 것이 아니며, 한국巫研究史에서 드러난 제 문제점들, 특히 현지조사방법의 문제에서 볼 때 그 수집된 자료의 가치가 작다. 거기다 종래 수집, 발표된 巫의 자료가 주로 巫歌에 집중되어 온 바94) 그것은 巫의 구체적 이해와는 애초 거리가 먼 것이다.

나는 이로써 巫가 한국 문화의 이해에 절대적이거나 한국민의 유일한 전통종교라는 것을 결코 얘기하려는 것이 아니다. 한민족문화에 그토록 오랜 역사를 가지고 있으며, 조선왕조 동안 그토록 천대를 받아왔건만 한국인들에 의하여 오늘날까지도 신봉되는 巫, 그리고 근대화의 과정에서 우리의 수치스럽고 부정적인 면으로 취급되어 온 巫, 그런 반면 한국 전통문화의 여러 분야와 폭넓고 깊은 연관을 가지는 이 종교가 제대로 구체적으로 이해되지 않으면 안 되겠다는 것이 나의 巫에 대한 관심이다. 그러기 위하여서는 한국巫와 동북아시아 및 시베리아 巫 사이의 관계가 해명되고, 중국과 일본의 巫 또는 유사한 현상과의 비교 연구가 이루어져 그 지리적 관련 속에서의 한국巫의 위치가 인식되어야 하겠고, 국내에서는 그것이 역사나 현상에서 차지하는 비중이 또한 분명해져야 하겠다. 이것은 韓民族의 기원, 그 조상들의 한반도 밖에서의 활동 등 한국고대사와 직접 연관을 가지는 문제이며, 한편 한반도 안에서의 정치와의 상관, 다른 종교와의 습합, 종교적 역할 등이 주요한 연구과제가 된다. 그리고 巫의 현상학적 이해를 위하여서는 巫歌나 神病(巫病) 같은 것만 다루어져서는 안 된다. 무당의 형성, 神堂, 신령, 굿을 중심한 여러 祭儀, 단골의 신앙과 기도형태, 제반 巫具, 巫歌(神服), 巫歌 등이 巫의 구조 안에서 그 각기의 기능과 함께 종합적으로 연구되어야 한다.95) 우리 사회는 현재 급격한 서구화, 산업화를 통하여 심한 갈등에 빠

---

94) 崔吉城, 1979, 119 ff.
95) Cho Hung-youn, 1983 pp.6-9.

져 있다. 그러한 만큼 한국巫 이해의 상태도 그 개념이나 연구방법에서 혼란스럽기 그지없다. 우리는 이 갈등과 혼란을 현명하게 극복해야 하겠거니와 한국巫의 구체적이고 올바른 이해가 그 문제의 해결에 크게 기여할 것은 물론, 우리 스스로를 보다 더 잘 아는데 정녕 도움이 될 것이다.

참고문헌

金杜珍, 1974 「韓國巫俗研究史論」, 『史學論志』 제2집, pp.51-71, 서울.
金烈圭, 1977a 『韓國神話와 巫俗研究』 서울.
金烈圭, 1977b 「샤마니즘의 文化的 意味」, 『文學思想』 60호, pp.272-290, 서울.
金仁會, 1979 「韓國人의 價値觀-巫俗과 教育哲學』 서울.
金泰坤, 1973a 「샤마니즘이 現代 韓國民間人의 生活에 미치는 영향」, 『샤마니즘의 現代的 意味』 圓光大學校 民俗學研究所, pp.71-79, 이리.
金泰坤, 1973b 「韓國의 巫教」, 『韓國宗教』 韓國宗教大系 1, 圓光大學校 宗教問題研究所, pp.13-36, 이리.
金泰坤, 1979 「韓國の シヤマニズム 研究 半世紀」, 『韓』 vol. 8, No.3-4(No.84) pp.58-89, 東京.
金泰坤, 1980 「韓國巫俗의 原型研究」, 『韓國民俗學』 제12집, pp.29-62, 서울.
金泰坤, 1981 「韓國巫俗研究」 韓國巫俗叢書 Ⅳ, 경희대학교 민속학연구소, 서울.
文相熙, 1975 「한국의 샤마니즘」, 『宗教란 무엇인가』 pp.123-189, 서울.
孫晋泰, 1930 『朝鮮神歌遺篇』 東京.
孫晋泰, 1948 「盲覡考」, 『朝鮮民族文化의 研究』 pp.341-356, 서울.
孫晋泰, 1948 「光明에 對한 信仰과 太陽崇拜의 一起因」, 『朝鮮民族文化의 研究) pp.357-372, 서울.
柳東植, 1975 (韓國巫教의 歷皮와 構造) 연세대학교 출판부.
李基白, 1976 (韓國史新論) 서울.
李能和, 1927 「朝鮮巫俗考」, 『啓明』 19호, 서울.
이필영, 1979 「북아시아 샤마니즘과 한국무교의 비교 연구-종교사상을 중심으로」, 『白山學報』 제25호, pp.5-39, 서울.
任晳宰, 1971 「韓國巫俗研究序說 (2)」, 『亞細亞女性研究』 제10호, 淑明女子大學校 亞細亞女性問題研究所, pp.161-224, 서울.
조흥윤, 1983 『한국의 巫』 서울.
崔吉城, 1969 「韓國巫俗의 엑스타시變遷考」, 『亞細亞研究』 Vol. 22, No. 2, 亞細亞研究所, pp.49-63, 서울.
崔吉城, 1977 「한국의 샤마니즘은 어디에서 왔는가?」, 『文學思想』 60호, pp.306-315, 서울.
崔吉城, 1979 「解放後 巫俗研究의 傾向」, 『韓國學報』 제14집, pp.117-129, 서울.

崔吉城, 1981 『韓國巫俗論』 서울.

崔南善, 1927 「薩滿敎劄記」, 『啓明』 19호, 서울.

崔南善, 1958 「不咸文化論」, 『六堂硏究』 pp.107-188, 서울.

許 愼, 1963 『說文解字』 北京.

留建國, 1981 「關于薩滿敎的　幾個問題」, 『世界宗敎硏究』　2集(總第4集), pp.119-124, 北京.

公 哲, 1983 「蘇匈 "早期宗敎形式 比較硏究"學術討論會」, 『世界宗敎資料』 3期, pp.60-64, 北京.

鄭天星, 1983 「國外薩滿敎硏究槪況」, 『世界宗敎資料』 3期, pp.1-12, 北京.

今村鞆, 1914 『朝鮮風俗集』 서울.

村山智順, 1932 『朝鮮の 巫覡』 朝鮮總督府 調査資料 第36輯, 民間信仰 第3部, 서울.

赤松智城, 秋葉薩, 1937 『朝鮮巫俗の硏究』 上卷, 東京.

赤松智城, 1938 『朝鮮巫俗の硏究』 下卷, 東京.

Adami, N.R., 1983: Schamanismus-Bibliographie. Teil 1: Allgemeine Literatur (unter besonderer Berücksichtigung Sibiriens). in: Bochumer Jabrbuch zur Ostasienforschung 1983. s. 98-186, Bochum.

Agapito v, N. N. und Šangalov, M.N., 1883: Materialy dlya izuchenia shamanstva v Sibiri. Shamanstvo u buryat Irkutskoi gubemii. in: Izvestia Vostochno-Sibirskovo Otdela Russkovo Geograficheskovo Obshchestva Bd. XIV, 1-2, 1-61, Irkutsk.

Agapito v, N. N. und Šangalov, M.N., 1887: Das Schamanentum unter den Burjäten, in: Globus LII, übersetzt-und bearbeitet von L.Stieda, Braunschweig.

Anissimow, A.F., 1958: Religija Ewenkow w istoriko-genetitscheskom izutschenii i problemy proischoz denija perwobytnych werowani. Akademie der Wissenschaft der S.S.S.R., Moskau-Leningrad.

Bäckman, L. and Hultkranz, 0., 1978: Studies in Lapp Shamanism. Acta Universitaties Stockholmiensis. Stockholm Studies in Comparative Religion 16, Stockholm.

Baroja, Julio Caro, 1964: The World of the Witches. translated from the Spanish by Nigel Glendinning, Weidenfeld and Nicolson, London.

Bauer, Hans, 1974: Knud Rasmussen-Ein Leben für die Eskimo. Leipzig. Bogoraz, V.G, 1904-1909: The Chukchee. The Jesup North

Pacific Expedition vol. Ⅶ; Memoirs of the American Museum of Natural History vol. XI. Leiden and New York.

Leipzig. Bogoraz, V.G, 1910: K psikhologii shamanstva u narodov severo vostochnoi Azii. in Etnograficheskoye obozreniye. LXXXIV-LXXXV, 1-2, 1-36. Moskau.

Cho Hung-youn, 1980: Zum Problem der sogenannten Yŏldugŏri des Ch'ŏnsin' gut im koreanischen schamanismus. in: Mitteilungen aus dem Museum für Völkerkunde Hamburg, Bd. 10, S. 77-107, Hamburg.

Cho Hung-youn, 1981: Die Initiationszeremonie im Koreanischen Schamanismus. in Mitteilungen aus dem Museum für Völkerkunde Hamburg, Bd. 11. S. 77-103, Hamburg.

Cho Hung-youn, 1982: Der koreanische Schamanismus-Eine Einführung. Wegweiser zur Völkerkunde Heft 27, Museum für Völkerkunde Hamburg, Hamburg.

Cho Hung-youn, 1983: Mudang: Der Werdegang Koreanischer Schamanen am Beispiel der Lebensgeschichte des Yi Chi-san. Gesellschaft für Naturund Völkerkunde Ostasiens e.v., Hamburg Mitteilungen Bd. 93, Hamburg.

Cho Hung-youn, 1984: Some Problems in the Study of Korean Shamanism. in: Hoppál, M.(ed.), Shamanism in Eurasia, pp.457-475, Göttingen.

Clark, C.A., 1929: Religions of Old Korea · New York.

Czaplicka, Marie Antoinette, 1914: Aboriginal Siberia-a Study in Social Anthropology. London and Edinburgh.

Diószegi, Vilmos(hrsg.), 1963: Glaubenswelt und Folklore der sibirischen Völker, Budapest.

Diószegi, Vilmos(hrsg.), 1968: Tracing Shamans in Siberia: The Story of An Ethnographical Research Expedition. Anthropological Publications, Oosterhout.

Diószegi, V. and Hoppál, M.(ed.), 1978: Shamanism in Siberia, Budapest.

Eliade, Mircea, 1951: Le Chamanisme et les techniques archaiques de l'extase. Paris.

Eliade, Mircea, 1957: Schamanismus und archaische Ekstasetechnik. Zürich und Stuttgart.

Eliade, Mircea, 1964: Shamanism: Archaic Techniques of Ecstasy.

translated by Williard R. Trask. New York.

Findeisen, Hans, 1957: Schamanentum. Stuttgart.

Haas, Jochen U., 1976: Schamanentum und Psychiatrie-Untersuchung zum Begriff der 'arktische Hysterie'und zur psychiatrischen Interpretation des Schamanentums zirkumpolarer Völker. München.

Heissig, W., 1980: The Religions of Mongolian. London.

Hermanns, Matthias, 1970: Schamanen-Pseudoschamanen, Erlöser und Heilbringer. 3 Bde. Wiesbaden.

Herzog, Rolf, 1949: Die Völker des Lena-Gebietes in den Berichten der ersten Hälfte des 18 Jahrhunderts. Göttingen.

Hoppál, M., 1983: Shamanism: An Archaic and/or Recent System of Beliefs. unpublished paper read in the Symposium on Shamanism of the XIth International Congress of Anthropological and Ethnological Sciences, Vancouver, B. C., Canada.

Hoppál, M.,(ed.), 1984: Shamanism in Eurasia. Göttingen.

Hultkranz, Oke, 1974: A Definition of Shamanism, in: Temenos. Vol. 9, pp.25-37

Ides, E. Yssbrants, 1707: Dreyjährige Reise nach China von Moscau ab zu lande durch groß Ustiga, siriania, permia, sibiren, Daour, and die große Tartarey; gothan durch den Moscovitischen Abgesandten Hru. E. Yßbrands Ides, Deutsche Übersetzung der holl. Originalfassung. Frankfurt.

Jochelson, V.I., 1905-1908: The Koryak, The Jesup North Pacific Expedition vol. VI; Memoirs of the American Museum of Natural History Vol. X. Leiden and New York.

Jochelson, V.I, 1910-1926: The Yukaghir and the Yukaghirized Tungus. The Jesup North Pacific Expedihon vol. IX; Memoirs of the American Museum of Natural History vol. VIII. Leiden and New York.

Johansen, Ulla, 1968: Die Schamanentracht bei den Tuvanem. Vorschläge zur Methodik der Schamanismusforschung. Habilitations-Manuspt. Heidelberg.

Laufer, Berthold, 1917: Origin of the Word 'Shaman'in: American Anthropologist Vol. 19.

Lewis, I.M., 1975: Ecstatic Religion-An Anthropological Study of Spirit Posession and Shamanism. Penguin Books. Harmondsworth.

Lindig, Wolfgang, 1972: Die Kulturen der Eskimo und Indianer Nordamerikas. Frankfurt/M.

Lommel, Andreas, 1965: Die Welt der frühen Jäger-Medizinmänner, Schamanen, Künstler. München.

Lommel, Andreas, 1980: Schamanen und Medizinmänner-Magie und Mystik früher Kulturen. München.

Miyakawa, H. und Kollautz, A., 1966: Zur Urund Vorgeschichte des Schamanismus. in: Zeitschrift für Ethnologie Bd. 91, S.161-193, Braunschweig

Motzki, Harald, 1977: Schamanismus als Problem religionswissenschaftlicher Terminologie. Köln.

Nioradze, Georg, 1925: Der Schamanismus bei den Sibirischen Völkem. Stuttgart.

Ohlmarks, Ǻke, .1939: Studien zum Problem des Schamanismus. Lund und Kopenhagen.

Paulson, Ivar, 1958: Die primitiven Seelenvorstellungen der nordeurasischen Völker. The Ethnographic Museum of Sweden. Monograph Series Publication 5. Stockholm.

Popov, A. A., 1932: Materialy dlya bibliografii russkoj literatury po izučeniju šamanstva Severo-Aziatskich narodov Leningrad.

Potapov, L.P., 1964: Historical-Ethnographic Survey of the Russian Population of Siberia in the Prerevolutionary Period. The Discovery and Occupation of Siberia. in: Levin and Potapov, The Peoples of Siberia. Chicago.

Ränk, Gustav. 1967: Shamanism as a Research Subject-Some methodological Viewpoints. in: Edsman, Carl-Martin(ed), Studies in Shamanism. Stockholm.

Rasmussen, Knud, 1934: Rasmussens Thulefahrt-Zwei Jahre im Schlitten dunch unerforschtes Eskimoland. herausgegeben und eingeleitet von Friedrich Sieburg. Frankfurt/M.

Rasmussen, Knud, 1980: Die große Schlittenreise. Bearbeitet, übersetzt und herausgegeben von Aenne Schmücker. Balve.

Rezler, Sigmund von, 1896: Geschichte der Hexenprozesse in Bayem-im Licht der allgemeinen Entwicklung dargestellt. 1968 Reprint Stuttgart.

Rudy, Zvi, 1962: Ethnosoziologie sowjetischer Völker-Wege und

Richtlinien. München.

Schmidt, Wilhelm, 1955: Der Ursprung der Gottesidee. Bd. 12, Münster.

Schmitz, C, A.(hrsg.), 1964: Religions-Ethnologie. Frankfurt/M.

Schröder, Dominik, 1955: Zur Struktur des Shamanismus. in: Anthropos. Bd. 50, S. 848-881, Fribourg.

Sebald, Hans, 1983: Shaman, Healer, Witch: Comparing Shmanism with Franconian Folk Magic. unpublished. prepared for the XIth International Congress of Anthropological and Ethnological Sciences, Vancouver, Canada.

Semjonow, Jun, 1937: Cie Eroberung Sibiriens. Berlin.

Sirokogorov, S.M., 1935a: Psychomental Complex of the Tungus. London.

Sirokogorov, S.M., 1935b: Versuch einer Erforschung der Grundlagen des Schamanentums bei den Tungusen. in: Baessler-Archiv. Bd. XVIII, S. 41-96, Berlin.

Sohn Pow-key, Kim Chol-choon, and Hong Yi-sup, 1970: The History of Korea. Seoul.

Stemberg, Leo, 1904: Die Religion der Gilijaken. in: Archiv für Religionswissenschaft, Bd. 8, Heft 1, Leipzig.

Taksami, C.M., 1984: Survivals of Early Forms of Religion in Siberia in: Hoppál, M.(ed), Shamanism in Eurasia. pp.450-458, Göttingen.

Tokarew, S. A., 1978(1968): Die Religion in der Geschichte der Völker. (Lizenzausgabe). Köln.

Vajda, László, 1959: Zur phaseologischen Stellung des Schamanismus. in: Ural-altaische Janrbücher. Bd. 31, S. 456-485, Wiesbaden.

Voigt, V., 1978: Shamanism in North Eurasia as a Scope of Ethnology. in: Diószege, v. and Hoppál, M.(ed.), Shamanism in Siberia. pp.59-80, Budapest.

Vossen, Rüdiger, 1978: Entdeckung und Eroberung Sibiriens. in: Europäische Hefte. Nr.4, S. 70-83, Hamburg.

Waida, Manabu, 1983: Problems of Central Asian and Siberian Shamanism. in: Numen. Vol. XXX, Fasc. 2, pp.215-239, Leiden.

Wrangel, Ferdinand von, 1839: Reise des kaiserlich-russischen Flotten Lieutenants Ferdinand v. Wrangel längs der Nord-Küste von Sibirien und aufdem Eismeere, in den Jahren 1820 bis 1824

herausgegeben von C.Ritter. Teil 1. Berlin.
Zelenin, D., 1936: Die Animistische Philosophie des Sibirischen Schamanismus. in: Ethnos. vol. 1/4, S. 81-85. Stockhlom.
Zelenin, D., 1952: Le culte des idoles en sibérie. Paris.

중국의 薩滿敎연구

□1

　중국에서의 샤마니즘 연구는 두 가지 면에서 우리의 관심을 끌며 우리네 巫연구와 깊은 연관을 갖는다. 첫째는 비교종교학적 관심에서 그러하다. 두 나라는 서로 이웃하여 오랜 역사를 지나면서 많은 문화를 나누어 가져온다. 넓게 보아서 하나의 큰 문화권, 즉 中國文化圈에 들어 있기 때문이다. 이처럼 밀접한 관계를 가져 온 중국의 巫에 대한 이해는 우리의 巫연구에 필수적이다. 巫가 한국의 기층종교이며 고대국가의 종교였다는 주장은 몇 조각 史料에 의존하고 있을 뿐, 그 구체적 모습의 이해는 물론 그 사실의 확신이 제대로 이루어지지 않고 있다. 그것을 위해서 고고학, 언어학, 비교민속학 등의 폭넓은 연구가 있어야 할 것이지만, 또한 비교종교학의 관점에서 中國과 우리의 巫를 비교하는 일도 매우 중요하다.

　일찍이 李能和 선생이 「朝鮮巫俗考」의 끝부분에 「支那巫史大略」을 붙여 夏巫에서 元巫(蒙古巫)까지의 대략을 소개한 바 있고(1927: 79-85), 孫晉泰 선생은 이 방면의 비교 연구를 강조하여 우리의 서낭당, 蘇塗, 腹話巫 등을 중국 및 滿蒙의 것과 비교하였고, 또 中華民族의 魂信仰과 雄鷄信仰을 비롯하여 巫에 관한 연구를 발표하였다(1948). 이들의 높은 안목은 그러나 불행스럽게도 다음 세대로 이어지지 못하였다. 다만 道敎의 自然觀을 논하는 글에서 韓泰東은 중국의 道家 및 道敎와 무속신앙의 상관을 비교하여 중요한 언급을 보인 바 있다: 중국에서는 도가가 재래 무속신앙을 소화하여 도교로 나타난 반면, 한국에서는 어디까지나 무속신앙이 도교를 소화시켰다는 것(1972: 71)이 그것이다. 宗敎에서 혼합주의(Syncretism)현상은 보편적인 것이거니와, 우리는 저들 관련 있는 현상들을 비교함으로써 우리의 것에 대하여 보다 구체적 이해에 이를 수 있는 것이다.

둘째, 중공은 북방과 동북방에 朝鮮族을 포함하여 수많은 少數民族을 구성원으로 가지고 있는 바, 저들 민족은 그곳에서의 우리 고대사의 전개와 깊이 연관되어 있기 때문이다. 그들의 종교인 薩滿敎에 대한 연구는 우리巫의 옛 형태를 밝혀줄 수 있음은 물론, 우리 조상의 활동영역과 나아가 그 지리적 이동에 관한 많은 것을 가르쳐 줄 것이다.

요컨대 우리의 관심을 끄는 것은 중국고대 이래의 巫와 그 전통을 계승한 道敎 또는 民間道敎에 대한 중공의 연구가 하나이고 소수민족의 薩滿敎에 대한 것이 다른 하나이다. 전자의 주제는 19세기 말이래 서양의 기독교계 선교사들이 그들의 효과적인 선교사업과 관련하여 보고·분석하였고, 20세기에 들어와서는 특히 프랑스와 독일에서 道敎學이 성립되어 중요한 연구업적을 내어놓기에 이른다. 상(Schang Tscheng-Tsu)이 함부르크 대학교에 제출한 박사학위논문 『Eine Untersuchung zur Geschichte der chinesischen "wu"中國巫歷史의 研究』(1934)는 중국巫의 역사를 고대로부터 당시에 이르기까지 개관하고 있다. 滿蒙지역 샤마니즘에 대하여는 보다 광범위한 연구가 진행되어 온다: 홀랜드인 이데스(E.Y.Ides)가 18세기 초 서양인으로서는 최초로 퉁구스 무당에 관하여 보고한 이래 유럽과 러시아의 다방면에 걸친 학자들이 이 지역의 종교를 연구하였고, 그 전통은 혁명 이후 소련학자들에 의해 계승되어 온다. 일제 강점시기에 일본인 학자 赤松智城와 秋葉隆가 내어놓는 『滿蒙の 民族と 宗敎』(1941)도 이 방면의 귀중한 연구서이다.

이러한 연구의 양은 실로 엄청나다. 이들의 대부분은 이 방면 연구자들에게 두루 알려져 있다. 그러나 1949년 중국의 성립 이후 그곳 학자들에 의한 巫 내지 薩滿敎의 연구는 바깥에 거의 알려진 바 없다. 여러 가지 사정이 있을 터이지만 주로 그 사회의 폐쇄성 때문이다. 한편 중국의 바깥에서는 중국의 성립 이후 내부의 권력구조 변동을 위시하여 그 정치면에 주된 관심을 보였을 뿐, 종교 면은 별로 눈여겨보지 않았다. 나는 그간 중공에서의 이 방면 연구에 관한 자료를 어느만큼 구할 수 있었다. 결코 많지 않은 양이지만 그 경향을 어느 정도 짐작할 수 있기에 여기에 소개한다.

2

위에서 언급한 바, 중국의 샤마니즘은 전통적인 巫 또는 民間道敎와 소수민족의 샤마니즘으로 구분되는 두 갈래 전통이 있으므로 나누어 살펴보고자 한다. 먼저 후자의 경우, 그 연구 보고는 70년대 말에 와서야 활기를 띠고 출판되기 시작한다. 이 때에 이르러서야 그러한 연구결과가 발표된 데에는 일정한 배경이 있을 터이다.

중국에서의 民族學(人類學)연구는 蔡元培로부터 비롯한다. 北京大學校에 人類學강좌를 처음으로 개설한 그는 또한 1928-1940년 동안 中央研究院의 院長을 역임하면서 인류학 및 민족학 연구의 틀을 잡아주었다(陳永齡·王曉義, 1981: 273). 그는 1927년 社會科學研究所 안에 民族學組를 설치하고 그 주임을 맡았으며 1927년에는 중앙연구원에 人類學組를 만들어 인류학 및 민족학의 연구를 진행시켰다. 특히 民族學組를 끌어가는 동안 그는 현지조사 연구를 중시하여 매년 특정연구원을 지정, 각 처로 보내서 계획적이고도 조직적인 조사를 실시케 하였다. 1929년 林惠祥에 의한 대만 高山族조사, 1930년 凌純聲과 商承祖의 東北松花江 下遊 赫哲族에 대한 공동조사 등은 이러한 연구계획의 결과이다.

중국의 소수민족에 대한 조사연구는 이처럼 중공성립 이전부터 있었다. 그러나 그것을 전후해서의 연구목적은 미묘하게 구분된다. 蔡

元培는 민족학이 이론면만 아니라 또한 응용의 학문이 되어야 한다고 보고, 민족학 연구가 학술적인 면은 물론 실제 정치에 적용되어져 변방의 정치 및 교육에 기여함으로써 민족문화의 수준을 높여야 한다고 주장하였다. 반면, 중공정권은 중국의 장기적 발전과정에서 각 민족이 그 구성원으로서 수행한 역할을 평가하고, 각 소수민족을 중국역사에서 떼어놓을 수 없는 구성부분으로 보았다(『中國少數民族』1981: 14-15 및 『高山族簡史』1982: 1). 양자가 모두 中華라는 넓은 범주 안에 소수민족을 수용하고 중화의 민족문화를 염두에 두고 있음은 공통되지만, 앞의 것에는 아직 그 전통적인 변방인식이 보이고, 후자의 견해는 인민해방과 각 민족의 단결에 의한 사회주의의 현대화라는 공산주의의 인식 틀에 근거하고 있다.

그리하여 1956년 黨中央과 毛氏의 지시 아래, 全國人民代表大會常務委員會, 民族委員會, 國務院 民族事務委員會가 직접 지도하는 대규모 少數民族社會歷史調査작업이 진행되었다. 1958년에는 약간의 개편이 있어 國務院 民族事務委員會와 中國科學院 哲學社會科學部가 그 지도를 맡고 中國科學院의 民族研究所가 전체 계획을 구체적으로 관장하게 되었으며 北京 및 각 省과 區의 中央民族學院이 참가하여 조사 작업을 계속 진행하였다. 그와 더불어 각 소수민족의 簡史와 簡志의 편집이 시작되었다. 그 결과 1959년 대부분의 初稿가 완성되었고, 1963년 民族研究所는 그 초고들을 각계에 나누어 널리 의견을 물으면서 改修 작업에 들어갔었다. 그러나 林彪 등 四人幇이 들어서고 1966년 이후 10년에 걸치는 文化革命이 진행되는 동안 이전의 민족정책은 전면적으로 파괴되고 말았다. 민족연구 작업이 그에 따라 정체에 빠지게 된 것은 피치 못할 일이었다.

四人幇의 몰락 이후 얼마간은 그 후유증이 있어 민족연구작업은 본격화되지 못하였다. 후유증이 극복되면서 연구원들은 그 초고에 기초하고 수정과 보강을 곁들여 각종의 民族問題叢書를 속속 출판하게 되었으니, 그때가 70년대 말이었다.

3

중국에는 漢族을 제외하고 55개 少數民族이 살고 있다. 이들은 대개 東北內蒙地區, 西北, 西南 및 中南, 東南地區의 넷 또는 거기다 西藏地區를 따로 설정하여 다섯으로 구분된다. 이들 수많은 민족들에 관하여 北京과 각 省區의 民族問題관계 編寫組들이 그 言語, 簡史, 簡志 등의 연구결과를 편집 출판해 내었으니 그 양이 엄청난 것은 일러 말할 필요가 없다. 그밖에도 개별연구가에 의한 업적이 많다.

南方民族들의 이른바 원시종교현상은 薩滿敎와 유사하여 주목을 끌기는 하지만, 그 연구업적 가운데 우리의 주된 관심은 東北內蒙地區에 속하는 滿族, 朝鮮族, 赫哲族, 蒙古族, 達斡爾族, 鄂溫克族, 鄂倫春族 등 7개 민족의 薩滿敎에 있다. 그런데 이들 민족의 역사를 다루는 저서에서는 오로지 각 민족의 흥망성쇠를 주로 하고 그밖에 민족 사이의 관계, 그리고 사회, 경제 및 풍속이 서술되어 있고, 薩滿敎에 관한 언급은 찾아볼 수 없다. 內蒙古自治區 蒙古語言文學歷史硏究所 歷史硏究室과 內蒙古大學 蒙古史硏究室이 공동으로 펴낸『中國古代北方各族簡史』(1979)와 傅朗雲 및 楊暘의 공저『東北民族史略』(1983)이 그러하다. 이것은 샤마니즘에 관한 저들의 민감하고도 미묘한 반응을 보여 준다. 샤마니즘을 부정적인 현상으로 취급하는 기미가 일단 엿보인다.

어느 특정민족의 사회나 역사를 다루는 저서로서 薩滿敎를 뚜렷이 한 항목으로 잡아 있는 보기는 莫東寅의『滿族史論叢』(1979)과 秋浦의『鄂倫春社會的發展』(1978)을 들 수 있다. 앞의 것은 원래 1958년 8월 北京의 人民出版社에 의해 출판된 저자의 遺著인데 이때에 誤字만 바로잡아 重印되었다. 따라서 원래 四人幇의 몰락 이후의 것이라 할 수 없으나 70년대 말에 重印된 뜻은 짐작키운다.「淸初滿族的 薩滿敎」라는 항목은 이 책의 맨 뒷부분에 자리한다(1979: 175-205). 淸나라를 세운 滿洲族의 샤마니즘을 사회주의의 입장에서 어떻게 해석하였는가가 궁금하다.

莫東寅은 薩滿敎를 종교 유형의 하나로 보고, 淸初滿族의 살만교는 이미 天神을 위주로 하는 一神敎가 되었으며 그 내용과 형식이 殷代 노예제사회의 巫敎와 유사하다고 하였다(1979: 175). 샤마니즘의 기반은 토템, 靈物崇拜, 天地祖上崇拜와 같은 원시신앙에 있다고 본다. 그런데 氏族制度가 와해될 시기에는 재산과 권력의 불평등이 생겨나고 군사조직이 형성되는 등 씨족상층부가 형성되면서 祭祀에 전념하는 특수집단이 출현하는 바, 그것이 샤만이라는 것이다. 그리하여 儀式과 그에 따르는 제반 법규를 갖추고 天神을 그 최고신으로 모시는 一神敎로서의 샤마니즘이 되었다고 하였다. 그리고 샤마니즘은 인간의 과학지식이 낮았던 시대에 통치계급의 지지와 보호를 받은 통치계급의 종교이며, 착취당하는 무지한 인민을 마취시키는 제도라고 그는 비판하였다. 淸朝滿族의 薩滿敎도 그 통치자가 그것을 이용하여 통치의 도구로 삼은 것에 불과하다고 보고 있다.

이러한 관점은 마르크스-레닌의 唯物史觀에 근거한 종교 및 사회 발전단계설을 그대로 쫓고 있다. 莫氏의 약간의 고민은 다만 淸朝滿族의 薩滿敎가 赫哲族(Goldi)의 것과는 달리 天神에 제사 드리는 堂子와 坤寧宮에서의 제사를 갖추어 있고 그것이 八旗를 포함한 淸朝 통치자들의 종교였다는 점이다. 이 문제에 관하여도 그는 그 발전단계의 틀을 따른다. 明代의 滿族이나 오늘날의 赫哲人의 샤마니즘은 원시신앙의 遺迹을 보이고 있는 반면, 淸朝의 그것은 통치계급의 지지를 받아 더욱 발전한 형태가 되었다고 보는 것이다.

秋浦의 책에서도 鄂倫春族(Orochon)의 薩滿敎가 하나의 章으로서 다루어져 있다(1979: 157-181). 鄂倫春人의 샤마니즘은 東北地區의 다른 민족의 것과 마찬가지로 일종의 원시종교이다. 그 신앙은 자연숭배, 토템숭배 및 祖先숭배의 형태를 취하고 있으며, 샤만은 인간과 그 신령 사이에서 使者의 역할을 수행한다. 이 민족은 17세기 중엽 이후 주변민족과의 문화·경제적 접촉을 통하여 생산력의 발전을 보왔고, 그 결과 사유제 생산이 나타나게 된다. 그에 따라 계급사회의 종교가 등장한다. 원시종교나 계급사회의 종교나 모두 唯心主義에 기반을 두고 있는 점은 공통이나, 후자에서는 통치계급이 그것을 이용하여 인민을 지배 착취하는 수단으로 삼는 점에서 크게 구별된다고 秋氏는 본다. 종교란 인민의 아편에 불과하다는 마르크스의 견해를 충실히 쫓아 그는 결국 鄂倫春의 薩滿敎도 그런 것으로 치부해 버린다.

秋浦는 최근 中國社會科學院 民族硏究所가 기획하여 내놓은『薩滿敎硏究』(1985)라는 책의 책임편집자이기도 하다. 요컨대 중국의 샤마니즘 연구의 대표적 인물에 속한다. 이러한 위치에 있는 그의 샤마니즘에 대한 견해는 莫東寅의 그것과 별로 다를 바 없다. 마르크스-레닌에 의한 종교 및 샤마니즘의 도식적인 이해를 그대로 따르고 있을 뿐이다. 이러고 보면 漢族의 巫敎나 民間道敎에 대한 중국 학자들의 이해가 어떤 것인지는 넉넉히 미루어 짐작할 수 있다.

$\boxed{4}$

漢族의 巫敎를 다룬 중국의 연구는 찾아보기가 매우 어렵다. 양(C.K.Yang)의『Religion in Chinese Society』(1961)란 책에 陝甘寧邊區辦公廳이 1944년에 펴낸『展開反巫神的鬪爭』이라는 제목이 언급되어 있으나 구해보지 못했다. 그 출판연도로 보아 이것은 중국이 들어서기 이전 巫敎에 대한 사회적 투쟁을 담고 있음에 틀림없다. 중국성립 이후 이러한 움직임은 정책에 의해 보다 대규모로 조직적으로 수행된 것을 우리는 어렵지 않게 짐작할 수 있다. 그에 대한 것은「人民日報」등의 中共黨간행물에 보도되었던 바, 어느 미국인 학자가 신문에 실린 중국 전후의 그 관계기사를 모아 그런 움직임의 대강 줄거리를 정리・발표한 적이 있다. 그 논문의 사본이 내게 있는데 사본들 더미에 묻혀 찾아내지 못하였기에 여기서 다만 언급하고 지나간다.

그밖에 秋浦의 『薩滿敎硏究』에는 중국성립 이전의 巫敎를 薩滿敎와 대비한 부분이 있고(1985: 116-142), 앞에 언급한 양(Yang)이 그의 책에서 공산주의 치하에서의 민간종교의 운명을 서술하고 있을 뿐이다. 이것은 巫敎 내지 民間道敎에 대한 중국의 어떤 인식과 태도를 보여준다: 漢族의 巫敎는 그들에게 이제 연구의 대상이 아니라 제거되어야 할 투쟁의 대상인 것이다.

巫敎는 漢族 사회의 역사에 잔존해 온 원시종교로서 보아진다(秋浦, 1985: 116). 商朝의 巫術은 원시종교가 발전한 형태이며 巫咸 등이 商巫의 대 두목으로서 정치 및 종교의 대권을 장악하였다. 周代에 오면 국가의 종교직무는 巫, 祝, 史 등에 分管되이 巫의 권력은 축소되기 시작한다. 그러나 漢代 이후 巫는 권력구조에서 끝내 배척되어 버리고 儒, 佛, 道가 그 대신 권력과 밀착하게 된다. 巫敎는 그 후 민간의 종교로서 명맥을 이어왔다.

이러한 민간종교의 대표적인 것으로서 扶乩와 四大門이 들어진다(『앞의 책』127-138). 扶乩는 扶箕, 扶鸞, 飛鸞으로도 불리는데 紫姑를 그 주요 신령으로 신봉한다. 漢 이래 淸末에 이르기까지 오랫동안 각지에서 민간에 두루 신앙되었던 扶乩의 종교는 오늘날 우리가 주위에서 보는 무당의 그것과 크게 다르지 않다. 특이하다면 扶乩가 특별한 占卜을 주로 하는 점이다. 그는 자기 집이나 祠廟에다 乩壇을 설치해 두고 찾아오는 이들에게 점을 보아준다. 神을 모셔 降神되면 沙盤이나 종이에다 그림이나 문자를 써서(降筆) 신령의 뜻을 나타내 보인다.

四大門은 중국성립 이전 북방지구에 널리 퍼져 있었던 일종의 巫敎로서 四大家라고도 불리었다. 이것은 네 가지 동물, 즉 이리, 족제비, 고슴도치 및 뱀의 숭배를 총칭한 것이다. 이들 동물에게 각기 사람의 姓을 붙여 이리를 胡門, 족제비를 黃門, 고슴도치를 白門, 그리고 뱀을 常門 또는 柳門이라 하니 이것이 곧 四大門이 된다. 어떤 지방에서는 쥐를 灰門이라 하여 덧붙이고 五大門을 칭하기도 한다. 사람들은 이들 동물이 모두 靈性을 갖고 있고 각 집안의 생업의 성쇠, 평안, 길흉 등이 전부 이들 四大仙家의 뜻에 달렸다고 믿는다. 이 四大門의 무당을 壇仙, 속칭으로는 香頭라 하였으며 北京郊區에서는 薩滿太太라고도 불렀다. 이들은 우리네 무당과 여러 면에서 흡사하여, 각기 자기 집에 壇口라고 불리는 개인 신당을 설치하고 그 안에 신령의 像을 모시며, 그곳에서 占卜, 治病, 액막이, 풀이 등을 행한다. 그리고 방문객이 내놓는 香資라는 보수로서 살아간다.

  민간의 巫敎를 미신으로 여겨 그것을 타파하려는 운동이 이미 있었지만, 중국이 들어선 이후 그러한 움직임은 이제 정책의 차원에서 조직적으로 전개된다. 중국의 헌법은 종교 신앙의 자유를 인정한다. 그러나 그것은 정치계획이나 공산정부의 법률에 저해되지 않는 범위 안에서 허락된다. 그래서 정부는 1952년 「오랫동안의 봉건통치로 인하여 인민은 그 미신적 관념을 가지게 되었는데 그것은 단지 정부의 법령으로써 제거될 수는 없고……민중이 그 개혁에 솔선해야 한다」고 호소하였다(Yang, 1961: 388). 이와 함께 정부는 이른바 봉건제도의 잔재인 미신의 타파를 위한 다방면의 수단과 조치를 강구하였다(『앞의 책』388-393).

  여러 조치들 가운데 가장 치명적인 것은 교육제도를 통한 無神論의 교육이었다. 3천만 명에 이르는 초등교육대상자들이 그 같은 교육을 받았다. 교육 외에 미신이나 신화적 내용을 담은 출판물과 전통연극이 압수 또는 개작되었다. 향이나 초, 종교의례용 종이제품 등 이른바 미신용품에는 특별세금이 부과되어 그 영향을 감소시켰다. 한편 반종교적 군중들은 그들의 無信仰의 자유를 내세워 廟, 神像 등의 종교적 유물을 파괴하였다. 지역관리들도 마찬가지로 반종교적 자유의 미명아래 종교유물을 파손하였다. 그리고 무당이나 기타 종교가들의 세력이 커질라치면 사회체제의 반동으로 몰아버렸고, 인민

재판을 받는 경우도 허다하였다. 그러면 그 종교인들은 대중 앞에서 그들 종교의 사기성을 인정하지 않을 도리가 없었다.

이러한 비폭력적인 교묘한 수단은 비단 漢族의 巫教에 한한 것이 아니고 종교전반에 관한 중국의 태도이다. 종교는 그것이 원시신앙이건 多神教이건 또는 진보된 一神教이건 노예주의, 봉건주의 및 자본주의 시대의 인민착취의 산물이고, 마르크스의 말을 따라「인민의 아편」으로 보아지기 때문이다. 그러나 그들이 이룩한 사회발전의 최종단계인 공산사회에서는 그러한 有神論의 종교가 강제에 의해서가 아니라 인민의 각성에 의하여 말살되어야 하는 것이다. 毛澤東은 일찍이 1920년대에 그 점을 강조한 바 있다(『앞의 책』388). 이것이 漢族의 巫教의 제거에 대한 그들의 고민이었다. 중국은 그들의 사회단계를 합리화하기 위하여 자체내부의 巫教를 비폭력의 수단에 의하여 제거하려 한 것이다.

5

중국의 薩滿教연구는 80년대에 들어와 새로운 경향을 보인다. 그 직전의 연구란 것이 장기간의 文化革命을 겪고 그것을 극복한 다음 文革 이전에 진행되었던 연구결과를 서둘러 정리해 낸 것에 불과하다. 그것도 판에 박은 듯 공산주의의 이론 틀에 따라 薩滿教를 해석하였다. 그러나 80년대 초 중공의 몇몇 샤마니즘 연구가들은 시야를 국외로 돌려 샤마니즘 연구의 다양함과 최근 경향에 주목한다.

『世界宗教研究』제2집(총 제4집)에 발표된 劉建國의「關于薩滿教的 幾個問題」란 논문(1981: 119-124)이 이 방면의 개척자이다. 吉林大學의 哲學系講師인 저자는 그 글에서 소련인과 일본인 학자의 연구를 언급하면서 샤마니즘의 성질과 범위문제를 다룬다. 그는 샤마니즘의 원시 多神教적 성질과 一神教의 성분을 인정하고 샤마니즘을 원시 다신교에서 일신교로 넘어가는 과도적인 종교라고 본다. 그리고 그것을 기준으로 하여 샤마니즘을 만주의 퉁구스족과 시베리아동북 및 서북부의 제 민족에 신앙되는 일종의 종교로 제한하면서, 샤마니즘을 세계에 보편적인 종교현상으로 보는 인류학자들의 견해를 거부한다. 그런 것은 다만 원시종교일 따름이라고 보는 것이다.

1983년에 나온 『世界宗敎資料』 제3기는 薩滿敎특집의 성격을 가진다. 『宗敎詞典』(1981)의 편집에도 관여한 바 있는 鄭天星이 「國外薩滿敎硏究槪況」(1-8: 42)이란 논문을 썼고, 國外大百科全書類의 「薩滿敎」 조항이 번역되어 실렸으며(33-43), 소련과 헝가리의 과학원이 1981년 헝가리에서 공동으로 주최한 바 있는 「早期宗敎形式比較硏究」란 학술토론회의 내용을 소상히 소개하고 있다(60-64; 아울러 趙興胤, 1984: 245). 필자들은 여기서 그들의 전형적인 도식적 이해와 이론을 일체 거론하지 않고 국외의 연구개황과 동향을 객관적으로 서술하고 있다. 특히 鄭天星이 샤마니즘 연구에 관한 서양의 제 학문분야, 학파, 각국의 연구경향을 광범위하게 소개하는 품은 매우 놀랍다.

이러한 학문경향은 중국의 개방과 무관하지 않을 것이다. 공산주의의 도식적 인식들이 가진 제반모순을 그들은 충분히 경험하였고 그 수정이 불가피함을 인식하고 있다. 사유재산의 허용, 종교의 개방 및 훼손된 사원의 복구 등은 그런 면을 잘 보여준다. 샤마니즘어 대한 그들의 도식적 이해에 따른다면 우리의 巫는 도대체 설명할 도리가 없다.

중국의 샤마니즘 연구의 새로운 경향은 물론 그 전체의 흐름은 아니다. 1985년에 출판된 秋浦 편집의 『薩滿敎硏究』는 1978년에 나온 그의 책에서의 薩滿敎 이해를 확대하여 늘렸을 뿐이다. 한번 굳어진 인식이 바꾸어지기란 여간 어려운 일이 아니다. 수정주의를 지향한다 해도 중국의 정체는 여전히 공산주의다. 그러나 완만하지만 사회 전반의 변혁이 전체적인 분위기를 이루고 있어 샤마니즘 연구에 있어서의 새로운 경향은 그 귀추가 사뭇 주목된다. 그것은 우리의 巫 연구와도 직결되어 있기 때문이다.

참고문헌

李能和, 1927「朝鮮巫俗考」,『啓明』19호, 서울.

Schang Tscheng-Tsu, 1934: Eine Untersuchung zur Geschichte der chinesis-chen "wu", Hamburg.

赤松智城, 秋葉隆, 1941『滿蒙の民族と宗教』東京, 京城.

孫晉泰, 1948『朝鮮民族文化의 研究』서울.

Yang, C.K., 1961: Religion in Chinese Society. Berkeley, Los Angeles, London.

韓泰東, 1972「道教의 自然觀」,『東洋人의 自然觀－그 生態學的 意義』 61-75, 延世大學校 韓國基督教文化研究所, 서울.

秋浦, 1978『鄂倫春社會的發展』上海.

莫東寅, 1979(1958)『滿族史論業』北京.

內蒙古自治區 蒙古語言文學歷史研究所 歷史研究室, 內蒙古大學蒙古史研究 室, 1979『中國古代北方各族簡史』呼和浩特.

陳永齡·王曉義, 1981「二十世紀前期的中國民族學」,『民族學研究』(中國民 族學研究會編) 제1 집, 261-299, 北京.

劉建國, 1981「關干薩滿教的幾個問題」,『世界宗教研究』(中國社會科學出版 社) 제2집(총 제4집), 119-124, 北京.

任繼愈(主編), 1981『宗教詞典』上海.

中國少數民族編寫組編, 1981『中國少數民族』北京.

高山族簡史編寫組編, 1982『高山族簡史』福建.

傅朗雲, 楊暘, 1983『東北民族史略』長春.

鄭天星, 1983「國外薩滿教研究概況」,『世界宗教資料』(中國社會科學出版社) 제3기(총 13기), 1-8, 北京.

趙興胤, 1984「巫(샤마니 즘)연구에 대하여」,『東方學志』제43집, 223-256, 서울.

秋浦(主編), 1985『薩滿教研究』上海.

시베리아에서 온 편지

-한스 핀다이젠 行狀-

1

서독 함부르크民族學博物館(Hamburgisches Museum für Völker-kunde)의 古文書 가운데 분류번호 S.A.10에 드는 것이 여럿 있는데, 그 아홉번째 권(Band IX)은 「핀다이젠 박사의 유물수집」(Sammlung Dr.Findeisen)이라는 문서이름을 갖는다. 그 모두가 핀다이젠의 유물수집에 관한 문서들인 것은 아니다. 대부분은 그러하지단 그밖에 핀다이젠과 박물관의 몇몇 학자들 사이에 오간 편지들도 끼어 있다. 말하자면 핀다이젠 문서가 되는 셈이다.

내가 이 분을 알게 된 것은 그의 저서 『Schamanentum』(1957)[1]을 통해서이다. 그에 앞서 샤마니즘에 관한 여러 논저에서 이 분의 이름이 거론되는 것을 이미 간간이 보고 있었다.[2] 그러다 서독 함부르크에서 공부하던 때 1977년인가 그곳 민족학박물관의 동양부장 프루너(G.Prunner) 박사가 하루는 그 책을 소개하고 빌려주기에 다 읽어보고 복사해 두었었다. 文庫本으로 나온 것이고 그것도 출판된 지 스무 해가 지난 터이라 헌책방에서도 구할 수 없었기 때문이다. 그런데 그 책은 샤마니즘을 다루는 어떤 논저와도 다른 실로 묘한 구석을 갖고 있었다. 래플랜드(Lappland)와 축치반도(Chukchi Pen.; Tschukt-sche Halbinsel) 사이의 광활한 땅에 살고 있는 민족들의 무당 전모를 눈앞에 보듯이 선명하게 풀이해 주는 것이었다. 그 관계의 논저가 대부분 어떤 이론

---

1) Findeisen, 1957.
2) 예컨대 Eliade, 1970: 532의 참고문헌목록.

을 앞세우거나 서양 중심적인 관점을 주로 해 있는데 반하여 이 책은 구체적인 사례를 근거로 巫를 자세하고도 명확하게 서술해 준다.

그 묘한 구석의 한 보기가 인다리(人橋)현상에 대한 서술부분이다. 인다리란 한국巫에서도 보편적으로 나타나고 있는 바, 한 무당후보자가 神病의 증세를 보일 때 그의 집안 가운데 어떤 사람이 돌연히 죽는 현상이다.3) 신령에 의하여 선택된 무당후보자가 대부분 그 召命을 거부하기에 일어나는 神罰의 일종이다. 그렇게 희생을 당하고서야 그 목숨을 다리로 해서 무당이 태어나는 내림굿이 성립하게 된다. 이런 흥미로운 현상에 주목한 이가 거의 없는 것이 이 방면 연구의 형편이다. 핀다이젠은 그러나 크세노폰토프(G.V.Ksenofontov)가 모아 발표한 샤만의 전설들을 바탕으로 이 현상을 하나의 독립된 章으로 다루고 있다.4)

책이름 또한 독특하다. 샤마니즘(shamanism; Schamanismus)이라하는 것이 보통인데 그는 굳이 Schamanentum이라는 제목을 취한다. 중성 또는 남성명사를 이루는 독일어의 이ー tum이라는 接尾語는 영어의ー dom(예컨대 freedom)과 같은 것으로서, 어느 상태나 작용, 지위 또는 세력범위(예를 들면 christendom; Christentum)의 뜻 외에 어떤 사회의 관습, 환경 등의 집합적 관념을 의미하기도 한다. 따라서 Schamanentum이란 샤만에 관련된 북유라시아 원주민족의 종교현상 전체를 집합적으로 지칭하는 용어가 된다. 이 용어는 1880년대에 야쿠트족의 샤마니즘을 소개한 크라우스(F.S.Krauss)나 부랴트족의 巫를 연구한 쉬티다(L.Stieda)가 그들의 논문에서 이미 사용한 바 있다.5) 그러나 북유라시아 대륙 전역에 걸친 여러 다양한 민족들의 종교현상을 통틀어 그렇게 이름한 이는 핀다이젠이다. 용어의 선택이나 현상의 이해에 있어서 명확하고도 고집스러운 그의 면모가 여실히 드러나 보인다.

---

3) 조흥윤,1983: 37.
4) Findeisen, 1957: 61-65.
5) Haas, 1976: 6.

핀다이젠을 알고 난 이후 도서관을 뒤져가며 그가 남긴 글들을 모으고자 했으나 별반 구하지 못하였다. 타계한 지(1968) 거의 10년이 흘렀건만 그의 생애와 학문을 정리해 놓은 글이 전혀 없었다. 변변한 학문기관에 자리를 잡아 제자를 키울 기회를 평생 갖지 못했던 터라 그런지도 모른다. 그러던 중 그곳 민족학박물관 유라시아학부의 유물창고에서 그가 수집한 것으로 되어 있는 퉁구스인의 유물을 보게 되었다. 그것이 내게는 핀다이젠에게 접근하는 귀중한 단서가 되었고, 그 유물수집의 유래를 거꾸로 추적해 들어가다 급기야 古文書상자 속에서 그 핀다이젠 문서철을 찾기에 이르렀던 것이다. 창립 100주년을 기념하여 펴낸 『Hundert Jahre Hamburgisches Museum für Völkerkunde 함부르크 민족학박물관 100년』이라는 책(1980)에 이름조차 거론되지 못한 그이다.

이 문서에는 여든을 넘어 헤아리는 편지와 전보가 들어 있다. 핀다이젠의 부친이 아들을 대신하여 박물관과 주고받은 몇 차례 서신을 제외하고 대부분이 핀다이젠과 박물관 사이에 직접 왕래된 것들이나. 그 첫 편지는 1927년 5월 10일, 핀다이젠이 당시 박물관의 유라시아부장이었던 뷔한(Arthur Byhan)에게 보낸 手記 2쪽의 것, 그리고 박물관이 핀다이젠의 문의에 답장을 낸 1946년 2월 14일자 타자 2쪽의 편지가 마지막의 것으로 되어 있으니 근 19년에 걸친 오랜 관계이다. 그 가운데 시베리아 유물수집과 관련하여 왕래된 서신은 1927년 5월 10일부터 1931년 6월 15일까지 70여 통에 달한다. 이 부분이 이 글의 주된 관심을 이룬다.

2

한스 핀다이젠(Hans Findeisen)은 1903년 베를린에서 출생. 큄나지움(Gymnasium: 독일의 문과고등학교) 저학년에 이미 학문의 목표

설정이 뚜렷하였으니, 일찍부터 러시아어를 배우며 상류계층과 구별되는 베를린 서민생활의 특성에 관심을 두고 관찰하였다.6) 1919년 어린 나이에 民俗學會(Verein für Volkskunde)의 회원이 되고 저명한 학자들과 사귄다. 그리고 바로 그해 발틱해에 연한 히덴제(Hiddensee)섬에서 주민들의 구비전승을 수집하는 첫 번째의 현지조사 작업올 벌인다. 이 연구 조사 결과는 1925년 『Sagen, Märchen und Schwänke von der Insel Hiddensee 히덴제섬의 전설, 동화 및 희학』이란 제목으로 쉬테틴(Stettin)에서 출판된다. 현지조사를 통해 이제 민중생활에 대한 안목이 성숙해졌고 거기다 유창한 러시아어 실력을 갖춘 바, 이것은 젊은 핀다이젠의 앞날의 학문방향을 이미 결정지어 주고 있었다. 러시아인에 의하여 식민지화된 나라들에 관한 民族學이 그것이다.

1922년 베를린대학교의 민족학과에 입학하고, 1922-24년 동안 베를린 민족학박물관의 南美學部에 자원조수자리를 얻는다. 이어 같은 박물관과 작업계약을 맺고 그것을 갱신해가면서 1934년까지 동아시아학부의 연구보조원으로서 일한다. 겨우 연명하고 연구할만한 보수를 받으며 그 소장유물들의 카드작성에 종사하였다. 동아시아학부에 자리잡은 지 얼마 되지 않아 그는 유라시아학부를 비공식으로 창설하고 스스로 그 부장노릇을 하였다.7) 한편 대학에서 민족학(Ethnologie)을 전공하고 부전공으로 국민경제학, 동물학, 철학 등 넓은 분야에서 수학하던 핀다이젠은 1926년 『Die Fischerei in Leden der altsibirischen Völkerstämme 고시베리아민족들의 생활 속에서의 고기잡이』라는 학

---

6) Findeisen u. Gehrts, 1983: 7.

7) 앞책: 8과 1958년 6월 핀다이젠이 직접 작성한 한 이력서에는 유라시아 학부를 창설하고 스스로 부장의 역할을 수행한 것으로 나와 있으나, Thiele가 쓴 베를린 민족학박물관의 동아시아학부역사에는 그의 동아시아학부에서의 활동만 소개되어 있고 유라시아학부에 관한 언급은 전혀 없다(Thiele, 1973).

위논문을 제출하고 그것이 통과된다. 이듬해 초 구두시험을 치르고[8] 그는 시베리아 탐사여행을 서둔다.

그의 학위논문으로 일약 북아시아 民族誌學의 전문가로 등장한 핀다이젠은 독일 학술촉진재단(Notgemeinschaft der Wissens-chaft)과 접촉하여 연구비를 따내고 또한 그가 속해 있던 베를린 민족학박물관의 유물 수집을 목적으로 일정한 예산을 할당받아 놓았었다. 그리고는 함부르크 민족학박물관에 5월 10일자 편지를 띄워 유물수집의 의사를 타진하고 있다. 함부르크 민족학박물관이라면 이미 이 계통 박물관으로서의 국제적 명성을 자랑하던 터다. 지난 세기 민족학박물관이 1837년 페테르부르그(Petersburg)를 필두로 드러스덴(1848), 코펜하겐(1848), 베를린(1868)에 창설되었고 함부르크의 것은 1879년 그 뒤를 이었다. 다섯 해나 걸려 그 웅장한 신축건물이 완성된 것은 1912년. 박물관장 틸레니우스(G.Thilenius) 교수의 계획아래 1908-10년에 걸쳐 저 세계적으로 이름을 드날린 남태평양탐험대가 미크로네시아와 멜라네시아 일대를 조사하고 2만에 가까운 유물을 수집하기도 하였다.[9]

어려운 시베리아 탐사여행에서 비단 베를린박물관에게만 아니라 다른 박물관에게도 유물을 구해주려는 깊은 마음이 거기에 엿보인다. 그의 그러한 마음 씀의 배경은 물론 그렇게 간단치만은 않다. 수천 킬로미터의 장도에 적어도 1년을 그곳 원주민들과 함께 지낼 계획이건만 주어진 예산은 부족하기 그지없다. 다른 곳으로 유물수

---

8) 1934년 박물관의 작업계약이 갱신되지 못하자 핀다이젠은 베를린 국립박물관에 해명요구서를 제출하였다. 그에 대한 국립박물관 총 관장 큄멜(Kümmel)의 답신 사본에는 1927년 구두시험에 합격된 것으로 나와 있다. 그리고 註7에 언급한 그의 이력서에는 철학박사학위 취득일이 1929년 5월 14일로 밝혀 있다. 이것은 학위논문의 출판이 학위취득의 전제가 되는 독일대학의 박사학위규정에 기인하는 것이다. 그의 학위논문은 Findeisen, 1929 b로 발표되었다.

9) 조흥윤, 1985 a: 34-36과 1985 b: 739-740.

집여행을 떠난 그의 동료들도 마찬가지지만, 뒷날 그는 그 수집비의 부족함을 편지에 탄식하고 있다.10) 그것도 벌써 오래 전부터 러시아화를 겪어 오고 그 과정에서 점차 소멸해가는 소규모의 원주민부족을 염두에 두면 유물수집비의 부족은 더욱 암담한 일이었을 것이다. 그들 본디의 物質文化를 더 늦기 전에 가능한 한 빨리 그리고 많이 수집하는 일이 그러한 탐사여행의 중요한 과제이기 때문이다. 또한 러시아에 의해 식민지화된 민족들에 대한 그의 연민이 거기에 면면이 작용하여 있다. 그리고 그런 탐사여행은 어느 한 박물관이나 개인을 위하여 수행되어서는 아니 되고 여러 박물관, 나아가 독일의 학문을 위한 것이 되어야 하리라는 그의 깊은 생각이 있었다. 그래서 그는 함부르크와 드레스덴 민족학박물관의 이 방면 유물 수집일을 함께 떠맡고 단신으로 러시아로 향한다.

3

1927년 8월 4일, 한동안 소식이 끊어졌던 핀다이젠의 편지가 함부르크 민족학박물관의 뷔한 박사 앞으로 날아든다. 1927년 7월 19일자 예니세이스크(Jenissejsk; Yeniseysk)에서 부친 것이다. 예니세이스크는 동경 92도, 북위 58도쯤, 예니세이강 하안에 위치한 작은 도시다. 타자 3쪽의 편지내용은 대략 다음과 같다.

선편이 없어 크라스노야르스크(Krasnojarsk)에 일주일쯤 머물다 예니세이스크에 온 지 일주일이나 지났다. 이 조그만 도시는 전에 금 생산의 중심지였으나 현재는 그 번성했던 殘影을 보여주는 흰 러시아정교회의 건물만 많을 뿐 쇠퇴의 길을 걷고 있다. 독일학계에도 알릴 생각으로 일련의 小論文을 썼는데, 레닌그라드에 관하여 세 편, 시베리아 철도 위에

---

10) Nixdorff 1973: 350.

서의 생활에 대한 것 한 편, 그리고 크라스노야르스크와 그 매혹적인 환
경을 서술한 논문들이다. 귀하의 박물관에서 약속했던 유물구입비는 아
직 받지 못하였다. 크라스노야르스크에서 그곳 사람들이 내게 붙여준 조
수 한 명이 그 돈을 오늘 저녁 그곳으로부터 가져올지도 모름. 유물 수
집을 위해 오늘 저녁 예니세이인들의 중심지인 포드카멘나야 퉁구스카
(Podkamennaja Tunguska)로 가서 그곳에서 1개월 체류하고 그 다음
북으로 향하여 쵸르노-오스트로브스코예(Tschorno-Ostrowskoje)로 갈
예정. 투루칸스크(Turuchansk; Turukhansk) 지역의 체류는 약 2개월
이 될 듯. 원래 동물학자였던 투가리노프(Tugarinow)란 사람이 최근에
발표한 투루칸스크지역의 북부민족들에 관한 짧은 논문에 따르면 예니
세이인들의 샤마니즘은 아직 잘 보존되어 있다 한다.

 투루칸스크 북부에서 겨울을 나면서 이듬해 5월까지 퉁구스인의
수렵생활을 살펴보려 한다. 이 여행계획과 관련하여 이제 독일학술
촉진재단 앞으로 장문의 보고서를 발송하였다. 투루칸스크 원주민의
소련화에 대하여 쓴 라포(Lappo)의 논문을 발췌하여 동봉하였으며,
그런 곳에서의 나의 越冬이 학문면에서 어떤 중요성을 가지는지 상
술하였다. 그리고는 그 여덟 달을 보내는 데에 단지 1500루 불이 필
요할 뿐이라고 썼다. 퉁구스인의 생활용구 가운데 다른 민족으로부
터 전혀 영향 받지 않은 것을 구하는 일이 문제. 내가 지금 가려고
하는 나쥐나야 퉁구스카(Nižnaja Tunguska)강 주변에는, 소련학술원
에서 아직 완성되지 않은 러시아의 새 民族誌지도에서 볼 수 있었으
나, 거대한 지역에 러시아인은 전혀 없고, 오직 퉁구스인만 거주하고
있다. 끝내 이곳에 온 이상 가능한 한 풍부한 자료를 수집하여 귀국
하겠다.

 시베리아로부터의 첫 편지인지라 꽤나 흥분한 품이 느끼운다. 그
러나 그로 인해 자신의 여행목적을 결코 소홀히 하는 법이 없다. 레
닌그라드에서 크라스노야르스크를 거쳐 예니세이스크로 오는 동안
문화면에서 두드러지고 재미있는 것을 놓치지 않고 기록 정리하고,

또한 현지사정 탐사 및 유물수집에 관련된 문헌자료를 구해 보는 일을 그는 잊지 않는다.

핀다이젠이 레닌그라드에 도착한 날은 1927년 5월 30일. 그곳에서 학술원 박물관의 쉬테른베르크(Sternberg)교수, 보고라쯔(Bogoraz)교수 같은 저명한 시베리아 전문 학자들을 찾아뵙고 또 행선지에 관한 연구 논저를 살피며 열흘쯤 보낸다. 1846년 6월-12월 사이에 예니세이인들을 방문한 카스트렌(M.Alexander Castrén)의 방대한 북부여행기(총 12권)의 제 2권이 1856년 출판된 이래 예니세이인들의 漁夫說이11) 통용되어 왔었는데, 사실과는 전혀 달리 오래 전부터 대략 4분지 3정도의 원주민이 순록사육인이라는 이야기를 보고라쯔로부터 들은 것도 이 때의 일이다. 그것은 보고라쯔가 지난해 레닌그라드에 와 있던 다섯 명의 예니세이인을 통해 얻은 지식이었으며, 핀다이젠은 그것을 듣고 통념의 오류에 대하여 크게 놀란다.

그 후 그는 소련에서의 체류허가를 받기 위하여 잠시 모스크바에 다녀온다. 함부르크 민족학박물관에는 6월 4일자 편지를 띄우고 유물수집비를 모스크바 국립은행으로 송금해줄 것을 부탁한다. 그 이유는 그 돈으로 모스크바에서 여러 가지 물건을 구입하여야 했기 때문이다. 원주민사회에 가서 그들의 생활도구를 수집하기 위하여는 물물교환의 수단을 써야하는 것이다. 문화적인 용품은 지방에서 구할 수 없으니 모스크바나 레닌그라드 같은 대처에서 사가는 것이 가격 차이를 고려하더라도 현명한 일이다. 당시 모스크바의 물가는 독일의 두 배나 되었다 한다. 그러나 독일의 관료체계가 워낙 유명하고 보니 함부르크로부터의 송금은 쉽사리 해결되지 않고, 다른 곳으로부터 나온 예산으로써 여행준비를 마친 후 시베리아 횡단열차에 몸을 싣는다.

한 가지, 이 여행에 레닌그라드 태생의 나타(Nata)라는 처녀가 동

---

11) Castrén, 1856: 233.

행하고 있다. 뒷날 독일에서 발표한 글로 보아12) 민족학도임이 분명한 이 처녀를 언제 어디서 어떻게 사귀게 되었는지 분경하지 않다. 현재 서독 랭스도르프(Rengsdorf)에 살고 있는 핀다이젠의 미망인이 편지에 쓴 바로는 러시아에서 이 처녀와 결혼하였다 하는데,13) 현지로 떠나기 직전의 일이 아니었나 짐작해 본다. 그녀는 현지조사중 방대한 양의 러시아인의 민속과 그곳 원주민의 온갖 구비전승자료를 수집하는 일을 감당한다.14) 이 두 사람의 관계는 1934년 베를린에서 이혼으로 끝나고 만다.

앞에서 요약한 편지에 따르면 크라스노야르스크에 도착한 날은 7월 5일경. 그리고 그곳에서 260킬로미터 떨어진 예니세이스크에 7월 12일 떨어진다. 도중 시베리아에서 실제 한 달뿐인 여름 7월의 따뜻한 날씨에 증기선을 타고 예니세이강을 오르며 희한한 경치를 만끽한다.

4

시베리아와 함부르크 사이는 멀기도 하다. 수천 킬로미터나 되는 그 지리적 거리만을 두고 하는 애기가 아니다. 유물구입의 송금관계로 착오가 있어 전보를 주고받는 데도 며칠씩 걸린다. 포드카멘나야 퉁구스카 우체국에서 전보를 보내면 모스크바에서 받아 그것을 무선으로 다시 베를린으로 보내고 그곳을 거쳐서야 함부르크 우체국으로 들어온다. 그런 다음 그 전보가 배달부에 의해 박물관에 전해졌다. 편지의 경우도 일정하지 않아 크라스노야르스크에서 보낸 것이 보름 걸려 함부르크의 박물관에 도착하는가 하면 한 달 가까이나 잡아먹

---

12) 예컨대 N.Findeisen, 1929.
13) Flita Findeisen 부인이 조흥국에게 보낸 1986년 10월 1일자 편지.
14) Findeisen, 1929 a: 8.

는 때도 있었다. 포드카멘나야 퉁구스카에서 보낸 1928년 1월 1일 자 편지가 그런 보기에 해당한다. 함부르크의 박물관에 닿은 것은 1월 26일. 타자 6쪽이나 되는 장문의 그 편지를 간추려 옮긴다.

뷔한 박사님께

보내주신 지난해 9월 7일, 9월 26일 및 11월 29일자의 세 통 편지를 오늘에사 받았습니다. 크라스노야르스크의 국립은행을 통해 받은 송금액 457루불(1000마르크)이 드레스덴에서 온 줄로 짐작했었는데, 같은 은행의 12월 17일자 전보에 의해 그것이 귀박물관에서 보낸 것임을 알았습니다.

그동안 모은 오스챡인(Ostjak; Ostyak)의 유물은 현재 234점에 달합니다. 퉁구스인의 유물은 아직 수집하지 못하였습니다. 쉬타이니게 퉁구스카(Steinige Tunguska)의 케트인(Ket; Ketó)들에게만 머물러 있었기 때문입니다. 그들은 개사육과 고기잡이와 사냥을 주된 생존기반으로 하고 있습니다. 이제 예니세이인들의 생활용구를 거의 완벽하게 관찰 하였는바, 귀박물관의 예니세이 유물목록을 보내주시면 저의 수집에 실질적인 도움이 되겠습니다. 박물관에 들어갈 기본적인 물건이라 생각되는데 혹시 이런 물품들이 소장되어 있는 지요……(중략)

순록사육 예니세이인들에게는 아직 접근하지 못하였습니다. 어떤 특별한 집단에서는 철저하게 작업할 수 있는데 반하여 늘 떠돌아다니는 집단은 찾아내기조차 힘듭니다. 봄이 되면 제가 몹시 사귀고 싶은 북부의 예니세이인들, 즉 퉁구스인들을 만날 가능성이 있습니다. 겨울에 이곳 주민들을 조사하기란 곤란합니다. 이들은 1월에서 3월까지 수백 킬로미터나 떨어진 숲 속으로 들어가 다람쥐사냥에만 몰두하기 때문입니다. 거기다 자작나무껍질을 써서 임시용으로 지은 천막에 거주하므로 별반 새로운 것을 기대하지 못합니다.

그런 사정으로 인하여 포드카멘나야 퉁구스카에 있는 저의 주둔지로 돌아가 두 달 반가량 머물면서 덜 재미롭지만 러시아인의 민속을 조사하려 합니다. 이곳 러시아인도 전적으로 북극민족이 되어 현지사정에 독특하게 적응하여 있습니다. 그들의 다양한 썰매형태들, 고기잡이 장치, 사냥도구, 주택 및 복식은 원주민의 것만큼 이나 흥미롭습니다. 드레스덴박물관은 현지의 러시아인 문화에도 주목해달라고 제안한 바 있습니다. 저는 이미 러시아인의 가장 기본 되는 도구들의 모형을 제작해달라고 주문해두었습니다. 3월 중순에 다시 예니세이인들 에게로 떠나게 되니 별도의 주문이 있으시면 조속히 연락해 주십시오.

통구스카의 케트인들에게 머물며 조사하고 있을 때 섭씨 영하 60도로 내려간 적이 서너 번이며 심지어 그 이하로 떨어지기조차 하였습니다. 그때 입에는 묘하게 온통 쓴맛의 느낌이 들더군요. 가슴에는 기분 나쁜 압력을 받았고 호흡이 곤란해집디다. 그리고 누군가가 제 목을 조르는 듯한 느낌이었습니다. 호흡 때 내뿜은 수증기의 김이 이내 얼면서 저절로 부스러지는 큰 소리를 냅니다. 그러나 이같은 혹한은 하루 또는 며칠간씩 단지 서너 차례 있을 뿐입니다. 그럴 때면 아주 미미한 대기의 움직임 외에는 온통 고요에 휩싸입니다. 반면 숲에서는 부러지고 쪼개지는 소리가 끊임이 없어 저녁이나 밤이면 공포의 분위기를 자아냅니다. 저는 영하 30-40도에서 부지런히 사진을 찍었습니다. 그러나 이내 손이 굳어버리고 말을 듣지 않아 좋지 않은 기분이었습니다. 그리고 사진기의 금속부분과 녹음기가 마치 불타는 것 같더군요. 이곳에서는 심지어 영하 70도까지 내려가는 적도 있습니다.

독일학술촉진재단이 고맙게도 추가로 승인한 1300루불로는 탐사여행을 제대로 수행할 수 없습니다. 예니세이스크에서 계획을 세울 당시 대략 5월까지로 생각하였는데 이제 와보니 8월 이전에는 독일로 돌아갈 수 없겠기에 그러합니다. 이곳의 물가는 모든 물품이 수입되고 또 그 운송비 때문에 도시보다 높습니다. 모피를 많이 거두는 해에는 짧은 기간에 한 해의 생활비를 다 마련하는 것이 이곳의 경제생활입니다. 오스챡인들은 이곳 민족들 가운데 가장 훌륭한 사냥꾼입니다. 대부분 다람쥐를 사냥하는데, 러시아인들도 다찬가지입니다. 그래서 90킬로미터나 떨어져 있는 오스챡인들의 거주지에 갔다가 썰매로 다시 이곳으로 돌아오는 데 이틀이나 걸렸습니다. 동행인을 포함하여 두 사람의 여행비로 200마르크나 들었습니다. 봄에 개썰매를 타고 다시 그곳에 갔다가 거기서 120킬로미터 떨어진 통구스인들에게 가 볼 계획입니다. 여기서 500킬로미터쯤 떨어진 바이키트(Baikit) 商舘께 사는, 이곳 퉁구스인들 가운데 가장 큰 무리를 방문하고 싶으나 불가능한 형편입니다. 그곳까지 데려다 줄 사람을 구할 수도 없거니와 다행히 구한다 해도 4-500루불 이하로는 안 될 것이기 때문입니다. 그리고 추운 계절에는 무엇보다 그 길이 높은 눈으로 싸여 있어 통행이 불가능합니다. 거기다 또 녹음기 등의 기재도 가져가야 하고 개먹이도 빼놓을 수 없는데, 그러면 썰매는 세 대, 썰매 당 개 세 마리가 최소한 필요합니다. 여행비용이 그처럼 훨씬 더 들게 되는 것이니 저의 제한된 예산으로는 감당이 불능입니다. 그런 저런 이유로 좋든 싫든 포드카멘나야 퉁구스카에 두 달 반을 머물며 작업하려 하는 것입니다.

이 편지를 쓴 다음 날 (1월 2일) 핀다이젠은 또다시 타자기 앞에 앉아 황급히 4쪽의 편지를 두드린다. 그런 류의 여행이 그러하듯이 모든 것이 계획대로 진행될 수만은 없는 노릇. 두 달 반을 머물면서 러시아인의 민속을 철저히 연구하겠다는 계획은 이내 변경되어 버린다. 예니세이강의 서쪽지류인 심(Sym)강 유역에 사는 이른바 심퉁구스인들에 관한 정보에 귀가 번쩍 뜨였기 때문이다. 그 부근의 어느 오스챡인 商舘을 방문하던 중 핀다이젠은 비위에 거슬리는 어떤 사람을 만나 그의 덜 되먹은 자랑을 듣게 되었다: 옛 생활습속을 간직해 오던 심퉁구스인들이 마침내 샤마니즘을 포기하고 러시아문화를 받아들여 러시아인이 되기 시작한 것은 바로 그의 활동 덕분이라는 것이었다.

그리고 다시 심퉁구스인의 사정에 밝은, 제법 교육을 받은 어떤 사람을 통해 보다 구체적인 정보를 얻는다: 그들은 약 7년 전부터 러시아의 영향을 받기 시작하였고 그에 따라 그들의 문화는 공공연하게 급속도로 변모하였다. 그래서 모든 사람이 러시아어를 능숙하게 말하게 되고 러시아 의상이 그들 사이에 갈수록 더 많이 보급되었다. 크라스노야르스크에 다녀 온 이도 매우 많다. 그리고 그 제보자는 핀다이젠이 그들을 만나 애써보면 아직도 옛 물건들을 구할 수 있을 것이라 하였다.

함부르크 민족학박물관은 이미 지난해에 핀다이젠에게 편지를 내어 퉁구스인들의 유물에 특히 관심 있음을 밝힌 바 있다. 박물관에 퉁구스유물이 거의 없는 상태였기에 그것을 채워보려는 의도였다. 그래서 핀다이젠은 먼저 크라스노야르스크를 뒤지다가 퉁구스인의 옛 의상 몇 개를 찾아낸다. 그 가운데 1905년에 제작된 부인용 여름신발 한 켤레를 놓고 그는 흥분을 감추지 못하며 실로 뜻 깊은 생각을 다음과 같이 글로 옮겨 놓고 있다:

> 그것이 물론 황금이나 보석은 아니지만 우리들 민족학도(인류학도)에게 있어서 그런 물건은 그와 마찬가지 양의 황금만큼이나 값어치가 있습니다. 제가 약 30센치미터 높이의 이 옛 신발을 보았을 때 느낀 환희를 선생님은 분명히 이해하실 것입니다.

그리하여 핀다이젠은 1월 10일경 예니세이강을 타고 180킬로미터 남쪽으로 여행하여 심강 하구의 야르체보(Jarcevo)에 닿고, 거기서 심강의 상류쪽으로 달릴 계획을 잡는다. 심퉁구스인들이 겨울에는 대부분 강의 상류에서 소구모집단으로 거주하기 때문이다. 이들은 퉁구스인들이 순록을 단지 타는 동물로만 쓰는데 비하여 순록썰매에도 사용한다. 그러나 여하튼 퉁구스인의 유물을 구하려면 당연히 구입비가 있어야 할 터인데 그것이 부족한 형편이니 핀다이젠은 여간 답답해하지 않는다. 그런 사정에 처한 민족학도의 과제와 고민을 그는 뷔한 박사에게 이렇게 표현한다 :

> 인류의 문화사로부터 다시는 되찾을 수 없게 잃어져가는 자료들을 짧은 시간 안에, 그것도 최저의 가격으로 구입할 가능성이 여기에 제시되어 있는데, 선생님도 그런 기회를 결코 놓치지 않으시리라 생각합니다. 저는 이곳 겨울 여행의 어려움과 궁핍을 견뎌낼 각오가

되어 있습니다. 그럼으로써 우리의 학문이 촉진되고 더많은 깨달음
을 위한 투쟁의 무기고로서의 우리 박물관들이 더 풍요로워진다면,
다음 세대들은 우리가 시베리아 변혁의 시대에 그곳 유물을 구하기
위하여 최선을 다한데 대하여 우리에게 고마워할 것입니다.

심퉁구스인을 방문할 계획은 그러나 취소하지 않을 수 없었다(4월
10일자 편지; 타자 4쪽). 1월에는 도무지 그곳으로 갈만한 길이 없었
음을 몰랐던 것이다. 그리하여 그는 내리 크라스노야르스크로 향하고
거기서 문헌자료를 구해 보는 한편 장래를 위한 제반 관계를 맺는 일
을 소홀히 하지 않았다. 그리고는 3월말 깊은 수렁이 곳곳에 숨어있
는 끔찍한 길을 썰매로 열하루 낮밤을 달려 4월 9일에 다시 포드카멘
나야 퉁구스카에 이른다. 이제 예정했던 8월말까지의 여행을 위해, 그
리고 그 마무리를 위해서는 일정이 여간 급하지 않을 터이다.

5

핀다이젠의 편지나 논저에 보면 예니세이인(Jenissejer; Yeniseys),
케트인(Ketó; Ket), 또는 예니세이오스촥인(Jenissejostjaken)이라는 민
족이름이 두루 뒤섞여 사용되고 있다. 예컨대 1929년에 출판된 그의
탐사여행기에는 예니세이오스촥인이 스스로를 케트라 부른다 하였
고,[15] 그 이듬해에 발표한 「Landkarten der Jenissejer 예니세이인의 지
도」라는 논문의 제목에는 예니세이인이라 쓰고, 이어 괄호에 케토
(Ketó)라 적어 놓았다.[16] 그런가 하면 뒷날 그는 "Ketó"라는 제목으로
이 민족의 언어학적 분류와 기원을 다루는 글을 발표한다.[17]

---

15) 앞글: 10.
16) Findeisen, 1930.
17) Findeisen, 1938.

 이렇게 혼란스러운 민족이름은 사실 이 민족의 언어학적 분류에서 기인하는 것이다. 시베리아에 관한 학문적 연구를 최초르 열어준 이 가운데 한 사람인 게오르기(J.G.Georgi)가 18세기 후반 오스챠크인들의 친족관계를 가려본 이래 팔라스(P.S.Pallas)는 아린어(Arin)를, 클라프로트(J.Klaproth)는 예니세이인의 언어를, 지난 세기 40년대에는 카스트렌이 케트어와 코트어를 구분하여 연구하였다. 그리고 19세기 중엽 쉬렌크(L.von Schrenk)가 케트어(예니세이오스 어)를 포함한 일련의 언어를 고아시아어족(Paläoasiatisch; Paleo-Asiatic)으로 분류한 이래 그것은 크레이노비치(E.A.Krejnovič)의 연구를 거쳐 오늘에 이른다. 그러나 오늘날의 연구 성과에 의하여 케트어는 에스키모어, 알레우트어(Aleut), 케렉어(Kerek) 등과 함께 어느 어족으로도 분류되지 않는 기타 언어들로 손꼽힌다.[18]

 핀다이젠이 사용한 민족이름들은 따라서 1920년대와 30년대 케트족에 관한 언어·인종학적 이해의 사정을 일정하게 반영하고 있다. 오늘날 두루 통용되고 있는 명칭을 따라 우리는 케트족이라 부르는 것이 타당하다. 케트란 말은 시베리아 원주민의 민족명칭이 대부분 그러하듯이 그 민족의 언어로 '인간, 사람'을 뜻한다. 데이스(Djäis)[19] 또는 댕(deng)[20]은 그 복수꼴로서 사람들 내지 민족의 의미를 갖는다. 케트와 비슷한 말 케토는 그 민족을 부르는 호칭어이다. 그리고 오스챠크어는 우랄산맥 동쪽의 시베리아에 위치한 칸티-만시(Khants and Mansi) 민족지역에 살고 있는 민족의 언어이며 이즈음 우랄어족의 우그르어계(Ugric)에 분류시키는 것이 보통이다.[21] 17세기 중엽 러시아인들이 엘로구이(Yeloguy) 강변에 사는 인바크인(Inbaks)이라 불리던 케트인과 그밖에 주변민족인 오스챠크인 등을 통틀어 케트족이라 불렀

---

18) Popov and Dolgikh, 1964: 607과 고송무, 1980: 91-93.
19) Findeisen, 1929a: 10.
20) Popov and Dolgikh, 1964: 607.
21) 고송무, 1980: 41-43.

던 데서 케트인을 오스챠크인과 혼동하는 문제가 일어났던 것이다.

케트인과 그들의 언어가 세상에 알려지게 된 것은 당연히 러시아인에 의한 시베리아 정복에서 말미암는다. 북미대륙에서 그 개척(정복) 당시 내건 '서부로-'라는 구호는 시베리아의 경우 '동부'가 된다. 1582년 코사크대장 예르막(T.Jermak)이 시비르(Sibir)를 정복함으로써 터진 봇물은 이내 동부로 흐르고 시베리아는 순식간에 러시아의 식민지로 변한다.22) 그리하여 예니세이강가에는 벌써 1618년에 예니세이스크, 그리고 1628년에 크라스노야르스크라는 러시아의 도시가 세워졌다. 러시아인들이 처음 예니세이강가에 이르렀을 때 그곳 중류유역에는 그들 주변에 살며 터키어나 사모예드어나 퉁구스어를 사용하는 민족들과 전혀 다른 언어를 쓰는 다수의 부족들이 살고 있었다. 뒷날 밝혀진 바로는 코트족(Kotts), 아산족(Asans), 아린족(Arins), 야린족(Yarins), 바이코트족(Baykots) 등이 그들이며 오늘날의 케트인의 조상들도 포드카멘나야 퉁구스카강의 하류유역에 거주하였다.23) 18세기와 19세기초를 경과하면서 케트인의 조상을 제외하고는 이들 모든 부족이 러시아인, 에벤키인, 기타 터키어계 부족들의 출현과 함께 그들의 언어를 잃어버렸다.

이 민족 집단의 기원에 관한 문제는 그 언어계통이 그러하듯 아직도 해명되어 있지 않다. 케트인의 문화에는 북방민족의 특징적인 요소가 많은가 하면 남쪽의 것도 적지 않다.24) 17세기 때 마소를 치는 유목민이었던 아린인, 야린인, 코트인 및 바이코트인은 또한 농업과 철제련법도 알고 있었다. 그들의 전설은 그들이 남쪽에 살고 있던 때의 모습을 많이 얘기해주는 반면, 오늘날의 케트문화는 타이가(대삼림지대)의 사냥꾼 및 어부에게 특징적인 북부의 요소를 보여준다. 돈너(Kai Donner)나 부다(Karl Bouda) 같은 언어학자들은 케트어가

---

22) 포쎈, 1984: 138-142.
23) Popov and Dolgikh, 1964: 607.
24) 앞글: 608.

티베트어 또는 서하(西夏)인의 언어와 가장 가까운 친족관계에 있다고 보았고, 핀다이젠은 그에 바탕을 두고 스스로의 연구에 근거하여 케트어를 인도차이나 어족에 속하며 티베트-버마 어계와 근친관계에 있다고 분석하였다.25) 이것이 케트인의 남방기원실을 확정시켜 주는 것은 아니지만 그 가능성을 한걸음 더 나아가 제시해준 셈이다.

여하튼 러시아인의 시베리아 정복과 더불어 케트인은 매년 일정한 양의 공물을 바쳐야 하는 식민지인으로 떨어지고 말았다. 공물은 모피가 주였으며 그것을 러시아인의 요새에 갖다바쳐야 했다. 그리고 18세기에 이들은 포드카멘노통구스카야(Podkamenno-Tunguskaya), 페르크네인바츠카야(Verkhneinbatkaya) 및 니쥐네인바츠카야(Nizhneinbatskaya)의 세 구역으로 구분되어 혁명 때까지 이른다. 이처럼 러시아에 예속됨에 따라 그들의 경제생활은 큰 변모를 겪게 된다. 케트인의 경제생활은 대부분 순록에 의지하지 않고 덫사냥을 주로하여 물물교환의 경제를 영위하였던 것인데 그것이 바뀌어 이제는 모피상인들에게 전적으로 의존하게 되었다. 이들은 기본적인 소비품만 아니라 사냥이나 고기잡이의 도구들도 케트인에게 팔아먹으면서 그 주민들을 체계적으로 착취하였다.

그러한 급격한 문화변동과 식민지적 착취는 인구의 감소, 나아가 그 주민의 소멸을 초래하기 마련이다. 핀다이젠이나 나타가 이 민족을 두고 번번이 ‘소멸해가는 시베리아의 북극민족’이라 표현한 것26)은 그러한 사정을 일러준다. 그 이전의 통계는 알 수 없으나 1926년 케트어를 사용하는 주민의 수는 불과 1,225명이었던 것으로 나와 있다.27) 이들 모두는 물론 러시아어를 이미 말할 수 있는 상태였다. 핀다이젠이 현지조사를 수행했던 1927-28년 케트인의 수도 그 정도였을 것이다. 1934년 스탈린 치하에서 케트인은 집단 농장으로 편입

---

25) Findeisen, 1938: 59-62.
26) 예컨대 Findeisen, 1929 a: 7과 N.Findeisen, 1929의 논문제목.
27) Popov and Dolgikh, 1964: 607.

되고, 1938년 투루칸스크 지역에는 72가구가 여섯 개의 케트인 집
단농장을 이루고 있었다. 오늘날 투루칸스크와 야르체브스키 지역의
거의 모든 케트인이 집단농장들에 편성되어 있다.28) 그에 따라 케트
인 본디의 사냥도구는 대부분 더 이상 쓸모없이 되어버렸고 대신 총
과 쇠 덫이 두루 사용된다. 그리고 특별한 사냥여단이 사냥을 전담
하며 여성들도 거기에 참여한다. 고기잡이는 현대적 장비로써 일 년
내내 작업이 가능하게 되었다. 순록사육을 위하여 새로운 기지가 재
건되어졌다. 이러한 결과 오늘날 케트인의 경제적 상황만은 꽤나 좋
아져 있다 하겠다.

6

시베리아 탐사여행을 마치고 고향인 베를린에 돌아온 핀다이젠은
그 여행기와 조사결과를 몇 군데 학술지 등에 발표한다.29) 케트인에
관한 종합적인 기록만 아니라 그들 문화의 각 분야에 대한 글도 그
는 여러 곳에 쓴다.30) 어렵고도 희귀한 현지조사를 통해 예니세이
원주민에 관한 문헌자료는 물론 그 구체적인 생활에까지 정통하게
된 그는 이제 그 방면의 전문가로서 명성을 드날리게 된 것이다. 앞
에서 케트인사회의 변모를 개략적으로 살펴보았거니와, 여기서는 핀
다이젠이 조사한 20년대 후반의 케트인의 생활모습을 다른 기록을
참조하여 간추려 적는다.
케트인은 사냥과 고기잡이를 주로 하는 유랑민족이다. 그러나 보
다 정확히 말해서 이들의 경제생활은 겨울철의 사냥에 거의 전적으

---

28) 앞글: 617-618.
29) Findeisen, 1928과 1929 a, b,c. 이 가운데 1928의 것은 이 해 1월말 크
    라스노야르스크에서 써서 보낸 것임.
30) Findeisen, 1930; 1931; 1932; 1938; 1940 a 와 b; 1941a 와 b,

로 의존하고 있다. 특히 다람쥐가 그 주된 사냥감으로서 전체 수렵량의 80-90퍼센트를 차지한다.31) 그밖에 검은담비가 중요한 사냥감이다. 사냥꾼 두 명을 가진 가족이라면 가을과 겨울에 천 마리가 넘는 다람쥐를 쏘아 잡는다.32) 봄이 지나면서 케트인은 그 사냥하여 모은 모피를 십토르그(Sibtorg: 시베리아 국영상업조합)나 예니세이 오스챠크인 또는 러시아인의 협동조합에다 팔아넘긴다. 그리고 거기서 밀가루, 설탕, 소금, 사탕, 총기류, 기타 소비재를 구입한다. 다람쥐 모피의 가격은 1.5루불이고 검은담비의 것은 200루불 이상을 받는다.33) 그래서 한 해의 평균수입은 넉넉한 편이나 이들은 저축에 관심을 두지 않고 먹고 마시는 데에 다 써버린다. 비싼 독주를 사는 데에 조금도 인색하지 않다. 여름이나 초가을에 벌써 그 많은 돈이 바닥나고 조합에서 생활품을 비싸게 외상으로 가져다 쓴다. 그러면 이듬해 초 수렵한 것으로써 갚고, 또 나머지로 먹고 마셔대는 악순환이 계속된다.

여름 생활은 그처럼 편할런지 모른다. 그래서 9월 말이 되면 강이 얼어붙기 시작하고 눈이 쏟아지니 우리네와 같은 가을은 없는 것이나 다름없다. 11월 말 케트인들은 대략 3주일간의 첫 사냥에 나선다. 사냥에는 남자들만 참가하고 개와 썰매를 가져간다. 일주일쯤 지나면 여인네들이 숲 속 사냥터로 빵을 가져다준다. 이 첫 사냥에서는 대부분 다람쥐만 잡는다. 물론 식용으로 들꿩을 잡기도 하고 다람쥐를 구어 먹기도 한다. 그밖에 곰, 큰사슴, 야생순록, 여우, 족제비, 모든 종류의 오리 등이 사냥감이 된다. 그리고 케트인들이 겨울의 시작으로 치는 1월에야 3개월 동안 돌아다니는 본격적인 사냥이 시작된다.

그 이전의 케트인들은 활과 화살로써만 사냥했고, 짐승에 따라 특

---

31) Popov and Dolgikh, 1964: 609.
32) Findeisen, 1929a: 3.
33) 앞글: 31.

별한 화살을 사용했다 한다. 핀다이젠의 여행 당시도 어린이들은 활과 화살로써 작은 짐승들을 잡고 있었다. 큰사슴사냥에 계절에 따라 몇 가지 방법을 나누어 쓰고 있는 점은 흥미롭다: 가을에는 구덩이 함정법을 쓰고, 겨울에는 눈 위에서 걸음이 더딘 것을 이용하여 총으로 쏘아 잡는다. 사냥꾼은 이때 폭이 넓은 스키를 신고 민첩하게 접근해 간다. 봄이 되면 강에 내려와 헤엄치는 큰사슴을 카누를 타고 사냥한다. 야생순록은 큰사슴보다 발이 빠르므로 가까이 다가가지는 못하고 가능한 한 접근하여 적당한 기회에 총으로 잡는다. 검은담비를 잡는 방법도 특이하다. 쉬타이니게 퉁구스카의 퉁구스인들은 조련된 개를 써서 검은담비를 몬 다음 화승총으로 사냥하지만, 케트인은 그물을 쳐서 잡는다. 검은담비가 그물에 걸리면 사냥꾼은 그놈의 목을 졸라 죽인다. 그 값비싼 모피에 탄환구멍을 내지 않기 위함이다.

곰 사냥은 여러 풍습과 연관된 특별한 행사이다. 곰은 예사스러운 동물이 아니고 그 혼은 어느 죽은 사람의 것이라고 믿어진다. 그래서 곰을 잡으면 그 곰의 신체적 특징을 찾아내고 죽은 이 가운데 그러한 특징을 가졌던 사람을 들추어내어 그 양자를 동일시한다. 다시 말해서 죽은 이가 그 곰으로 환생한 것이라고 확인들 한다. 곰 사냥은 총을 써서 집단적으로 수행된다. 사냥꾼이 모두 한 씨족의 구성원은 아니고 당시 함께 모여 사는 사람들이 전부 그 사냥에 참가한다. 곰의 털가죽은 제일 먼저 그놈을 발견한 이의 차지가 되고 고기는 종교적 성격을 띤 특별한 축제를 행하면서 모두가 나누어 먹는다. 곰의 고기나 피는 개에게 나누어 주어서는 아니 된다. 그러면 다시는 곰을 발견하지 못한다고 믿는다. 곰 축제 때 비계를 너무 과식하여 토하면 마찬가지로 곰을 더 이상 찾아내지 못한다고 한다. 곰 사냥에서 다친 사람은 누워 있다가 그 이튿날 곰 피를 마시면 낫는다.

고기잡이는 여름과 겨울에 주로 한다. 국영의 상업조합이 설립되기 이전에는 인근 도시의 수요가 컸으므로 철갑상어나 대구과의 고기 등을 대량으로 잡아 러시아 상인들에게 넘겼었으나 당시는 단지 자급하기 위해서만 고기를 잡는다. 여름에는 **30-40**개의 쇠로 된 낚시 바늘을 긴 줄에다 달고 소나무껍질을 찌로 한 것을 돌에 묶어 강에 드리워 놓는다. 그리고는 아침이나 저녁에 나가 거기에 물린 철갑상어를 끌어올려 모은다. 어획이 많으면 먹을 만큼만 가져가고 나머지는 부패하지 않도록 낚시 바늘에 걸어 놓은 채 그들의 이동용 커다란 배에다 매어둔다. 가을철이면 예니세이 지류의 강가에서 예망(曳網)으로 좀 작은 고기를 잡고, 늦가을이 되어 밤이 어두워지면 창을 써서 잡는 것이 제격이다. 대개 두세 명이 함께 배를 타고 나서는데, 자작나무껍질로 만든 횃불을 가져간다. 불을 보고 모여든 고기를 그러면 창으로 찔러 잡는다. 겨울에는 대부분 여자들이 얼음구멍을 내고 거기에 한 쪽으로는 물고기가 들어오게 장치한 다음 걸려든 놈을 커다란 채로 떠올리는 법을 쓰기도 한다.

이러한 생업을 영위하는 케트인은 주로 츔이라 불리며 지름이 3-4미터 되는 원뿔모양의 천막에서 산다.34) 천막의 재료는 자작나무껍질로 그것을 길이 3미터에 폭이 1미터쯤 되게 엮은 것인데 가볍고 방수가 된다. 입구에는 자작나무껍질 큰놈 위에다 장식을 놓은 것을 문대신 쓴다. 천막의 한 가운데에는 불자리가 위치하고 그 위에 나무막대로 된 삼발이가 놓인다. 그리고 큰 냄비나 차주전자 같은 것이 나무 고리에 매달려진다.35) 여름철 고기잡이 때에는 특별한 천막이 세워지기도 한다. 버들가지를 두 줄로 땅에다 박고 한 줄의 끝을 다른 줄의 것과 엮으면 그 사이에 조그만 아취형의 공간이 생기는데, 그것에 다시 버들가지를 수평으로 대어 엮고 그 위에다 자작나무껍질을 씌운다. 앞쪽은 그러면 문을 달고 뒤편은 자작나무껍질로

---

34) 포쎈, 1984: 85-86 참조.
35) Popov and Dolgikh, 1964: 613.

막아버린다. 불 자리는 입구 바로 앞에 마련된다.

케트인의 가족에서 부녀자들은 부정한 피조물로 취급된다.36) 예컨대 천막 안에서 부녀자는 입구 양쪽에 문 쪽으로 바짝 붙어 자리를 잡는다. 남자들은 그들의 양말을 불 위쪽에다 널어놓지만 부녀자들은 그것을 문 가까이의 막대기에다 걸어놓아야 한다. 여름철 주거용으로도 사용되는 배를 강가에 묶어두는 밧줄에도 부녀자에 대한 금기사항이 있다: 남자는 그 밧줄을 넘어가도 되지만 여자는 그것을 돌아가든지 아니면 허리를 구부려서 그 밑으로 지나가야 한다.

한 가족은 대개 '서너 마리의 개'를 키운다. 여름철에 이들 개는 아무 일도 하지 않은 채 먹이만 얻어먹고 강가의 모래 위에 뒹굴며 지낸다. 밀가루로 죽을 끓여 하루에 두어 번 개를 먹이는데 그 비용이 적잖다. 철갑상어의 피를 죽에 섞어 끓이기도 한다. 이놈들은 꽤나 사나워서 낯선 이는 몽둥이를 들고 다녀야 할 지경이다. 재미있는 것은 개의 성질을 보면 그 주인의 성격을 알아 맞출 수 있다는 점이다.

이곳에서 술과 담배는 지나치리만큼 애호된다. 어린아이로부터 늙은이에 이르기까지 그리고 남자는 물론 부녀자도 모두 파이프를 즐긴다. 나타가 관찰한 바로는 겉보기에 결핵에 걸린 듯한 대략 두 살 반쯤 된 사내아이가 어머니의 젖을 빨다가 아버지의 파이프를 물더니 입으로 연기를 뿜어내더란다. 그 부모는 그것을 조금도 이상하게 여기지 않더란다.37) 투루칸스크 지역에서 술은 어떤 종류이건 판매는 고사하고 마시는 것조차 금지되어 있다. 그러나 도처에서 술이, 그것도 공식가격보다 훨씬 비싸게 거래된다. 예를 들면 한 명 1루불 25까뻬끄 짜리를 케트인의 거주지역에서는 15루불이나 주어야 한다. 케트인은 그런데도 火酒가 떨어지기 보다는 15루불을 더 주어도 좋

---

36) N.Findeisen, 1929: 4.
37) 앞글: 4.

다는 투다.38) 케트인은 술 마시기 전에 먼저 개죽을 끓여야 한다. 개 먹이를 다 주고나면 두 시간이 채 못되어 모두들 취해서는 노래 부르며 쏟어 지는 빗속에서 비틀거리고 돌아다닌다. 그러다 싸움질을 하고 천막을 부수어대며 이튿날 또 마시기 시작한다.

끝으로 케트인의 종교인 샤마니즘을 살펴본다.39) 이들 원주민은 세상이 삼층으로 짜여 있다고 믿는다. 윗(천상)세계와 땅(지상)세계, 그리고 지하세계가 그것인데, 그 각각에 신령이 산다고 여긴다. 천상세계의 주인인 예스(Ees; Yes)라는 신은 이제 기독교의 하나님과 동일시된다. 그는 커다란 자작나무천막에 살고, 또한 지상에서 선한 생활을 한 사람의 영혼도 그 천막 안에 자리를 얻는다. 이러한 관념은 이미 기독교의 영향을 어느만큼 보여준다. 지상에는 인간과 온갖 동물이 사는 외에 살인죄를 지은 영혼들이 머문다. 이들은 밤에 떠돌아다니며 사람들에게 접근해서 잡아간다. 그리고 천상의 물이 지하로 흐르는 바다, 곧 세상의 끝인 지하세계에는 돌로 지은 집이 한 채 있으며, 예스의 부인 호세덴바옴(Hosédenbaom) 또는 코세다밤(Khosedabam)이 그곳에 산다. 남편에 의해 그곳으로 보내진 이 지하의 여신은 인간의 고기를 먹고 사는 무서운 존재로 여겨진다. 그녀는 또한 지상의 인간과 동물에게 불행과 질병 등 모든 종류의 악을 야기 시킨다.

이들 신령과 영혼과 인간 사이에 중개인 노릇을 하는 이가 샤만이다. 무당들은 케트인사회에서 특별한 계층을 이루며 존경을 한 몸에 받는다. 이들은 시인이자 작곡가이고, 가수인 동시에 연희자이며, 두용가일 뿐 아니라 치병자, 예언자, 심판관, 제사장 및 투시안을 가진 자 등 많은 기능을 수행한다. 무당의 가장 중요한 과제는 치병이다. 케트인은, 북아시아 제 민족의 샤마니즘에서 그러하듯이, 초자연적

---

38) Findeisen, 1929 a: 14.
39) 이에 관하여 Findeisen, 1929 a; 36-41; 1954; 1957: 1960; N.Findeisen, 1929: 4-6; Popov and Dolgikh, 1964; 617 참조.

존재가 질병의 원인이라고 믿는다. 어떤 신령이 인간의 영혼을 꾀어서 저 세상으로 데리고 가면 질병이 생기는 것이다. 무당은 그러면 굿을 벌여 그곳에 찾아가서 그 영혼을 이승으로 데려와야 한다.

핀다이젠은 숱한 케트무당을 그곳에서 사귀었고 그들의 천막에서 베풀어지는 굿을 수많이 참여 관찰하였다. 그 가운데 쉬타이니게 퉁구스카 강가에 사는 미쿨카 카모스크(Mikulka Kamosk)라는 박수무당은 손에 타원형의 커다란 북을 들고 그것을 두드리면서 노래를 부르다 격렬하게 춤을 추며 굿을 하였다.[40] 천막의 안쪽에는 서너 명의 젊은이가 바닥에 앉아 카모스크의 무가(巫歌)를 한 절씩 받아 반복하여 부른다. 우리네 굿의 만수받이와 흡사하다. 이 무당은 순록가죽으로 만든 연미복 비슷한 옷을 입고 있는데 뒤에서 보면 미상불 새의 모습이다. 아누친(Anučin)이 조사한 케트인의 전설에 따르면 최초의 샤만은 독수리였다 한다.[41] 그것도 원래 머리 둘 달린 쌍두독수리였는데 인간에게 굿하는 법을 가르쳐 주었기 때문에 머리 하나를 잃었다고 한다. 여하튼 그 새 모양의 의상에는 철과 청동의 여러 물건이 주렁주렁 달려 있어 움직일 때마다 요란한 소리를 낸다. 머리에는 사슴뿔이 장식된 관을 썼다. 굿하는 도중 그는 때로 북 대신에 철제의 삼지창을 손에 들기도 했다. 예순이 넘은 나이에 그는 그 묵중한 복식을 차리고 격렬하게 춤추어 망아경(엑스타시)에 드는 그곳 사회의 종교사제였던 것이다.

7

북아시아 샤마니즘을 정리한 핀다이젠의 『Schamanentum』은 1977년 和田 完씨가 일본어로 번역하여 『靈媒とシヤマン』이라는 제목으

---

40) Findeisen, 1954: 148-149.
41) Findeisen, 1956; 74.

로 冬樹社에서 출판되었다. 핀다이젠 선생이 돌아가신 이후의 일이므로 동경의 또쥬샤가 그의 미망인에게 로열티를 물었다.42) 그리고 다시 1983년 서독 쾰른에 자리한 오이겐 디데릭스(Eugen Diederichs) 출판사는 그 책에서 추리고, 또『Dokumente urtümlicher Weltanschauung der Völker Nordeurasiens 북유라시아 재민족의 고유한 세계관에 관한 자료』라는 재목의 遺作43)에서 뽑아『Die Schamanen 샤만』이라는 책을 편집해내었다.44)

여기서 편자는 핀다이젠의 入巫式을 적고 있다.45) 그가 민족학자로서 케트인사회와 문화에 관한 단순한 지식습득을 넘어서서 그 내용과 본질 및 신성한 세계에 깊이 들어가 그것에 동화하는 체험을 겪었다는 것이다. 그것은 그곳 무당들에 의하여 베풀어졌으며, 그래서 "나는 직접 보았노라, 나는 내 존재의 의미를 죽음과 재생 속에서 직접 체험하였노라!"고 핀다이젠은 외쳤다는 것이다. 한 무당은 핀다이젠을 환자로 하여 그에게 병굿을 해주었으니 그것이 그 민족학자의 영혼에 내림굿 같은 힘으로 작용하였으리라고 편자는 사뭇 감격한 어조로 그 머리글에 쓰고 있다.

핀다이젠의 여행기에는 무슨 병인지는 확실치 않으나 건강상태가 다시 악화되었다는 기록이 간혹 보인다.46) 그래서 하루 종일 천막에 머물러 있어야 한 적도 있다. 그러한 사정을 고려하면 어느 무당이 병굿을 해주었다는 얘기는 수긍 할만 하다. 그것은 이미 그 무당과의 깊은 인간관계를 전제로 해야 한다. 그리고 그런 종교의례를 통하여 기독교의 것과는 본질적으로 다른 하나의 세계, 곧 샤마니즘에

---

42) Flita Findeisen 부인이 로열티 지급에 관한 冬樹社의 1978년 12월 31일자 賣上報告書를 복사하여 주었기에 그 사실을 확인하였다. 그에 따르면 번역출판계약일은 1976년 9월 13일, 출판일은 1977년 1월 20일.

43) Findeisen, 1970.

44) Findeisen u Gehrts, 1983.

45) 앞책: 9-10.

46) Findeisen, 1929 a; 13.

관한 깊은 체험을 얻었을 것이다. 그러나 이것을 내림굿과 혼동해서는 결코 아니 된다. 나는 핀다이젠의 여행기와 편지, 그리고 샤마니즘에 관한 글 가운데 그의 내림굿에 대한 보고나 언급을 전혀 발견해 내지 못하였다. 따라서 핀다이젠의 내림굿이라는 표현은 그 편자의 과장쯤으로 이해하고 넘어갈 일이다.

오늘날 서양 사람들 사이의 샤마니즘에 대한 이해란 다분히 그런 투이다: 원주민 사회나 문화 가운데 이해하기 힘든 신비로운 현상이면 모두 샤마니즘에 갖다 붙이는 형편이다. 그밖에 용어문제도 짚고 넘어가야 하겠다. 이니쉬에이션(initiation; Einweihung)은 入巫式을 가리키는 말인데, 이 용어는 문화인류학에서 成年式, 비밀전수식, 入社式, 입무식, 내림굿 등의 넓고 애매한 뜻으로 사용된다. 다른 경우에도 마찬가지지만 특히 샤마니즘에 있어서 이니쉬에이션은 내림굿으로서 그것을 통하여 하나의 애기무당, 즉 종교의 사제가 탄생하게 된다. 그런 경우에만 정확히 그 용어가 사용되어져야 하는 것이다.

구체적 종교체험을 가진 바 있는 핀다이젠의 샤마니즘 이해는 물론 남다르다. 그는 북아시아 제 민족의 종교에 큰 공감을 느끼어, 유럽의 정신을 새로이 부활시킬 가능성으로서 巫를 제시한다. 무를 미신으로 치부하는 태도는 그에게 있어서 3백년래 이성에 대한 유럽의 낡아빠진 자만에 지나지 않는다. 그리하여 그는 샤마니즘이라는 ‘調印의 文化’(harmonische Kultur)가 유럽의 지성 뿐 아니라 예술 전반에도 조화 있는 균등한 발전의 가능성을 가져다 줄 것으로 확신하고 있었다.47)

---

47) Findeisen u. Gehrts, 1983: 15.

8

1928년 7월 6일 함부르크 민족학박물관의 뷔한 박사는 베를린에서 보낸 7월 4일자 핀다이젠의 편지를 받고 깜짝 놀란다. 8월 말까지 조사여행의 예정을 잡아있던 그가 어떤 사정으로 날짜를 앞당겨 귀향했는지는 분명치 않다. 여하튼 세 곳 박물관을 위해 수집한 유물의 반출허가를 레닌그라드 당국으로부터 얻어내고 그것을 일단 베를린으로 부쳤었다. 함부르크박물관의 몫은 144품목, 박물관 측에서는 그 물건을 어서 보고 싶어 안달이다. 핀다이젠은 해당 박물관에 미리 양해를 구한 다음 그 수집품을 가지고 1929년 3월 20일「북시베리아의 수렵 및 어로민족들에 관한 특별전시회」를 베를린 민족학박물관의 안뜰에서 개최한다. 한 달이 걸린 전시회가 끝나고 함부르크박물관이 그 유물을 받은 것은 6월 말경. 거기에 빠진 것이 있어 양자 사이에 편지가 오가고 1930년 5월이 되어야 끝나 그 일이 마무리된다. 한 박물관의 케트인, 퉁구스인, 야쿠트인, 돌간인 및 러시아인의 유물 144점이 그렇게 하여 수집되기까지 실로 3년의 세월이 걸린 셈이다.

1934년 핀다이젠은 『Die Völker im Lebenskampf 생존투쟁 속의 민족들』이란 저서를 낸다. 저 유명한 중앙아시아 탐험가 헤딘(Sven Hedin) 선생이 서문을 써 있는 이 책은 신구세계 제 민족이 북극지대와 초원지대 및 열대수림지역에서 전개하는 생존투쟁을 다루고 있다. 바로 그 해 그는 오랫동안 몸담아 온 베를린 민족학박물관에서 해직당하고 만다. 서면상의 이유는 유라시아학부의 구모도 그렇고 재정상의 문제로 조수직이 더 이상 필요치 않다는 것인데, 구두로는 그의 親볼셰비키적 태도를 구실로 삼았다 한다.48) 그러나 그것은 전혀 터무니없는 모함. 러시아라고 하는 일종의 식민지세력에 의하여

---

48) 앞책: 11.

지배당하고 소멸되어가는 제 민족의 문화를 구해내기 위하여 그 변호사의 입장을 고수하려는 그에게 그것은 실로 억울하기 그지없는 누명이었다. 뒷날 국가안전부의 개인기록카드를 들여다 볼 기회를 가진 그의 어떤 동료학자에 의하면 핀다이젠은 어쩔 도리 없는 요주의 인물로 낙인찍혀 있더라 한다.

이 숙명이 그의 남은 생애를 줄곧 질기게 따라다닌다. 군복무시절 1944년 뮌헨대학교가 그의 교수자격논문(Habilitationsschrift)을 받아들였음에도 불구하고 그와 관련된 일을 처리하기 위한 휴가가 허락되지 않아 그는 끝내 교수자격을 취득하지 못한다. 이래 그는 독일연구재단의 연구비를 받아 시베리아와 래프인 연구를 수행한 것(1954-57)과 그밖에 짧은 기간 이런저런 기관에서 러시아어를 가르친 것을 제외하면 무직 또는 자유직업인으로서 지낸다. 학문에 대한 그의 집념은 그러나 모질게 다듬어질 뿐이다. 2차대전이 종료 된후 1948년 아우그스부르크(Augsburg)에서 Institut für Menschen-und Menschheitskunde(人間學 및 人間性學研究所)49)라는 이름의 개인연구소를 설립하고, 1960년까지 자신과 동료들의 논문을 55편이나 출판한 것은 바로 그 고마운 열매라 하겠다.

핀다이젠 선생은 그 외로운 학문의 길을 그렇게 굳건히 가시다 1968년 11월 7일 라인강변에 자리한 렝스도르프(Rengsdorf)에서 심장병으로 돌아가셨다. 유해는 그곳 공동묘지에 안치되었다. 비문에 민족학자 한스 핀다이젠 박사라 새겨 있다.

서독유학에서 돌아온 다음 나는 핀다이젠 선생의 行狀을 다듬어내기 위한 자료수집에 부심하였다. 지구 저켠의 먼 곳이기에 그 분이 남기신 글을 찾아내고 구하기란 여간 어려운 것이 아니었다. 그동안 두루 편지를 내고 해서 어지간히 구했는데, 함부르크 민족학박물관

---

49) Schamanentum을 일어로 번역한 和田 完은 그렇게 옮겨놓고 있다(H. フィンダイゼン, 1977: v).

의 동양부장 프루너 형님, 유라시아부장 포쎈(R.Vossen)박사, 네팔샤
마니즘의 전문가인 벗 그레베(Greve), 그리고 함부르크대학교에서
동남아학을 연구하는 동생 조흥국의 도움이 컸다. 끝으로 내 동생을
통해 연락이 닿은 핀다이젠 선생의 미망인이 나의 연구계획을 알고
는 대뜸 몇 편의 논문을 복사한 것, 핀다이젠 선생의 시베리아여행
당시의 것을 포함한 옛 사진들, 선생의 이력서 등을 너게 전해주셨
고 또 편지로 여러 사실을 밝혀주었다. 고마움을 새겨 둔다.

참고문헌

Hans Findeisen의 논저

1925: Sagen, Märchen und Schänke von der Insel Hiddensee. Stettin.

1928: Berichte übkr ethnographsche Arbeiten in Nordsibirien, Herbst und Winter 1927 In: Der Erdball, H.9, S. 140-142. Berlin.

1929a: Reisen und Forschungen in Nordsibirien-Skizzen aus dem Lande der Jenissejostjaken Berlin,

1929b: Die Fischerei lm Leben der "altsibirischen"Völkerstämme. In: Zeitschrift für Ethnologie, Bd. 60, H. 1/3, S. 1-73. Berlin.

1929c: Aus meinen Reisen in Nordsibirien 1927 bis 1928. In: Der Erdball, Jg 3, H.2, S.49-57. Berlin.

1930: Landkarten der Jenissejer(Ketó). In: Zeitschrift für Ethnologie, Bd. 62, S.215-226. Berlin.

1931: Der Mensch und seine Teile in der Kunst der Jenissejer. In: Zeitschrift für Ethnologie, Bd. 63, S.296-315, Berlin.

1932: Die Steme in der Überlieferung der Jenissejer. In: Der Weltkreis, Bd. III, H.2, S.44-52. Berlin.

1934: Menschen in der Welt-Vom Lebenskampf der Völker in der Alten und Neuen Welt, im Polarland, in Steppe und Tropenwald. Berlin.

1938: Die Ketó-Forschungen über ein nordsibirisches Volk. In: Sinica.H. 1, Forke-Festschrift, S.52-68. Frankfurt a.M.

1940a: Schamanen-Kinder de Tiere und der Götter. In: Neue Illustrierte Zeitung, Nr. 31. Berlin.

1940b: Das Schneeschuhvolk am Jenissej. In: Deutsche Alpenzeitung, H.5, S.2-4. München.

1941a: Zwei Ketische(jenissejostjakische) Erzählungen von der Steinigen Tunguska. In: Mitteilungen der Anthropologischen Gesellschaft in Wien, Bd. XXI, S.219-229. Wien.

1941b: Zur Geschichte der Bärenzeremonie. In: Archiv für Religionswissenschaft, Bd. XXXVII, S. 196-200. Leipzig.

1954: Besessene als Priester. In: Kosmos/Handweiser für Naturfreunde, Jg. 50, H. 3, S.148-154. Augsburg.

1956: Adler als Kulturbringer im nordasiatischen Raum und in der amerikanischen Arktis. In: Zeitschrift für Ethnologie, Bd. 81, H.1, S.70-82. Braunschweig.

1957: Schamanentum. Urban-Bücher, Die wissenschaftliche Taschen-buchreihe 28. Stuttgart.

1960: Das Schamanentum als spiritistische Religion . In: Ethnos, Bd. 25, H.3-4, S.192-213. Stockholm,

1970: Dokumente urtümlicher Weltanschauung der Völker Nordeurasiens. Oosterhout.

H. フインダイゼン(和田 完 譯), 1977 『靈媒とシャマン』東京.

H.Findeisen und H.Gehrts 1983: Die Schamanen. Diederichs Gelbe Reihe 47. Köln.

Castrén, M. Alexander, 1856: Reiseberichte und Briefe aus den Jahren 1845-1849. Bd. 2, Buchdruckerei der Kaiserlichen Akademie der Wissenschaften. St. Petersburg.

Findeisen, Nata, 1929: Von Sitten und Gebräuchen eines aussterbender sibirischen Polarvolkes. In: H.Findeisen(hrsg): Der Weltkreis, Bd 1, S.2-8. Berlin.

Popov, A.A.and Dolgikh, B.O., 1964: The Kets. In: M.G.Levin anc L.P.P otapov(ed.): The Peoples of Siberia. The University of Chicago Press, pp.607-619. Chicago and London.

Eliade, Mircea, 1970: Shamanism. Bollingen Series LXXVI, N.Y.

Nixdorff, H., 1973: Abteilung Europa In: Baessler-Archiv. Neue Folge, Bd. XXI, Berlin.

Thiele, P.W., 1973: Abteilung Ostasien. In: Baessler-Archiv, Neue Folge, Bd, XXI, S.272-288, Berlin.

Haas, J.U., 1976: Schamanentum und Psychiatrie-Untersuchung zum Begriff der 'arktischen Hysterie' und zur psychiatrischen Interpretation des Schamanismus zirkumpolarer Völker. Dissertation an der Albert-Ludwig-Universität Freiburg i Br. München.

Zwememann, J., 1980: Hundert Jahre Hamburgisches Museum für Völkerkunde. Hamburg.

고송무, 1980 『유라시아대륙의 언어들』 서울.

조흥윤, 1983 『한국의 巫』 서울.

포쎈(조흥윤 옮김), 1984 『소련-혁명전후의 민족들』 서울.

조흥윤, 1985 a 「民族學博物館의 형성과 기능」, 『문예 진흥』 한국 문화예술 진흥원, No. 99, pp.32-43, 서울.

조홍윤, 1985b 「世昌洋行, 마이어, 함부르크 民族學博物館」, 『東方學志』 연
세대학교 국학연구원, 제46 · 47 · 48 합집, pp.735-767, 서울.

●저자●

조흥윤(趙興胤)   부산고등학교·연세대학교 사학과 졸업, 독일 함부르크대학교 민족학 박사
UNESCO Korea Journal 편집자문위원회 위원
문예진흥원문화예술편집자문위원회 위원, 경기도문화재위원회 위원
한양대학교 민족학연구소 소장, 독일 함부르크박물관 객원연구원
한국민족문화대백과사전편집위원회 위원
한국민족학회 회장, 문화체육부문화재위원회 제4분과(무형문화재) 위원
한국샤머니즘학회 회장, 한국식생활문화학회 부회장
UNESCO 실크로드위원회 위원, 한양대학교 문과대학 문화인류학과 교수

• 주요 저서 •

『한국의 무』, 『한국의 기층문화(공저)』
『민족문화사 전통사상의 현대적 의미(공저)』
『기산풍속도첩』, 『巫와 민족문화』
『무와 민족문화 / 민족문화사 기도와 인간소리』

●한국巫의 세계

● 초판 인쇄	2004년 8월 26일
● 초판 발행	2004년 8월 31일
● 지 은 이	조흥윤
● 펴 낸 이	채종준
● 펴 낸 곳	한국학술정보㈜
	경기도 파주시 교하읍 문발리
	파주출판문화정보산업단지 538-2
	전화 031) 908-3181(대표) · 팩스 031) 908-3189
	홈페이지 http://www.kstudy.com
	e-mail(e-Book사업부) ebook@kstudy.com
● 등 록	제일산-115호(2000. 6. 19)
● 가 격	31,000원

ISBN   89-534-2001-6 93290   (paper book)
        89-534-2002-4 98290   (e-book)